Henri Sée

L'évolution commerciale et industrielle de la France sous l'ancien régime

essai

ISBN : 978-1530252992

10 9 8 7 6 5 4 3 2 1

Henri Sée

L'évolution commerciale et industrielle de la France sous l'ancien régime

essai

Table de Matières

Préface

Depuis cinquante ans, l'histoire du commerce et de l'industrie en France sous l'Ancien Régime a fait l'objet d'un grand nombre de travaux importants. Sans doute, bien des questions n'ont pas encore été élucidées par la science historique, beaucoup de monographies restent à élaborer. Mais, dès maintenant, on voit se dessiner assez nettement les grandes lignes du sujet pour qu'il soit possible d'en tenter une synthèse provisoire ; synthèse, qui, en groupant beaucoup de faits épars, mettra en lumière la façon dont les questions doivent se poser, signalera les lacunes de nos connaissances, en un mot provoquera sans doute de nouveaux travaux.

Tel a été notre dessein. L'époque que nous étudions est particulièrement importante. C'est le moment où l'ancienne organisation du travail semble se fixer définitivement, où la royauté achève d'imposer sa tutelle aux communautés de métiers. C'est l'époque aussi où s'établit fortement ce qu'on peut appeler l'*économie nationale*, caractérisée par la protection du travail indigène et la prohibition des produits étrangers, en un mot, par le *système protecteur*.

Mais ce système, comme le régime corporatif, va se trouver ébranlé par le développement économique qui se manifeste dans les pays les plus actifs de l'Europe. Ce développement, au XVIIe siècle et plus encore au XVIIIe, a pour principal facteur les progrès des relations commerciales. Le grand essor du commerce, et surtout du grand commerce maritime et colonial, est un fait d'une importance capitale. En vain Colbert met-il toute sa confiance dans les compagnies privilégiées ; il est obligé lui-même, en partie du moins, d'en revenir à la liberté commerciale. En matière industrielle, au contraire, on s'en tient encore au régime des privilèges, du monopole, de la réglementation. Mais, dès la fin du règne de Louis XIV, le système protecteur est battu en brèche par les commerçants et l'on se décide à conclure des traités de commerce avec les puissances étrangères.

On voit par là combien il est indispensable d'étudier concurremment l'évolution commerciale et l'évolution industrielle ; on ne peut séparer ce qui, dans la réalité, est uni si étroitement. Et ainsi se trouve justifié le plan que nous avons suivi.

Henri Sée

Pour le XVIIIe siècle, ce plan s'impose plus fortement encore. C'est, en effet, le développement si remarquable du commerce maritime, notamment du commerce avec les Antilles, qui contribue à déterminer le grand progrès industriel qui marque la seconde moitié du siècle. Les besoins nouveaux de la consommation et de la circulation imposent d'autres procédés de production, un autre mode d'organisation du travail. Et c'est ainsi que nous assistons à la décadence progressive du régime corporatif, aggravée encore par les mesures fiscales du pouvoir royal, que la réglementation industrielle est peu à peu battue en brèche, qu'on sent le besoin de nouveaux procédés techniques, que, pour combattre la concurrence des Anglais, on comprend la nécessité de leur emprunter leurs machines, que de nouvelles théories économiques agissent puissamment sur l'opinion et sur le gouvernement lui-même.

Toutefois, ce n'est encore que le début modeste de l'industrie moderne, de l'organisation capitaliste du travail.

Mais rien n'est plus intéressant que d'étudier en son principe une nouvelle phase de l'évolution. C'est l'extension de l'industrie rurale et domestique qui a précédé la concentration industrielle, comme le capitalisme commercial a devancé le capitalisme industriel. On verra que c'est seulement dans quelques branches de l'industrie, dans la fabrication des textiles, la métallurgie et les mines, qu'apparaissent les premières grandes exploitations, les premières agglomérations ouvrières. En 1789, la transformation ne fait que s'annoncer, mais on peut déjà voir de quel côté est l'avenir.

Enfin, nous n'avons pas voulu nous borner aux questions purement économiques ; nous nous sommes préoccupés de montrer le retentissement social de l'organisation économique. On essaiera de décrire le mode d'existence des classes ouvrières et marchandes. Quelle est la condition sociale des diverses catégories de producteurs, et comment cette condition commence-t-elle à se transformer, grâce à l'évolution de l'organisation industrielle ? Voilà l'une des questions qu'il importe le plus de résoudre. Que toute une catégorie de maîtres artisans tombe au rang de salariés, que les négociants tendent à former une classe de plus en plus importante, qu'on puisse les considérer comme les prédécesseurs directs des grands patrons de l'époque contemporaine ; ce sont là des faits hautement significatifs. La condition des salariés expliquera aussi bien des aspects de l'histoire sociale et politique. Les compagnons, appartenant, en immense majorité, à la petite industrie, ne peuvent prendre conscience de leurs intérêts collectifs de classe. Ils ont pu créer des compagnonnages, résister par des grèves aux exigences de leurs patrons, se préoccuper de leurs besoins immédiats ; mais rien de plus. Il n'y a pas de classe ouvrière organisée : voilà un fait qu'il conviendra de bien mettre en lumière, si l'on veut comprendre qu'à la veille de la Révolution, et pendant la Révolution même, il n'existe pas de question ouvrière, comme il existe une question paysanne.

Notre essai de synthèse pourra avoir une autre utilité, c'est de faire voir l'état actuel de nos connaissances, de montrer quelles sont les questions qui ont été élucidées d'une façon satisfaisante, quelles sont celles, au contraire, sur lesquelles devrait surtout porter l'effort du travail historique.

Il semble bien que, grâce notamment aux travaux de MM. Boissonnade, Hauser, Drapé, Rebillon, etc., l'organisation des corporations et des jurandes, ainsi que leur décadence progressive soient maintenant suffisamment connues. De nouvelles monographies auraient surtout l'intérêt de confirmer les conclusions qu'on peut dès aujourd'hui formuler. Mais il faudrait se rendre compte plus nettement de l'importance relative des divers métiers dans la vie, économique des villes. A cet égard, les rôles de capitation, les archives notariales et judiciaires fourniraient de précieux renseignements. Quant au travail libre, pratiqué par des ouvriers en chambre (*chambrelans*), il semble avoir joué un rôle plus important qu'on ne se l'imagine ordinairement ; c'est une question qui mériterait de sérieuses études, pour lesquelles les archives judiciaires fourniraient sans doute des données précieuses [1].

L'évolution commerciale a fait l'objet de nombreux travaux, qui, d'ailleurs, ont porté surtout sur l'histoire du commerce maritime et colonial. Mais ce qui a été le moins étudié, ce sont les pratiques commerciales, le détail des transactions, le rôle des commissionnaires, courtiers et banquiers. A cet égard, presque tout reste à faire. Les archives des amirautés, des Chambres de commerce, des tribunaux consulaires et aussi les papiers des maisons de commerce qui ont pu parvenir jusqu'à nous fourniraient à cet égard les

1 Voy. H. Hauser, Travailleurs et marchands de l'ancienne France, pp. 48-49.

Henri Sée

plus précieux renseignements, dont l'étude est à peine ébauchée [1].

Sur le commerce intérieur, nous ne possédons encore que fort peu d'études. On voit seulement avec assez de clarté que ce commerce est entravé, tout à la fois, par le régime fiscal et par l'insuffisance des voies de communication. Mais il faudrait se rendre compte avec précision des diverses sortes de commerces, de leurs principaux centres, des pratiques commerciales, de l'importance économique respective des diverses catégories de marchands et de négociants.

Le développement de l'industrie, le rôle de l'État en matière industrielle, l'histoire des *manufactures* sont suffisamment connus, surtout grâce aux travaux de Levasseur et de M. Germain Martin. Mais des monographies intéressantes, soit sur les divers métiers, soit sur la capacité industrielle des diverses régions, resteraient à écrire.

Quelques travaux récents, notamment ceux de Rouff et de Ballot, de Robert Lévy, de Sion, de Ch. Schmidt, de J. Hayem et de ses collaborateurs, nous donnent des aperçus précieux sur les origines de la grande industrie. Mais, à cet égard, il reste encore beaucoup à faire ; de nouvelles monographies s'imposent, des recherches, non seulement dans les dépôts publics, mais dans les archives privées.

Quelques bonnes monographies (notamment celles de Tarlé, Bourdais et Durand, Musset, Elie Reynier, etc.) nous font comprendre le caractère de l'industrie rurale, les causes de son extension, ses luttes avec les métiers urbains. Mais de nouvelles monographies seraient précieuses à cet égard, nous montreraient d'une façon plus précise encore comment cette industrie rurale est l'une des sources les plus importantes de l'industrie capitaliste.

1 Dans cette catégorie de documents, signalons les papiers des frères Delage. qui fondèrent, en 1770, une importante maison de commerce à Lorient ; ce fonds très riche est conservé aux Archives départementales du Morbihan ; voy. J. DE LA MARTINIÈRE, dans les *Rapports du Congrès des comités départementaux pour la recherche des documents économiques de la Révolution* (*Bulletin d'histoire économique de la Révolution*, 1913). Plus intéressant encore nous apparaît le fonds des Magon, les grands armateurs malouins (conservé aux Archives d'Ille-et-Vilaine). Rien de plus instructif que les papiers des maisons de commerce, qui permettent de saisir sur le vif l'activité des négociants. Voy., à cet égard, A. LESORT, *Les transactions d'un négociant malouin (1719-1721)* ; Paul DECHARME, *Le comptoir d'un marchand au XVIIᵉ siècle*, Paris, 1910 ; H. SÉE, *Le commerce de Saint-Malo au XVIIIᵉ siècle d'après les papiers des Magon*.

Il faudrait aussi déterminer avec plus de précision la répercussion sociale du développement industriel, essayer de se représenter la condition économique et sociale des négociants qui « contrôlent » les nouvelles manufactures, des entrepreneurs et directeurs de manufactures. C'est là un vaste champ de recherches qui s'ouvre aux travailleurs ; archives notariales, judiciaires, privées offriraient d'abondantes ressources.

On connaît avec assez de détail la condition des *compagnons*, leurs organisations (confréries, compagnonnages). Mais bien des données nouvelles seraient à recueillir sur les salaires, la durée de la journée de travail, les grèves, l'état d'esprit des salariés, le rôle qu'ils ont pu jouer à la veille de la Révolution et pendant la Révolution même. A cet égard, les archives judiciaires (des Parlements, des présidiaux, etc.) seraient particulièrement précieuses.

En un mot, si, dès maintenant, dans l'ensemble, on peut se faire une idée satisfaisante de l'évolution commerciale et industrielle de la France sous l'Ancien Régime, si les conclusions auxquelles on aboutit sont fort instructives pour l'histoire et la sociologie, il faut souhaiter cependant que de nouveaux travaux confirment les résultats acquis ou portent la lumière sur des questions qu'on n'a fait encore qu'effleurer [1].

---

1 Voy. mon article, L'évolution commerciale et industrielle de la France sous l'Ancien Régime (état des travaux et questions à traiter) (Revue de synthèse historique, juin 1923).

Henri Sée

PREMIÈRE PARTIE
LES SURVIVANCES DU PASSÉ (XVIIe siècle).

Chapitre premier
Les origines de l'organisation du travail. Le moyen âge.

Les caractères essentiels de l'organisation du travail, avant le développement de la grande industrie à la fin du XVIIIe siècle et au XIXe, semblent avoir été fixés de très bonne heure. Ce mode d'organisation se manifeste par la constitution des métiers, qui correspond à l'existence de marchés purement locaux. Il ne commencera à se modifier que lorsque des marchés plus vastes apparaîtront ; mais l'organisation capitaliste ne se montrera d'abord qu'à l'état sporadique et il faudra de longs siècles pour qu'elle finisse par s'imposer souverainement au monde du travail.

I. Les origines des communautés de métiers.
Métiers libres et métiers jurés.

On voit clairement qu'au début du moyen âge, et encore au IXe siècle, les villes étaient réduites presque à rien ; ce ne sont plus guère que des places fortes, dont le rôle est presque exclusivement militaire. C'est donc à la campagne que se concentre toute la vie économique ; la *villa* se suffit à elle-même ; la production est presque entièrement bornée à son territoire.

Il suffit de parcourir le capitulaire *de villis* de Charlemagne pour voir que, dans la villa impériale, tous les métiers existent ; les artisans sont des esclaves et font partie de la *familia* du seigneur. Chaque sorte de métier (*ministerium*) constitue un *officium*, dirigé par un agent du seigneur, qui livre aux ouvriers la matière première, surveille le travail, reçoit les objets fabriqués, met en vente ce qui excède les produits du domaine [1]. Il semble bien, d'ailleurs,

---

1 Voy. Capitulaire *de villis*, éd. Boretius ; B. GUÉRARD, *Explication du capitulaire de villis* (*Bibliothèque de l'École des Chartes*, t. XIV, 1853). — D'après Dopsch, ce capitulaire serait l'œuvre, non de Charlemagne, mais de Louis le Pieux, roi d'Aquitaine, et daterait de 794 ; voy. Marc BLOCH, *L'origine et la date du capitulaire de Villis* (*Revue historique*, 1923).

qu'à l'époque de Charlemagne l'industrie soit encore fort rudimentaire et qu'il n'y ait pas eu, comme quelques historiens l'ont prétendu, de véritable renaissance industrielle [1].

On a cru pouvoir supposer que les artisans se sont dégagés peu à
peu de la famille seigneuriale, lorsque les agglomérations urbaines
se sont développées et multipliées. C'est ce qui s'est passé, peut-
on penser, dans les villes qui se sont créées autour des abbayes,
lesquelles apparaissent comme des centres économiques souvent
importants. A Saint-Riquier, par exemple, les artisans sont répartis
par métiers, dans des rues différentes, et ne donnent plus, en fait de
rentes seigneuriales, que des redevances en nature [2].

Ainsi, le métier a pu naître, en certaines localités, de l'ancien *ministerium* seigneurial en s'affranchissant de la servitude domaniale,
et c'est peut-être la raison pour laquelle les officiers seigneuriaux
exercent leur juridiction sur les métiers [3]. Peut-être aussi, en bien
des cas, comme essaie de le démontrer Eberstadt, la communauté
de métier a-t-elle pu naître de la *confrérie*, d'origine religieuse, dont
les membres, appartenant au même métier, sont unis parle culte
rendu à un même patron et se promettent assistance mutuelle. En
fait, on voit que bien des métiers, même à une époque récente, sont
nés de confréries [4].

Mais on peut admettre aussi que fort souvent, — et c'est, semble-
t-il, le cas le plus général, — les métiers se sont formés sponta-
nément dans les agglomérations urbaines nouvelles, qui ont été
créées par les nécessités des transactions commerciales et où les
marchands affluaient fort nombreux. Il fallait des artisans pour
subvenir aux besoins de ces nouvelles populations, et ces artisans
vendaient aussi leurs produits aux paysans des campagnes voisines, qui pourvoyaient à la subsistance de la ville [5]. Les métiers,

1 Voy. à cet égard l'excellente démonstration de L. Halphen, *Études critiques sur le
règne de Charlemagne*. Paris, 1921. M. Halphen combat les conclusions de Dopsch,
Die Wirfschaftsentwicklung der Karolingerzeit, vornehmlich in Deutschland, t. II. pp.
133-233. Cf. aussi Inama-Sternegg, *Deutsche Wirtschaftsgeschichte bis zum Schluss
der Karolingerperiode*, 2ᵉ édition, pp. 571-692.
2 Cf. Hariulf, *Chronique de Saint Riquier*, éd. Ferd. Lot, 1894, App. VII, pp. 306-
30&.
3 Voy. Eberstadt, *Magisterium und fraternitas* (*Forschungen* de Schmoller, 1895).
4 Voy. Ph. Pouzet, Les anciennes confréries de Villefranche-sur-Saône.
5 Dans les Pays-Bas, dès le XIIᵉ siècle, on voit se constituer des associations d'entr'aide, parmi les marchands et les artisans ; ces associations ont donné peu à peu

dans la plupart des cas, sont nés sans doute du milieu urbain, qui a été constitué par des hommes vivant en marge de l'autorité seigneuriale, et il semble bien que les corporations ont été instituées ou confirmées, moins par le seigneur, que par le pouvoir public souverain [1].

D'ailleurs, il ne faut pas l'oublier, la plupart des métiers restent *libres*, sans lien corporatif. Mais certains d'entre eux s'organisent en jurandes, dès le xiie siècle. Aussi d'assez bonne heure la corporation se trouve-t-elle définitivement constituée, avec tous les caractères qu'elle gardera pendant de longs siècles, et c'est ainsi que, dans le *Livre des métiers* d'Étienne Boileau [2], au xiiie siècle, nous trouvons déjà une codification des statuts corporatifs.

Dès ce moment, la hiérarchie est fixée. L'apprentissage est le stage nécessaire pour qui veut devenir ouvrier et maître. En vertu du contrat d'apprentissage, le maître doit apprendre le métier à l'apprenti, lui fournir la nourriture, les vêtements et le logement. Les statuts fixent la durée minima de l'apprentissage, qui est de six à onze ans suivant les métiers. Le nombre des apprentis est limité : on veut ainsi éviter la concurrence entre les maîtres, car les apprentis ne reçoivent pas de salaires [3].

Les ouvriers, désignés par les noms de *valets*, *sergents* et surtout *compagnons*, reçoivent un salaire, sont souvent logés et nourris par ceux qui les emploient et ne peuvent travailler que pour le compte du maître. Au moyen âge, l'accès à la maîtrise n'est pas encore assez difficile pour que pratiquement les compagnons ne puissent assez souvent devenir maîtres à leur tour.

En effet, les candidats à la maîtrise ne sont pas encore astreints à l'obligation de présenter un chef-d'œuvre, mais, dans beaucoup de métiers, ils subissent un examen que leur font passer les *jurés*. Ils

naissance à la forme corporative. Voy. G. DES MAREZ, *La première étape de la formation corporative, L'Entr'aide* (*Bull. de l'Académie royale de Belgique*, an. 1921), et *Les origines historiques du mouvement syndical en Belgique*. Bruxelles, 1913.

1 Voy. KEUTGEN, *Aemter und Zünfte*, 1903 ; Geneviève ACLOCQUE, *Les corporations, l'industrie et le commerce à Chartres du xie siècle à la Révolution*, 1917, et le compte rendu de Georges Espinas (*Moyen Age*, 1918, t. XX, pp. 90 et sqq.) ; G. ESPINAS, *La vie urbaine de Douai au moyen âge*, 4 vol., 1913.

2 Ed. LESPINASSE et BONNARDOT, in-4, 1880.

3 Et non, comme on l'a affirmé à tort, pour que le maître puisse apprendre mieux le métier à ses apprentis.

doivent aussi payer un *droit d'entrée* au seigneur ou au roi, un droit de maîtrise à la corporation. Mais ce ne sont pas là des obstacles infranchissables pour les compagnons qui désirent parvenir à la maîtrise. Ce qui distingue les *métiers jurés* des métiers non jurés, c'est qu'ils ont toute une administration de gardes et de jurés, élus par tous les maîtres, et qui ont pour fonction de faire observer les statuts, les règlements, et d'inspecter le travail ; ils représentent et défendent la corporation. — Les statuts des métiers fixent leur constitution juridique, l'organisation du travail, réglementent minutieusement la fabrication.

La technique des divers métiers était encore primitive, assez semblable à celle du monde antique. Les anciens procédés se conservaient, se transmettaient de génération en génération ; les maîtres en avaient le monopole. Quelques-uns, plus compliqués, ont été consignés par écrit [1].

Dès la fin du moyen âge, aux XIVe et XVe siècles, les communautés de métiers deviennent de plus en plus des corps privilégiés, leur organisation tend à prendre un caractère, en quelque sorte, aristocratique [2]. Il devient, en effet, de plus en plus difficile pour les compagnons d'arriver à la maîtrise. Pour s'en convaincre, il suffit de considérer que les droits de maîtrise ont été augmentés pour les compagnons, tandis que les fils de maître en sont dispensés ou n'en donnent que de très peu coûteux ; que l'obligation du chef-d'œuvre est devenue générale au XVe siècle et qu'elle est de plus en plus coûteuse, tandis que les fils de maîtres en sont presque entièrement dispensés ; enfin, que les repas donnés aux maîtres par les récipiendaires sont maintenant vraiment onéreux. Ainsi, la maîtrise est réservée fort souvent aux fils ou aux gendres ; les communautés deviennent des corporations fermées ; les maîtres constituent une sorte de caste. Et ce phénomène apparaît précisément au moment où, dans bien des villes d'Italie et des Pays-Bas, les artisans, les « gens du commun » ont, par des insurrections, secoué la domination du patriciat urbain.

Les compagnons tendent à former une classe à part, car la plupart

1 M. FAGNIEZ en a publié plusieurs dans ses *Documents relatifs à l'histoire de l'industrie et du commerce en France*, t. II, 1900 (XIVe et XVe siècles).
2 Voy. EBERSTADT, Das französische Gewerberecht und die Schaffung staatlicher Gesetzgebung und Verwaltung in Frankreich vom XIII^{ten} Jahrhundert bis 1581. Leipzig, 1899 (Forschungen de Schmoller).

Henri Sée

sont destinés à rester compagnons toute leur vie. Ils ont donc des intérêts distincts de ceux des maîtres. De là deux conséquences essentielles : 1° Il s'élève de nombreux débats entre les maîtres et leurs ouvriers, notamment sur la durée de la journée de travail ; 2° on voit, tout au moins au xvᵉ siècle, se multiplier et se développer les confréries de compagnons [1]. Toutefois, maîtres et compagnons ont un mode de vie assez analogue.

D'ailleurs, au-dessus des maîtres, s'élève une oligarchie de jurés. Souvent les jurés en exercice voient leurs fonctions renouvelées, et déjà certaines familles sont plus spécialement destinées pour ces fonctions.

Il faut noter aussi que les corporations se montrent de plus en plus jalouses de leurs privilèges, s'efforcent d'empêcher le travail libre, le travail en chambre (*chambrelans*), mais sans y parvenir [2].

II. L'action de l'autorité royale sur les métiers au xvᵉ siècle.

Les corporations jurées ne forment, d'ailleurs, qu'une minorité. Mais déjà, aux xivᵉ et xvᵉ siècles, il y a eu extension du régime des jurandes ; l'une des raisons de ce progrès, c'est qu'on veut assurer la loyauté des produits, obtenir des garanties de bonne fabrication.

Il faut noter que beaucoup de corporations de province empruntent leurs statuts aux métiers de Paris, notamment à l'époque de Charles VI. De là, deux conséquences : 1° une tendance à l'uniformité des statuts ; 2° l'accroissement de l'autorité du pouvoir royal.

On voit le souverain intervenir de plus en plus souvent dans l'organisation des métiers. En effet, il essaie d'établir une certaine uniformité des statuts, et il s'efforce aussi de fixer les prix et les salaires, qui se sont énormément élevés par l'effet du manque de bras, au cours de la guerre de Cent Ans ; un exemple significatif de ces tendances nous est fourni par l'ordonnance de février 1351 [3].

1 Les compagnonnages du « tour de France » datent certainement du moyen âge.
2 Sur ce qui précède, voy. aussi G. FAGNIEZ, L'industrie et la classe industrielle à Paris aux XIIIᵉ et XIVᵉ siècles, 1877 (Bibl. de l'École des Hautes Études, fasc. 33) ; P. VIOLLET, Les corporations au moyen âge (Nouv. Rev. historique du droit, 1900).
3 L'ordonnance essaie surtout de faire baisser les prix. Elle ne s'attaque pas, en réalité, à la corporation, mais elle essaie de la placer sous le contrôle de la royauté, d'élever la

Dans la seconde moitié du XVe siècle, principalement sous le règne de Louis XI, l'autorité royale s'immisce de plus en plus dans l'organisation du travail ; Louis XI confirme, modifie, promulgue beaucoup de statuts, édicté même des règlements généraux applicables à tout le royaume, notamment pour les chaussetiers, en 1474, les tissutiers, en 1475, les drapiers, en 1479. Le roi songe surtout aux progrès de son autorité, à ses intérêts politiques, (il tient à l'appui des gens de métier comme à celui du patriciat urbain), et à ses intérêts fiscaux, car il touche une part des droits de maîtrise, des sommes payées pour les chefs-d'œuvre, et il perçoit souvent la moitié des amendes auxquelles donnent lieu les contraventions [1].

En un mot, la caractéristique de l'organisation des métiers se dessine nettement avant la fin du moyen âge. Elle a surtout pour but de sauvegarder, à la fois, les intérêts des consommateurs et ceux des artisans : les intérêts des premiers, en surveillant la fabrication, en tâchant d'empêcher les malfaçons ; les intérêts des artisans, en restreignant la concurrence, en les préservant contre le travail libre, en empêchant l'inégalité des maîtres les uns vis-à-vis des autres. D'ailleurs, l'égalité est encore forcément maintenue, dans la plupart des cas, par le fait que les artisans en disposent que de faibles capitaux.

III. Les origines de l'industrie capitaliste.

Toutefois, dès le Moyen âge, on voit apparaître, à l'état sporadique, l'industrie capitaliste. Cette première éclosion est elle-même une conséquence de la naissance du grand commerce, qui transporte au loin les blés, les vins, les produits industriels. Aussi la grande industrie naît-elle précisément dans les pays où les relations commerciales ont été les plus intenses : en Italie et aux Pays-Bas. En ces contrées, la richesse mobilière commence à jouer un grand rôle ;

---

réglementation royale au-dessus des règlements corporatifs. Voy. Robert VIVIER, *La grande ordonnance de février 1351* (*Revue historique*, novembre 1921, t. CXXXVIII, pp. 201 et sq.). En Angleterre, des mesures analogues ont été édictées pour parer aux effets de la crise ; voy. R. VIVIER, *Une crise économique au milieu du XIVe siècle* (*Revue d'histoire économique et sociale*, 1921).

1 Voy. H. HAUSER, Ouvriers du temps passé ; H. SÉE, Louis XI et les villes. Paris, 1892.

on y voit naître des institutions de crédit de forme déjà toute moderne [1].

Dans les Pays-Bas [2], à côté des industries qui alimentent la consommation locale, apparaissent, dès le XIIIe siècle, des industries dont les produits s'exportent au loin, des industries spécialisées, comme le laiton de la vallée de la Meuse et la laine de la Flandre. Elles travaillent au grand jour pour l'exportation. Les artisans ne sont pas en contact avec le public, n'ont de rapport qu'avec les marchands qui les emploient, véritables patrons capitalistes, dont ils sont les salariés. L'ouvrier ne possède ni l'outil, ni la matière première ; son existence précaire se trouve donc à la merci des crises et des chômages. Les travailleurs de ces industries se distinguent par le nombre : à Gand, on compte 4.000 tisserands ; à Ypres, en 1431, ils comprennent plus de la moitié delà population ouvrière. D'ailleurs, il n'est pas question de concentration industrielle ; il existe des multitudes de petits ateliers. L'industrie rurale et domestique prend une remarquable extension en Flandre.

Les marchands sont donc déjà des entrepreneurs capitalistes. Leurs ressources leur permettent l'importation en gros de la laine et du bétail, en même temps que des blés et des vins ; ils exportent les tissus, la chaudronnerie. Libres de toute réglementation, indépendants des métiers, ils forment des *hanses* et des *gildes*. Mais les industries à forme capitaliste ne se développèrent que dans un nombre assez restreint de villes, même aux Pays-Bas, et elles n'ont pas donné naissance à de grandes agglomérations : Ypres, au XVe siècle, n'a pas eu plus de 10.000 âmes ; Gand et Bruges n'ont pas dépassé 50.000 et 40.000 âmes ; Louvain, Bruxelles et Liège n'ont pas plus de 20 à 30.000 habitants. Ce ne sont donc que des îlots

1 Voy. G. DES MAREZ, La lettre de foire à Ypres au XIIIe siècle, 1901 ; G. BIGWOOD, Le régime juridique et économique du commerce de l'argent dans la Belgique du moyen âge, 1921 (Mém. de l'Acad. roy. de Belgique).
2 Voy. Henri PIRENNE, *Histoire de Belgique*, t. I-III, et *Les anciennes démocraties des Pays-Bas*, Paris, 1910, pp. 114 et sqq. ; G. ESPINAS et H. PIRENNE, *Recueil de documents relatif à l'industrie drapière en Flandre*. 3 vol., 1906-1920 ; G. ESPINAS, *La vie urbaine de Douai au moyen âge*, 4 vol., 1913, et La draperie dans la Flandre française au moyen âge*, Paris, 1923 ; G. DES MAREZ, *L'organisation du travail à Bruxelles au XVe siècle*, 1904. — Pour tout le chapitre, voy. aussi P. BOISSONNADE, *Le travail dans l'Europe chrétienne au moyen âge* (*Hist. universelle du travail*). Paris, 1921 ; Ch. PETIT DUTAILLIS, *Charles VII et Louis XI* (*Histoire de France*, de Lavisse, t. IV[1]. pp. 130 et sqq.).

clairsemés et peu denses.

La conséquence de cette forme nouvelle d'organisation du travail, c'est que la population urbaine se différencie en plusieurs classes économiques, qu'il y a opposition des riches et des pauvres, qu'il se constitue un patriciat urbain composé de marchands enrichis et de rentiers, possédant des biens-fonds et des maisons [1].

Au XIIIᵉ siècle, le gouvernement se trouve aux mains de ce patriciat, qui a fait la prospérité et la grandeur des villes. Mais, dès la fin de ce siècle, il manifeste un exclusivisme de plus en plus étroit, qui provoque, au XIVᵉ, les révoltes des « gens du commun ». Ainsi s'explique, au XVᵉ siècle, le gouvernement démocratique des villes, sous lequel se développe, comme partout à cette époque, l'organisation des métiers. Malgré les tendances anticapitalistes de ces gouvernements urbains, on voit persister l'industrie capitaliste, par exemple dans la draperie : le tisserand et le foulon sont restés des salariés. — Dès le moyen âge, on voit se former aux Pays-Bas une économie industrielle, qui ne se développera pleinement ailleurs qu'au XVIIIᵉ siècle.

En France, on observe des phénomènes analogues, mais bien moins fortement caractérisés. Là aussi, on voit se développer la classe marchande, qui se différencie des gens de métiers ; un privilège royal de 1413 affranchit les merciers de l'inspection des jurés des métiers. Le commerce se développe surtout après la guerre de Cent Ans ; on crée de nombreuses foires. Les rois (Louis XI plus que ses prédécesseurs), pour augmenter les ressources de l'État, s'efforcent de favoriser l'extension du commerce, d'introduire des industries de luxe ; ils obéissent déjà à une conception « mercantiliste », car ils considèrent que l'achat d'étoffes précieuses à l'étranger diminue le stock monétaire du royaume. C'est ainsi que Louis XI tente de créer l'industrie de la soie à Lyon, malgré la répugnance des habitants, puis à Tours, où elle prospéra dès son règne. On voit donc déjà apparaître quelques-unes des tendances qui s'affirmeront dans les siècles suivants [2].

1 Voy. G. DES MAREZ, Étude sur la propriété foncière dans les villes au moyen âge. Gand, 1898.
2 Sur ce qui précède, voy. l'étude très suggestive d'Henri HAUSER, Les origines du capitalisme moderne en France (Revue d'Économie politique, an. 1902). Cf. aussi EHRENBERG, Das Zeitalter der Fugger, et CUNNINGHAM, Western civilization in its economic aspect : mediaeval and modern times. Cambridge, 1900.

Henri Sée

Chapitre II
L'industrie et le commerce au XVIᵉ siècle

I. L'extension du régime corporatif ; les édits de 1581 et de 1597. L'action du pouvoir royal.

En ce qui concerne l'organisation des métiers, il n'y a pas eu, au XVIᵉ siècle, de transformation profonde. Il faut noter, d'abord, que les communautés de métiers prennent de plus eu plus l'aspect de corps étroitement fermés. En effet, d'une part, l'obligation du chef-d'œuvre devient générale et le chef-d'œuvre de plus en plus difficile, de plus en plus long, — il faut parfois un an pour l'élaborer, — de plus en plus onéreux, tandis que les dispenses accordées aux fils et gendres constituent la règle ordinaire. D'autre part, les droits d'entrée ne cessent de s'élever ; les banquets deviennent plus coûteux, les cadeaux aux maîtres plus chers, sans compter les abus et les malversations qui se commettent. — C'est en vain que la royauté s'efforce d'enrayer le mal ; l'ordonnance de Villers-Cotterêts, de 1539, qui prescrit la suppression des banquets et des cadeaux, ne fut pas observée. En réalité, dans les métiers l'oligarchie est de plus en plus marquée : les jurés souvent ne sont plus élus par tous les maîtres, et leurs fonctions ne cessent de s'accroître.

Un fait significatif, c'est l'extension du régime corporatif. En sa faveur on invoque, à la fois, l'intérêt du roi, dont les profits s'accroissent par la création des nouvelles jurandes, et l'intérêt des artisans ; c'est ainsi qu'à Rouen et à Paris, les faiseurs d'esteufs réclament la jurande, parce que leur métier est « un petit métier, œuvre de grande peine et de petit profit ». L'extension a lieu, à la fois, dans les villes jurées, par la création de nouveaux métiers jurés, et dans les villes non jurées. Ainsi, à Lyon, où le travail était libre, lorsque la situation économique devient mauvaise, le consulat réclame l'établissement du régime corporatif, qui ne fut créé, en réalité, qu'au XVIIᵉ siècle [1].

La royauté contribue grandement à l'extension du régime corporatif. Par l'édit de 1581, elle prétend l'appliquer à tous les métiers, même dans les petites villes ou bourgs. Le pouvoir royal songeait

[1] Voy. H. Hauser, *Ouvriers du temps passé*, pp. 130-131.

à ses intérêts politiques et surtout à ses intérêts fiscaux [1] : d'après l'édit de 1581, tous les maîtres prêteront serment de maîtrise devant l'officier royal et le serment est accompagné d'une redevance ; le roi fixe le droit d'entrée, établit un tarif, réparti en trois classes. — Par contre, le roi crée dans les villes jurées des maîtres qui ne sont pas soumis à l'obligation du chef-d'œuvre et qui sont exempts du paiement des lettres de maîtrise : il doit y en avoir trois par métier dans chaque ville.

L'édit de 1581 ne fut, d'ailleurs, pour ainsi dire, pas observé. La preuve, c'est que l'édit de 1597 le renouvelle, révélant plus cyniquement encore la préoccupation fiscale [2]. Ce dernier édit ne fut guère mieux observé que celui de 1581 ; cependant, au début du XVIIᵉ siècle, le nombre des corporations s'est notamment accru, et la royauté achève de fixer les principes de son autorité sur l'organisation du travail, autorité qui tend de plus en plus à supplanter les pouvoirs municipaux et seigneuriaux, et aussi à se faire sentir dans toute l'étendue du royaume [3].

En fait, la mainmise de l'autorité royale sur les corporations devient de plus en plus forte. Elle prétend les soumettre étroitement à ses droits de juridiction et de police ; elle les surveille de près et empêche les jurés d'exercer un pouvoir arbitraire. Ainsi, l'ordonnance de 1567 recommande de procéder, tous les deux ou trois ans, au renouvellement des gardes des métiers, qui souvent se perpétuent abusivement dans leur charge, de les prendre par ancienneté, à tour de rôle, au lieu de les élire ; elle prescrit la suppression des banquets et confréries, la régularité des visites, la diminution des droits de maîtrise ; elle prescrit aussi de ne se servir pour les chefs-d'œuvre que de matériaux d'un usage ordinaire. L'ordonnance a surtout pour but de mettre un terme au renchérissement : le roi Charles IX fixe les prix de certaines marchandises et de certains services, ordonne que, tous les trois mois, les prix des vivres et des

1 Cf. EBERSTADT, Das französische Gewerberecht...

2 Voy. les considérants : « pour remédier au grand interest et dommaige des pauvres artisans désirans obtenir le degré de maistrise et pour que nous puissions à l'advenir recevoir le bien et commodité qui nous peut provenir de tous lesdits droicts et nous en servir en l'extrême nécessité de nos affaires, spécialement pour satisfaire aux très justes debtes dont nous sommes redevables aux colonels et capitaines des Suisses..., auxquels nous affectons tous les devoirs qui en proviendront ».

3 Voy. H. HAUSER, *Travailleurs et marchands de l'ancienne France*. Paris, 1920, pp. 179 et sqq.

Henri Sée

denrées soient déterminés et que les maîtres jurés de chaque métier s'assemblent pour empêcher « hausse ou innovation ».

La royauté redoute toute organisation indépendante. Aussi renouvelle-t-elle constamment les interdictions contre les confréries. On peut citer en ce sens des arrêts du Parlement de 1500 et de 1535 et surtout l'ordonnance de Villers-Cotterêts, de 1539 : « Que, suivant nos anciennes ordonnances et arrêts de nos cours souveraines, seront abattues, interdites et défendues toutes confréries de gens de mestier et artisans par tout nostre royaume »[1].

II. L'expansion économique.
La révolution monétaire et la hausse des prix.

Cependant, au XVIᵉ siècle, la France subit une transformation profonde, qui résulte d'un remarquable développement économique. Les relations commerciales sont très sensiblement modifiées et l'on aperçoit de notables progrès du capitalisme.

L'expansion économique se manifeste déjà vers la fin du XVᵉ siècle. Mais maintenant intervient un événement d'importance capitale, les grandes découvertes maritimes. La Méditerranée perd sa prépondérance, et ce sont les peuples de l'Atlantique qui constituent les grandes puissances maritimes. C'est l'époque de l'immense prospérité d'Anvers, le plus grand port de l'Europe, le grand centre de la banque[2]. On va chercher directement dans les pays producteurs le coton, la soie, les épices, le sucre, qui entrent dans la consommation courante, ainsi que des produits inconnus jusqu'alors, les bois de teinture et d'ébénisterie, l'indigo, le café, le tabac.

C'est aussi l'époque où s'accroît d'une façon énorme la masse des métaux précieux. A la fin du XVᵉ siècle, l'or et l'argent étaient devenus très rares ; c'est ainsi que Louis XII, par son ordonnance du 22 septembre 1506, se plaint « que les prix d'or et d'argent sont haussés à notre très grand préjudice et dommage » et attribue le fait à l'exportation de l'or et de l'argent. Au XVIᵉ siècle, il se produit un changement complet à la suite de la conquête du Mexique

1 Remarquons qu'en France, au XVIᵉ siècle, l'intervention de la royauté en matière économique est beaucoup moins forte et moins étendue qu'en Angleterre. Cf. ASHLEY, *The economic organisation of England*, 1923, pp. 9b et sqq.

2 HAUSER, *Travailleurs et marchands*, pp. 217 et sqq.

(1519-1527) et du Pérou (1532-1541) ; il y a d'abord afflux de l'or, puis de l'argent, après la découverte, en 1587, de la mine de Potosi, qui rend jusqu'à 300.000 kilogrammes par an. Plus des quatre cinquièmes des métaux précieux viennent d'Amérique. La production moyenne, par année, est, de 1541 à 1544, 67 % plus forte que de 1193 à 1520 ; de 1601 à 1620, la production l'emporte du double sur celle de la période précédente. En un siècle, la production annuelle des métaux précieux a quadruplé, et la production de l'argent a beaucoup plus augmenté que celle de l'or, car les mines du Mexique et du Pérou sont surtout des mines d'argent.

Les conséquences de la révolution monétaire ont été très graves. Ce fut d'abord la diminution du poids de la livre tournois, qui était une unité de compte, ce qui aggrava la dépréciation commerciale de la monnaie. Aussi s'efforça-t-on, par l'édit de septembre 1577, d'établir le monométallisme, mais le bimétallisme subsista en fait. Les monnaies étrangères, — surtout les monnaies espagnoles —, d'un titre et d'une valeur inférieurs à ceux de nos monnaies, envahirent la France, tandis que les monnaies françaises s'écoulaient au dehors. De là, une spéculation effrénée sur les changes, qui enrichit les gens de finance, les banquiers (italiens pour la plupart) et incita de nombreux marchands à abandonner leurs affaires pour le trafic de l'argent. C'est en vain que l'édit de 1602 interdit en France la circulation des monnaies étrangères ; cette démonétisation ruina beaucoup de particuliers et nuisit gravement au commerce français, sans atteindre le but que l'édit se proposait. A ce moment même, la Hollande, grâce à la bonne organisation de son système monétaire et de son crédit privé, grâce à l'abondance des métaux précieux qu'elle détenait, prenait la première place dans le commerce international et la gardera pendant tout le XVIIe siècle [1].

L'afflux des métaux précieux et la spéculation sur les changes entraînèrent la hausse des prix qui se manifesta au XVIe siècle et surtout dans la seconde moitié de ce siècle. L'hectolitre de blé a quadruplé de prix, au XVIe siècle ; de 1550 à 1600, l'augmentation a

1 Voy. surtout Germain MARTIN, La monnaie et le crédit privé en France aux XVIe et XVIIe siècles (Revue d'histoire des doctrines économiques, t. II, 1900. pp. 1-40). Cf. aussi G. FAGNIEZ, L'économie sociale de la France sous Henri IV. et J.-G. VAN DILLEN, Amsterdam, marché mondial des métaux précieux au XVIIe et au XVIIIe siècle (Compte rendu du Congrès des sciences historiques de Bruxelles de 1923, p. 280).

été du triple. Même constatation pour beaucoup de matières précieuses, de produits manufacturés, pour le prix et le revenu de la terre [1]. Les salaires s'accroissent aussi, mais ils augmentent beaucoup plus faiblement que les prix : ils n'ont guère que doublé. Cette hausse inflige de grandes souffrances aux rentiers, aux artisans, au menu peuple ; en général, elle a été profitable aux débiteurs, dommageable aux créanciers. L'administration, pour y remédier, édicta des *maximum* pour les prix et les salaires, notamment en 1544, 1567, 1577, et promulgua des lois somptuaires. Ce fut en vain. Quelques rares contemporains ont compris les vraies causes du phénomène, notamment Jean Bodin, qui, en 1578, publia son *Discours sur le rehaussement et la diminution des monnaies*, et qui, déjà en 1568, avait fait paraître sa *Réponse aux paradoxes de M. de Malestroit* [2].

Une autre conséquence de l'afflux des métaux précieux, ce fut l'accroissement de la richesse, du capital mobilier. Il en résulta une grande activité économique, qui se manifesta par le progrès du commerce, puis par la création d'industries nouvelles. L'accroissement du capital mobilier donna aussi naissance à des conceptions économiques nouvelles, au système mercantile et protecteur. Ainsi s'expliquent la préoccupation d'avoir des colonies pour écouler les produits de la métropole et se procurer les métaux et les denrées précieuses, la formation du pacte colonial, qui doit assurer à la métropole un véritable monopole. — En un mot, la crise des prix du XVIᵉ siècle est un phénomène d'une portée générale, qui mériterait une étude approfondie [3].

---

1 Cf. d'Avenel, Histoire de la propriété, des salaires, des denrées et des prix de l'an 1200 à l'an 1800, 5 vol., 1894-1909.
2 Cf. H. Hauser, Controverse sur les monnaies (Travailleurs et marchands..., pp. 75 et sqq).
3 On trouvera l'ébauche de celle étude dans A. Liautey, *La hausse des prix et la lutte contre la cherté en France au XVIᵉ siècle*. Paris, 1921, et surtout dans Maximin Deloche, *La crise économique au XVIᵉ siècle et la crise actuelle*. Paris, 1922. Des indications précieuses sont fournies par Lucien Romier, *Le royaume de Catherine de Médicis. La France à la veille des guerres de religion*. Paris, 1922. Cf. aussi l'excellent travail de Paul Raveau, *Le pouvoir d'achat de l'argent et de la livre tournois en Poitou du règne de Louis XI à celui de Louis XIII* (Bull. de la Soc. des antiquaires de l'Ouest, an. 1922).

PREMIÈRE PARTIE

III. Les progrès du commerce.

Le commerce est en progrès notable, malgré la difficulté des communications, car les routes sont encore peu nombreuses et mal entretenues : il y a bien 25.000 kilomètres de chemins, mais les trois quarts sont à l'état de nature : la route d'Orléans est pavée seulement sur deux lieues, d'Orléans à Cercottes, en 1556 [1].

Les voies navigables sont plus favorables au commerce que les routes. Les fleuves sont très utilisés, mais encombrés de moulins et de pêcheries, gênés par les péages (on en compte une centaine sur la Loire en 1567) [2]. Adam de Crapponne forme le projet de réunir la Loire à la Seine ; le travail du canal fut commencé en 1558, mais fut interrompu par la mort d'Henri II ; le même ingénieur étudia le projet d'un canal entre l'Aude et la Garonne, mais qui n'aboutit pas.

Il y avait des foires prospères, notamment à Lyon, à Nîmes, à Beaucaire, à Rouen, à Paris (foires du Lendit et de Saint-Germain) ; à ces foires se rendaient des marchands de toutes les contrées de l'Europe.

Aussi voit-on se développer partout la classe marchande ; à Paris, par exemple, on constate la prédominance des Six Corps : drapiers, épiciers, merciers, pelletiers, orfèvres, bonnetiers, ces derniers remplacés, en 1514, par les changeurs.

Mais ce qui est plus caractéristique encore, c'est le développement du commerce avec l'étranger [3], principalement avec l'Espagne, qui avait besoin de nos produits et ne pouvait guère payer qu'en numéraire, et aussi avec l'Angleterre, qui recherchait fort les produits agricoles de la France [4]. L'Italie et la Flandre ne venaient qu'au second plan. Les banques, surtout les banques italiennes, se multiplièrent dans toutes les grandes villes, surtout à Lyon, à Paris, à Bordeaux, à Rouen.

C'est au XVIe siècle qu'on assiste au grand progrès du commerce maritime. C'est de cette époque que date la prospérité de ports

1 Cf. Ch. ESTIENNE, *Guide des chemins de France*, 1553.
2 MANTELLIER, Histoire de la communauté des marchands fréquentant la rivière de Loire. Orléans, 1864-1867, 2 vol. in-8.
3 Voy. G. FAGNIEZ, *op. cit.*, pp. 259 et sqq.
4 Cf. BOISSONNADE, Relations commerciales de la France et de la Grande-Bretagne au XVIe siècle (Revue historique, juillet-août et sept.-oct. 1920).

comme Nantes et Bordeaux ; c'est sous François Ier que fut créé Le Havre.

C'est aussi à ce moment que se développent les relations de la France avec l'Orient ; elles sont marquées par l'entente conclue avec les Mameluks d'Égypte, puis avec le sultan, en 1536, par les *capitulations*, grâce auxquelles la France exercera son protectorat sur tous les catholiques de l'Orient. La France, qui n'a plus à redouter que la concurrence de Venise, devient la première puissance maritime de la Méditerranée.

Dans le Nouveau-Monde, les Français ont pris part à de nombreuses expéditions, à Terre-Neuve, au Brésil, en Guinée, sur les côtes de l'Amérique du Nord. Jacques Cartier découvre le Canada, de 1534 à 1541. Au Brésil et en Floride, les Français ne parviennent pas à s'établir, mais ils entreprennent le commerce interlope dans l'Amérique du Sud ; leurs relations commerciales hors d'Europe se développent.

On s'explique alors que le capitalisme commercial ait fait de grands progrès au cours du XVIe siècle. On voit se créer, suivant l'expression de M. Hauser, de « grandes bourses internationales des marchandises et des valeurs immobilières », comme les foires de Lyon ; l'institution des banques se perfectionne singulièrement à Augsbourg, à Nuremberg, à Lyon [1].

IV. Les fabrications nouvelles ; industries de luxe et d'art. Atteintes au régime corporatif.

Les progrès des transactions commerciales déterminent l'introduction d'industriels nouvelles. D'Italie on importe la fabrication des faïences peintes et recouvertes d'un vernis au feu ; c'est l'origine de la faïencerie rouennaise. D'Italie aussi, on importe la fabrication des glaces : des manufactures sont créées à Nevers et à Saint-Germain-en-Laye. La fabrication de la soie devient très prospère à Tours, où, en 1540, l'on compte 8.000 métiers ; dès 1536, elle s'était implantée à Lyon, où, en 1556, 12.000 personnes sont déjà employées par la manufacture [2]. Vers la fin du siècle, on fabrique des

---

1 H. HAUSER, Les origines du capitalisme, loc. cit., pp. 317 et sqq.
2 N. RONDOT, *L'industrie de la soie en France*. Lyon, 1894, pp. 43 et sqq. — Vers le

velours et des satins à Nîmes et à Montpellier, des bas de soie à Dourdan, des étoffes de soie à Orléans. Depuis 4530, l'industrie de la tapisserie, originaire de la Flandre, se répand en France : c'est d'abord la fabrique de haute lisse de Fontainebleau, qui travaille sur les dessins du Primatice et de Jules Romain, puis, à Paris, la fabrique des Gobelins. Dans le Velay et à Senlis, on fabrique des dentelles. Notons encore les grands progrès de l'imprimerie : à Paris, on compte 800 imprimeurs et libraires, presque autant à Lyon ; les Estienne, Guillaume Morin, Plantin sont célèbres dans toute l'Europe.

Au XVIᵉ siècle, les inventions ou les perfectionnements importants apparaissent nombreux : ce sont, pour citer quelques exemples, l'émail en relief de Bernard Palissy, la création de l'industrie de la futaine de coton, qui emploie à Lyon 2.000 ouvriers ; ce sont les progrès de l'orfèvrerie, de la draperie.

Les nouvelles industries exigent une technique et une organisation nouvelles. Elles ne peuvent donc entrer dans le cadre des corporations ; elles ont besoin de privilèges particuliers. C'est ainsi que, pour la fabrication de la soie, Étienne Turquet, à Lyon, reçoit, en 1536, un privilège spécial : ses ouvriers sont affranchis du droit d'aubaine, de la taille, mais sont tenus de ne travailler que pour l'entrepreneur pendant la durée du contrat. Sous Henri II, deux faïenciers de Faenza obtiennent un privilège, et l'acte déclare que « c'est chose de tout temps permise aux estrangiers apportans en nostre royaume moyen ou pratique de quelque art ou métier encore peu cogneu en icelluy » [1]. Aux inventeurs on accorde le droit exclusif d'exploiter leur découverte, sorte de brevet d'invention : tel, le privilège accordé à Abel Foulon pour la fabrication de l'*holomètre* [2]. En 1568, trois chaudronniers de Paris ont inventé des morions de cuivre d'une forme nouvelle pour remplacer les anciens casques ; afin d'éviter les attaques de la communauté des armuriers, ils adressent une supplique au roi, qui leur accorde un privilège spécial. Sous Henri IV, on installe au Louvre des artisans d'élite et des artistes : peintres, sculpteurs, horlogers, orfèvres, gra-

milieu du XVIᵉ siècle, l'on accorde les franchises, jusqu'alors conférées aux ouvriers, à des marchands qui conduisaient la manufacture de velours et de drap de soie « sans estre assis sur le mestier et mener la navette » (*Ibid.*, p. 48).
1 EBERSTADT, *op. cit.*, pp. 325 et sqq.
2 H. HAUSER, *Ouvriers du temps passé*, pp. 136-137.

Henri Sée

veurs en pierres fines, parfumeurs, fourbisseurs, fabricants d'instruments mathématiques, tapissiers. Comme ils sont inquiétés par les corporations, on leur accorde, en 1607, des lettres-patentes (renouvelées en 1608), qui les autorisent à travailler pour le public ; leurs apprentis pourront s'établir partout sans faire de chef-d'œuvre. Une autre atteinte au régime corporatif, ce fut, — dans un intérêt fiscal —, l'institution des *ouvriers suivant la cour*, qui fournissent aussi le public, et qui achètent le droit d'échapper aux obligations de l'industrie privée : il y en eut 160 sous François Ier, et 480 sous Henri IV.

V. Mercantilisme et système protecteur.

C'est aussi du xvie siècle que datent véritablement le mercantilisme et le système protecteur. Les droits de sortie (droits de haut passage et de rêve aux frontières ; droit de traite foraine) subsistent. Mais ce qui prend de l'importance, ce sont les droits d'entrée. L'ordonnance de 1539 interdit l'importation des lainages d'Espagne et du Roussillon, des sayettes de Flandre. L'ordonnance du 18 juillet 1540 réorganise la douane de Lyon : les draps d'or et d'argent, ainsi que les soieries étrangères, ne pénétreront en France que par certaines villes et seront tous expédiés à Lyon, où l'on percevra 5 % sur les marchandises consommées, 2 % sur les marchandises en transit. Un édit de 1510 n'autorise plus l'entrée des épices que si elles viennent des pays producteurs et des entrepôts du Portugal, de l'Italie, de l'Orient. Une ordonnance de 1572 défend d'exporter sans autorisation les matières premières (laines, chanvres, lins, etc.) et d'importer les draps, toiles, velours, taffetas, tapisseries étrangères. En 1581, on accroît les tarifs des droits d'entrée.

Tous ces phénomènes n'ont fait que se développer vers la fin du xvie siècle, malgré la ruine économique, provoquée par les guerres de religion. La hausse des prix ne fit que s'accélérer, ce qui causa de grands troubles. On ordonna la taxe des objets de première nécessité dans les villes, et, en 1577, on tarifa aussi les transports.

VI. Le capitalisme. Conflits entre le capital et le travail.

Les conditions économiques nouvelles contribuent à faire des compagnons une classe nettement distincte de celle des patrons. Il faut considérer l'accroissement de la production, le développement du crédit. Les frais d'établissement deviennent plus considérables, surtout dans les industries nouvelles. En conséquence, pour s'établir, il faut un certain capital.

C'est ainsi que l'imprimerie exige plusieurs presses, une grande quantité de caractères, d'assez nombreux ouvriers, et le travail n'est pas immédiatement rémunéré. La soierie demande aussi des installations coûteuses [1]. Le capital, dans certaines industries, joue donc un rôle important. Souvent déjà le capitaliste ou commerçant fait travailler des artisans qui se trouvent sous sa dépendance économique. Ainsi, les drapiers-drapants dominent les métiers des tisserands, des foulons, des teinturiers et vendent les produits de leur travail ; à Toulouse, les marchands achètent la soie, la font travailler par des mouliniers, des tisseurs, des teinturiers et vendent les étoffes ainsi produites. Dans l'industrie du livre, les imprimeurs travaillent souvent pour des libraires, qui sont de véritables marchands. C'est sans doute au XVIᵉ siècle que l'industrie rurale et domestique commence à se répandre en France [2].

Dès le XVIᵉ siècle, nous voyons donc se développer le capitalisme industriel, mais sous sa forme « commerciale ». Il ne faudrait pas, en effet, s'exagérer l'importance, à cette époque, de la division du travail et du machinisme : il ne s'agit que d'un machinisme bien rudimentaire ; la division du travail n'apparaît que dans quelques fabrications, et, quant à la *concentration industrielle*, elle n'existe

1 Ainsi s'explique l'importance prise, à Lyon, par les maîtres marchands (N. RONDOT, *op. cit.*, p. 48).

2 L'action du capitalisme se manifeste plus fortement encore en Angleterre, surtout dans le Yorkshire. Dès la fin du XVᵉ siècle, et surtout au XVIᵉ, dans l'industrie lainière, les métiers se transportent dans la campagne, où les salaires sont plus bas ; c'est déjà le système de l'industrie rurale et domestique ; les tisserands tombent sous la domination des marchands, qui ont les moyens d'acheter en gros la matière première. Voy. LIPSON, *History of the woolen and worsted industries*, 1921 ; Herbert HEATON, *Yorkshire woolen and worsted industry*, 1920.— Dans le pays de Liège, à la fin du XVᵉ siècle et au XVIᵉ, le développement des industries houillère et drapière marque les débuts de l'organisation capitaliste. Voy. H. PIRENNE, *Esquisse d'un programme d'études sur l'histoire économique du pays de Liège*, 1909, et *Histoire de Belgique*, t. III.

vraiment pas à cette époque. C'est le régime de la petite industrie qui reste partout et qui restera longtemps encore prédominant [1].

Ce qui est vrai, c'est que, dans certaines industries, les progrès du capitalisme commercial, la mainmise des marchands sur la fabrication ont contribué à créer un prolétariat ouvrier, dont la révolution monétaire aggrave encore la condition. Les salaires s'accroissent, il est vrai, mais moins vite que les prix ; les souffrances des ouvriers sont donc souvent fort vives [2]. Rien d'étonnant que les confréries des compagnons deviennent fort nombreuses.

Dans certains cas, des conflits violents mirent aux prises patrons et compagnons, notamment dans l'imprimerie. A Lyon, une grande grève éclata en 1339 et dura jusqu'en 1542. Les compagnons imprimeurs ont toute une organisation, une « bourse commune » ; ils houspillent les maîtres, les compagnons qui ne veulent pas quitter l'ouvrage, les agents de l'autorité. Ils se plaignent de toucher des salaires insuffisants, de recevoir une mauvaise nourriture. Ils prétendent travailler à leur guise, même les jours fériés pour réparer le temps perdu. Ils réclament aussi contre le nombre excessif des apprentis, qui font concurrence aux compagnons. Les sentences du sénéchal, du Conseil Privé sont défavorables aux ouvriers, et, en dépit de l'attitude du Parlement qui prend le parti des compagnons, l'édit royal de décembre 1541 donne gain de cause aux maîtres. Cet édit est copié sur celui qui concerne Paris, car, dans cette ville, a éclaté une grève parallèle à celle de Lyon. En vain les ouvriers en appellent-ils au Parlement ; un édit de 1544 leur impose silence.

Mais la situation reste tendue : les maîtres se plaignent toujours de l'indiscipline des ouvriers, de leurs confréries, de leurs coalitions. L'édit de 1571 est plus défavorable encore aux compagnons que celui de 1544. Mais les ouvriers de Paris et de Lyon s'entendent et présentent au Parlement une requête, dans laquelle ils exposent avec une grande précision leurs griefs, se plaignant de l'insuffisance de leurs salaires et de la longueur excessive de la journée de

1 H. HAUSER (*Les origines du capitalisme, loc. cit.*, pp. 200 et sqq.), dans son désir de montrer que le capitalisme n'est pas un phénomène récent, a quelque peu forcé la note, lorsqu'il a voulu démontrer que le capitalisme industriel joue déjà un grand rôle au XVIᵉ siècle. Sa démonstration n'eu reste pas moins intéressante et elle a été féconde, car elle a contribué à attirer l'attention des historiens sur cette question.

2 Voy. E. LEVASSEUR, *Histoire des classes ouvrières*, t. II, pp. 69 et sqq.

PREMIÈRE PARTIE

travail, qui s'étend de 2 heures du matin à 8 ou 9 heures du soir, reprochant à leurs patrons de faire travailler à l'étranger. La déclaration du 10 septembre 1572 donne une satisfaction partielle aux compagnons : elle limite le nombre des apprentis, qui ne pourront être plus de deux par presse, fixe le taux des salaires, établit la réciprocité des clauses relatives à l'exécution du contrat de travail, interdit aux imprimeurs de faire travailler hors de France [1].

Il est vrai que des luttes semblables sont très rares dans les autres métiers, où le conflit entre le capital et le travail n'existe pas au même degré. Mais presque toujours les pouvoirs établis prennent le parti des maîtres : toute coalition des compagnons est considérée comme une « mutinerie », une « sédition ».

Chapitre III
L'organisation des métiers au XVIIe siècle

Au XVIIe siècle, le régime prédominant dans l'organisation du travail est toujours le régime des métiers, qu'ils soient jurés ou non jurés.

I. Prédominance des petites exploitations.

Qui dit métiers dit petits ateliers. La persistance des petits ateliers s'explique si l'on songe que, dans la plupart des métiers, la technique ne s'est pas profondément transformée depuis le moyen âge. Le fait est frappant, même dans une industrie récente comme l'imprimerie. Le matériel des imprimeurs, dans la plupart des villes, est encore peu considérable. C'est ainsi que les statuts de 1634 obligent les imprimeurs poitevins à avoir au moins une presse entière ; une imprimerie à deux presses n'a besoin que d'un personnel de sept à huit ouvriers (compagnons ou apprentis) et ne peut guère tirer que 650 exemplaires par jour [2].

---

1 Voy., à cet égard, l'excellente étude de H. Hauser, Ouvriers du temps passé ; L. Morin, Essai sur la police des compagnons imprimeurs sous l'Ancien Régime, 1898.
2 Voy. Boissonnade, Étude sur l'organisation du travail en Poitou, 1899, t. I, pp. 460-461.

Dans quelques industries textiles, il est vrai, apparaissent des métiers mécaniques, mais qui accroissent seulement le rendement de l'ouvrier isolé : tel, le métier pour la fabrication des bas.

Ainsi, partout le régime de la petite industrie est prédominant. En Poitou, les maîtres drapiers de Niort, qui sont au nombre de 30, ne possèdent que 120 métiers et n'ont que 404 ouvriers. Saint-Maixent compte, en 1669, 263 sergetiers, 19 drapiers de soie, 40 bonnetiers : ce ne sont que des artisans.

Toutefois, dans l'industrie textile, surtout dans la draperie, la division du travail existe : on trouve des cardeurs, des peigneurs, des tisserands, des foulons, des teinturiers. C'est ce qui a favorisé le développement des marchands, qui concentrent les produits pour les revendre et qui tiennent ainsi les artisans dans leur dépendance économique. Il y a là une lente évolution vers le régime capitaliste, que l'on verra se développer peu à peu au cours du XVIIIᵉ siècle. Mais le régime prédominant, c'est celui de la petite industrie, soumis à l'organisation des métiers.

II. Extension du régime corporatif.
Métiers libres transformés en jurandes.

Le métier n'arrive à sa forme parfaite que lorsqu'il est organisé en jurande. Le régime des jurandes s'est étendu, mais la royauté n'est pas encore parvenue à le rendre universel. Pendant tout le XVIIᵉ siècle, il existe toujours beaucoup de métiers libres ; ce sont eux qui représentent la forme habituelle des groupements industriels et commerciaux. Ce sont les professions usuelles, les métiers les plus immédiatement utiles, ceux sur lesquels le contrôle semblait le plus indispensable, qui ont été organisés en métiers jurés, notamment les métiers de l'alimentation. Parmi les métiers libres, on compte souvent des métiers qui aujourd'hui appartiendraient à la grande industrie [1].

Mais les métiers libres aspirent maintes fois à la situation de corporations jurées. Pour justifier leur demande, ils déclarent souvent

---

1 Ainsi, à Brest, les métiers s'occupant des constructions navales sont des métiers libres, même au XVIIIᵉ siècle : voyez Maurice BERNARD, *La municipalité de Brest de 1750 à 1790*, chap. I.

qu'ils veulent empêcher les malfaçons d'ouvriers inhabiles. Ainsi, les tailleurs de Millau déclarent qu'il y a eu de nombreuses plaintes contre l'ouvrage de ceux qui, depuis quelques années, ont levé boutique [1]. Mais, en réalité, on voit surtout dans la jurande une façon de restreindre ou de supprimer la concurrence, de fonder un monopole lucratif. Ainsi, les couvreurs de Poitiers, en 1660, demandent des statuts, afin qu'« il soit défendu à ceux qui n'auront pas été reçus maistres dudit mestier d'en faire aucune fonction ». Les cardeurs de laine de cette même ville manifestent l'espoir de se débarrasser, grâce à la jurande, des ouvriers étrangers qui les empêchent de gagner leur vie.

Toutefois, bien des métiers éprouvent de grandes difficultés à obtenir l'organisation en jurande. C'est qu'en effet les corporations établies voient de mauvais œil la formation de nouvelles jurandes. En Poitou, les chaussetiers et les couturiers agissent ainsi à l'égard des fripiers-regrattiers, les chandeliers, à l'égard des huiliers. Souvent, les cordonniers s'opposent à la création de jurandes de savetiers ; à Nantes, les savetiers n'obtiennent de statuts qu'en 1704, et, en 1765, en vertu d'un arrêt du Conseil, la communauté des savetiers est unie à celle des cordonniers [2]. D'autres fois, ce sont les corps de ville qui s'opposent à la création de jurandes, dans l'intérêt du public. Ainsi, à Châtellerault, c'est l'intérêt de la population qu'invoque le corps de ville pour s'opposer aux jurandes des sergetiers et des tailleurs ; en 1703, il déclare que « les corporations sont des établissements imaginés au désavantage du public ». A Poitiers, à plusieurs reprises, l'échevinage se prononce contre la création de corporations jurées, parce que le métier juré « est plus à la foule du peuple, favorise les monopoles » [3]. A Nantes, le corps de ville se montre hostile à la jurande des tonneliers, auxquels des statuts avaient été accordés en 1614, puis en 1677 : les échevins désirent que les tonneliers soient déboutés de leur demande d'entérinement et obtiennent satisfaction en 1681 ; ils considèrent, en effet, le monopole des tonneliers comme nuisible au public, car ceux-ci veulent empêcher les marchands étrangers, surtout les Hollandais,

---

1 Recherches sur l'ancienne organisation du travail : corporations ouvrières de la ville de Millau (Mém. de la Société archéologique de l'Aveyron, t. XV, pp. 230 et sqq.).
2 Voy. PIED, *Les corporations de Nantes*, t. I, pp. 376 et sqq.
3 Voy. BOISSONNADE, *op. cit.*, passim.

Henri Sée

d'en fabriquer, ce qui est une gêne pour le commerce [1].

Mais, d'autre part, les métiers poursuivent leurs revendications avec une grande ténacité. A Poitiers, les boulangers, rebutés en 1577, réussissent à obtenir des statuts en 1609 ; les cardeurs, qui ont échoué en 1634 et 1642, parviennent à leurs fins après 1669. Certains corps, comme les chapeliers-feutriers et les couvreurs, ont présenté requête sur requête pendant plus de cent ans avant d'obtenir une jurande [2].

On constate que bien des métiers n'ont jamais pu obtenir de jurande. Tel est le cas des charpentiers de Nantes ; le roi, après une longue enquête, leur a accordé des statuts, en 1582, puis il revient sur sa décision et jamais ils n'ont pu obtenir de jurande, malgré la situation importante qu'ils occupent [3]. Les sabotiers de la même ville ne peuvent se faire donner de jurande ; les sergers cardeurs n'obtiennent pas de statuts particuliers. A Nantes, bien des corporations n'ont été érigées en métiers jurés qu'au XVIIe siècle : les cordiers, en 1678 ; les cloutiers, en 1683 ; les corroyeurs, en 1658 ; les marchands de drap et de soie, en 1619 ; les libraires et imprimeurs, en 1624 ; les maréchaux, en 1645 ; les mégissiers, en 1641 ; les taillandiers, en 1694 ; les fripiers, en 1711 [4].

Notons que, parfois encore aux XVIIe et XVIIIe siècles, le métier a pour origine une confrérie. Ainsi, à Millau, les tailleurs, qui s'érigent en métier juré, formaient déjà une confrérie, dont le règlement datait du XVIe siècle ; dans la même ville, la confrérie de saint Crépin devient le métier juré des cordonniers. On se l'explique, si l'on considère qu'encore à la fin du XVIIe siècle, certaines confréries font fonction de communautés, désignent des « députés » pour inspecter les ateliers, rendent obligatoires les droits d'apprentissage [5].

La transformation des métiers libres en jurandes a les effets suivants : 1° les règles de l'apprentissage sont déterminées ; 2° le chef-d'œuvre devient obligatoire ; on paie un droit pour la maîtrise et

---

1 PIED, *op. cit*, t. III, pp. 397 et sqq.

2 BOISSONNADE, *op. cit.*, t. II, pp. 20-21.

3 PIED, *op. cit.*, t. I. pp. 277 et sqq.

4 *Ibid.*, t. II, pp. 8 et sqq., 92 et sqq.

5 Tel est le cas des confréries de Villefranche-sur-Saône ; une seule confrérie, celle des fabricants, fut transformée en communauté (mais non jurée), sous l'influence des gros négociants en toile. Voy. Ph. POUZET, *Les confréries de Villefranche-sur-Saône* (*Revue d'histoire de Lyon*, an. 1903, pp. 377 et sqq.).

un droit pour le serment ; 3° les rapports entre les maîtres sont fixés ; 4° des jurés sont établis. — Seuls, les maîtres qui se trouvent en possession d'un atelier ou d'une boutique sont investis de la maîtrise sans examen ni chef-d'œuvre.

D'ailleurs, les métiers libres, eux aussi, sont le plus souvent régis par des règlements de fabrication et de vente, établis par l'autorité publique ou par les gens du métier ; le contrôle et la surveillance sont exercés par l'autorité municipale ou seigneuriale [1]. La différence entre les métiers libres et les métiers jurés c'est que, dans ceux-ci, les règlements sont déterminés par des statuts. En effet, chaque fois qu'un métier est érigé en jurande, il y a concession de statuts, qui constituent une véritable charte, et cette concession est entourée de sérieuses garanties [2]. Le plus souvent, les gens du métier proposent les statuts, qui sont examinés par la municipalité, les juges de police, l'autorité royale ; celle-ci, après une sérieuse enquête, décide en dernier ressort et promulgue l'acte de concession [3]. Le pouvoir qui a concédé les statuts a le droit de les réviser et de les modifier dans la suite ; souvent cette révision est nécessaire, car de nouvelles questions se posent, de nouvelles conditions économiques ont pris naissance.

III. L'apprentissage. La condition de l'apprenti.

Dans le métier, on distingue toujours les trois anciennes catégories : les apprentis, les compagnons, les maîtres.

La condition légale de l'apprenti nous est connue surtout par les statuts et par les contrats d'apprentissage, qui sont conservés en grand nombre dans les archives des notaires [4].

Les conditions de l'apprentissage sont profondément différentes, suivant que l'on a affaire à des métiers libres ou à des métiers jurés. Dans les métiers libres, le contrat, écrit ou verbal, est franc de toute obligation générale, dépend uniquement des deux parties ;

---

1 Voy. H. HAUSER, Les pouvoirs publics et l'organisation du travail dans l'ancienne France (Travailleurs et marchands de l'ancienne France, pp. 130 et sqq.).
2 Voy. BOISSONNADE et PIED, op. cit.
3 Voy. HAUSER, op. cit., loc. cit.
4 Voy., par exemple, DROT, Recueil de documents tirés des anciennes minutes de notaires conservées aux Archives de l'Yonne, 1903.

aucun règlement ne fixe la durée de l'apprentissage, ni ne limite le nombre des apprentis. Ainsi, en 1660, les tissutiers-passementiers de Poitiers, ayant voulu faire ratifier un acte qui limitait le nombre des apprentis à un seul par ouvrier et qui fixait pour l'apprentissage une durée de quatre ans, le conseil refusa de ratifier cet accord, « attendu que le métier n'était pas juré »[1]. Aussi est-ce dans les métiers jurés qu'on peut le mieux étudier la condition des apprentis. De condition préalable exigée de l'apprenti, il n'en est pas d'autre que l'âge. L'âge *minimum* est quelquefois déterminé par les statuts ; il est, en général, fixé à douze ans. Mais il n'est pas d'âge maximum : on voit des apprentis qui ont plus de vingt ans, par exemple chez les imprimeurs. Chez les libraires-imprimeurs, on exige que l'apprenti sache lire et écrire et quelquefois même qu'il connaisse le latin. Après les guerres de religion, un certain nombre de métiers excluent de l'apprentissage les non-catholiques.

Le contrat d'apprentissage est absolument obligatoire, et, depuis le XVIIe siècle, on exige même qu'il soit passé par devant notaire. Les parties contractantes sont le maître et le père ou tuteur, qui signent l'acte en présence de témoins. Le contrat indique la durée de l'apprentissage, le chiffre de la pension, les droits et devoirs réciproques.

La durée de l'apprentissage, déterminée par les statuts, varie beaucoup suivant les métiers. Elle est, en général, de trois ou quatre ans. Elle a diminué à l'époque moderne ; ainsi, à Paris, chez les patenôtriers d'ambre et de corail, on n'exige plus que trois ans et demi au lieu de dix ; chez les lapidaires, sept au lieu de dix ; chez les fourbisseurs, cinq au lieu de sept ; chez les selliers, six au lieu de huit. L'apprentissage doit être accompli sans interruption[2]. Quant aux fils de maîtres, ils obtiennent des réductions de temps.

La pension est donnée pour l'entretien de l'apprenti, car le maître devra « luy soingner et administrer hostel, lict, feu, vivre de bouche honestement selon son estat ». Parfois, à la fin de l'apprentissage, le maître donne à l'apprenti un salaire, mais pas très élevé. Ainsi, en 1622, Guillaume Regnault, archer de la maréchaussée, met son fils en apprentissage chez J. Baladuc, imprimeur de Troyes ; il donne

---

1 BOISSONNADE, *op. cit.*, t. II, pp. 36 et sqq.
2 Et. MARTIN SAINT-LÉON, *Histoire des corporations de métiers*, 3e édition. Paris, 1922, p. 421.

une pension de 12 l. t. ; au bout de trois ans, Baladin donnera à l'apprenti 15 l. t. « pour la bonne amitié qu'il luy porte, en considération de ce que ledit apprenty est loyé trois ans audit mestier d'imprimeur » [1]. Ou encore, à la fin de l'apprentissage, l'apprenti reçoit une somme d'argent et des outils. Le chiffre de la pension varie : au XVIIe siècle, il s'élève souvent à 60 ou 80 livres. Dans certains métiers (chirurgiens, marchands grossiers, par exemple), la pension monte jusqu'à 150, 200, 250 livres [2].

Les devoirs de l'apprenti sont nettement déterminés. Il ne peut quitter son travail sous peine de perdre l'argent de son apprentissage. Déserte-t-il l'atelier, souvent il est ramené de force chez son maître, il lui paiera une amende et recommencera son apprentissage. A la troisième faute de ce genre, il est exclu du métier. Il ne peut servir chez un autre maître, à moins que le premier ne lui ait donné congé par devant témoins. L'apprenti doit « servir son maître bien et convenablement », le respecter, lui obéir sans murmurer. Toute injure ou désobéissance est punie d'une amende.

Les devoirs du maître sont également fixés. Le maître doit à l'apprenti le logement, le boire, le manger, « le pain et le pot », le blanchissage du linge. Il doit lui enseigner son art « sans lui en rien cacher » ; sinon, l'apprenti est fondé à le quitter. Il s'abstiendra de lui « faire outrage », « le montrera et enseignera avec douceur ». Mais l'insistance même des statuts et surtout les procès prouvent que souvent le maître se laisse aller à la brutalité [3].

Les maîtres sont tenus, dans un certain délai (de huit jours ou d'un mois), de présenter le contrat aux gardes jurés et de leur en délivrer une copie authentique. Il faut, en effet, qu'il puisse y avoir contrôle, que l'on puisse savoir si l'apprentissage a été fait régulièrement [4].

L'apprenti doit à la corporation un droit d'entrée, qui varie suivant les métiers et qui va en s'élevant : en Poitou, il est généralement de 40 sous ou de 5 livres. Dans certaines communautés, le nouvel apprenti donne un dîner à tous les maîtres et apprentis [5].

1 L. MORIN, Les apprentis imprimeurs au temps passé.
2 Voy. BOISSONNADE, op. cit., t. II, pp. 46-47, et surtout F. HERBET, Les contrats d'apprentissage à Fontainebleau surtout au XVIIe siècle. Fontainebleau, 1897.
3 BOISSONNADE, t. II, pp. 50 et sqq.
4 Ibid., t. II, pp. 44 et sqq.
5 Ibid., t. II, pp. 47-48.

Henri Sée

Un certain nombre de métiers exigent que l'apprentissage soit fait dans la ville même, afin de restreindre le nombre des maîtres. Ainsi, les apothicaires de Poitiers refusent d'admettre à la maîtrise tout aspirant, aurait-il exercé dix ans dans une autre ville, s'il n'a été quatre ans en apprentissage à Poitiers [1].

La limitation du nombre des apprentis a une importance toute spéciale ; sa raison essentielle, c'est qu'un maître ne puisse avoir un avantage trop marqué sur un autre. Les ouvriers la réclament aussi, parce qu'ils craignent la concurrence des apprentis, qui travaillent gratuitement (certains maîtres en ont jusqu'à sept). Souvent, le nombre est limité à un seul ; il ne doit pas dépasser deux : tel est l'usage qui s'établit au XVIIIᵉ siècle, même dans les métiers libres. Il y a, en effet, une tendance de plus en plus marquée à restreindre le nombre des apprentis. Ainsi, en 1724, la communauté parisienne des imprimeurs décide qu'il ne sera plus fait d'apprentis pendant six ans. La décision fut renouvelée en 1730 : « cette profession étant très ingrate par elle-même, elle le deviendrait encore davantage par le trop grand nombre de ceux qui se feroient recevoir » ; puisqu'il était à propos de diminuer le nombre des maîtres, il ne convenait pas d'augmenter celui des ouvriers. En 1741, on proroge cette décision pour dix ans, et de même en 1751 [2].

On peut se demander si l'apprenti jouit, en réalité, de toutes les garanties qui lui semblent assurées par les statuts et les contrats. La vie de l'apprenti imprimeur, notamment, semble extrêmement dure. Une *Adresse au Roy et à Nosseigneurs de son Conseil*, de 1666, indique quelles sont les sujétions auxquelles est soumis l'apprenti [3]. Il doit « estre levé à 4 heures du matin pour monter les balles qui servent à imprimer, après avoir cardé la laine, et cela devant la venue des ouvriers qui est d'ordinaire à 5 heures » ; toute la journée, il doit aller quérir le vin, les vivres, la lessive pour nettoyer les caractères, travailler continuellement à la presse, « qui est le travail le plus pénible que l'on puisse s'imaginer, et sans comparaison plus rude et plus fort que n'est celuy d'un forçat qui rame les galères » ; après la sortie des ouvriers, à 8 ou 9 heures du soir, il doit encore aller puiser de l'eau pour tremper le papier. Le préambule du rè-

---

1 *Ibid.*, t. II, pp. 43-44.
2 L. MORIN, *op. cit.*, pp. 22 et sqq.
3 Bibl. Nat., msc. fr., n° 22065.

glement de 1649 dit aussi : « La misère des apprentifs est encore si grande sous les maistres, si peu soigneux de leur art, que malaisément il s'en rencontre qui soient d'esprit et de courage » [1]. Souvent encore, l'apprenti est en butte aux mauvais traitements du maître on des compagnons, qui en font leur souffre-douleur ; les statuts défendent souvent de le battre ou de le menacer [2].

Puis on emploie presque toujours les apprentis à faire les courses du maître ou des ouvriers. Les contrats d'apprentissage y font parfois allusion ; tel, le contrat du fils de Pierre Guérin, marchand à Troyes, conclu avec l'imprimeur Dupont, en 1673 : il stipule que le maître ne pourra le contraindre à « tirer la presse ny le barreau, reporter le papier en ville chez les maistres, ny aller quérir du vin en cette ville ny ailleurs pour luy ni les compagnons » [3].

Aussi, aux XVIIe et XVIIIe siècles, les autorités publiques se préoccupent-elles de protéger l'apprenti. Une ordonnance de la prévôté de Paris, du 19 juillet 1700, défend aux pâtissiers d'envoyer leurs apprentis vendre des oublies par les rues, « ce qui est d'une dangereuse conséquence pour eux, s'adonnant au jeu, à la fainéantise, à la débauche par la fréquentation continuelle qu'ils ont en colportant lesdites marchandises avec les fainéants, coupeurs de bourses et autres gens de cabale, dont les lieux publics sont remplis ». On s'efforce de protéger les apprentis contre la brutalité du patron, comme le montrent les registres du Châtelet. Il y a souvent enquête, examen du médecin. Si l'apprenti obtient gain de cause, le contrat est rompu, et il arrive que le maître soit condamné à l'amende ou à la prison. L'injure grave peut entraîner aussi la rupture du contrat ; en 1685, on retire à un patron de Paris son apprenti, parce qu'il l'a faussement accusé de vol et obligé à vider ses poches.

IV. Les compagnons et la main-d'œuvre.

La condition du compagnon diffère, suivant qu'il appartient à un métier libre ou à un métier juré. Dans le métier juré, le compagnonnage est une situation à peu près permanente, car il est très <u>difficile d'arriver</u> à la maîtrise ; dans le métier libre, à Lyon no-

1 L. Morin, *op. cit.*, pp. 14 et sqq.

2 *Ibid.*, pp. 20 et sqq.

3 *Ibid.*, p. 27.

Henri Sée

tamment, le compagnon d'aujourd'hui sera facilement le maître de demain.

Le compagnonnage, quoi qu'en dise Loyseau dans son *Traité des ordres*, ne constitue pas une étape obligatoire vers la maîtrise. En effet, tous les métiers n'imposent pas aux candidats à la maîtrise un temps déterminé de compagnonnage. Il en est cependant qui l'exigent : tels, les épiciers et les selliers de Paris (6 ans), les coffretiers, serruriers et charcutiers (5 ans), les chirurgiens et apothicaires de Poitiers (7 ans), Les statuts des libraires de Paris, de 1618, disent que, pour devenir maître, il faudra avoir été trois ans compagnon, si on a fait cinq ans d'apprentissage, et quatre ans, si on en a fait quatre. L'article 14 de l'édit de 1381 déclare : « après lesquels apprentissages faits, lesdits apprentis seront encore tenus servir lesdits maîtres, leurs veuves ou autres de pareil art ou métier durant trois ans entiers, sinon que leursdits statuts portassent pour ledit service plus ou moins de temps ». En fait, dans beaucoup de métiers, les apprentis peuvent être reçus maîtres sans avoir été compagnons : tel est le cas de tous les métiers de Saint-Omer [1].

Pour devenir compagnon, deux conditions sont nécessaires : 1° il faut avoir été apprenti ; 2° il est obligatoire, dans la plupart des métiers, de payer un droit d'entrée.

Pour l'embauchage, on prend de grandes précautions. Ainsi, le règlement des tailleurs de Bourges spécifie qu'à leur entrée dans la ville, les compagnons se rendront chez le clerc de la confrérie, qui leur cherchera de l'ouvrage ; ils ne pourront rester à Bourges plus de deux jours sans emploi. Aux XVIIe et XVIIIe siècles, un certain nombre de corporations ont organisé de véritables bureaux de placement. Les maîtres délèguent souvent ce soin à l'un d'entre eux, le *maître embaucheur*, et l'on suit l'ordre d'inscription des maîtres et des valets. On veut, en effet, éviter que les compagnons ne fassent eux-mêmes l'embauchage. La question se pose surtout d'une façon aiguë dans les métiers où existe le compagnonnage, dans tous les métiers du *tour de France*. On craint que, grâce au placement, les compagnons puissent faire la loi aux maîtres [2].

Souvent, pour l'embauchage, des avantages sont concédés aux

1 Voy. PAGART D'HERMANSART, Les corporations de Saint-Omer (Mémoires de la Société des Antiquaires de Morinie, t. XVI et XVII, (1879-1880), pp. 223-224.
2 Voy. plus loin, pp. 173-175.

PREMIÈRE PARTIE

travailleurs de la ville : les « forains » ne peuvent être admis que lorsque les indigènes auront eu du travail. Dans certains métiers, les conditions imposées aux forains sont si dures qu'ils sont en fait exclus.

Entre le maître et le compagnon, il est conclu un contrat de louage, souvent verbal. Mais, en tout cas, l'ouvrier est tenu d'y rester strictement fidèle.

La discipline exigée des compagnons est souvent très dure. Ainsi, le règlement des tailleurs d'habits de Bourges, de 1626, déclare : « Les serviteurs et garsons dudit métier de tailleur d'habits qui serviront cheu lesdits maîtres seront tenus leur porter honneur et travailler fidèlement sans laisser leurs besoignes imparfaictes, soit qu'ils travaillent à la journée ou au mois ». « Si lesdits garsons estoient requis de travailler à un habit commencé par un maître », ils devront l'achever ; s'ils refusent, ils seront chassés de la ville pour trois mois et paieront une amende d'une livre de cire neuve « applicable au luminaire de la confrairie ». Il est défendu à un compagnon de quitter son maître sans l'avoir prévenu quinze jours à l'avance, sous peine d'une amende de 100 sous ; aucun maître ne doit non plus embaucher un compagnon sans le consentement de l'ancien maître. Beaucoup de statuts spécifient que le compagnon ne pourra quitter son maître sans avoir terminé la besogne commencée et sans avoir donné congé, soit huit jours, soit quinze jours à l'avance [1]. En Poitou, l'ouvrier qui n'a pas observé cette règle est condamné à des amendes de 10, 20, 30 livres, et même au paiement de dommages et intérêts et à un bannissement de quelques mois.

En réalité, il y a monopole collectif des maîtres sur la main-d'œuvre. Il est défendu aux maîtres de débaucher les compagnons des confrères, sous peine de condamnation à une amende élevée, d'interdiction temporaire et d'indemnité. Les maîtres qui ont un nombre trop considérable d'ouvriers sont tenus d'en faire part à leurs confrères moins favorisés, et ceux-ci peuvent leur demander de « les leur bailler » [2]. Il est vrai que le nombre des compagnons n'est pas limité par les statuts ou les règlements, mais, en fait, dans la plupart des métiers, on n'en compte pas plus d'un ou deux par maître.

---

1 Voy. Pied, *op. cit.*
2 Boissonnade, t. II, pp. 62 et sqq.

Henri Sée

Il est aussi défendu aux compagnons de travailler pour leur compte, dans leur chambre (*chambrelans*) ou chez les particuliers. On pourchasse les chambrelans, on a le droit de saisir leurs outils, les étoffes, les ouvrages exécutés ou en fabrication, de les arrêter. Mais le public est complice de ces réfractaires, surtout à la fin de l'Ancien Régime.

Si les maîtres ont des droits à la main-d'œuvre garantis par les statuts, par contre, les compagnons ne peuvent obliger les patrons à les occuper. En 1603, les garçons tailleurs de Poitiers adressent une requête demandant qu'on les emploie ; le Conseil s'y refuse et oblige les sans-travail à quitter la ville sous trois jours [1].

Ainsi, la plupart des compagnons, en vertu même de l'organisation légale des métiers, restent compagnons toute leur vie et forment une main-d'œuvre avantageuse pour les maîtres. Il leur est défendu de se coaliser, de former des associations [2].

V. Difficulté croissante de l'accès à la maîtrise.

On comprendra mieux ce qui précède, si l'on considère que l'accès à la maîtrise devient de plus en plus difficile.

Le chef-d'œuvre, absolument obligatoire, est souvent très compliqué, très long à achever, par conséquent fort onéreux, en dépit des règles fixées par les ordonnances royales. Puis il arrive que les maîtres, chargés de juger le chef-d'œuvre, se laissent gagner par des présents en nature ou en argent [3], et les faits de corruption restent presque toujours impunis.

En outre, la réception à la maîtrise entraîne beaucoup de frais. Les maîtres jurés se font payer une vacation pour « l'assistance au chef-d'œuvre ». A la corporation, il faut acquitter des redevances souvent fort élevées : chez les gaîniers de Paris, on doit donner 250 l., chez les écrivains. 388 l. ; et ces redevances augmenteront encore au XVIIIe siècle : chez les apothicaires de Paris, elles s'élève-

---

1 *Ibid.*, t. II, pp. 68 et sqq.
2 Levasseur, *op. cit.*, t. II, pp. 110-111. Cf. ci-dessous, pp. 173 et sqq.
3 L'article 5 de l'édit de 1673 défend aux juges de recevoir aucun présent des aspirants, à peine de 100 l. d'amende, et interdit à l'aspirant d'offrir un festin.

ront à 1.000 l., chez les limonadiers-distillateurs, à 800 l. [1]. Puis il y a les redevances à la confrérie, souvent assez considérables ; le banquet, ruineux pour le candidat ; enfin des droits de maîtrise, exigés par les pouvoirs seigneuriaux, municipaux, ainsi que par l'autorité royale.

Il faut tenir compte aussi des exactions, assez fréquentes, de maîtres qui se font donner par les candidats des sommes indues ; ainsi, en 1630, les maîtres-jurés bouchers de Poitiers ont extorqué 4 pistoles à un aspirant ; en 1651, les jurés des boulangers se font donner 160 l., au lieu de 43.

Considérons, d'autre part, que les fils et gendres de maîtres sont dispensés complètement du chef-d'œuvre ou n'ont à présenter qu'un demi chef-d'œuvre, à passer un examen insignifiant ; que les droits, auxquels ils sont soumis, sont réduits presque à rien. Ainsi, la maîtrise est devenue presque entièrement un monopole familial : chez les tailleurs de Paris, en octobre 1680, sur huit candidats reçus, on compte cinq gendres et deux fils ; en janvier 1681, pas un seul étranger n'est admis [2]. L'exclusion des nouveaux venus est d'autant plus marquée que beaucoup de communautés, pour diminuer la concurrence, limitent à un nombre infime la quantité des maîtres qui pourront être reçus chaque année [3]. On comprend qu'il soit à peu près impossible à un compagnon d'accéder à la maîtrise. Les communautés de métiers constituent de plus en plus des corps fermés. — Leur caractère aristocratique s'accentue encore grâce à la hiérarchie qui s'établit entre les maîtres, parmi lesquels on distingue les *jeunes*, qui ont moins de deux ans de maîtrise, les *modernes*, de dix à vingt ans, les *anciens*, plus de vingt ans, les *anciens bacheliers*, qui ont passé par les charges du métier.

VI. L'administration du métier. Les jurés et leurs fonctions.

Les métiers sont administrés par des jurés. Le plus souvent, les jurés sont au nombre de quatre, nommés pour deux ans ; parfois, il n'y en a que trois ou même deux. Eu principe, leurs fonctions

1 MARTIN SAINT-LÉON, *Histoire des corporations de métiers*, pp. 427-429.
2 *Ibid.*, p. 430.
3 Par exemple, à un seul par an chez les imprimeurs de Poitiers, cf. BOISSONNADE, *op. cit.*

Henri Sée

étaient annuelles ; mais, en fait, elles durent deux ans, car il est nécessaire que les anciens initient les nouveaux aux devoirs de leur charge. Le pouvoir central ou local se réserve, en cas de malversation, de négligence ou de rébellion, le droit de suspendre ou de révoquer les maîtres-gardes ; depuis Colbert, l'administration royale use souvent de cette prérogative.

Les jurés étaient élus par les maîtres. Mais, depuis le XVIᵉ ; siècle, le corps électoral s'était sensiblement restreint. Ainsi, en 1566, les drapiers de Paris déclarent que l'ancien mode d'élection ne pouvait plus convenir à une communauté comprenant trois ou quatre cents maîtres ; ils obtiennent du roi un règlement nouveau, d'après lequel les quatre gardes en charge et les huit gardes des années précédentes choisissent douze membres de la corporation, qui deviendront électeurs ; ces 24 personnes forment le corps électoral. C'est le suffrage restreint qui semble dominer maintenant : chez les couturières de Paris, d'après les statuts de 1675, les jurées sont élues par les maîtresses ayant passé par les charges (40 anciennes et 20 jeunes). Chez les boulangers de Paris, les seuls électeurs sont les jurés en fonction ou les anciens.

Les attributions des jurés sont très complexes. Ils ont surtout à s'occuper de la police du métier. Prenant en main la défense de la communauté, ils poursuivent les chambrelans et empêchent les empiétements des maîtres des autres métiers. Ils sont chargés aussi de contrôler la fabrication, examinent la qualité des produits, leur nature, vérifient leur poids, inspectent les mesures, les instruments, marquent les ouvrages qui leur paraissent fabriqués conformément aux statuts. Les jurés exercent souvent encore leur contrôle sur les maîtres des métiers voisins, par exemple, les drapiers sur les cardeurs, les tailleurs sur les chaussetiers, les cordonniers sur les tanneurs et les corroyeurs [1]. Ils surveillent les marchés et se font accompagner, dans toutes leurs visites, par un officier royal.

Le nombre des visites est fixé par les statuts : elles doivent avoir lieu, tous les quinze jours, parfois plus souvent ; mais, en réalité, elles sont bien moins fréquentes.

Les jurés adressent des rapports aux agents de l'autorité, saisissent les produits défectueux en présence des officiers de police judiciaire. La sentence est prononcée par un tribunal, mais ils la font

1 Pour plus de détails, voir plus loin, pp. 73 et sqq.

exécuter et perçoivent les amendes.

Les jurés font observer la discipline morale, ont la gestion des intérêts matériels, des finances de la communauté, contractent des emprunts, font la répartition des contributions de métiers entre les maîtres. Le juré-receveur rend ses comptes a ses collègues et à l'assemblée. Les jurés sont aussi chargés des archives, dans lesquelles sont conservés les délibérations et les comptes, les brevets d'apprentissage, les titres, arrêts et sentences concernant la communauté [1].

On le voit, les fonctions des jurés sont souvent absorbantes. Il est donc juste qu'ils reçoivent des indemnités (salaires pour assister au chefs-d'œuvre, de 23 s. à 3 l. par jour ; salaires pour l'inspection des ateliers ou boutiques, fixés souvent à 10 s. par visite ; une partie des amendes de police). Ils ont aussi des satisfactions d'amour-propre (considération, préséance dans les cérémonies). — D'autre part, ils sont responsables de leur gestion devant la corporation.

En général, les jurés se montrent très actifs dans l'exercice de leurs fonctions, car ils y ont un intérêt personnel. Mais souvent aussi, on leur reproche de commettre nombre d'abus. Ils se montrent négligents. Contrairement aux statuts, ils se perpétuent dans leurs fonctions. Ils imposent des sommes indues aux candidats ; ainsi, à Blois, ils ont exigé d'un candidat 500 l., au lieu de 200 [2]. Parfois, les jurés ne reçoivent que les candidats qui leur ont fait de beaux présents ou offert un plantureux festin. On en voit qui abusent de leur pouvoir pour satisfaire leurs rancunes personnelles. Il n'est pas rare non plus qu'ils reçoivent de l'argent pour tolérer des contraventions : une enquête de 1684 établit que les jurés des ouvriers de draps d'or et de soie de Paris ont reçu des compagnons forains 72 l. pour ne pas s'opposer à leur engagement chez les maîtres, contrairement à la résolution de 1643. En 1667, les jurés des cordonniers sont convaincus d'avoir annulé une saisie faite sur un sieur Meunessier moyennant 20 l. 10 s. En 1700, les gardes teinturiers de Rouen saisissent une étoffe de teinture défectueuse chez Rivet, le menacent de procès ; Rivet les supplie, leur donne 200 l. et les gardes sont apaisés. Enfin, on peut souvent reprocher aux jurés des gaspillages, des dépenses inutiles.

---

1 Voy. Martin Saint-Léon, p. 433.
2 A. Bourgeois, *Les métiers de Blois*, t. I, pp. 300-301.

Henri Sée

Au-dessous des jurés, on trouve des officiers subalternes, qui ont mission de les assister : ce sont les visiteurs, les gardes-scel visiteurs, les clercs de boîte, chargés d'administrer la caisse de la corporation et de la confrérie, les embaucheurs. Ces officiers sont pris, en général, parmi les jeunes maîtres.

Quelquefois, au-dessus des jurés, nous voyons un officier municipal, chargé de la surveillance des métiers, par exemple, à Paris, le prévôt des marchands. A Saint-Omer, un grand maître ou *mayeur des dix* exerce la surveillance sur les corps de métiers et veille à l'exécution des règlements [1].

La principale fonction des jurés, c'est de faire observer les statuts et les règlements, c'est-à-dire les procédés de fabrication, de plus en plus minutieux, et les règles administratives de la communauté. Ces règlements et ces statuts sont souvent remaniés et complétés. Il est bien évident que la réglementation ne date pas de Colbert ; celui-ci n'a fait que préciser les anciens règlements de fabrication, les appliquer d'une façon uniforme à toutes les industries similaires dans tout le royaume.

VII. La confrérie.

A côté de la communauté de métier, se trouve l'association religieuse, qui souvent d'ailleurs se confond avec elle : c'est la *confrérie*, en laquelle il faut voir, on le sait, l'une des origines de la communauté.

La confrérie conserve, jusqu'à la Révolution, son ancien caractère religieux et charitable. Chaque confrérie a un patron ou une patronne, une chapelle ou un autel, où elle fait célébrer des messes le jour de la fête patronale et aux grandes fêtes de l'année, messes auxquelles tous les membres sont tenus d'assister. La confrérie se charge aussi des obsèques des membres, auxquelles tous les confrères doivent assister. Aux fêtes, on organise des cortèges, des aubades et surtout des banquets très onéreux. Aux banquets, on mange et on boit ferme. A l'un de ces repas, à Poitiers, on consomme 7 pots de vin rouge, 8 cochons de lait, 5 gigots, 8 épaules

---

1 Pagart d'Hermansart, *op. cit.*, t. I, pp. 233 et sqq.

de mouton, 26 chapons lardés pour une trentaine de convives [1].

La confrérie donne des secours aux confrères malheureux, aux veuves, aux enfants, quelquefois aussi, mais plus rarement, aux compagnons. Les statuts des écrivains de Paris, de 1727, disent :

« S'il se trouve de véritables pauvres, non par défaut de conduite, mais par la suite de malheurs dont ils sont accablés, il leur sera distribué sur les fonds oisifs, et du consentement des syndics greniers et anciens, une somme jugée convenable pour leurs pressants besoins ».

Chez les boulangers de Paris, on prend 9 l. sur les droits de maîtrise et la moitié des amendes pour alimenter une caisse qui subviendra à la « nécessité et indigence de plusieurs membres du métier, tant maîtres que compagnons ». Mais la charité de la confrérie s'adresse, en général, beaucoup moins aux compagnons qu'aux maîtres.

D'ailleurs, les compagnons tentent souvent, — surtout pour soutenir leurs intérêts particuliers —, de former des confréries séparées, des *compagnonnages* qui leur permettent de s'entraider et de lutter contre les maîtres, dont les intérêts s'opposent aux leurs. Les statuts, les ordonnances municipales ou royales interdisent ces associations et coalitions, mais elles subsistent sous forme de sociétés secrètes [2].

La confrérie a une caisse alimentée par une partie des droits d'entrée et des amendes. Son administration est distincte de l'administration de la communauté ; à sa tête, se trouve un *prévôt* ou *bayle* ; souvent, il y a un prévôt des maîtres et un prévôt des compagnons [3].

VIII. Rôle des communautés de métiers.
Concurrence et procès.

Il faut maintenant se représenter le rôle essentiel des communautés de métiers. — Elles ont surtout pour objet d'assurer le mono-

1 BOISSONNADE, *op. cit.*, t. II, pp. 22 et sqq.
2 Cf. MARTIN SAINT-LÉON, *Le compagnonnage*. Paris, 1901.
3 Sur tout ce qui précède, voy. aussi Ph. POUZET, *Les anciennes confréries de Villefranche-sur-Saône*.

Henri Sée

pole collectif des maîtres du même métier, de diminuer les effets de la concurrence qu'ils pourraient se faire les uns aux autres ; les statuts veillent à ce que les conditions soient égales pour tous. Voilà pourquoi on limite le nombre des apprentis, on défend de débaucher des compagnons, on interdit aux maîtres d'avoir plus d'une boutique ; voilà pourquoi aussi on s'oppose aux accaparements, car il faut que tous puissent se procurer dans les mêmes conditions les matières premières ; à Blois, en 1740, une ordonnance de police casse les marchés d'accaparement de suifs conclus avec les bouchers par quelques maîtres chandeliers, car « les autres maîtres chandelliers n'ont point de suif et n'en peuvent avoir, ce qui est contraire au bien public et aux règlements de police » [1]. A Rennes, on se préoccupe d'assurer à tous les maîtres la matière première ; ceux qui en sont dépourvus doivent en recevoir des autres maîtres [2].

La solidarité entre les maîtres va parfois encore plus loin. Les statuts des imprimeurs en taille-douce de Paris, en 1694, disent que les maîtres ont formé une bourse commune, dans laquelle ils versent le tiers des émoluments provenant de leur travail ; de quinzaine en quinzaine, les fonds sont répartis entre les maîtres.

Chacun des métiers constitue un corps fermé, et qui, partant, lutte contre les autres corporations. Chacun s'efforce de maintenir ses privilèges, de se défendre contre les empiétements d'une corporation voisine, comme d'empiéter sur une autre, car certains objets peuvent être fabriqués par deux corporations différentes.

Aussi partout voit-on éclater des procès, souvent interminables, entre les cordonniers et les savetiers, les tailleurs et les fripiers, les merciers et les divers corps de métiers : procès ruineux et dont le jugement est singulièrement difficile. Contre toute invention nouvelle, qui a pour effet de créer un nouveau métier, se dresse l'hostilité de toutes les communautés. A Nantes, par exemple, les marchands drapiers ne cessent de se défendre contre la concurrence des merciers, épiciers, grossiers, tailleurs et joaillers ; leurs statuts de 1619, à l'article 14, font défense à « tous brodeurs, tailleurs ou

---

1 Alfred Bourgeois, Les métiers de Blois, t. I, pp. 320 et sqq. (Mémoires de la Société des lettres et sciences de Loir-et-Cher, an. 1892-1897).
2 A. Rebillon, Les anciennes corporations ouvrières et marchandes de Rennes. Paris et Rennes, 1902 (extr. des Annales de Bretagne), pp. 76-77.

autres d'acheter ni vendre aucune sorte de marchandises pour les revendre en gros ou en détail, sinon pour ce qu'ils en pourront employer de leurs mains en leur métier » ; les tailleurs ne pourront vendre directement de fournitures à leurs clients. Au xviiie siècle, les marchands drapiers luttent pour empêcher les autres marchands de vendre des draps ou de la mercerie fine [1].

C'est aussi pour défendre leur monopole que les corporations luttent contre la concurrence des forains et des étrangers. Ainsi les statuts des marchands drapiers de Reims déclarent, à l'article 11 : « tous marchands forains et étrangers ne pourront vendre dans ladite ville et faubourgs que durant les foires et autres temps à eux donnés de trois semaines » ; d'ailleurs, dès qu'ils seront arrivés, les gardes jurés visiteront leurs marchandises. A Rennes aussi, ce sont de longues luttes des marchands et des autres corporations contre les forains ; on ne veut leur permettre que de vendre en gros ; de nombreux procès sont engagés par la communauté des marchands contre les forains, notamment dans la seconde moitié du xviiie siècle ; les arrêts du Parlement donnent gain de cause à la communauté, sont très durs pour les forains [2].

D'ailleurs, il arrive, en ce qui concerne les marchands, qu'à côté des marchands jurés, il se soit établi des marchands sans jurande. Ceux-ci peuvent se répartir en deux catégories : 1° les petits marchands, nombreux surtout dans les faubourgs ; 2° les gros négociants.

A Rennes, on trouve de nombreux petits marchands, en dehors de la communauté [3]. Ils furent d'abord tolérés, mais, en 1674, les marchands jurés ajoutèrent à leurs statuts des articles pour spécifier les marchandises dont ils se réservaient le monopole ; il y eut alors de nombreux procès, de nombreuses saisies de marchandises chez les non-jurés. Les marchands sans jurande finirent par demander, en 1714-1713, qu'on les autorisât à entrer dans la communauté et qu'on modifiât les statuts en ce sens. Un arrêt du Conseil, de 1717, ordonna la réunion ; on prépara de nouveaux statuts, mais qui ne furent publiés qu'en 1735 : les marchands non-jurés paieraient 100 l. de droits d'entrée, et ceux qui ne se feraient pas

---

1 Pied, *op. cit.*, t. II.
2 Rebillon, *op. cit.*, pp. 85-86.
3 *Ibid.*, pp. 79 et sqq.

recevoir devraient fermer boutique. En vain, le corps de ville et le Parlement réclamèrent ; l'arrêt du Conseil de 1745 maintenait les nouveaux statuts et confirmait les dispositions d'un arrêt de 1742, qui disait que les six gardes seraient choisis parmi ceux qui feraient « le principal commerce », excluant ainsi les petits marchands.

Les gros négociants non jurés parviennent plus facilement à maintenir leur indépendance, surtout dans les grandes places de commerce. Très souvent ils se trouvent en conflit avec les corporations d'artisans. Voici un exemple significatif : à Nantes, il s'élève un grave différend entre les négociants et les cloutiers [1]. Ceux-ci, sans doute sous l'influence des maîtres de forges, demandent, en 1737, qu'on n'introduise plus de clous étrangers. Les consuls, puis les négociants répondent par des mémoires, dans lesquels ils déclarent que les maîtres de forges, faisant travailler à la tâche leurs ouvriers, livrent des clous de mauvaise qualité, dont les constructeurs de navires ne veulent pas, préférant les fers de Suède, très supérieurs de qualité. Ils invoquent encore un autre argument ; c'est qu'à l'étranger on livre du fer en échange des marchandises qu'apportent les vaisseaux nantais. D'ailleurs, en 1731, au moment de la sécheresse, il fallut absolument importer du fer étranger. Le seul remède, ce serait de réformer la fabrication des maîtres de forges et des cloutiers. On a procédé à des manœuvres condamnables :

« Quelques-uns d'entre MM. les fermiers généraux, ayant pris à ferme une partie des forges du Berry, se proposèrent de faire imposer des droits considérables sur l'entrée des fers étrangers à Nantes, et par ce moyen procurer aux fers de leurs forges un débit plus abondant ».

Ils accumulèrent des stocks dans leurs magasins, « espérant par ce moyen entretenir dans la suite suffisamment et seuls la consommation de Nantes ». — Cet exemple est très caractéristique ; mais sans aucun doute, on trouverait bien des faits analogues. Partout, les négociants représentent des intérêts nouveaux ; partout, ils se trouvent forcément en conflit avec les communautés de métiers.

Puis il existe toujours, en dehors des corporations, des maîtres privilégiés, ayant obtenu des lettres du pouvoir royal, ainsi que des maîtres suivant la cour. A Paris, par exemple, la corporation des apothicaires subit la concurrence très sérieuse des apothicaires

1 PIED, *op. cit.*, t. I, pp. 319 et sqq.

suivant la cour et des apothicaires privilégiés. Ces deux dernières catégories, en 1657, comprennent 19 personnes. La lutte entre la corporation des apothicaires et les privilégiés se poursuivra pendant tout le XVIIIe siècle [1].

Dans les ports militaires, les métiers ont souvent à lutter contre la concurrence des ouvriers du port et aussi des forçats ; c'est le cas notamment de Brest, où les cordonniers, les menuisiers, les perruquiers voient leurs intérêts compromis par cette concurrence [2].

IX. La hiérarchie des métiers.

On constate aussi, parmi les métiers, une hiérarchie légale, qui procède souvent d'une hiérarchie économique, car, parmi eux, il en est qui conduisent plus aisément à l'aisance, comme les métiers de l'alimentation, quelques-uns de ceux qui concernent l'habillement (drapiers, merciers, bonnetiers), les tanneurs, les architectes, les orfèvres, les apothicaires, les imprimeurs. Il est d'autres métiers moins favorisés, et dont les membres confinent parfois à la pauvreté : les cardeurs, les tisserands, les cordonniers, les savetiers [3]. Une classification officielle nous est donnée par un arrêt du Conseil de 1582 : au premier rang, les apothicaires, les épiciers, les drapiers, les merciers, les mégissiers, les tanneurs, les teinturiers en drap ; au deuxième, les barbiers, les bouchers, les bonnetiers, les chasubliers, les chaudronniers, les poissonniers d'eau douce, les pelletiers, les teinturiers en soie, fil et laine ; au troisième, les charpentiers, orfèvres, couturiers, parcheminiers, tailleurs, etc. A Dijon, en 1711, la municipalité répartit les métiers en quatre classes, suivant leur condition économique [4].

Certaines communautés se sont élevées tout à fait au-dessus des métiers et des « arts mécaniques », notamment les médecins, apo-

---

1 Voy. Eugène GUITARD, Les apothicaires privilégiés de Paris (HAYEM, Mémoires et documents pour servir à l'histoire du commerce et de l'industrie en France, 4e série, 1916, pp. 271 et sqq).
2 Voy. Maurice BERNARD, *La municipalité de Brest de 1750 à 1790*. Paris, 1910, Chap. I.
3 BOISSONNADE, *op. cit.*, t. II, pp. 167-168.
4 Voy. ROUPNEL, Les populations de la ville et de la campagne dijonnaises au XVIIe siècle, p. 136.

thicaires, chirurgiens, et aussi, à un degré moindre, les imprimeurs et libraires, souvent exempts de tailles, de guet et garde, et, dans les villes d'université, les « suppôts de l'Université », qui ont part aux privilèges de celle-ci [1]. On comprend aussi que parfois certains métiers d'art se séparent des métiers manuels avec lesquels ils étaient confondus ; ainsi, à Dijon, en 1671, les peintres verriers chassent de leur corporation les vitriers ; la même année, les sculpteurs se séparent des menuisiers [2].

A Paris, au-dessus des autres communautés, se sont élevés les *Six Corps* (drapiers, épiciers, merciers, pelletiers, bonnetiers, orfèvres), dont l'importance s'accroît beaucoup au XVIIe siècle : ils exercent une véritable prépondérance sur les autres métiers ; ils ont à pourvoir à une place d'échevin sur les deux qui doivent être désignées chaque année ; ils essaient de résister aux taxes et charges nouvelles dont les corporations sont grevées sous le règne de Louis XIV. D'une façon générale, les corporations marchandes, plus riches, forment une classe supérieure, qui touche à la haute bourgeoisie ; les descendants de leurs membres arrivent aux offices de finances et de justice. — Cette différenciation économique des métiers apparaîtra encore plus nettement au XVIIIe siècle ; la classe des négociants, notamment, s'opposera plus fortement encore à la masse des marchands et aux maîtres artisans.

X. Conséquences économiques et sociales de l'organisation corporative.

Quelles ont été les conséquences du régime des jurandes ? On a souvent prétendu qu'il avait eu une influence bienfaisante. Mais, à cet égard, on s'est fait beaucoup d'illusions [3].

Considérons d'abord les conséquences économiques. — Sans doute, la surveillance et la réglementation excessive ont eu parfois pour effet d'empêcher les malfaçons, d'obtenir des produits de bonne qualité. Mais, d'autre part, les fraudes et les négligences ont été nombreuses ; nous avons beaucoup de données sur les ruses de tous les corps de métiers, sur les tromperies qui portent sur

1 BOISSONNADE, op. cit., t. II, pp. 241 et sqq.
2 Voy. G. ROUPNEL, *op. cit.*, p. 135.
3 BOISSONNADE, *op. cit.*, t. II, pp. 128 et sqq.

la qualité des marchandises, la quantité et le poids. Il faut noter aussi l'esprit de routine, l'hostilité contre toute innovation. Ainsi, les pintiers de Poitiers poursuivent de leur haine un novateur, qui a imaginé de faire de la vaisselle *au moule*, au lieu de vaisselle *au marteau*, et qui livrait des produits meilleurs et plus beaux ; pour les faire céder, il fallut l'intervention énergique de l'autorité. En 1781, l'inspecteur Vaugelade signale l'attachement des corporations aux vieux procédés, la faiblesse de leur instruction technique, leur ignorance, leur inertie.

Si nous envisageons les conséquences sociales, nous voyons que l'organisation des métiers donne plus de stabilité aux familles industrielles, qu'il se crée de véritables dynasties patronales, de fortes traditions familiales. L'amour-propre professionnel et l'esprit de corps engendrent parfois la dignité morale, accentuent le sentiment de la responsabilité. Mais, par contre, l'organisation corporative produit de futiles querelles de préséance, le mépris des métiers les uns pour les autres, du tanneur pour le corroyeur, du sergetier pour le cardeur, du cordonnier pour le savetier, de l'apothicaire pour l'épicier. Et souvent les rivalités de métiers et de personnes vont jusqu'à provoquer des rixes sanglantes.

L'organisation est, en un sens, démocratique, puisqu'elle tend à établir l'égalité entre les maîtres, l'égalité dans la médiocrité. Mais cette conception ne s'accorde plus avec les besoins de l'époque, avec une production et un mouvement économique plus intenses. Malgré tous les statuts et toute la réglementation, se manifeste un progrès de l'individualisme : l'intérêt personnel pousse sans cesse les maîtres à poursuivre leur intérêt particulier aux dépens de l'intérêt collectif ; on voit se multiplier les cumuls de professions, les accaparements, les ventes clandestines ; les maîtres s'ingénient à se débaucher mutuellement leurs ouvriers ou leur clientèle [1].

On a prétendu aussi que, grâce à l'organisation corporative, la bonne harmonie régnait entre les maîtres et les ouvriers. C'est une erreur, et l'on verra que l'opposition entre les uns et les autres grandit à mesure qu'on approche de la Révolution. Les corporations ne sont, en aucune façon, des associations familiales dans lesquelles maîtres et compagnons vivraient côte à côte dans l'accord le plus parfait. En réalité, la communauté ne défend que les intérêts des

1 *Ibid.*, t. II, pp. 115 et sqq.

maîtres ; c'est un « syndicat de patrons exploitant un monopole ». Les compagnons sont le plus souvent exclus de la confrérie que forment les maîtres [1].

Des historiens [2] ont exprimé le regret que les corporations aient été si radicalement abolies et que cette mesure ait entraîné l'abolition du droit d'association, en 1791. Ils oublient que l'ancienne organisation était condamnée par l'évolution économique, et ils ne voient pas qu'entre les corporations et les modernes syndicats, il n'y a rien de commun : les principes en sont profondément différents. On peut même se demander si ce n'est pas le régime si étroit et si tyrannique de la forme corporative qui a rendu l'opinion si hostile à toute espèce d'association et qui a provoqué la législation de la fin du XVIIIe siècle, si dure pour toute tentative d'institution syndicale ; il faudra, au siècle suivant, de longs efforts pour en corriger les effets.

Chapitre IV
Le pouvoir royal et les métiers

A l'égard des métiers, la politique de la royauté est inspirée par la préoccupation d'étendre son autorité et par le désir de faire servir les métiers à ses exigences fiscales. C'est bien la tendance qui se marque dans les édits de 1581 et de 1597.

I. Les effets des édits de 1381 et de 1397.

Mais quels ont été les effets de ces édits ? La royauté n'est nullement parvenue à étendre à tout le royaume le régime des jurandes. Dans nombre de villes, les métiers se refusent à se soumettre à la réglementation nouvelle. D'autres fois, c'est l'échevinage qui y fait la plus vive opposition. C'est ce qui se passe à Poitiers. En 1599, l'échevinage est obligé de céder, mais il enjoint aux métiers, qui voudront obtenir une jurande, de soumettre d'abord les projets de statuts au maire, avant de demander l'autorisation au pouvoir royal.

1 L. GUIBERT, Les anciennes corporations de métiers en Limousin. Limoges, 1883.
2 Par exemple, G. FAGNIEZ, *Corporations et syndicats.*

En fait, à Poitiers, il y a eu peu de jurandes nouvelles : les chandeliers, en 1599, les boulangers, en 1609 [1]. A Blois, on ne voit guère non plus se créer de nouvelles jurandes [2]. A Nevers, à l'époque de Colbert, il n'y a que douze corporations organisées en jurandes [3]. Dans les bourgs et villages, les artisans sont le plus souvent rebelles à toute idée de corporation.

L'article le mieux observé de l'édit fut celui qui autorisait le Roi à créer trois maîtrises dans chaque métier. Partout on dut se soumettre à cette prescription [4].

Les États Généraux de 1614 ont ouvertement combattu l'édit de 1597. Le Tiers État demande, dans ses vœux, « que toutes maistrises de métiers érigées depuis les États de 1576 soient esteintes sans que par cy après elles puissent estre remises ni aucunes autres de nouvel establies, et soit l'exercice desdits mestiers laissé libre à vos pauvres subgects sans visitation de leurs ouvrages et marchandises par experts et prud'hommes, qui à ce seront commis par les juges de la police ». Le Tiers demande l'abolition des lettres de maîtrise, des droits de réception, que les charges vénales de contrôleurs et de visiteurs soient abolies : « soit la liberté du commerce, trafic et manufactures remise en tous lieux et par toutes choses ».

Peut-on dire, avec M. Martin Saint-Léon [5], que « c'est la bourgeoisie des métiers qui combat, en 1614, pour la liberté de la corporation » ? Les réclamations du Tiers État semblent, au contraire, opposées aux intérêts des métiers. Et, de fait, ce ne sont pas les gens de métiers qui représentent le Tiers aux États, mais les officiers de justice et de finance, la haute bourgeoisie, dont les intérêts et les aspirations diffèrent profondément de ceux des artisans. C'est aux tendances de cette classe qu'obéit la municipalité de Dijon, lorsqu'en 1617, elle abolit les « maîtrises et jurandes », sans toucher

---

1 BOISSONNADE, *op cit.*, t. II, pp. 405 et sqq

2 En 1600, un commissaire royal, « député pour l'exécution de l'édit de 1597 », forme les horlogers de Blois en métier juré ; ceux-ci reçoivent les statuts donnés par le Roi aux horlogers de Paris (A. BOURGEOIS, *op. cit.*, t. I, pp. 85 et sqq.).

3 Louis GUÉNEAU, L'organisation du travail à Nevers aux XVIIᵉ et XVIIIᵉ siècles, p. 34.

4 Ainsi, à Poitiers, une ordonnance du corps de ville, de 1601, interdit aux jurés de recevoir des aspirants avant que les compagnons pourvus de lettres du roi aient été admis dans le métier.

5 Histoire des corporations de métiers, pp. 375-377.

Henri Sée

réellement d'ailleurs au régime corporatif [1].

En dépit des vœux des États Généraux, la tendance de la royauté à soumettre les métiers à son autorité s'accentue [2]. Il est bien entendu maintenant que la révision des statuts dépend du pouvoir central. Pour l'obtention ou la révision des statuts, on demande l'autorisation de la chancellerie royale. — Les règlements de police économique sont encore laissés aux municipalités. Mais l'administration royale se préoccupe de favoriser l'extension des pouvoirs de police de ses fonctionnaires au préjudice de l'autorité locale. Ainsi, à Poitiers, les juges du présidial prétendent évoquer devant eux les procès des communautés : « la juridiction du maire et des échevins, dit la municipalité en 1628, est grandement affaiblie par MM. les juges royaux ».

La royauté obéit toujours, d'ailleurs, à ses préoccupations fiscales, qui paraissent plus impérieuses que jamais sous le gouvernement de Richelieu. Ainsi, en 1627, on crée des offices héréditaires de contrôleurs-visiteurs-marqueurs de toiles en chaque ville ou bourg ; en 1629, de prudhommes visiteurs de cuirs ; en 1633, de contrôleurs du papier ; en 1639, de contrôleurs de draps et teintures en chaque ville. Ces créations d'offices pèsent durement sur les métiers, sur les artisans, provoquent même des révoltes : à Rouen, en 1634, une émeute éclate au moment de l'établissement du contrôle de la halle aux tanneurs ; en 1639, c'est la révolte des va-nu-pieds, au moment où l'on crée le contrôle des draps et teintures. Et Richelieu est aussi un partisan déterminé, comme le dit M. Hauser, du « mercantilisme réglementaire ».

---

1 Les jurés ne disparurent pas, mais perdirent le droit de réception à la maîtrise et le droit d'inspection des ateliers. D'ailleurs les maîtrises et jurandes ne tardèrent pas à se reconstituer. En 1646, la municipalité édicte à nouveau la même mesure ; mais, à la fin du siècle, toutes les maîtrises sont reconstituées (H. HAUSER, *Notes sur l'organisation du travail en Bourgogne et à Dijon au XVI⁰ siècle et au commencement du XVII⁰* ; G. ROUPNEL, *Les populations de la ville et de la campagne dijonnaises*, 1922, pp. 131 et sqq.). — Voy. aussi H. HAUSER, *Les questions industrielles et commerciales dans les cahiers de Paris aux États Généraux de 1614* (*Viertelj. für social und Wirtschaftsgeschichte*, 1903).

2 Pour tout ce qui suit, voy. H. HAUSER, *Travailleurs et marchands de l'ancienne France*, pp. 179 et sqq.

PREMIÈRE PARTIE

II. L'édit de 1673 et la politique de Colbert.
Dans quelle mesure le régime corporatif s'est développé.

Vis-à-vis des communautés de métiers, Colbert suit la politique traditionnelle de la royauté, à laquelle il imprime la rigueur d'une action énergique et persévérante. L'édit de mars 1673 ne fait que rappeler, avec plus de force, les édits de 1581 et de 1597 [1]. Il observe que les édits précédents n'ont été que très incomplètement exécutés. Il les renouvelle donc et ordonne que tous les métiers du royaume soient organisés en jurandes, sans exception aucune. Le gouvernement considère bien que la royauté a le droit exclusif d'établir des communautés. Ainsi, l'édit de mars 1691, qui supprime les élections des jurés et crée des jurés en titre d'offices, déclare que « les droits de la Couronne, fondez sur ce qu'*il n'appartient qu'aux Rois seuls de faire des maîtres des arts et métiers*, se trouvent négligez et anéantis ». Cette conception qui dépasse les idées du XVIe siècle, marque les progrès de l'absolutisme et de la centralisation.

L'édit de 1673, comme les précédents, était surtout inspiré par les intérêts fiscaux de la royauté. Colbert écrit à l'intendant de Limoges une lettre significative, le 2 mars 1674 :

« Je sais bien que l'affaire des arts et métiers peut être difficile dans son exécution, mais, comme tous les ordres et compagnies du royaume donnent dans l'occasion présente de la guerre des preuves de leur zèle et de leur fidélité pour le service du Roi, il me paraît juste que ces sortes de gens donnent pareillement assistance à Sa Majesté ».

Comment l'édit fut-il appliqué ? Si l'on considère Paris, un effort sérieux fut tenté. Un édit de février 1674 supprima toutes les justices seigneuriales de Paris, c'est-à-dire les franchises des lieux privilégiés, où les artisans pouvaient exercer leur industrie en dehors des corporations officielles, par exemple, le cloître et le parvis Notre-Dame, les enclos de Saint-Germain-des-Prés, de Saint-Jean de Latran, du Temple, de Saint-Martin des Champs, de la rue de l'Oursine, qui se trouvaient dans le ressort de juridictions seigneuriales. A l'édit de 1673, il faut rattacher encore l'arrêt du Conseil du 31 mai 1673, qui supprime les maîtrises des faubourgs et incor-

---

1 Lespinasse, *Corporations et métiers de Paris*, t. I, pp. 117 et sqq.

Henri Sée

pore leurs membres aux métiers de la ville sans qu'ils soient tenus de refaire leur chef-d'œuvre ; les nouveaux maîtres jouiront des mêmes droits que les anciens. Mais les maîtres des faubourgs ne se soumirent pas à l'arrêt. En 1710, les gardes des métiers exercent des poursuites contre des maîtres du faubourg Saint-Antoine qui ne se sont pas fait recevoir à Paris ; ils obtiennent gain de cause en 1711. En 1713, des pelletiers, qui ont refusé de s'incorporer au métier de la ville, engagent un procès contre les gardes qui ont opéré des saisies chez eux, parce qu'ils n'ont pas observé l'édit de 1675 ; ils perdent le procès, mais la question n'est pas encore définitivement tranchée.

En réalité, l'édit de 1673 ne put être exécuté que dans un petit nombre de localités. Dans les campagnes et les bourgs, les artisans, hostiles à toute organisation corporative, y échappent presque complètement. En Roussillon, par exemple, l'édit de 1673 n'a jamais été appliqué. En 1708, l'intendant du Roussillon écrit au contrôleur général : « il n'y a, dans tout mon département, à Perpignan seul où il y ait des maîtrises ou corps de métiers, et c'est la ville de Perpignan qui, suivant les privilèges, a accordé auxdits corps leurs statuts et privilèges » [1]. A Poitiers, en 1708, les corporations jurées représentent à peine la moitié de l'effectif total des métiers [2].

Il est vrai que, sous l'administration de Colbert, le régime corporatif s'est développé. Pour faire appliquer ses règlements généraux sur la draperie et la teinturerie, Colbert ordonne d'organiser en jurandes tous les métiers textiles de drapiers, sergetiers, cardeurs, teinturiers, bonnetiers, même dans les campagnes. Les agents royaux y tinrent la main et ses prescriptions furent généralement observées [3]. Pour les métiers nouvellement créés, Colbert imagine même une organisation en jurande, qui s'étendra, en quelque sorte, à tout le royaume. Tel est le cas des fabricants de bas au métier, en 1672 ; mais l'arrêt ne semble pas avoir été très bien appliqué, car il est renouvelé en 1700 et 1714 ; à Nantes, où « il y a quantités de

---

1 DRAPÉ, Recherches sur l'histoire des corps d'arts et métiers en Roussillon, 1898, pp. 183 et sqq.
2 BOISSONNADE, op. cit., t. II, pp. 3 et sqq. — A Nevers, l'édit de 1673 a été mal accueilli et ne semble pas avoir eu grand effet (GUENEAU, op. cit., p. 35).
3 En 1665, c'est de la main de Colbert que les drapiers de Romorantin acceptent les statuts qui organisent leur jurande ; voy. J. HAYEM, La draperie à Romorantin (Mémoires et documents, 8ᵉ série, 1924).

métiers montés », on ne voit pas encore de jurés en 1714 [1].

III. La fiscalité royale.
Les offices des communautés et leur rachat.

Dans la dernière partie du règne de Louis XIV, par suite des embarras financiers, la fiscalité royale s'accentue encore. Le premier effet de cette fiscalité semble être d'atteindre l'indépendance des communautés de métiers, de transformer leurs élus en officiers royaux. Le 14 mars 1691, le Roi publie un édit [2], dans lequel il déclare que, pour parer aux infractions des jurés, qui deviennent de plus en plus nombreuses, et qui portent le plus grand préjudice à l'intérêt public et au bien des communautés, il voulait « establir au lieu et place des jurez eslectifs des jurez en titre d'office », qui, pourvus d'offices héréditaires, seront plus soucieux des intérêts de leur charge. La mesure est générale ; l'édit est applicable même aux métiers sans jurande. Le véritable motif de l'édit de 1691 apparaît clairement : le Roi espérait pouvoir tirer de ces créations, « dans les besoins présens, quelque secours pour soutenir les dépenses de la guerre ». Les communautés adressèrent au Roi des suppliques afin d'obtenir la permission d'acquérir elles-mêmes ces offices. Le roi fit droit à leur demande. Les métiers de Dijon paient plus de 41.000 l. Les Six Corps de Paris donnent 634.000 l. (sur lesquels les merciers acquittent 300.000 l.) ; les métiers de la généralité de Poitiers, taxés pour le rachat à 112.500 l., obtiennent de ne payer que 75.000 l. Les derniers offices de jurés héréditaires ne disparaissent qu'en 1728. — On voit clairement que ces rachats ont été funestes aux communautés : partout elles sont obligées d'emprunter, d'hypothéquer leurs biens et, par conséquent, d'augmenter les droits sur leurs membres. Leurs dettes s'accroissent.

Le pouvoir royal impose aussi des offices aux communautés. En 1694 et 1708. le roi crée des offices d'auneurs de toiles à Paris ; en 1704, des offices de jurés-auneurs de draps à Paris et de contrôleurs-visiteurs et marqueurs de papiers ; en 1705, de contrôleurs d'huile et essayeurs de bière. En 4695, le roi a créé, dans chaque

---

1 Pied, *op. cit.*, t. I, pp. 126 et sqq. — Les jurés devaient inspecter non seulement les maîtres de la ville, mais encore les localités dépendant de la juridiction de police.
2 Lespinasse, *op. cit.*, t. I, pp. 123 et sqq.

communauté, un office d'*auditeur-examinateur des comptes*. Les communautés, moyennant finances, obtiennent le rachat de tous ces offices (à Paris, les Six Corps donnent 400.000 l.) ; en 1696, on crée des offices de trésoriers des bourses communes, qui furent rachetés comme les précédents. Puis, à la fin du règne, ce fut la création des trésoriers-receveurs et payeurs des communautés (en 1702), des greffiers des enregistrements, des actes de communautés (en 1704), des greffiers-contrôleurs pour le paraphe des registres du commerce, des contrôleurs des poids et mesures (en 1706), des conservateurs des étalons et gardes des archives (en 1709), de deux contrôleurs et de deux trésoriers-payeurs des gages des communautés dans chaque généralité (en 1710) [1]. Pour tous ces offices on procéda aussi au rachat.

Beaucoup de personnes achètent les nouveaux offices, qui constituent un bon placement, à une époque de décadence économique. Par contre, ces créations pèsent lourdement sur les communautés de métiers, qui sont très endettées, dès 1715, et dont la détresse financière ne fera que s'accentuer au XVIIIe siècle. La royauté n'avait songé qu'aux intérêts de son trésor et l'arrêt de rachat des derniers offices de jurés, en 1728, avoue que cette institution a été plus nuisible que profitable au bon ordre des corporations. Les créations d'offices sur les communautés ont contribué à la décadence économique, qui marque la fin du règne de Louis XIV.

On voit qu'à la fin du XVIIe siècle, les métiers sont étroitement dépendants de l'autorité royale, plus qu'ils ne l'ont jamais été. Très nettement apparaît la conception que la royauté vend le droit au travail. — Si elle tient si fort à exercer sa mainmise sur les métiers, c'est surtout pour accroître ses ressources. Cependant, à partir de Colbert, le pouvoir royal considère les jurandes comme l'organe le plus sûr pour développer la réglementation industrielle et la rendre uniforme. Mais c'est un fait remarquable que la royauté, qui a voulu rendre universel le régime des jurandes, a, par ses procédés fiscaux, préparé leur ruine et provoqué leur disparition [2].

---

1 Voy. Martin Saint Léon, *op. cit.*, pp. 412 et sqq.
2 Voy. H. Hauser, Travailleurs et marchands de l'ancienne France, pp. 213 el sqq.

Chapitre V
Le commerce au XVIIᵉ siècle. Les conditions de son développement. La technique commerciale

Les communautés de métiers représentent une forme économique ancienne, et dont la décadence apparaît dès le XVIIᵉ siècle. A ce moment même, la production capitaliste fait de notables progrès, bien que le régime de la petite industrie soit encore prédominant. Partout, c'est le développement du commerce qu'on peut considérer comme la véritable source du régime capitaliste. Aussi, avant d'étudier le développement des manufactures au XVIIᵉ siècle, est-il nécessaire de se rendre compte des progrès du commerce [1].

I. Conditions défectueuses.
Voies de communication, transports, monnaies.

Ces progrès sont beaucoup moins sensibles pour le commerce intérieur que pour le commerce extérieur.

C'est que le commerce intérieur est entravé par les conditions défectueuses dans lesquelles il doit s'exercer à cette époque.

Remarquons tout d'abord que les voies de communications laissent fort à désirer.

Les routes sont encore bien insuffisantes [2]. Toutefois, un sérieux effort est tenté à l'époque d'Henri IV : on répare les routes et les ponts, endommagés par les guerres civiles, délaissés pendant trente ans de troubles. Pour cette œuvre. le grand voyer Sully manifeste une inlassable activité ; des sommes importantes y ont été consacrées par le trésor royal (surtout à la fin du règne), par certaines provinces, comme la Normandie, par des villes comme Lyon. Mais, à l'époque de Richelieu et de Mazarin, l'œuvre de restauration a été, en grande partie, négligée, de sorte qu'au début du règne de Louis XIV, on signale partout en France le mauvais état des chemins : « il est advenu, disait un rapport, que la plupart des

---

1 Pour tout ce qui suit, voy. E. Levasseur, *Histoire du commerce de la France*. Paris, 1911, t. I, pp. 233-426 : Pigeonneau, *Hist. du commerce de la France*, t. II, 1889.
2 Voy. Vignon, Étude historique sur l'administration des voies publiques en France. Paris, 1863 ; Fagniez, Économie sociale de la France sous Henri IV. Paris, 1897.

grands chemins, ponts et passages ont été ruinés ».

Colbert eut le grand mérite de reconstituer l'administration des Ponts et Chaussées. S'il laissa aux trésoriers de France la partie financière et le contentieux, il confia les questions administratives et techniques à des commissaires spéciaux ; les intendants eurent la haute main sur les ponts et chaussées. Un effort sérieux fut tenté, au moins pour les grandes routes. Mais, dans la dernière partie du règne de Louis XIV, on constate de nouveau le dépérissement de la viabilité ; les mémoires des intendants, de 1698, sont unanimes à cet égard. Rien d'ailleurs ne fut fait pour améliorer les routes de second ordre, les « chemins de traverse ».

C'est cet état défectueux des routes de terre qui explique l'importance des voies fluviales, très fréquentées à cette époque. Colbert fit améliorer la navigabilité d'un certain nombre de cours d'eau (Seine, Loire, Dordogne, Garonne, Rhône, Saône, etc.). Il y eut aussi un important travail de canalisation. Le canal de Briare, commencé en 1605, interrompu en 1610, repris en 1638, avait été ouvert en 1640. Pierre-Paul Riquet présenta à Colbert, dès 1662, son projet du canal de Languedoc ; les travaux commencèrent en 1665 ; on put l'ouvrir, en 1668, sur le parcours de Toulouse au col de Naurouze, mais il ne fut achevé qu'après la mort de Riquet, en 1681 ; il avait coûté 20 millions de livres [1]. Colbert songea aussi à d'autres canaux, mais, sous le règne de Louis XIV, on n'exécuta que le canal de Saint-Omer à Calais et le canal de la Loire au Loing, par Montargis. Somme toute, les voies d'eau ne suppléaient que d'une façon insuffisante aux routes terrestres.

Les transports, malgré quelques progrès, étaient encore très primitifs. Au début du règne, les voitures publiques ne partaient que lorsqu'elles avaient réuni un nombre suffisant de voyageurs. La marche en était très lente : de Paris, il fallait 2 jours pour se rendre à Orléans ; 10 ou 11, à Lyon ; 11, à Strasbourg ; 4, à Lille ; 5, à Calais. Quand on parvint à faire 15 lieues par jour, ce fut considéré comme un énorme progrès.

Les coches étaient d'abord ouverts, garnis simplement de rideaux de cuir, qui plus tard furent remplacés par des panneaux de bois.

1 Voy. Histoire du canal du Languedoc par les descendants de P. Riquet de Bonrepos ; Hist. générale du Languedoc, t. XIII et XIV ; SAINT-MARC, L'entreprise du canal du Languedoc (Annales de la Fac. des lettres de Bordeaux, 1888).

Le roulage se faisait par des charrettes à deux ou à quatre roues, qui mettaient quatre jours pour se rendre de Paris à Orléans.

Cependant, on peut noter un progrès assez notable pour les postes. Déjà le service des postes et des messageries avait été réorganisé par Henri IV. Puis, il fut régularisé et développé par Richelieu, qui plaça à leur tête un directeur et un intendant général. La taxe des lettres et les jours de départ furent fixés par le règlement du 26 octobre 1627 ; en 1630, on établit dans vingt villes des centres de distribution. En 1672, ce fut la suppression du privilège de l'Université et un monopole, d'une durée de cinq ans, fut conféré à Lazare Patin, moyennant une redevance de 1.200.000 l. Un nouveau tarif fixait le port des lettres : pour une distance inférieure à 23 lieues, les lettres simples coûtaient 2 sous, les lettres pesant plus d'une once 4 sous ; pour les distances de plus de 80 lieues, on payait 5 et 10 sous. En 1676, toutes les postes et messageries furent réunies entre les mains d'un fermier général des postes et un règlement en 21 articles fut publié en juin 1678. La circulation des lettres s'accrut sensiblement : en 1673, le bail ne comportait qu'une redevance de 1.200.000 l. ; en 1713, elle s'élevait à 3.100.000 l.

Quant au service des messageries, il avait été érigé en monopole par un édit de mai 1635 et affermé aux fermiers des cinq grosses fermes. Des courriers partirent une fois par semaine pour Dijon, Lyon, Bordeaux, Toulouse ; mais c'était une organisation encore très irrégulière. Les transports de marchandises étaient fort onéreux ; ainsi le transport du hareng à Paris coûtait moitié autant que la marchandise elle-même [1].

Rien de plus défectueux que le régime des monnaies bien qu'il se soit un peu amélioré depuis le XVIe siècle. Les variations du cours sont très nuisibles aux transactions commerciales. Quand le trésor est obéré, on opère de fréquents remaniements de monnaies, surtout à partir de 1690 et plus encore après 1700. Ainsi, en 1689-1690, le cours du louis d'or s'élevait de 11 l. à 11 l. 12 s ; de l'écu, de 3 l. à 3 l. 6 s. En 1709, le louis d'or valait 13 l., le louis d'argent, 3 l. 8 s. En mai 1709, il y eut une refonte générale des espèces, réduisant le louis d'or à 12 l. 10 s. et l'écu, à 3 l. 7 s. Mais, en 1715, le louis d'or fut élevé à 14 l. Ces remaniements, s'ils n'étaient pas très

1 DECHARME, Le comptoir d'un négociant au XVIIe siècle, d'après des documents inédits. Paris, 1910, pp. 156-157.

Henri Sée

fructueux pour l'État, provoquaient par contre une grande gêne pour le commerce.

II. Les obstacles : péages ; régime des douanes.

Non moins nuisibles nous apparaissent les droits perçus sur la circulation des marchandises par les seigneurs et par l'administration royale. — Ce sont d'abord les péages, très nombreux sur les routes et plus encore sur les rivières. Colbert essaya bien de les réduire. En 1661, une commission fut chargée de faire une enquête afin de supprimer ceux qui n'étaient pas dûment autorisés, mais cette tentative n'eut, pour ainsi dire, presque aucun effet, et, jusqu'à la fin de l'Ancien Régime, les péages pesèrent durement sur la circulation des marchandises.

Les douanes intérieures [1] constituaient aussi une entrave redoutable. Pour les *traites*, le royaume était divisé en plusieurs zones. La plus considérable, comprenant les anciennes provinces, s'appelait zone des *cinq grosses fermes* (affermées autrefois à cinq compagnies fermières). Le « trépas de Loire » pesait sur les vins, grains et toiles circulant sur le fleuve. La douane de Lyon frappait toutes les étoffes de soie, d'or et d'argent importées en France, et que l'on dut faire passer par cette ville ; y étaient soumises aussi d'autres marchandises importées dans le Sud-Est du royaume. La douane de Valence pesait sur toutes les marchandises entrant dans le Languedoc, le Vivarais, la Provence, le Dauphiné, le Lyonnais, le Forez, le Beaujolais, la Bresse, le Bugey, ou en sortant. Les Lyonnais ont d'abord considéré leur douane comme avantageuse, car elle faisait de leur ville une sorte d'entrepôt ; mais l'extension des droits à toutes sortes de marchandises et l'élévation du tarif finirent par la rendre ruineuse pour eux [2]. On distinguait encore, au point de vue douanier, les pays « réputés étrangers », situés en dehors des cinq grosses fermes, qui comprenaient une notable partie du royaume,

---

1 Voy. Forbonnais, Recherches sur les finances ; Moreau de Beaumont, Mémoires sur l'administration des impôts ; Dufresne de Francheville, Histoire générale et particulière des finances. Paris, 1873, 2 vol. ; Callery, Histoire du système général des droits de douane au XVIe et au XVIIe siècle (Revue historique, 1882).
2 Voy. Charléty. Le régime douanier de Lyon au XVIIe siècle (Revue d'histoire de Lyon, an. 1902 et 1903).

et les pays « d'étranger effectif » (Trois Évêchés, Alsace), ouverts au commerce étranger et séparés de la France par une barrière de douane, véritable frontière, qui, à leur grand désavantage, les isolait, au point de vue économique, du reste du royaume [1]. Il y avait aussi une grande variété dans les tarifs des traites.

Colbert essaya de remédier à cette variété incohérente par l'édit de 1664. Le préambule de cet édit note les inconvénients auxquels donne lieu la multiplicité des droits et des tarifs. En ce qui concerne les cinq grosses fermes, on réduit à un seul droit les droits de sortie ; il n'y aura plus aussi qu'un droit d'entrée, et ces droits uniques seront perçus au bureau le plus voisin de la route où passeront les marchandises. On abolit encore les exemptions personnelles ; mais, dans la pratique, bien des vexations subsistent. D'ailleurs, les autres douanes (de Lyon, de Valence, etc.) sont maintenues. Il n'y a eu, en réalité, aucune réforme profonde dans le régime des traites. Vauban constate qu'à cause des entraves fiscales « le paysan et le propriétaire aiment mieux laisser périr leurs denrées chez eux que de les transporter avec tant de risques et si peu de profit ».

En ce qui concerne les boissons, leur circulation et leur commerce sont entravés par le régime des *aides*, dont la perception entraîne tant de vexations [2]. Enfin les droits de foires et de marchés, très vexatoires, subsistent intégralement [3].

---

1 Voici un exemple bien significatif. La Franche-Comté, province réputée étrangère, est séparée, tout à la fois, des pays des cinq grosses fermes, qui la bornent à l'ouest, et de l'Alsace et de la Lorraine, « provinces à l'instar de l'étranger effectif », qui la bornent au nord. Elle ne pouvait donc faire aucun commerce avec le reste de la France. On comprend qu'en 1789, le cahier du Tiers de Besançon ait réclamé avec une extrême énergie « le recul des bornes fiscales jusqu'aux frontières. »Voy. Lucien Febvre, *Histoire de Franche-Comté*. Paris, 1922 (coll. des « Vieilles provinces de France »), p. 234.

2 Ajoutons que les restrictions à la libre circulation des vins sont fréquentes ; dans bien des villes, à Bordeaux notamment, il est interdit de vendre des vins qui ne sont pas produits dans le pays. Cf. Kehrig, *Le privilège des vins à Bordeaux*, 188G ; Georges Martin, *Les intendants de Guyenne et les privilèges des vins bordelais*, 1908.

3 Sur tout ce qui précède, voy. l'excellent exposé d'Ernest Lavisse, *Histoire de France*, t. VIII, pp. 199 et sqq. — Les papiers d'un négociant de Honfleur montrent combien la *romaine* de Rouen entrave les transactions (Decharme, *Le comptoir d'un marchand au XVIIe siècle*, pp. 170 et sqq.).

III. Persistance des foires.

Quelle était l'importance véritable du commerce intérieur ? Il est difficile de s'en rendre compte avec précision, car, pour cette époque, nous n'avons ni statistique, ni monographie vraiment satisfaisante.

Ce qui apparaît, c'est qu'une grande partie des transactions se fait encore dans les foires. Jacques Savary, dans son *Parfait négociant*, est très affirmatif à cet égard [1] :

« La plupart des marchands en gros, qui négocient avec les marchands des autres villes du Royaume, mènent la plupart du temps leurs marchandises aux principales foires qui se tiennent pour les y vendre ; c'est pourquoi il n'y a rien qui soit si nécessaire ni qui maintienne tant le commerce que les foires, parce que les marchands de presque toutes les autres villes du Royaume se trouvent aux jours qu'elles se tiennent pour y porter les marchandises et denrées, desquelles il y a trop grande abondance dans leur pays, pour en rapporter d'autres qui y manquent et dont ils ont besoin ».

Nous savons, d'autre part, qu'il y a encore des foires fort importantes. Si la foire du Lendit, à Saint-Denis, est tout à fait en décadence, la foire de Saint-Laurent, à Paris [2], est toujours fort active : elle est fréquentée par des orfèvres, des merciers, des marchands de petites étoffes de Picardie et de Champagne ; beaucoup plus importante encore est la foire de Saint-Germain, qui se tient sur le domaine de l'abbaye de Saint-Germain-des-Prés ; on y vend surtout des draps et des lainages, provenant d'Amiens, de Beauvais, de Reims, et aussi de l'orfèvrerie, de la tabletterie, de la faïence ; des marchands d'Angleterre, de Flandre, de Hollande, d'Allemagne s'y rendent en grand nombre [3].

Il existe beaucoup d'autres foires en France. Quelques-unes ont une importance considérable, comme celles de Bordeaux et surtout de Lyon, qui est toujours une grande place de commerce et de banque, ainsi que de Beaucaire : l'intendant Basville déclare, en 1698, qu'il se fait à Beaucaire pour 6 millions d'affaires. Toutefois

1 *Le Parfait négociant*, 7ᵉ édit., 1713, 2ᵉ partie, l. I, ch. VIII, t. 1, p. 447.
2 Elle se tient à la Saint-Michel, près de l'église de Saint-Laurent.
3 On trouvera beaucoup de renseignements sur ces foires dans CHERRIÈRE, *La lutte contre l'incendie dans les foires, halles et marchés* (HAYEM, 3ᵉ série, pp. 107 et sqq.).

les foires de Lyon sont en partie supplantées par celles de Genève. Dans les foires, comme le fait remarquer Boisguillebert, les transactions s'opèrent au moyen d'effets de commerce, négociés par des changeurs et des banquiers. — Cependant, les foires sont déjà moins importantes qu'autrefois, car le commerce tend à prendre un caractère de permanence [1].

IV. Le commerce en gros. La technique commerciale. Les banques. Les courtiers et commissionnaires.

Il convient de signaler les progrès du commerce en gros, fait par les grossiers, les merciers, les drapiers. Jacques Savary se préoccupe surtout de ce commerce, en montre l'importance, insiste sur les difficultés et les risques qu'il comporte [2]. Il distingue dans le commerce en gros trois catégories : 1° celui qui se fait dans l'intérieur du royaume ; 2° celui qui se fait avec les pays étrangers ; 3° le commerce avec les pays d'outremer.

Pour le commerce en gros, on voit se constituer des sociétés. Savary distingue les sociétés en commandite et les sociétés anonymes. Il insiste sur les avantages que présentent les premières, qui permettent aux entreprises commerciales de se procurer des capitaux considérables ; les nobles eux-mêmes ont le droit d'être commanditaires [3].

Les négociants qui ont pu se faire inscrire sur les tableaux des juridictions consulaires sont affranchis de toutes les charges pesant sur les communautés de métiers ; ils forment vraiment une classe nouvelle. Ils peuvent accéder à la noblesse :

---

1 Voy. E. Levasseur, *Hist. du commerce de la France*, t. I, pp. 228 et sqq. ; Savary des Brulons, *Dictionnaire universel de commerce*, 1738. — Sur les foires et les marchés, voyez l'excellent ouvrage de Huvelin, *Essai historique sur les droits des marches et des foires*, 1897.
2 *Le Parfait négociant*, 1re Partie, 1. I, ch. V, t. I, pp. 32-33.
3 Par l'édit du 5 déc. 1664, Colbert permet aux gentilshommes de faire le commerce de mer sans déroger ; l'édit d'août 1669 déclare : « voulons que tous gentilshommes puissent entrer en société et prendre part dans les vaisseaux à marchandises, pourvu qu'ils ne vendent pas en détail ». — Sur tout ce qui précède, voy. le *Parfait négociant*. 2e partie, 1. I. chap. 1, t. I, pp. 242 et sqq.

Henri Sée

« En France, dit Jacques Savary, non seulement Louis XIII, par son ordonnance du mois de janvier 1627, permet aux marchands grossiers de prendre la qualité de nobles, mais encore, Louis XIV... les déclare capables, sans quitter le commerce, d'être revêtus des charges de secrétaire du roi qui donnent la noblesse à ceux qui les possèdent actuellement ou qui les ont possédées vingt années, aussi bien qu'à toute leur ligne directe ».

Ce sont ces marchands en gros, — et surtout les merciers, — qui amassent des capitaux considérables et tendent à sortir des cadres de l'ancienne organisation corporative. C'est dans leur classe que se recrutera, en partie, le personnel des compagnies de commerce privilégiées, des directeurs de manufactures. Rien d'étonnant qu'ils aient pris une grande part à la fondation de la Compagnie des Indes, que les souscriptions, qu'ils ont données en cette occasion, aient été fort importantes. Les merciers, sans cesse en conflit avec d'autres corps de métiers, avec les drapiers et les libraires [1], par exemple, seront les premiers plus tard à fonder les *magasins de nouveautés* [2].

Un autre indice significatif de l'expansion commerciale, ce sont les progrès de l'esprit d'aventure. Savary, dans son *Parfait négociant*, remarque qu'on est trop pressé de s'établir à son compte, et souvent d'une façon imprudente :

« Anciennement l'on servait des douze ou quinze ans ou même vingt ans auparavant de reprendre le commerce pour

---

1 Les merciers prétendent, par exemple, avoir le droit de vendre des *A. B. C.* et des almanachs ; ils se trouvent en conflit avec les libraires. Cf. E. TROMP, *Étude sur l'organisation et l'histoire de la communauté des libraires et imprimeurs de Paris*. Nîmes, 1922 (thèse de doctorat en droit), pp. 144 et sqq.

2 Sur ce qui précède, voy. Pierre VIDAL et Léon DURU, *Histoire des corporations des marchands merciers de Paris*. Paris, 1912. — Les merciers vendent, notamment, toutes sortes de toiles, fils, rubans, galons, ceintures, broderies. A côté des gros merciers, on voit beaucoup de petits merciers ou « mercerots » et des colporteurs, qui fréquentent les foires et les marchés. Cf. aussi G. FAGNIEZ, *op. cit.*, pp. 215 et sqq. — A Dijon, au XVIIᵉ siècle, les merciers et drapiers forment l'aristocratie de la classe marchande : « à cause de leur fortune, ils constituent, plus encore que les gens de profession libérale, le véritable lien social entre la classe des privilégiés et celle des artisans » (G. ROUPNEL, *La ville et la campagne au XVIIᵉ siècle ; étude sur les populations du pays dijonnais*, 1922, pp. 142-143).

son compte particulier ; aussi voyait-on moins de banqueroutes et de faillites en ce temps-là qu'en celui-ci, et l'on peut
dire sans exagération qu'il s'est fait plus de faillites depuis trente
ou quarante ans qu'il ne s'en était fait en cent ans auparavant... »

Et Savary insiste sur l'utilité d'un long apprentissage. La technique commerciale a fait aussi de grands progrès. Savary nous
montre que la comptabilité est déjà très perfectionnée. Il énumère
les divers *livres* que doit tenir le commerçant (il en décrit très complètement la nature et en donne de véritables *fac-simile*). Ce sont le
Journal, le *brouillard*, les *mémoriaux*, le *Grand Livre*, dont l'usage
s'était répandu dès le XVIᵉ siècle ; la comptabilité en partie double
n'était plus exceptionnelle [1].

Savary déclare encore que le commerçant doit noter d'une façon
précise les réassortiments dont il a besoin ; il insiste sur la question
des achats, qui ne doivent jamais dépasser ses ressources. Il faut
inscrire soigneusement les ventes à crédit et, surtout à l'égard des
nobles, prendre les précautions nécessaires. L'inventaire doit être
fait tous les deux ans au moins, et de préférence chaque année [2].

Les *lettres de change* étaient de plus en plus employées. Elles
avaient déjà le même aspect qu'aujourd'hui et facilitaient singulièrement toutes les transactions [3].

Par contre, les institutions de crédit sont très médiocres.
Contrairement à ce que l'on voit en Hollande et même en
Angleterre, les banques françaises sont encore peu nombreuses ;
elles sont tenues presque exclusivement par des Italiens, surtout
à Lyon [4]. D'ailleurs, en bien des cas, les marchands et les gens de
finance se livrent à des opérations de banque. Mais on se rend bien
compte, dès cette époque, de l'utilité des établissements de crédit.
Savary voit nettement que ce sont les banques de Rotterdam et
d'Amsterdam qui contribuent le plus aux succès commerciaux des
Hollandais [5] :

1 Pour le XVIᵉ siècle, voy. G. FAGNIEZ, *op. cit.*, pp. 219 et sqq.
2 *Le Parfait négociant*, 1ʳᵉ Partie, l. III, ch. IV, t. I, pp. 269 et sqq.
3 *Ibid.*, 1ʳᵉ Partie, l. III, ch. III, t. I, pp. 126 et sqq. — Voyez DECHAHME, *op. cit.*,
pp. 164 et sqq.
4 Voy. Marcel VIGNE, *La banque à Lyon du XVᵉ au XVIIIᵉ siècle*, 1 vol. in-8. Paris et
Lyon, 1902.
5 *Le Parfait négociant*, 2ᵉ Partie, l. II, ch. II.

« Les banques établies en Hollande et la confiance qu'elles se sont acquises ne sont sans doute pas une des moindres raisons de la réputation et du succès de l'immense commerce que font les Hollandais depuis plus d'un siècle dans toutes les parties du monde ».

Et Savary décrit l'organisation de la Banque d'Amsterdam, créée dès 1609 : « c'est une espèce de caisse perpétuelle, dont proprement la ville d'Amsterdam est tout ensemble et le caissier et la caution ». Les paiements se font par simple « transport », sans qu'on ait à se servir de numéraire. La banque ne fait pas de paiements en deniers ; cependant elle a « hors de banque des caissiers particuliers, qui escomptent les parties moyennant du 8 % ». On peut déposer en banque des espèces monnayées.

En France, les banquiers, notamment ceux de Paris, s'occupent surtout des emprunts d'État [1]. Aussi n'est-il pas étonnant que ce soient les agents de banque et de change qui traitent surtout les opérations financières dont le commerce a besoin, qui servent d'intermédiaires entre les négociants et les banquiers [2]. Quant aux courtiers de marchandises, ils jouent un rôle encore plus important ; il y en a dans chaque communauté de marchands ; ils servent aux relations entre les divers métiers, relations qui, sans eux, s'établiraient difficilement. Ils connaissent toutes les ressources du commerce, les débouchés ; grâce à eux, les marchands et négociants qui n'ont de relations commerciales que dans leur propre ville parviennent à écouler leurs marchandises [3].

Les commissionnaires rendent aussi de grands services [4] :

« Il n'y a rien, dit Savary, qui maintienne tant le commerce que les commissionnaires ou correspondants, car, par leur moyen, les marchands et banquiers peuvent négocier pour tout le monde sans sortir de leurs magasins ou comp-

1 Voy. Ph. SAGNAC, Le crédit de l'État et les banquiers à la fin du XVIIe et au commencement du XVIIIe siècle (Revue d'histoire moderne, t. X, pp. 257-272). Cf. Emile MAGNE, Bourgeois et financiers du XVIIe siècle, 1922.
2 Les créations d'agents de change constituent, d'ailleurs, surtout un procédé fiscal ; ainsi, en 1714, Louis XIV créa vingt nouvelles charges d'agents de change (Le Parfait négociant, 2e Partie, l. III, ch. VII).
3 Ibid., 2e Partie, l. III, ch. VII.
4 Ibid., 2e Partie, l. IV, ch. III.

toirs, tant pour l'achat et la vente des marchandises que pour faire des traités et remises d'argent d'un lieu à l'autre. »

Savary distingue les diverses sortes de commissionnaires : 1° ceux qui achètent des marchandises pour le compte des marchands et négociants ; 2° ceux qui en vendent ; 3° « ceux qui s'entremettent pour les traites et remises des lettres de change » ; 4° les commissionnaires d'entrepôt, qui reçoivent les marchandises d'un lieu pour les envoyer dans un autre ; tels, les commissionnaires d'Orléans, qui, recevant les marchandises expédiées de Nantes par la Loire, les acheminent vers Paris ; tels, ceux de Rouen, qui s'acquittent du même office pour les marchandises de Hollande, d'Angleterre, des pays de la Baltique [1] ; 5° les commissionnaires des voituriers par terre, qui se chargent de tout ce qui concerne le transport [2].

V. L'ordonnance de commerce de 1673.

Ce qui marque encore les progrès du commerce, et ce qui a contribué à le développer, c'est l'œuvre de législation commerciale suscitée par Colbert. En 1669, les marchands de Paris avaient adressé au Roi une requête pour demander l'établissement d'une ordonnance générale sur le commerce, d'autant plus nécessaire que les édits et les coutumes qui s'en occupaient étaient souvent discordants. On nomma, en 1670, un conseil de réforme, qui se tint sous la présidence de Pussort, mais dont le rapporteur fut Jacques Savary, qu'on peut regarder comme le principal auteur de l'*ordonnance de commerce*, de 1673.

Le préambule de l'ordonnance déclare qu'elle a pour objet de

---

1 Lion, à Honfleur, est à la fois armateur et commissionnaire ; il fait la commission pour les morues, les harengs, le sel, le tabac (DECHARME, *op. cit*).

2 En ce qui concerne les pratiques commerciales, notons encore que, pour le commerce maritime, on use partout des *assurances*, qui sont faites, soit par la *Compagnie générale des assurances de Paris*, soit par des particuliers, surtout de La Rochelle, Rouen, Saint-Malo Le taux est souvent de 10 % et, pour certains voyages, de 23 % (DECHARME, *op. cit.*, pp. 201 et sqq.). Magon de la Balue. à Saint-Malo, assure, au taux de 8 ou 9 %, les cargaisons destinées aux Antilles ou à Terre-Neuve, à celui de 4 à 3 %, les bateaux se dirigeant vers les ports européens ; pour les ports français, il ne fait payer que 2 1/2 % (Mémorial d'assurances de 1099-1700, Arch. d'Ille-et-Vilaine).

faire « des règlements capables d'assurer, parmi les négociants, la bonne foi contre la fraude et de prévenir les obstacles qui les détournaient de leur emploi par la longueur des procès ». Ses douze titres traitent de tout ce qui concerne le commerce : apprentissage ; agents de banque et courtiers ; livres de commerce et inventaires ; sociétés commerciales ; effets de commerce et lettres de change ; lettres de répit ; faillite et banqueroute ; juridiction consulaire. Une partie très importante de l'ordonnance concerne les *lettres de répit*, qui peuvent permettre aux commerçants de faire face à leurs engagements. A noter aussi la distinction qu'elle fait entre la *faillite simple*, résultat de circonstances malheureuses, sans qu'il y ait eu intention de tromperie, et la *banqueroute frauduleuse*, punie de la peine de mort, qui, d'ailleurs, pratiquement ne fut pas appliquée [1]. L'ordonnance de 1673 a persisté jusqu'à la fin de l'Ancien Régime et a été en partie reproduite dans le *Code de commerce* de 1807. Le *Parfait négociant* de Savary peut être considéré comme le commentaire de ce grand acte législatif.

Quant à l'importance réelle du commerce intérieur, quant aux principaux centres commerciaux, au caractère de leurs transactions, ce sont là des questions qui n'ont, pour ainsi dire, pas été traitées, et que, seules, des monographies scientifiquement menées pourront élucider. — Ce qui apparaît clairement, c'est que, dans le commerce intérieur, les denrées agricoles, les céréales surtout, tiennent la première place. Ainsi, en Languedoc, elles donnent lieu à un trafic d'environ 1.200.000 l. ; les vins jouent, dans le commerce, un rôle moins grand qu'aujourd'hui ; on ne vend guère hors de la province que les vins de qualité et les eaux-de-vie. A noter aussi qu'au XVIIᵉ siècle on n'accumule pas de stocks, comme on le fera plus tard [2]. S'agit-il de la vente de nouveaux produits, notamment de denrées coloniales encore peu répandues, souvent l'autorité royale, mue par un intérêt fiscal, la livre au monopole d'un particulier, mais elle ne tarde pas à tomber dans le domaine public [3]. Enfin, remarquons que la plupart des villes, même des

1 Sur l'ordonnance de 1673, cf. la thèse de droit d'A. GUILLON, *La législation française des faillites et banqueroutes avant 1673*, Paris, 1903.

2 Voy. BOISSONNADE, La production et le commerce des céréales, des vins et des eaux-de-vie en Languedoc dans la deuxième moitié du XVIIᵉ siècle (Annales du Midi, 1905, I. XVII, pp. 329-360).

3 En 1639, David Chaliou, valet de chambre du comte de Soissons, obtint, pour

capitales de provinces, comme Dijon et Rennes, sont des marchés presque purement locaux [1].

Chapitre VI
Le commerce extérieur

Le commerce extérieur, au XVIIe siècle, joue un rôle beaucoup plus considérable dans la vie économique du pays que le commerce intérieur.

I. Le système protecteur. Les tarifs de 1604 et de 1667.

Le commerce extérieur, en décadence à la fin du XVIe siècle, s'est notablement développé au XVIIe, bien que son extension ait été entravée par le système mercantile, antérieur à Colbert [2], mais que celui-ci devait encore accentuer. En 1664, le grand ministre expose très nettement les principes de ce système :

« Tout le commerce consiste à décharger les entrées de marchandises qui servent aux manufactures du dedans du royaume, charger celles qui entrent manufacturées, soulager les droits de sortie des marchandises manufacturées au dedans du royaume. »

Le tarif de 1664 répond à ces principes : S'il abaisse de 30 s. à 5 s. le droit d'entrée sur les moutons, il établit, à l'importation, des droits assez élevés sur les objets manufacturés dont les similaires

---

trente ans, le monopole dans tout le royaume de la fabrication et de la vente du chocolat ; il ne put, d'ailleurs, empêcher complètement la vente clandestine d'un produit de plus en plus recherché. En 1692, le pouvoir royal conféra encore, pour six ans, le monopole de la vente du chocolat, du café et du thé à un certain Damaine ; mais, dès 1693, les marchands parvinrent à faire révoquer son monopole. Néanmoins, ces produits exotiques étaient encore des objets de luxe, réservés aux classes riches. Voy. l'intéressante étude de Paul-M. BONDOIS, *Le monopole du chocolat* (HAYEM, *Mémoires...*, 7e série, 1922, pp. 177-224).

1 L'étude du commerce intérieur est très difficile à faire. Comme documents, on ne peut guère trouver que des livres de raison, des actes de notaires, des procès entre corporations, des statuts de métiers et des actes provenant des archives municipales.

2 Dès 1659, Fouquet avait établi le droit de 50 sous par tonneau sur les marchandises étrangères ; c'était une réponse modérée à l'Acte de navigation anglais.

Henri Sée

sont fabriqués en France :

36 l. par douzaine de chapeaux de castor ;

40 l. par pièce de drap de Hollande ou d'Angleterre ;

70 l. par pièce de drap d'Espagne (le tarif de 1644 n'imposait que 36 l.).

3 l. 10 s. par douzaine de bas d'estame (50 s. d'après le tarif de 1644).

Dans l'ensemble, le tarif de 1664 était assez modéré. La preuve, c'est que la recette des cinq grosses fermes, qui était de 9.572.000 l., diminua de 500.000 l., malgré les progrès des transactions.

Aussi les manufacturiers jugèrent-ils le tarif insuffisant pour la protection de leur industrie : le directeur de la manufacture de bas d'estame se plaint que les merciers et bonnetiers fassent venir leurs bas de l'étranger ; les draps de Hollande et d'Angleterre font concurrence aux draps français. — Colbert se décida donc à édicter le tarif de 1667, qui augmenta très fortement un grand nombre d'articles à l'entrée :

la douzaine de bas d'estame fut portée de 3 l. 10 s. à 18 l. ;

la pièce de drap de Hollande et d'Angleterre, de 40 à 80 l. ;

la pièce de drap d'Espagne, de 70 à 100 l.

la paire de bas de soie, de 15 à 40 s., etc.

Sur beaucoup d'articles, il y eut au moins doublement des droits d'entrée. — A la sortie, on ne mit que des droits faibles sur les objets manufacturés, de forts droits, au contraire, sur les matières premières, qui étaient très ménagées à l'entrée [1].

Ce tarif de 1667, qui a eu de graves conséquences, puisqu'il a, en partie, déterminé la guerre de Hollande, ne devait pas rester très longtemps en vigueur : en 1672, l'Angleterre obtint le rétablissement du tarif de 1664, et, à la paix de Nimègue, en 1678, la Hollande l'obtint à son tour. Après la paix de Ryswick, le tarif de 1699 amalgama les tarifs de 1664 et de 1667 et l'on renonça même, en faveur des Hollandais, au droit de 50 sous par tonneau.

Toute la politique de Colbert tendait à ruiner, au profit de la France, les puissances étrangères, l'Angleterre et surtout la Hollande. Ainsi, pour développer les raffineries françaises, il enle-

---

1 A l'entrée, les laines paient 40 s. les 100 livres ; à la sortie, 15 l. — Sur tout ce qui précède, voy. LEVASSEUR, *Histoire du commerce de la France*, t. I, pp. 353 et sqq.

va aux Hollandais le droit de venir chercher en France le sucre brut provenant des Antilles. Il réussit de la sorte à porter atteinte à l'industrie hollandaise, mais sans grand profit pour l'industrie nationale, et au détriment de nos plantations coloniales. Sur la question sucrière, comme sur beaucoup d'autres, la politique économique de Colbert fut condamnée à l'insuccès [1].

D'ailleurs, tout le monde, à cette époque, se faisait les mêmes illusions. Le système protecteur répondait aux principes mêmes de ce qu'on peut appeler l'*économie nationale*. On considère que le pays doit vivre essentiellement sur ses ressources propres, qu'il faut recourir le moins possible à l'étranger. Il est intéressant de constater que Vauban et Boisguillebert, eux-mêmes, qui, sur la question fiscale, ont émis tant d'idées nouvelles, sont encore imbus des conceptions mercantilistes : Vauban, dans son traité *Du commerce en général* et dans son *Mémoire sur le canal de Languedoc*, déclare le commerce intérieur très supérieur au commerce extérieur ; Boisguillebert le considère comme cent fois plus important [2].

L'une des grandes conséquences du système mercantile, ce fut de contribuer à déchaîner les grandes guerres du règne de Louis XIV, non seulement la guerre de Hollande, mais aussi la guerre dite de la Ligue d'Augsbourg : la Hollande se proposait, avant tout, de ruiner le commerce français [3].

II. Politique commerciale plus libérale : les traités de commerce.

Mais voici qu'apparaît une orientation nouvelle. Les commerçants français, dans la dernière partie du règne de Louis XIV, essayèrent d'engager le gouvernement dans une politique commerciale nouvelle, s'attaquèrent à tout le régime protecteur de Colbert. Les déclarations des députés des villes au Conseil du commerce sont très significatives, à cet égard. Le député du Languedoc, le

---

1 Voy. l'intéressante étude de Paul-M. BONDOIS, Colbert et la question du sucre : la rivalité franco-hollandaise (Revue d'histoire économique, an. 1923, pp. 12-61).
2 Voy. H. SÉE, Les idées politiques en France au XVIIIe siècle, pp. 303 304 et 334-333.
3 Voy. G. N. CLARK, *The dutch alliance and the war against french trade* (1688-1697), Manchester, 1923.

député de Lille insistent sur la nécessité de rétablir le commerce avec la Hollande. Les députés des villes maritimes (Dunkerque, Bayonne, Bordeaux, Nantes) demandent la conclusion de traités de commerce, surtout avec l'Angleterre. — Le gouvernement commence à se pénétrer de ces idées nouvelles : Pontchartrain, secrétaire d'État de la marine, s'y montre favorable ; le contrôleur général Desmaretz, en 1712, se prononce pour « l'égalité réciproque de commerce entre toutes les nations » [1]. Des mesures libérales furent prises : on rétablit, en 1703, partiellement au moins, la franchise du port de Marseille (pour le sucre, les toiles de coton, les cafés) ; dès 1700, Dunkerque avait récupéré sa franchise. Malgré la guerre, des passeports furent accordés aux Hollandais et aux Anglais. Il est vrai qu'en 1710-1711, le Roi interdit tout commerce avec la Hollande, par mesure de représailles, mais on exempta du droit de fret les navires neutres, même les bateaux anglais, et l'on supprima le droit de 50 sous par tonneau pour les pays de la Baltique. Enfin, des traités de commerce furent conclus : en 1708, avec la Moscovie et la Perse ; en 1713, avec le Portugal, malgré le traité de Methuen de 1703 ; la même année, avec la Prusse ; en 1714, avec les Pays-Bas autrichiens. On accrut ainsi les relations commerciales avec le Portugal, et on pouvait espérer, pour le commerce du Nord, s'affranchir de l'intermédiaire des Hollandais.

Pour ces derniers, le traité d'Utrecht rétablit le tarif de 1699. Mais il était plus difficile de rétablir les relations avec l'Angleterre, qui, en 1700, avait édicté des droits prohibitifs sur les marchandises françaises [2]. Les Anglais parvinrent à se passer des chapeaux, des taffetas, du papier de France (industries que des réfugiés français avaient introduites dans leur pays) et se procurèrent des vins et des eaux-de-vie en Espagne et en Portugal. Dès 1711, des négociations furent engagées pour la conclusion d'un traité de commerce et très activement poursuivies par Mesnager, négociant de Rouen, député au Conseil de commerce. Le traité de navigation et de commerce d'Utrecht, du 11 avril 1713, rétablissait la liberté réciproque du commerce, en se basant sur la législation de 1664, mais en ré-

---

1 C'est ce qu'il déclare dans une lettre à Mesnager, chargé de négocier avec les Anglais un traité de commerce.

2 Sur les toiles écrues de France, l'Angleterre avait établi un droit de 50 % de leur valeur, sur les autres toiles, de 70 % ; 700 l. par tonneau de vin français ; 900 l. par tonneau d'eau-de-vie.

servant quatre articles (étoffes de laine, sucres, poisson salé, huile de baleine). Ces articles donnèrent lieu à de longues négociations en 1713-1714. Finalement, le Parlement anglais, pour des raisons fiscales et économiques, se prononça contre le traité de 1713. Les autres traités subsisteront, mais la France n'abandonne pas cependant le système protecteur [1]. Quoi qu'il en soit, par l'importance que l'on attribue aux traités de commerce, on voit à quel point les questions économiques influent dès maintenant sur la politique internationale.

III. Relations commerciales avec l'Angleterre, la Hollande, l'Espagne, les pays du Nord.

Le commerce avec l'étranger a été surtout un commerce maritime, car les relations étaient particulièrement actives avec l'Angleterre, la Hollande et l'Espagne. Il profita plus encore à ces puissances qu'à la France elle-même.

Le commerce avec l'Angleterre était très difficile à cause des vexations que les Anglais infligeaient à nos commerçants :

« Il n'y a point de nations dans l'Europe, dit Savary, où les Français trouvent plus de difficultés à faire leur commerce et où ils soient plus maltraités qu'en Angleterre, et il n'y en a point aussi qui reçoivent et traitent, plus favorablement les Anglais que les Français. »

Les Anglais viennent chercher en France, du blé, des vins, des eaux-de-vie et liqueurs (que leurs bateaux chargent à Bordeaux, La Rochelle et Nantes), du vinaigre, du sel, de l'huile d'olive, des fruits, des toiles, des soieries, des taffetas et velours, de la mercerie, du papier, du verre. En France, ils importent de la laine (bien que l'exportation en soit interdite par le Parlement), de l'étain, du plomb, du fer, de la quincaillerie, de la mercerie, du charbon de terre, des draps, des serges, des bas de soie, des bonnets. Presque tout ce commerce se faisait sur bateaux anglais. Persuadé que l'importation des articles français nuisait gravement aux manufactures

1 Sur ce qui précède, voy. Ph. Sagnac, La politique commerciale de la France avec l'étranger de la paix de Ryswick à la paix d'Utrecht (Revue historique, t. CIV, 1910). — Pour les textes des traités de commerce, cf. H. Vast, Les grands traités du règne de Louis XIV, 1898, t. II, pp. 63 et sqq., 199 et sqq., t. III, p. 87 et sqq.

anglaises, le gouvernement anglais avait institué tout un régime de prohibition [1].

Le commerce avec la Hollande était très important. Il avait surtout profité à la marine hollandaise, car ses bateaux venaient dans tous les ports français ; au dire de Colbert, les 5 à 600 vaisseaux armés par des Français ne pouvaient lutter contre les 15.000 vaisseaux hollandais, qui représentaient les trois quarts de la flotte du monde civilisé. En 1658, d'après l'ambassadeur hollandais Boreel (*État détaillé du commerce avec la France*), la France exportait dans les Provinces-Unies pour 72 millions de marchandises (52 en produits manufacturés ; 17 en boissons et comestibles). Il est vrai que les guerres, dans la seconde moitié du siècle, ont bien diminué ce chiffre.

L'Espagne, — bien qu'on n'ait pas pu conclure avec elle, même après 1702, de traité de commerce, — l'Espagne resta l'un des meilleurs clients de la France. Le commerce avec ce pays était représenté par 17 millions de livres à l'importation et 20 à l'exportation. La France expédiait en Espagne des toiles (surtout des toiles bretonnes), des chapeaux de castor, des soieries, des dentelles, de la quincaillerie, de la mercerie, du blé, des morues et des harengs. Elle en recevait des laines et draps, des vins, de l'huile, du cacao, de l'indigo, de la cochenille, beaucoup de métaux précieux et d'espèces monnayées. Ces « retours » en or et en argent étaient très appréciés. Une grande partie de ce commerce se faisait par l'intermédiaire des Hollandais ; cependant des vaisseaux nantais et malouins, en assez grand nombre, se rendaient en Espagne, surtout à Bilbao [2] et à Cadix. Mais de Cadix, les marchandises françaises ne pouvaient être transportées en Amérique que sur les *galions* et les *flottes* espagnols [3]. Avec le Portugal, c'est un commerce à peu près analogue ; la France en tire du coton, du sucre, du poivre, des citrons, des oranges, des bois du Brésil [4].

Le commerce avec les villes hanséatiques était régi par le traité de commerce de 1665, qui avait établi la liberté du commerce, et par lequel la France avait renoncé au droit de 50 sous par tonneau. On

1 *Le Parfait négociant*, 2ᵉ Partie, l. II, chap. III, pp. 462 et sqq.
2 Voy. MOUSSET, Les archives du consulat de la mer à Bilbao, 1912.
3 Cf. G.-H. HARING, Trade and navigation between Spain and the Indies in the time of the Hapsburgs, Cambridge, 1918 (Harvard Economic studies).
4 Sur ce qui précède, cf. *Le Parfait négociant*, 2ᵉ Partie, l. II, chap. V, pp. 482 et sqq.

exportait dans le Nord surtout du vin, de l'eau-de-vie, du sel, de l'épicerie, de la draperie, de la soierie, des fruits secs, du papier ; on en tirait des grains, du bois de charpente, du fer blanc, de la chaudronnerie. Mais c'était sur des navires anglais et surtout hollandais qu'arrivaient presque toutes les marchandises françaises, qui étaient vendues dans les pays de la Baltique. Il en était de même pour la Moscovie, dont le commerce se faisait par Arkhangel, et qui recherchait surtout les produits français [1]. Il semblait presque impossible que le commerce français pût se substituer, dans le Nord, au commerce anglais et au commerce hollandais. Une première Compagnie du Nord avait été créée en 1647 ; elle n'avait pu réussir. Colbert s'occupa avec une grande ardeur de la question, créa, en 1669, une nouvelle Compagnie du Nord dont les frères Formont furent la cheville ouvrière, et y donna tous ses soins. C'est pour répondre à ses projets que Savary essaie de démontrer que les Français pourraient, tout aussi bien que les Hollandais, faire le commerce dans la Baltique et en Moscovie [2]. Mais les commerçants français ne se laissèrent pas persuader : ils se refusaient à armer des vaisseaux et continuaient à confier leurs marchandises aux étrangers [3]. D'ailleurs, la guerre de Hollande acheva de ruiner les projets de Colbert. Les Hollandais reprirent toute leur prépondérance, et, en 1715, ils avaient toujours la haute main sur le commerce des pays de la Baltique, de la Moscovie et de la Prusse. Les tentatives de la France et des souverains de la Prusse pour établir des relations commerciales directes ont, en grande partie, échoué, bien qu'il faille noter, à cet égard, quelques progrès du commerce français, un effort qui portera ses fruits plus tard [4].

1 Les Hollandais, au XVIIᵉ siècle, ont accaparé le commerce avec la Moscovie aux dépens des Anglais ; voy. Irma LUBIMENKO, *Les marchands anglais en Russie au XVIIᵉ siècle* (*Revue historique*, sept.-oct. 1922).

2 *Le Parfait négociant*, 2ᵉ Partie, liv. II, ch. VIII, t. I, pp. 517 et sqq. Tandis que les Hollandais ne sont que des intermédiaires, dit Savary, les Français pourraient expédier dans le Nord leurs propres produits. Il faudrait seulement créer de grandes Compagnies de commerce.

3 Voy. à cet égard un intéressant article de DAINVILLE, *Les relations commerciales de Bordeaux avec les pays hanséatiques* (HAYEM, *op. cit.*, 3ᵉ série, pp. 211 et sqq.).

4 Voy. sur toute cette question l'excellent ouvrage de P. BOISSONNADE, Histoire des premiers essais de relations économiques directes entre la France et l'État prussien pendant le règne de Louis XIV (1643-1715), Paris, Champion, 1912 (surtout, pp. 93-213). L'auteur montre avec beaucoup de force la supériorité écrasante du commerce hollandais.

Henri Sée

IV. Importance du commerce du Levant.

Au contraire, le commerce dans le Levant, sous le règne de Louis XIV, eut une importance de premier ordre [1]. — Encore considérable à la mort d'Henri IV, il était tombé de plus en plus en décadence dans la première moitié du XVIIe siècle et, en 1660, il ne se chiffrait plus que par 2 ou 3 millions de livres. Il avait été compromis par les violences des pirates algériens et tunisiens, par les exactions et les *avanies* des pachas et officiers ottomans, par les taxes que se faisaient octroyer l'ambassadeur français de Constantinople et les consuls des Echelles, par la concurrence des Anglais et des Hollandais, surtout à Smyrne.

Colbert se préoccupa beaucoup du commerce du Levant, essaya de réformer les abus, de réprimer les exactions des consuls, qui, d'ailleurs, ne deviendront réellement des fonctionnaires qu'à la fin du siècle. Cependant, les conditions du commerce du Levant ne se modifient pas profondément [2]. Colbert, tout en établissant la franchise du port de Marseille, crée un droit de 20 % sur toutes les marchandises du Levant qui seront chargées ou apportées sur des bâtiments étrangers ; mais les marchands étrangers parvenaient à éluder cette mesure en s'associant avec des marchands français. La création de la Compagnie du Levant, en 1670, ne donna pas non plus les résultats que Colbert en attendait. Il fallut la réorganiser en 1073, puis en 1678, en 1685, en 1689. Ce fut un échec, et, seul, le commerce libre se développa. Colbert eut encore le tort d'interdire le transport des espèces monnayées dans le Levant, car les transactions ne pouvaient se faire sans elles.

En somme, l'action de Colbert fut inefficace et le commerce du Levant resta précaire. Il ne fit de réels progrès qu'après 1683, grâce à l'amélioration des relations diplomatiques avec la Turquie, grâce aussi aux succès remportés contre les Barbaresques (bombardements d'Alger, en 1682 et 1681). Aussi dès la fin du XVIIe siècle, si les Anglais tiennent encore le premier rang, les Français l'emportent-ils sur les Hollandais. En 1713, les marchandises du

---

1 Voy. Paul MASSON, Histoire du commerce français dans le Levant au XVIIe siècle, 1906, et Les ports francs d'autrefois et d'aujourd'hui. Paris, 1904.
2 Cf. HAYEM, Navigation et commerce français dans la Méditerranée (Mémoires et documents sur l'histoire de l'industrie et du commerce, 1re série).

Levant déchargées à Marseille représentent 11 millions de livres ; en 1717, 13 millions ; en 1719, 24, et 297 navires font ce trafic. Partout, sur les côtes de l'Empire ottoman, on trouve des consuls et des marchands français ; ces derniers sont, en général, des *commissionnaires, facteurs* des commerçants de Marseille, assez peu scrupuleux au dire de Savary [1].

On exportait dans le Levant des draps fins du Languedoc, des papiers, des bonnets, de la mercerie, de la quincaillerie ; les bateaux de Provence, Savary le remarque, partaient en général peu chargés, car leur cargaison se composait, pour un tiers, d'argent. On cherchait dans les ports du Levant du coton, des soieries, de la laine, des étoffes de coton, des cuirs et des peaux de chagrin ; on commençait à y prendre du café, de l'huile et du blé ; le commerce des épices, autrefois si important, a disparu presque complètement au début du XVIIIe siècle. — L'industrie marseillaise consommait sur place une portion considérable des marchandises du Levant, mais on en revendait aussi en Italie, en Suisse, en Allemagne.

Le commerce français est assez florissant en Italie, où, en 1715, l'on envoie pour 23 millions de marchandises et d'où l'on en tire pour 11 millions environ. Au contraire, le commerce dans les pays barbaresques ne fut jamais que bien médiocre ; on y achetait surtout du blé. La compagnie du cap Nègre, créée en 1685, la compagnie d'Afrique, fondée en 1690, finirent par s'effondrer en 1703, et une nouvelle Compagnie d'Afrique, qu'on établit en 1706, ne réussit pas mieux. En 1700, le commerce en ces régions ne faisait que 800.000 l. d'affaires [2].

V. Le grand commerce maritime et colonial.
Les Grandes Compagnies de commerce.

Quant au grand commerce maritime et colonial, il se développe singulièrement dans la seconde moitié du XVIIe siècle. On pense — et sans doute avec raison, étant donné la situation économique

---

1 *Le Parfait négociant* (2e Partie, livre V, chap. I, t. I, pp. 700 el sqq.) donne beaucoup de renseignements sur le commerce du Levant.
2 Paul MASSON, Histoire des établissements et du commerce français dans l'Afrique barbaresque (1560-1793), 1903.

et politique de l'Europe [1], — qu'il ne peut être fait avec succès que par de grandes Compagnies : on songe au succès des compagnies des Indes anglaise et hollandaise ; la Compagnie hollandaise ne donnait-elle pas des dividendes, qui, jamais inférieurs à 25 %, s'élevaient parfois jusqu'à 75 % ? Colbert espère, grâce aux compagnies de commerce, supplanter les Hollandais [2].

Dès le début de son ministère, dès 1664, il s'efforce de créer les compagnies des Indes Orientales et des Indes Occidentales ; il s'applique à les doter d'un capital important. Il fut d'ailleurs difficile de trouver 15 millions pour la Compagnie des Indes Orientales. Le roi s'inscrivit pour 3 millions ; les princes du sang et les courtisans pour 1.330.000 l. ; les financiers, pour 2 millions. Mais, en province, il fut très difficile de trouver de l'argent ; et d'ailleurs les versements se faisaient mal. En septembre 1668, la Compagnie n'avait encore effectivement reçu que 5 millions et jamais elle ne put compléter son capital [3].

La Compagnie des Indes Orientales reçut pour cinquante ans le monopole du commerce à l'Est du Cap de Bonne Espérance ; elle devait avoir des primes de 50 l. par tonneau de marchandises exportées et de 75 l. par tonneau de marchandises importées. Elle était assez fortement organisée, avec 9 directeurs généraux, 15 syndics (délégués des principales villes de commerce), 9 directeurs provinciaux ; dans l'Inde, on établit un conseil souverain de 7 membres, un gouverneur général, un commandant d'armes [4]. La Compagnie éprouva bien des difficultés. Cependant son territoire s'étendit peu à peu. En 1668, Caron fondait un comptoir à Surate et, en 1669, la factorerie de Masulipatam. En 1676, François

---

1 Il faut tenir compte de la longueur des voyages, de la rareté des capitaux, de la faiblesse du crédit : les entreprises particulières n'auraient pu suffire au grand commerce maritime et colonial. Voy., à ce sujet, de bonnes remarques dans Arthur GIRAULT, *Principes de colonisation et de législation coloniale*, t. I.

2 S'il y a concentration commerciale, par contre, des expéditions maritimes fort considérables se font par des ports peu importants, comme Honfleur, ce qui s'explique par le faible tonnage des bateaux ; voy. DECHARME, *op. cit.*, Introd., pp. XV et sqq.

3 Voy. BOISSONNADE, Colbert et la souscription aux actions de la Compagnie des Indes (Bull. de la Société des Antiquaires de l'Ouest, an. 1909).

4 Cf. WEBER, La Compagnie des Indes Orientales, 1904 ; SOTAS, La Compagnie des Indes Orientales, 1904 ; PAULIAT, Louis XIV et la Compagnie des Indes Orientales de 1664. Paris, 1886.

Martin se fit céder le territoire sur lequel va s'élever Pondichéry et, la même année, il acquit Chandernagor. C'étaient des territoires assez importants et les établissements français n'étaient pas moins considérables que ceux des Anglais [1].

La Compagnie des Indes Occidentales reçut le monopole du commerce du Canada, de l'Acadie, des côtes de l'Afrique Occidentale ; elle devait se soutenir aussi par des primes à l'importation (30 l. par tonneau) et à l'exportation (40 l.). Mais elle ne réussit que très médiocrement. En 1669, le Roi se réserve d'accorder à des particuliers le droit de faire le commerce. En 1674, la Compagnie a plus de 3 millions de dettes ; on établit la liberté du commerce dans les Indes Occidentales. — D'autres compagnies encore furent créées, notamment, en 1673, la Compagnie du Sénégal, qui prit la suite de la Compagnie des Indes Occidentales, connut de nombreux avatars et eut pour principal trafic la traite des nègres, qu'avait possédée d'abord la Compagnie des Indes Occidentales ; elle ne fit de très médiocres affaires [2]. En réalité, les Compagnies ne répondirent pas aux espérances de Colbert ; les marchands préféraient la liberté du commerce, comme le montrent les déclarations des députés du commerce en 1701, et les colons partageaient leurs sentiments [3].

Nul doute que la politique commerciale de Colbert n'ait, en grande partie, échoué. On n'a pu supplanter les Hollandais, qui possédaient une suprématie incontestée dans le grand commerce de commission. La question du sucre, à cet égard, est tout à fait significative, comme l'a montré Al. Bondois [4] ; si Colbert a atteint, dans une assez forte mesure, le commerce hollandais, cela ne profita que faiblement au commerce et à l'industrie de la France ; les raffineries françaises ne réussirent que médiocrement ; l'activité des colonies fut gravement atteinte, et le consommateur fut exploité au profit de quelques « monopoleurs » ; le sucre resta un objet de luxe. — La politique commerciale de Colbert eut pour principal

1 Voy. KAEPPELIN, La Compagnie des Indes Orientales et François Martin (1664-1719), 1908 (thèse de doctorat es lettres).

2 CHEMIN-DUPONTÈS, Les compagnies de colonisation en Afrique Occidentale sous Colbert, Paris, 1903 ; P. CULTRU, Histoire du Sénégal, 1910, pp. 52 et sqq.

3 Sur tout ce qui précède, voy. BONNASSIEUX, Les grandes compagnies de commerce, Paris, 1892 ; CHAILLEY-BERT, Les compagnies de colonisation sous l'Ancien Régime, Paris, 1898.

4 Voy. son excellente étude, Colbert et la question du sucre ; la rivalité franco-hollandaise (Revue d'histoire économique, an. 1924, pp. 12-61).

Henri Sée

effet de provoquer la guerre de Hollande, qui ne se termina pas à l'avantage de la France.

VI. Progrès des possessions coloniales.

Cependant, il y a eu, depuis Colbert, un très grand progrès du commerce maritime, un notable développement des possessions coloniales, que l'on a commencé réellement à mettre en valeur. Colbert songeait certainement aux intérêts du « peuplement », mais le commerce tenait la première place dans ses préoccupations. Le principal avantage des colonies, ce sera de procurer aux Français, à moins de frais, les denrées tropicales (sucre, épices, tabac) et aussi de servir de débouchés aux produits de la métropole [1]. Savary exprime très nettement les conceptions de Colbert et de beaucoup de contemporains, lorsqu'il écrit [2] :

« Il est certain que ce commerce est plus avantageux aux négociants, à l'État et au public que pas un de ceux qui se font sur mer par des voyages de long cours, en ce qu'on porte dans tous ces pays, chaque année, pour plus de quatre millions de livres de marchandises et denrées superflues en ce royaume, par la trop grande abondance qu'il y en a, et que l'on rapporte en France pour plus de six millions de livres, qui augmentent le revenu de l'État par les droits d'entrée, et qui sont vendues et distribuées au public à la moitié moins de ce que les étrangers les vendaient avant l'établissement de la Compagnie d'Occident..., toutes lesquelles marchandises ne font aucun tort à pas une des manufactures du royaume. Et ce qui est digne d'une grande réflexion, c'est que l'on n'envoie pas d'argent ou très peu dans lesdis pays, an lieu que, pour faire le commerce dans le Nord sur la Baltique, en Moscovie et dans les Indes Orientales, il en faut nécessairement porter ; autrement, l'on n'y pourrait réussir ».

Aussi attache-t-on une importance extrême à l'Inde, où cependant on n'établit que des comptoirs sans se préoccuper des possessions territoriales. C'est que l'Inde est restée le centre de l'acti-

1 Voy. Arnauné, Le système commercial de Colbert (Annales de l'École des Sciences Politiques, an. 1910) ; Pigeonneau, La politique coloniale de Colbert (Ibid., an. 1886).
2 Le Parfait négociant, 2ᵉ Partie, l. II, chap. X, t. I, pp. 537-538.

vité commerciale, l'entrepôt où l'on va chercher les cotonnades, les soieries, le thé, les épices des Moluques, les produits de la Chine. Tout ce commerce semble produire des ressources indéfinies ; c'est pourquoi les puissances maritimes se le disputent si âprement [1].

On comprend que le Canada, avec ses annexes (Acadie, Terre Neuve, la baie d'Hudson), ait paru infiniment moins important que le pays de l'Orient. Cependant Colbert porte un grand intérêt à ces colonies, qui permettront à des Français de « peupler » et de prospérer. On favorisa la, création d'exploitations agricoles, d'une étendue considérable. Les colons avaient aussi comme ressource les pelleteries, qui étaient d'un beau profit. Le pays se peuplait progressivement : en 1666, 3.000 habitants ; en 1681, 9.000 ; en 1706, 18.000. — Le territoire du Canada s'est d'ailleurs prodigieusement étendu, grâce aux explorations de Cavelier de la Salle, qui a pris possession de la région du Mississipi et fondé la Louisiane, dès 1682. Mais la Louisiane ne sera vraiment mise en valeur qu'après 1715 [2] (2).

Les Antilles, beaucoup plus riches en produits précieux, se sont développées plus rapidement. Occupées d'abord par des « flibustiers » ou « boucaniers », elles ne se développent réellement que dans la seconde moitié du XVIIᵉ siècle. Saint-Domingue, la Martinique, la Guadeloupe sont les colonies les plus importantes ; avec la Dominique, Sainte-Lucie, la Grenade, Tabago, elles ont déjà, en 1681, une population de 47.000 habitants, dont 18.000 blancs. Savary montre toute l'importance qu'a prise le commerce des îles d'Amérique : on y envoie des vins, des eaux-de-vie, de la viande salée, des morues, des harengs, de l'huile, du fromage, du fer, des étoffes de laine, des toiles, de la mercerie ; on en rapporte du sucre, du tabac, du café, du coton [3]. Les colonies des Antilles se développent grâce à la main-d'œuvre abondante que fournit la

1 Voy. l'importante étude d'Albert Girard, Les routes de commerce vers l'Extrême-Orient, à la fin du XVIIᵉ siècle et au commencement du XVIIIᵉ (Revue d'histoire moderne, 1910, t. XIV, pp. 332-334). Cf. Kaeppelin, Les escadres françaises sur la route de l'Inde (thèse de doctorat ès-lettres, 1908).

2 Voy. Th. Chapais, Jean Talon, intendant de la Nouvelle-France. Québec, 1904 ; H. Lorin, Le comte de Frontenac ; étude sur le Canada français à la fin du XVIIᵉ siècle, 1895 ; Parkman, Count Frontenac and France under Louis XIV ; The old regime in Canada, La Salle and the discovery of the great West, 1885 ; P. Chesnel, Hist. de Cavelier de la Salle, 1900.

3 Le Parfait négociant, 2ᵉ Partie, II , chap. X, t. I, pp. 537 et sqq.

traite des nègres ; on va chercher les noirs sur la côte de Guinée, et ce trafic enrichit les marchands de Nantes et de Saint-Malo [1]. D'ailleurs, le Code Noir, de 1683, qui a subsisté jusqu'à la fin de l'Ancien Régime, apporta quelques adoucissements aux rigueurs de l'esclavage et marque une certaine humanité. — Le commerce des îles d'Amérique, qui fera la fortune de Bordeaux, de La Rochelle, de Rouen et surtout de Nantes, est destiné à jouer un rôle de premier ordre dans l'activité économique de la France [2].

La France, comme les autres puissances maritimes, tâche de se réserver le monopole du commerce dans ses colonies. Ce fut la préoccupation constante de Colbert, qui s'efforça d'écarter les Anglais et les Hollandais du commerce des Antilles. Mais il ne put y réussir complètement ; les colons anglais notamment pouvaient difficilement se passer du sucre, du café et de l'indigo des Antilles françaises. Les étrangers emploient des subterfuges, qui souvent rendent vaines toutes les mesures prises par le gouvernement français [3].

VII. Le commerce avec l'Amérique du Sud.
La contrebande sur la côte du Pacifique.

En fait, les relations commerciales sont déjà si actives que les anciens monopoles coloniaux sont forcément menacés. On cherche partout des débouchés nouveaux. A cet égard, c'est l'Espagne qui est le plus menacée. Les colonies espagnoles de l'Amérique forment un marché si important qu'elles excitent puissamment les convoitises des autres puissances

L'Espagne a dû, d'ailleurs, avoir recours aux étrangers en ce qui concerne la traite des nègres. Elle s'adressa à des entrepreneurs

1 Savary la justifie par des raisons bien hypocrites : « Ce commerce, dit-il, paraît inhumain à ceux qui ne savent pas que ces pauvres gens sont idolâtres ou mahométans et que les marchands chrétiens, en les achetant à leurs ennemis, les tirent d'un cruel esclavage et leur font trouver, dans les îles où ils sont portés, non seulement une servitude plus douce, mais même la connaissance du vrai Dieu... »
2 Voy. Moreau de Saint-Méry, Lois et constitutions des colonies françaises de l'Amérique sous le Vent. Paris, 1784 ; Peytraud, L'esclavage aux Antilles françaises avant 1789, Paris, 1897 (thèse de doctorat ès-lettres) ; L. Mims, Colbert's West-India policy (Yale historical studies). Newhaven, 1912.
3 Voy. à cet égard l'ouvrage capital de Mims.

(*asientos*). Ce furent d'abord des Portugais, de 1580 à 1640, puis, après la révolution du Portugal de 1640, on s'adressa à des Anglais, à des Hollandais, enfin, en 1701, à la compagnie française de Guinée, qui eut accès dans tous les ports de l'Atlantique, même à Buenos-Aires. Le commerce des nègres entraînait forcément d'autres trafics clandestins ; un commerce interlope s'établit ainsi peu à peu. Lorsqu'au traité d'Utrecht l'Angleterre reçut pour trente ans le privilège de l'*asiento* et le vaisseau de permission, ce furent les Anglais qui entreprirent ce commerce interlope, dont les colonies espagnoles ne pouvaient absolument pas se passer, car elles n'avaient pas d'industrie. Les colons, souvent fort riches, ne pouvaient se procurer sur place les objets de luxe, ni même les objets de première nécessité dont ils avaient besoin. Quelle tentation pour les Européens de frauder l'État espagnol et de faire une contrebande si lucrative, d'autant plus que c'est surtout de marchandises françaises et anglaises que sont chargés les galions d'Espagne [1] !

Avec les pays du Pacifique, les puissances européennes avaient aussi intérêt à faire le commerce direct, en se passant de l'intermédiaire des Espagnols. Dès la fin du XVIe siècle, Anglais et Hollandais avaient fait des tentatives en ce sens. A la fin du XVIIe siècle, ce sont les Français et surtout les Malouins qui essaient de s'emparer de ce marché si important, où ils pouvaient écouler, avec des profits de 40 à 50 %, les toiles de Normandie et de Bretagne, les soieries de Lyon et de Touraine, les draps, les dentelles, les chapeaux de castor, les bas de laine et de soie, la mercerie, la quincaillerie, le papier. A Cadix, pour être payés, il leur fallait attendre dix-huit mois ou deux ans. En 1098, un homme d'affaires, Jourdan de Grouée, avait fondé la *Compagnie de la Chine* ; il entra en relations avec un armateur malouin, Danycan de l'Epine, qui, préoccupé surtout du commerce avec l'Amérique, fonda la *Compagnie de la mer du Sud*. Mais Danycan, peu scrupuleux, essaya surtout de faire des affaires pour son propre compte en Amérique : en 1706, trois de ses vaisseaux font un profit de 350 %. D'autres armateurs malouins imitèrent son exemple.

C'est en vain que le gouvernement, de 1701 à 1705, interdit absolument ce commerce. En août 1705, il permit de faire des expé-

---

[1] Sur ces questions, voy. l'ouvrage si intéressant de G. Scelle, *Histoire politique de la traite négrière aux Indes de Castille*, 1906, 2 vol. in-8.

ditions « pour aller aux découvertes » ; cette même année le *Sage-Salomon* et le *Saint-François*, appartenant à des Malouins, rapportèrent du Pérou plus de six millions de livres. En l'espace de trois ans, de 1706 à 1709, une escadre royale, commandée par Chabert, recueillit des sommes énormes, dont une partie alimenta le trésor royal. C'est peut-être plus de deux cents millions que les Malouins rapportèrent de leurs expéditions.

Les Français avaient à se défendre contre les prétentions de leurs concurrents, des Anglais et des Hollandais. A Utrecht, la question prit une importance considérable. Le roi d'Espagne, Philippe V, pour aboutir à une solution, déclara qu'il s'engageait « à maintenir la navigation et le commerce dans les Indes espagnoles sur le même pied que sous le règne de Charles II » ; c'était exclure toutes les puissances du commerce de l'Amérique et maintenir le monopole exclusif de l'Espagne. Mais, en fait, grâce à l'*asiento*, l'Angleterre allait pouvoir faire un commerce interlope de plus en plus important et, pendant quelque temps au moins, les Français allaient clandestinement continuer leurs opérations sur les côtes du Pacifique [1]. — Ainsi, aucune nation ne va plus pouvoir maintenir son monopole exclusif dans ses colonies. C'est une nouvelle ère de l'histoire économique qui s'ouvre au XVIIIe siècle.

Le commerce français, en dépit des guerres, a fait de très notables progrès dans la seconde moitié du XVIIe siècle. En 1716, s'il faut en croire Arnould [2], les importations s'élèvent à 92 millions, et les exportations, à 122 millions. Pour prendre un exemple, le port de Nantes, en 1664, n'a qu'une quarantaine de bateaux à deux ponts, qui font presque exclusivement la pêche de la morue, et une centaine de barques à un seul pont, qui font le commerce en Espagne, en Angleterre et en Irlande. En 1715, Nantes fait déjà un énorme commerce en Guinée et dans les îles d'Amérique, beaucoup de ses armateurs sont devenus puissamment riches [3]. Les

1 Voy. le bel ouvrage de E.-W. DAHLGREN, Les relations commerciales et maritimes entre la France et les côtes de l'Océan Pacifique, Paris, 1909 ; du même, Voyages français à destination et la mer du Sud (1695-1749) (Nouvelles archives des missions scientifiques, t. XIV, 1907).

2 La balance du commerce.

3 Voy. Léon MAITRE, La situation de la marine marchande du comté nantais d'après l'enquête de 1664 (Annales de Bretagne, t. XVIII, 1903) ; GABORY, La marine et le commerce de Nantes au XVIIe et au commencement du XVIIIe siècle (Annales de Bretagne, 1902, t. XVII) ; cf. le Mémoire de M. de Nointel, intendant de Bretagne.

PREMIÈRE PARTIE

armateurs malouins, pendant le règne de Louis XIV, ont souvent réalisé d'énormes fortunes, comme, par exemple, les Danycan et les Magon [1]. Cette classe des armateurs compte au premier rang des capitalistes de l'époque et joue un rôle considérable. Le grand commerce colonial détermine une transformation du régime économique, qui s'accentuera encore au cours du XVIIIe siècle. — En un mot, dès le XVIIe siècle, c'est l'extension de l'activité commerciale qui va déterminer une organisation nouvelle du travail, le progrès de ce qu'on appelle « la grande industrie ».

Chapitre VII
Les manufactures au XVIIe siècle [2]

Si le régime des métiers semble toujours prédominant, les manufactures se sont cependant remarquablement développées dans la seconde moitié du XVIIe siècle. Leur progrès s'explique surtout par des causes économiques profondes : il y a un accroissement notable de la richesse mobilière ; les transactions commerciales, beaucoup plus actives, demandent une production plus intense, à laquelle ne peut plus suffire l'organisation ancienne des métiers.

I. La théorie mercantile et la politique de Colbert.

Ce développement des manufactures est favorisé par la politique mercantile du pouvoir royal, qui consiste à accroître la quantité du numéraire en se passant de l'étranger, en protégeant la production nationale, en s'efforçant d'écouler au dehors les objets, qui ont été manufacturés dans le royaume.

— Sur tout ce qui précède, voy. Ernest LAVISSE, Histoire de France, t. VII[1]. pp. 233-205, et t. VIII[1], pp. 24-9-271.

1 Voy. DAHLGREN, op. cit. ; A. LESORT, Les transactions d'un négociant malouin avec l'Amérique espagnole (Revue de l'histoire des colonies françaises, an. 1921, pp. 239-268). Il s'agit de Magon de la Balue, dont les papiers sont conservés aux Arch. d'Ille-et-Vilaine (série E). Cf. H. SÉE, Le commerce de Saint-Malo dans la première moitié du XVIIIe siècle (Revue internationale du commerce, juin 1924).

2 Il vaut mieux employer le terme manufactures que le terme grande industrie, car ce dernier implique l'idée de concentration industrielle, qui est tout à fait exceptionnelle au XVIIe siècle. D'ailleurs, le mot industrie n'est jamais employé par les contemporains dans le sens que nous lui attribuons aujourd'hui.

La théorie mercantile, dont s'inspirait déjà l'édit de 1572, qui prohibait les objets manufacturés de l'étranger, a été, pour la première fois, exposée avec une netteté parfaite par Montchrestien, dans son *Traité de l'Œconomie politique*, de 1615 [1]. Montchrestien mettait en lumière l'importance de la production industrielle, exposait comment le gouvernement devait tout mettre en œuvre pour la développer, se prononçait pour un système protecteur qui défendrait la France contre les marchandises étrangères, mettrait des droits assez élevés pour empêcher la concurrence des autres pays ; c'était une économie strictement nationale : « que le pays fournisse le pays ».

Ce sont les mêmes conceptions qui animent le mémoire adressé, en 1634, à Richelieu par le sieur de la Gouberdière : *Nouveau règlement général sur toutes sortes de marchandises et manufactures qui sont utiles en ce royaume*. Il énumère tous les produits que la France emprunte à l'étranger et dont on pourrait se passer, si l'on rétablissait des industries autrefois florissantes : « il est très nécessaire, déclare-t-il, de nous passer de tout ce que nous prenons des étrangers et de les faire fabriquer et manufacturer parmi nous, ayant, comme il est dit, les ouvriers et les matières en abondances pour ce faire ».

Le système économique de Colbert repose sur les mêmes principes. — A son arrivée au pouvoir, il constate : 1° que la situation financière est déplorable ; 2° que les industries créées sous le règne précédent sont en décadence. Sa préoccupation essentielle est de rétablir la situation financière ; pour y arriver, il pense que le meilleur moyen consiste à accroître les forces productives du royaume, que les deux questions sont intimement liées. Il estime, en conséquence : 1° que la France doit cesser d'être tributaire de l'étranger ; 2° qu'elle doit tirer de l'argent des autres pays ; 3° qu'il est nécessaire de rétablir les manufactures, qu'il croit avoir été très florissantes sous le règne d'Henri IV. Les résultats de cette restauration seront excellents : avec les progrès de la richesse, les impôts deviendront plus productifs ; on bannira la paresse ; les sujets du Roi seront plus heureux et plus dociles. Ainsi, il appartient à l'État de soutenir les manufactures nationales, de les créer au besoin, de les défendre contre l'étranger.

1 Voy. l'édition FUNCK-BRENTANO. Paris, 1889.

II. Le Conseil du Commerce. Les manufactures de l'État.

Désireux d'avoir la haute main sur tout ce qui concerne les manufactures, Colbert crée une administration nouvelle, en 1661 : c'est le *Conseil du commerce*, composé de fonctionnaires royaux et des délégués de 18 villes industrielles. Le Conseil doit durer jusqu'en 1676 ou 1677, époque où il devient un simple comité consultatif. Il s'occupe de tout ce qui regarde les manufactures et la rédaction des règlements. La direction du Conseil fut confiée à Bellinzani, nommé en 1669 inspecteur général des manufactures. Bellinzani parcourt la France pour se rendre compte des manufactures à établir ou à favoriser, s'occupant des moindres affaires. Très peu honnête, d'ailleurs, il sera, en 1683, arrêté pour malversations. Un autre agent de Colbert fut Camuset, ancien négociant, qui se montra aussi fort actif : en 1682, il fonde des fabriques de tricots à Rouen, et, en 1683, dans les campagnes du Cher. Les frères Dalliez sont chargés de créer des fonderies, de susciter de nouvelles exploitations de mines. Mme de la Petitière a pour mission de développer l'industrie des points et broderies.

Toutes les manufactures dépendent, plus ou moins directement de l'État : 1° les manufactures royales dont l'État est le patron ; 2° les manufactures royales, fondées et encouragées par le Roi, et qui ont le droit de manufacturer leurs produits « aux armes de Sa Majesté » ; 3° les manufactures simplement privilégiées.

Les manufactures de l'État sont très peu nombreuses : ce sont les Gobelins, la Savonnerie, Beauvais et quelques ateliers militaires et maritimes (Brest, Toulon, Rochefort). Les unes (comme les Gobelins) sont administrées directement par le Roi, les autres, par des entrepreneurs, qui livrent à l'État leurs produits à des prix déterminés.

C'est Henri IV qui avait fondé les Gobelins, accordant des privilèges à deux tapissiers, François de la Planche et Marc de Comans, dont la manufacture subsista jusqu'en 1654. Colbert reprend et complète l'œuvre, veut créer une grande manufacture d'ameublement artistique. En 1662, il achète l'enclos des Gobelins et, en 1667, il crée la manufacture royale des meubles de la couronne, dont Lebrun est nommé directeur. Aux Gobelins, figurent les ateliers de toutes les industries d'art [1] (1). Des artistes de valeur étaient attachés à l'établissement : les peintres Auguier, Yvart père et fils, Monnoyer, le graveur Audran, le sculpteur Coysevox. La manufacture ne travaillait que pour le Roi.

La manufacture de Beauvais fut fondée en 1664. Le privilège fut accordé à Louis Hinard, marchand tapissier à Paris ; Hinard reçut le privilège exclusif de la manufacture pendant trente ans, obtint 90.000 l. de subvention (dont 30.000 en pur don). Il s'engageait à avoir toujours au moins 50.000 apprentis français. Mais Hinard était si peu habile qu'on finit par lui retirer son privilège et le donner à Ph. Behagle, qui avait géré une manufacture à Tournay et Oudenarde. Il réussit bien, dirigea avec autorité la manufacture, jusqu'en 1704. Puis avec les Filleul (depuis 1711), ce fut la décadence. La manufacture ne redeviendra brillante qu'avec Nicolas Besnier (depuis 1734), grâce au peintre Oudry, qui a produit d'excellents ouvrages, au point de vue industriel, comme au point de vue artistique [2].

Mais les deux autres catégories de manufactures sont bien plus importantes. Il s'agit avant tout, en effet, de favoriser des industries nouvelles au moyen de monopoles et de privilèges.

III. Colbert fait appel à des ouvriers étrangers.

Les étrangers détiennent encore les secrets de certaines fabrications. Colbert, comme l'avaient fait François Ier et Henri IV, s'efforce d'attirer en France des industriels et des artisans réputés, capables de former des ouvriers français. — C'est ainsi que Pélicot, marchand français à Amsterdam, engage pour la France, des charpentiers habiles qu'un autre Français, Bailly, procure à l'ambassadeur français des ouvriers experts dans l'art de tisser et d'apprêter

1 L'ordonnance de 1067 dit : « Le surintendant de nos bastiments et le directeur soubs luy tiendront la manufacture remplie de bons peintres, maistres tapissiers de haute lisse, orphèvres, fondeurs, graveurs, lapidaires, menuisiers en ébène et en bois, teinturiers et autres bons ouvriers en toutes sortes d'arts et de métiers qui y sont établis et que le surintendant de nos bastimens tiendra nécessaire d'y establir. »
2 H. HAVARD et M. VACHON, *Les manufactures nationales*, 1889 ; cf. un mémoire du XVIIIe siècle, *Détails historiques sur la manufacture de tapisserie de Beauvais* (Bibl. Mazarine, n° 3723).

des étoffes et des rubans. De Suède, on fait venir des mineurs et des fondeurs pour couler des canons de cuivre. On attire des ouvriers italiens pour la fabrication des crêpes, d'autres pour celle des glaces, car « personne ne peut travailler à la mode des Vénitiens, qui est la seule qui peut réussir » ; ils ont fait la prospérité de la manufacture de Saint-Gobain. L'ambassadeur à Venise, M. de Bonzy, à la demande de Colbert, envoie des brodeuses en points de Venise : telle, la famille Cordoni, qui forme des apprenties à Reims. En Allemagne, on cherche surtout à débaucher des ferblantiers et des fondeurs ; en 1668, après trois ans de laborieuses négociations, on fait venir de Saxe deux maîtres réputés.

On désire à tel point se procurer des ouvriers habiles qu'on accueille volontiers même des protestants, comme les Zélandais Jacob Stievens et Fr. Clément, qui fondent à La Rochelle une manufacture de tabac, et surtout comme van Robais, de Middelbourg, qui s'établit à Abbeville et auquel on permet, ainsi qu'à ses ouvriers, l'exercice de la religion protestante. Van Robais reçoit de grands privilèges : un prêt de 80.000 l. et un don de 20.000 l. Colbert le défend contre les gardes et les maîtres drapiers d'Abbeville. Van Robais fabrique des draps fins façon d'Angleterre et forme d'habiles ouvriers. Le Roi honore de sa visite la manufacture d'Abbeville [1].

D'autre part, on prend des mesures fort sévères pour empêcher la désertion des ouvriers français. Un édit d'août 1669 défend aux sujets « de s'habituer dans les pays étrangers à peine de confiscation de corps et de biens » ; un édit de 1682 va même jusqu'à punir de mort « les ouvriers qui sortiront du royaume ». En 1670, un veloutier et un épinglier ayant formé le projet de s'établir à Florence, Colbert veut qu'ils soient frappés d'une punition sévère « afin d'empescher que les manufactures qui sont establies en France ne passent dans les païs estrangers » ; on prend aussi des mesures contre des Rouennais qui voulaient s'établir au Portugal. On fait même emprisonner des ouvriers étrangers qui veulent regagner leur pays ; c'est la raison pour laquelle on emprisonne à Pierre-Scize trois ouvriers en glaces italiens, qui cependant avaient obtenu des passeports de l'ambassadeur de Venise.

1 (1) Sur tout ce qui précède, voy. Germain Martin, Lagrande industrie sous le règne de Louis XIV, pp. 33 et sqq.

IV. Les privilèges accordés aux manufactures.
Les monopoles. Les primes.

Afin de faire triompher ses idées, Colbert s'efforce de stimuler le zèle des habitants, veut leur forcer la main pour établir des manufactures. Il en agit ainsi avec les habitants de Bourges, qu'il taxe d'incurie et de mollesse. Deux maîtres drapiers de Paris sont envoyés, en 1665, pour réformer les statuts de la draperie avec les principaux maîtres de Bourges. En 1666, l'intendant s'adresse aux directeurs de l'hôpital, leur propose de faire fabriquer des bas d'estame, et cette manufacture réussit très bien [1]. Mêmes procédés à Poitiers. Colbert s'élève contre « l'extrême fainéantise » des habitants : « il n'y a rien qui rende la ville de Poitiers gueuse et misérable comme elle est que la fainéantise de ses habitants ». Il recommande aux intendants de stimuler les Poitevins ; c'est ainsi que fut fondée une manufacture de bas et de bonnets de laine, qui prospéra ; à Châtellerault, est créée une manufacture de cuirs, qui devint assez florissante [2]. Il va utiliser les hôpitaux généraux pour y créer de véritables manufactures : à l'hôpital de Bordeaux, on fabrique des bas au métier, on carde la laine, on fabrique des dentelles [3].

Pour développer les manufactures, Colbert compte sur les privilèges et les monopoles. Ce n'est pas qu'en principe il soit partisan des privilèges : « Vous devez estre assuré que toutes les fois que je trouve un plus grand avantage ou un avantage égal, je n'hésite pas à supprimer les privilèges ». Des fabricants de Montpellier lui ayant demandé un monopole, il refuse de le leur accorder, « parce que les privilèges de manufactures établies dans le Royaume contraignent toujours le commerce et la liberté publique ». Mais, tant que l'industrie ne se sera pas suffisamment développée, les privilèges seront indispensables.

En quoi consistent ces privilèges ? Parfois la noblesse est accor-

---

1 Voy. Boyer. Histoire de l'industrie et du commerce à Bourges (Mémoires de la Société historique, littéraire, artistique et scientifique du Cher, an. 1884, pp. 215 et sqq.).

2 Boissonnade, *L'histoire du travail en Poitou*, t. II, pp. 122 et sqq.

3 Voy. Eugène Guitard, *Un grand atelier de charité sous Louis XIV : l'Hôpital Général de la manufacture de Bordeaux* (1658-1715) (Hayem, *op. cit.*, t. IV, pp. 85 et sqq.).
— La manufacture de l'hôpital général de Nevers réussit fort bien et se développera remarquablement au XVIIIe siècle (Gueneau, *op. cit.*, pp. 292 et sqq.).

dée aux manufacturiers. Mais, le plus souvent, on leur accorde des prêts sans intérêt pour le premier établissement, ou bien on leur donne des ateliers, ou encore on paie les frais de construction des machines. Les procès où sont engagées les manufactures sont enlevés à la compétence des juges des manufactures. Les ouvriers sont déchargés de tailles, subsides, logements de gens de guerre et même du service militaire ; souvent ils obtiennent la maîtrise sans chef-d'œuvre et sans avoir à payer de droits. Par contre, il leur est défendu de quitter la manufacture sans le congé de l'entrepreneur ou du directeur.

Le Roi fournit aux entrepreneurs de manufactures des sommes assez considérables, plus de 200.000 l. par an jusqu'en 1672. Colbert fait, d'ailleurs, participer aux dépenses les États provinciaux et les villes.En Languedoc, par exemple, sous l'inspiration de l'intendant Daguesseau, les États donnent des sommes considérables ; ils prêtent, par exemple, sans intérêt 30.000 l. à la manufacture de la Villenouvette [1]. En Bourgogne et en Franche-Comté, les États subventionnent aussi les manufactures. Colbert oblige également les villes à leur accorder des capitaux ou des immeubles ; Auxerre, par exemple, subventionne la manufacture des points de France. — M. Germain Martin a pu dire avec raison que Colbert a distribué les privilèges avec parcimonie et discernement ; son seul tort a été de n'accorder de secours qu'aux grands établissements, qui, à cette époque, ne sont pas toujours les plus actifs.

Le régime du monopole caractérise aussi la politique économique de Colbert. Souvent, dans un certain rayon, une manufacture possède le monopole de la fabrication ; ainsi, à la fin du XVIIe siècle, le monopole de la fabrication des draps fins du Languedoc appartient aux manufacturiers de Clermont l'Hérault, de Saptes et de Conques.

Parmi les encouragements, il faut signaler aussi les *primes* ; les États du Languedoc, par exemple, accordent 10 l. de gratification par ballots de draps fins exportés au Levant. Ou encore on accorde aux manufactures l'exemption des droits d'entrée sur les matières premières. — Parfois les directeurs de manufactures se syndiquent pour que toute production soit impossible aux autres fabricants :

---

1 Cf. Boissonnade, Colbert, son système et les entreprises industrielles d'État en Languedoc (1661-1683) (Annales du Midi, 1902, t. XIV).

Henri Sée

en 1715, les manufactures royales du Languedoc demandent qu'il soit défendu à tous autres fabricants de tisser des draps pour l'exportation dans le Levant.

V. Caractère des manufactures.
L'industrie rurale et domestique.

On ne saurait se représenter ces manufactures royales comme des usines modernes. La concentration industrielle est extrêmement rare. M. Germain Martin [1] cite l'exemple de Villenouvette près de Clermont l'Hérault. La manufacture est entourée de murailles, percée de quatre portes ; à l'intérieur, on trouve la maison du directeur, les locaux des foulons, les logements des tisserands, comprenant chacun un atelier, des filoirs. Mais c'est un cas tout à fait exceptionnel. Et il s'agit de savoir, d'ailleurs, si la manufacture ne donnait pas à travailler au dehors. Le régime dominant, c'est celui des petits fabricants, qui souvent se trouvent sous la dépendance économique des manufactures.

L'industrie affecte encore, en bien des cas, le caractère d'une industrie domestique et rurale. A cet égard le mémoire de l'intendant de la généralité d'Amiens, Bignon, en 1698 [2], est bien significatif. Pour la plupart des manufactures, il note qu'on travaille, non seulement dans la ville, mais aussi dans le « plat pays », dans les villages environnants. Souvent les marchands font l'avance des matières premières. Parmi les ouvriers, dit-il encore, « quelques-uns y sont entièrement occupés, les autres ne s'y donnent que dans le temps que le labourage et culture des terres ne fournissent pas assez de travail ». Le métier est alors une occupation accessoire pour « les journaliers qui n'ont pas de profession réglée ». Ce qui, dans la draperie, accroît l'importance du commerçant ou manufacturier, Bignon le remarque, c'est que chaque ouvrage passe entre les mains d'un grand nombre d'ouvriers différents : peigneuses, fileuses, doubleuses, tordeuses, teinturiers, foulons, rouleurs, calandreurs, etc. — Les toiles de Bretagne ne se fabriquent qu'à la campagne. En Bourgogne, vers la fin du XVIIe siècle, la fabrication de la toile

---

1 La grande industrie sous le règne de Louis XIV, pp. 115 et sqq.
2 Publié par HAYEM, *op. cit.*, t. I, pp. 159 et sqq.

devient presque exclusivement une industrie rurale [1].

VI. Les industries de luxe.

Il est intéressant de décrire les industries qui ont été créées ou développées par Colbert. Les industries de luxe y tiennent encore une place importante.

Ainsi, Colbert veut introduire en France la fabrication des dentelles. Il fait venir des ouvrières de Venise ; une compagnie, créée par Pluyniers et Talon, est investie pour neuf ans du monopole de la fabrication dans le royaume. Le Roi lui donne un local à Paris, l'hôtel Beaufort, lui accorde une subvention de 37.000 l., paie les appointements des directeurs, promet des gratifications aux ouvrières, interdit de vendre et de porter des dentelles étrangères. Des ateliers furent ouverts un peu partout, à Reims, dans le Bourbonnais, en Auvergne, en Normandie. Les dentellières du cru étaient naturellement hostiles aux nouvelles manufactures, car les directeurs ne donnaient de l'ouvrage qu'aux ouvrières qui se rendaient à l'atelier. A Reims, il y eut une véritable émeute contre la manufacture dirigée par P. Chardon ; à Aurillac, également ; mais l'intendant l'apaisa en permettant aux ouvrières de travailler à domicile. A Auxerre, on ne fait aucune concession ; aussi, malgré les mesures prises, ce fut l'insuccès [2]. La manufacture de Bourges, fondée en 1666, disparaît dès 1677 ; les fabricants de la ville font une concurrence victorieuse au point de Paris, plus grossier. A Bourges, il y eut des émeutes graves contre la nouvelle manufacture ; on ne put en triompher. Finalement, le privilège de la compagnie ne fut pas renouvelé en 1675. C'était un échec pour Colbert [3].

C'est aussi une fabrication de luxe que celle des crêpes de soie, dont une manufacture fut fondée à Lyon par Dupuys ; Colbert, en

---

1 Voy. ROUPNEL, op. cit., pp. 144.

2 Cf. P.-M. BONDOIS, Colbert et l'industrie de la dentelle à Auxerre (HAYEM, op. cit., t. VI, pp. 203-276). Il en fut de même à Montargis ; voy. BONDOIS, La manufacture dentellière de Montargis (Ibid., 1re série, pp. 255 et sqq.).

3 A Alençon aussi, ou se révolte contre le monopole institué par Colbert, et, en 1675, la liberté est rendue aux fabricants et aux marchands. D'ailleurs, le point d'Alençon était antérieur à Colbert : il avait été créé, vers 1650, par Mme Perrière. Voy. Mme DESPIERRES, Le point d'Alençon, 1886.

1666, lui accorda des privilèges et prohiba les crêpes italiens ; la manufacture fut active à Lyon, à Saint-Chamond, à Saint-Étienne. A Paris, en 1668, fut créée une manufacture de velours et de draps d'or et d'argent ; à Nîmes, se développa l'industrie des taffetas, grâce à la prohibition des soies d'Avignon : en 1681, on compte 132 moulins et 1.100 métiers.

Il y a aussi progrès sensible de la fabrication des glaces. En 1665, un privilège exclusif est accordé, pour vingt ans, à la manufacture royale de glaces de miroir. La Compagnie s'engage à fabriquer des glaces sur le modèle de celles de Murano et à atteindre à la même perfection. Le roi accorde un prêt sans intérêts de 12.000 l. pour quatre ans, puis une subvention de 25.000 l. Une fabrique est installée au faubourg Saint Antoine ; elle emploie 200 ouvriers, la plupart italiens. En 1666, un autre établissement est fondé à Tourlaville, dans le Cotentin. En 1673, la manufacture a fort bien réussi : « nos glaces sont maintenant plus parfaites que celles de Venise », écrit Colbert à l'ambassadeur français à Venise. C'est après la mort de Colbert, en 1692, que fut fondé l'établissement de Saint-Gobain ; les diverses manufactures ont fusionné et ont constitué une puissante compagnie, qui subsistera aux XVIIIᵉ et XIXᵉ siècles [1].

VII. Bas au métier ; bonneterie ; draperie. La métallurgie.

La manufacture de bas de soie et de bas d'estame au métier se développa aussi. Une manufacture de bas de soie avait été fondée par Hindret au château de Madrid, en 1656. En 1663, le Lyonnais Fournier en établit une autre à Lyon et obtient un privilège. Malgré les protestations d'Hindret, (Colbert confirme le privilège de Fournier, lui prête 40.000 l. sans intérêt pour cinq ans, à condition qu'il aurait 100 métiers. Quant à Hindret, en sa faveur, on forme une société au capital de 300.000 l. ; en 1672, le roi donne des gratifications aux ouvriers de la manufacture de Madrid.

Des fabriques de bonneterie sont établies dans un grand nombre de villes par Camuset : à Villeneuve-le-Roi, Joigny, la Charité,

---

1 Voy. la bonne étude d'Elphège FRÉMY, Histoire de la manufacture des glaces en France aux XVIIᵉ et XVIIIᵉ siècles. Paris, 1909. p. 19 et sqq.

la Châtre, Vierzon, Saint-Amand, Reims, Clermont, Moulins, Auxerre. A Bourges et à Poitiers, c'est à peu près la seule industrie prospère. Camuset n'a d'ailleurs pas le monopole absolu de la fabrication, comme le prouve une lettre de Camuset à Colbert, de 1667. L'industrie de la bonneterie a pris un grand développement : en 1681, on compte 20.000 ouvrières en Beauce, 10.000 en Picardie. — Le « métier » s'introduit de plus en plus : un arrêt de 1684 permet de se servir du métier pour la bonneterie en laine, fil et coton, à la condition que les maîtres ne fassent que des articles fins et réservent au moins la moitié de leurs métiers à la soie. On fabrique également au métier des articles communs, qui font concurrence au tricot. Aussi, en 1700, limite-t-on l'emploi du métier à Paris et à dix-sept villes [1].

Une des grandes préoccupations de Colbert a été de développer les manufactures de drap. Pour les draps fins, il s'agit de lutter contre les Hollandais et les Anglais en leur empruntant leurs procédés. L'établissement de Van Robais, à Abbeville, reçoit des subventions et le privilège exclusif, véritable monopole, dans un rayon de dix lieues autour de la ville. A Caen, deux protestants, Massieu et Jemblin, fabriquent des draps façon de Hollande, qu'on exporte en grande quantité en Angleterre. Une manufacture de camelots de Bruxelles est établie à Amiens ; une manufacture de damas de Flandre, à Meaux. Arras, Saint-Quentin, Sedan deviennent des centres importants de l'industrie drapière. Des fabriques de drap, créées en Bourgogne, reçoivent des subventions des États. Dans le Midi, les manufactures de la Villenouvette, de Saptes, de Conques, où l'on fabrique des draps fins, sont fondées et encouragées par Colbert, qui leur fait attribuer aussi par les États d'importants secours [2]. — Quant à la fabrication des toiles, elle est encouragée en Bretagne, où elle est la seule industrie importante, et en Dauphiné. Colbert essaie de créer l'industrie des toiles fines à Autun et à Auxerre.

L'industrie métallurgique fait aussi d'assez grands progrès. Dans le Midi, Colbert fait exploiter des mines de cuivre et de plomb ; il

1 Cf. Ch. BALLOT, L'introduction du machinisme dans l'industrie française, pp. 263 et sqq.

2 Voy. Eugène GUITARD, *L'industrie des draps en Languedoc* (HAYEM, *op. cit.*, t. I, pp. 9-34). Encore en 1730, 30.000 personnes en Languedoc sont occupées à la fabrication des draps.

crée des fonderies et des forges à Grenoble, à Saint-Étienne, où fut établie une manufacture d'armes ; des fonderies royales ont été établies à Vienne, à Giromagny. A l'Allemagne on emprunte l'industrie de l'acier et du fer-blanc, et des essais intéressants ont été tentés à l'usine de Beaumont, dans la forêt de Conches. Mais presque toujours les forges sont de très petits établissements, à proximité des forêts qui fournissent le combustible.

On le voit, les manufactures s'appliquent encore surtout aux objets de luxe, comme au XVIᵉ siècle, mais Colbert se préoccupe plus qu'on ne l'avait fait jusqu'alors de la draperie, de la métallurgie : il veut leur donner une productivité plus grande en mettant à leur disposition des capitaux plus considérables. C'est l'État seul, ou à peu près, qui a l'initiative de ces créations ; elles sont presque toujours artificielles. Et c'est pourquoi la plupart sont destinées à périr ou à péricliter.

Cependant une sérieuse impulsion a été donnée à l'industrie française. Certaines provinces, comme le Languedoc, dont l'industrie était à peu près ruinée en 1660, ont vu leur vie économique se ranimer sous l'administration de Colbert [1]. Les essais de statistique industrielle qu'on a essayé de dresser, — notamment M. Germain Martin et Levasseur, — ne sauraient être considérés comme rigoureusement exacts. Ils montrent cependant que de nombreux îlots industriels ont émergé, que des industries nouvelles ont été implantées en France, et quelques-unes d'entre elles auront un brillant avenir [2].

---

1 Voy. P. Boissonnade, L'état, l'organisation et la crise de l'industrie languedocienne pendant les soixante premières années du XVIIᵉ siècle (Annales du Midi, t. XXI, avril 1909). — Cependant Colbert rencontra assez souvent des résistances. En Bourgogne, les habitants se refusent à créer des industries nouvelles ; ils veulent réserver toute la main-d'œuvre à l'agriculture (Roupnel, op. cit., pp. 215-816).

2 Sur tout ce qui précède, voy. Clément, *Lettres, instructions et mémoires de Colbert*, 10 vol. 1861-1863 ; Depping, *Correspondance administrative sous Louis XIV*, 1860-1865, 4 vol. ; Jacques Savary, *Le parfait négociant*, 1675 ; Savary des Brulons, *Dictionnaire universel du commerce et des manufactures*, 1ʳᵉ édition, 1723 ; E. Levasseur, *Histoire des classes ouvrières*, 2ᵉ éd., t. II, pp. 236 et sqq. : Germain Martin, *La grande industrie sous le règne de Louis XIV*. Paris, 1889. — Sur le rôle de Colbert, voy. aussi les pages si brillantes d'E. Lavisse, *Histoire de France*, t. VII¹, pp. 206 et sqq.

VIII. La réglementation industrielle.

Pour avoir une idée complète de la politique industrielle adoptée par l'autorité royale, il faut se rappeler ce qui a été dit des droits protecteurs, des tarifs de 1664 et 1667, de tous les efforts qu'on a faits pour lutter contre la concurrence de l'industrie anglaise et de l'industrie italienne ; il faut aussi décrire les progrès de la réglementation industrielle, l'une des manifestations les plus significatives du colbertisme, et qui subsistera presque jusqu'à la fin de l'Ancien Régime.

Pour acquérir une bonne réputation sur les marchés étrangers, c'est une nécessité pour l'industrie française de leur livrer de bons produits. Certes, tous les statuts de métiers contenaient des règlements de fabrication, souvent très minutieux. Mais Colbert a donné à la réglementation une ampleur nouvelle, la rendit plus stricte, plus uniforme, la fit dépendre plus étroitement du pouvoir royal.

Il y a eu, pour cette réglementation, un long travail de préparation. Colbert envoie des commissaires dans les provinces pour consulter les marchands et les artisans. Ainsi, une mission est donnée à Guy Poquelin et à François de la Croix, drapiers de Paris ; ils assemblent, non tous les maîtres, mais « la partie la plus saine » d'entre eux, c'est-à-dire les notables, ainsi que le corps de ville [1]. Le règlement sur la soierie a été « concerté », examiné, discuté par les maîtres les plus habiles de Lyon, rédigé par le prévôt des marchands, en 1665. Mais certains indices permettent de voir que souvent il y a eu dans ces assemblées une résistance et une opposition, que les agents royaux s'ingénient à dissimuler. A Reims, Poquelin et de la Croix se heurtent à l'hostilité de la plupart des maîtres drapiers, qui ne veulent pas du nouveau règlement ; les agents se contentent donc de le faire signer par le Conseil de ville [2]. A Saint-Lô, à Carcassonne, à Sedan, à Bourges, à Châteauroux, à Lyon, la résistance n'est pas moins vive.

Quel est le caractère de la réglementation industrielle ?

On distingue deux sortes de règlements : les règlements parti-

---

1 Varin, *Statuts de la ville de Reims*, t. II, pp. 807 et sqq.
2 Pour la réglementation, la source essentielle est le *Recueil de règlements généraux et particuliers concernant les manufactures du royaume*, 4 vol. et 3 vol. de supplément. Paris, 1730-1750.

culiers et les règlements généraux. Les règlements particuliers concernent chaque ville et chaque sorte de manufactures. Ils sont très nombreux ; sous l'administration de Colbert, on en compte 150, et depuis on en a édicté beaucoup. — Les règlements généraux, ce sont les quatre grandes ordonnances applicables à tout le royaume et concernant la draperie, la soierie, la teinturerie.

Colbert se propose surtout d'empêcher les fraudes en rendant partout uniformes les étoffes du même nom ; il désire remédier aux abus qui se commettent « aux longueurs, largeurs, force et bonté des draps, serges et autres étoffes de laine et fil, et rendre uniformes toutes celles de même sorte, nom et qualité, en quelque lieu qu'elles puissent estre fabriquées, tant pour en augmenter le débit dedans et dehors le royaume que pour empêcher que le public ne soit trompé ». Les ordonnances sur les étoffes déterminent donc, pour chaque espèce d'étoffe, la qualité des matières premières, la longueur et la largeur de chaque pièce, le nombre des fils de la chaîne. On prescrit de modifier les métiers en ce sens. — Les deux ordonnances sur la teinture sont aussi extrêmement minutieuses et elles sont complétées par une *Instruction générale pour la teinture des laines de toutes couleurs et pour la culture des drogues et ingrediens qu'on y emploie*, publiée en 1671. Cette Instruction en 317 articles est un traité technique très remarquable, presque scientifique ; elle distingue deux sortes de teintures : du grand teint et du petit teint.

C'était une tâche fort ardue et difficile d'appliquer les règlements, surtout pour les étoffes communes. En ce qui concerne la longueur et la largeur, il faut tenir compte des habitudes traditionnelles des artisans et de la clientèle. Il est impossible d'assurer la largeur des étoffes à bon marché, tissées avec des laines grossières dont le rétrécissement est très variable. Souvent s'élèvent les protestations des habitants. En Poitou, on voit, tout d'abord, la négligence systématique des jurés, qui ferment les yeux aux contraventions, des juges qui ne condamnent pas les délinquants. Colbert fait d'abord des concessions, puis, à partir de 1673, il devient très intolérant[1].

Les règlements obligent les autorités à une surveillance très active et à une discipline impitoyable. — Il y a d'abord la marque obligatoire ou plutôt les diverses sortes de marques : marque du tisserand, marque du teinturier, marque du fabricant, certifiées par le

1 P. BOISSONNADE, *Essai sur l'histoire du travail en Poitou*, t. II, pp. 4-44 et sqq.

sceau des jurés, qui porte, d'un côté, les armes et le nom de la ville, et, de l'autre, une effigie de « Louis XIV restaurateur des manufactures de France ». La visite des étoffes doit avoir lieu au bureau des gardes jurés à l'hôtel de ville (*bureau de visite, de marque*). Quant aux forains, ils sont soumis à la « marque foraine » ; les pièces venues d'une autre ville sont inspectées à la halle.

Les pénalités qui frappent les contraventions sont très dures. Ce sont de fortes amendes, des confiscations ; c'est la mise au pilori des marchandises défectueuses et même des fabricants. Les marchandises dont la confection n'a pas été conforme aux règlements sont exposées sur un poteau haut de neuf pieds, avec un écriteau contenant les noms du marchand et de l'ouvrier. En cas de récidive, le fabricant subit un blâme public dans l'assemblée générale de la communauté ; pour une troisième faute, il est « mis et attaché au carcan, avec des échantillons des marchandises confisquées, pendant deux heures. » Et qu'on n'oublie pas que la moindre négligence fait taxer une marchandise de défectueuse.

La réglementation oblige le gouvernement à intervenir dans l'organisation du travail des industries textiles. Ainsi, Colbert essaie de délimiter la spécialité de chacun des métiers de la draperie, de distinguer les teinturiers du grand teint et ceux du petit teint, de grouper en corporations jurées les artisans des manufactures d'étoffes ; c'est ce que montre le règlement de 1669.

IX. Création des juges des manufactures, des inspecteurs.

Colbert est aussi obligé de créer de toutes pièces une administration, qui persistera pendant tout l'ancien régime. En 1669, il établit une juridiction nouvelle, les *juges des manufactures*. Les tribunaux chargés de maintenir le respect des anciens règlements, de juger les différends entre industriels, entre ouvriers et fabricants, sont composés d'officiers municipaux et de marchands ou bourgeois « intelligents sur les manufactures ». La justice de ces tribunaux est sommaire ; on ne voit figurer dans les audiences ni avocat, ni procureur. Les juges de manufactures décident en dernier ressort toutes les causes dont la valeur ne dépasse pas 150 l. ; pour les autres, il y a appel au Parlement.

Les gardes-jurés voient leurs attributions accrues ; mainte-nant, ils ont, en effet, à faire de fréquentes visites, à apposer des marques ; c'est aussi à eux qu'incombe la charge du bureau des visites. L'article 59 de l'ordonnance d'août 1669 créait dans chaque ville de fabrication une assemblée, tenant une séance annuelle en janvier, et comprenant les gardes et jurés des métiers de laines et de fils, les jurés des années précédentes, quatre autres membres des communautés, deux notables bourgeois. Les assemblées doivent délibérer sur les mesures à prendre pour le développement de l'in-dustrie. Mais cette institution ne fonctionne, — et encore très ra-rement, — qu'à Beauvais et à Sedan. En 1727, un arrêt du Conseil essaya de la remettre en vigueur ; mais ce dernier arrêt ne fut guère observé que pendant quelques années [1].

Une institution autrement importante, ce fut celle des *inspecteurs des manufactures*, que Colbert mit au jour par son édit du 13 août 1069, et qui ne cessa de se développer jusqu'à la Révolution. Les fonctions des inspecteurs sont complexes : ils font enregistrer les nouveaux règlements concernant les manufactures, les expliquent, s'occupent à les faire observer. Ils surveillent les juges des manu-factures et les jurés, contrôlent la marque des étoffes, inspectent les foires, excitent le zèle des fabricants. A tout instant, ils visitent les villes de manufactures, se renseignant sur l'état des fabriques. C'est à eux encore qu'il appartient d'assembler les échevins et les principaux marchands pour entendre leurs avis. Ils dressent des procès-verbaux de leurs inspections et envoient des rapports au pouvoir central. Leur traitement ne dépasse pas 1.800 ou 2.000 l. [2].

Tout d'abord, il n'y eut pas d'inspections dans toutes les provinces. Aussi les circonscriptions sont-elles fort étendues ; l'une d'entre elles comprend le Poitou, l'Anjou, l'Aunis, avec Niort comme chef-lieu ; elle a 40 lieues de longueur et comprend plusieurs centaines de villages. Les inspecteurs restent longtemps en fonctions : en Poitou, on en compte seulement quatre pendant soixante-dix ans. Sous les ordres de l'inspecteur, dans chaque chef-lieu de fabrique,

---

1 BONNASSIEUX, Les assemblées représentatives du commerce sons l'ancien régime (Revue générale d'administration, an. 1883, t. II, pp. 26 et sqq.). Cf. Germain MARTIN, op. cit., pp. 141 et sqq.
2 Germain MARTIN, *op. cit.*, pp. 116 et sqq.

on trouve un commis particulier, qui visite les ouvrages des ateliers et contrôle les opérations des gardes-jurés [1].

Les relations des inspecteurs avec les gardes-jurés sont souvent mauvaises. En Languedoc, les conflits sont si fréquents qu'un arrêt de 1712 donne à l'intendant seul le droit de les juger, sauf appel au Parlement. Souvent, les fabricants demandent la suppression des inspecteurs, déclarant que les jurés peuvent les remplacer.

Quant aux intendants, dès l'époque de Colbert, ils avaient la haute main sur l'industrie. Leur pouvoir était très considérable pour tout ce qui concernait les mines, les houillères, les forges, les verreries, et leurs subdélégués étaient les seuls à les renseigner sur l'état de ces industries.

X. Comment est appliquée la réglementation.

La question se pose de savoir si la réglementation instituée par Colbert a été vraiment efficace. On peut en douter. Voyons, par exemple, ce qui se passe à Castres [2], centre d'une importante manufacture, dont les règlements, très compliqués, étaient l'œuvre de la municipalité ; leur application était surveillée par les « surposés de la Bouille », mais les contraventions étaient nombreuses. On voit que les ordonnances de Colbert ne modifièrent qu'assez peu l'ancienne organisation. Seul, le règlement des teinturiers fut plus complet qu'autrefois ; les peines contre les fraudeurs furent aussi plus rigoureuses. On dressa le catalogue de tous les fabricants, on les organisa en jurandes, et, dans chacune d'elles, on établit des jurés : il y en eut trois pour les marchands, quatre pour les tisserands, deux pour les teinturiers. Vers 1672, on n'aperçoit aucune amélioration notable dans la fabrication : les fraudes sont presque aussi nombreuses ; les jurés continuent à marquer les draps en ville. C'est en vain qu'on se livra à de nombreuses enquêtes vexatoires, que des dénonciations souvent injustes inquiétèrent les fabricants, que l'on prononça des condamnations sévères. L'industrie drapière de Castres déclina peu à peu.

---

1 O. Boissonnade, *op. cit.*, t. II, pp. 441 et 503 et sqq.
2 Voy. Granat, L'industrie de la draperie à Castres au XVIIe siècle et les ordonnances de Colbert (Annales du Midi, 1898 et 1899).

Henri Sée

XI. La décadence des manufactures après 1690. Ses causes.

Ce qui montre que l'œuvre industrielle de Colbert était, en partie du moins, artificielle, c'est la décadence profonde des manufactures dans la deuxième partie du règne de Louis XIV. Il est vrai que cette décadence a été provoquée par tout un ensemble de causes, et que de la plupart Colbert ne saurait être tenu pour responsable.

L'une des plus graves est l'effet des persécutions contre les protestants et surtout de la révocation de l'édit de Nantes. Les persécutions atteignent les gens des métiers, dès la première moitié du siècle. En 1629, le corps de ville de Poitiers, pour faire droit à la requête des maîtres catholiques, ordonne « qu'aucun de la religion prétendue réformée ne serait reçu maistre en aucun métier juré », et on essaie aussi de chasser de leurs communautés les médecins et apothicaires protestants [1]. L'assemblée du clergé de 1613 se montre favorable à l'exclusion des protestants. Mais le gouvernement n'agit en ce sens que plus tard. Colbert, d'ailleurs, non par tolérance, mais dans l'intérêt de l'industrie, essaie d'atténuer la persécution. La révocation de l'édit de Nantes, en 1685, va avoir une action néfaste sur la production industrielle. Si elle n'a guère nui aux grandes manufactures royales, elle a fait grand tort aux moyens et petits fabricants, plus encore aux marchands qui donnaient à travailler ; beaucoup se trouvèrent parmi les fugitifs. Sans doute, il est difficile de déterminer la perte qui résulte directement de la révocation, car, quand on constate la diminution des métiers, les autres causes entrent en jeu. Mais l'on sait que la plupart des protestants de Sedan sont partis, que Saint-Étienne, en une seule année, a perdu 2.000 habitants, que les protestants du Languedoc se sont enfuis en masse. Nous savons aussi que de nombreuses industries ont été portées par les protestants français à l'étranger, en Prusse, en Hollande et même en Angleterre [2]. Sur les effets de la Révocation, les mémoires des intendants, de 1698,

1 Boissonnade, op. cit., t. II, pp. 353 et sqq.
2 Voy. Histoire du Languedoc, t. XIII ; Ch. Weiss, Histoire des réfugiés protestants de France depuis la révocation de l'Édit de Nantes jusqu'à nos jours, 1853, 3 vol. ; Tollin, Die französische Colonie von Magdeburg, 1886, 3 vol. ; Agnew, Protestant exiles from France, 1886, 2 vol. ; P. de Ségur-Duperron, Histoire des négociations commerciales et maritimes de la France aux XVIIe et XVIIIe siècles, 1872-1873, 3 vol.

sont unanimes, Basville lui-même, qui d'abord avait déclaré que la Révocation n'avait pas nui aux industries du Languedoc, finit par en reconnaître le mauvais effet et par recommander la modération à l'égard des protestants. Au conseil du commerce, en 1700, on signale comme une des causes du malaise économique « la fuite des religionnaires, qui ont emporté beaucoup d'argent, de bonnes têtes capables et de bons bras par le nombre des ouvriers qu'ils ont emmenés avec eux ».

Une autre cause de la décadence, ce sont les guerres ruineuses de la fin du siècle, et surtout la guerre de la Succession d'Espagne, qui ont appauvri le pays.

Il faut signaler aussi l'abus des règlements, surtout après la mort de Colbert. On exagéra son système ; non seulement on appliqua d'une façon rigoureuse les règlements de Colbert, mais encore on en fit de nouveaux, plus sévères encore et plus gênants ; en 1688, par exemple, on aggrave les peines contre les drapiers qui ne mettent pas leurs noms sur la lisière de leurs draps. En vain, quelques intendants montrent que l'industrie ne pourrait se relever que par la modération des règlements et la liberté : tel, l'intendant du Dauphiné, en 1689. On n'écoute pas leurs avis. Les intendants eux-mêmes font des règlements pour leur province ; Basville fixe, par exemple, le poids maximum et le poids minimum que doivent avoir les couvertures de laine.

L'un des principaux défauts des règlements, c'est de maintenir dans l'immobilité l'industrie, que des perfectionnements ou encore les fluctuations de la mode tendent à transformer. A cette époque, où l'on employait une grande quantité de boutons, qui coûtaient fort cher, les tailleurs se mirent à en fabriquer en drap. Les passementiers protestèrent. L'autorité royale interdit la fabrication des boutons en drap, sous peine de 500 l. d'amende, condamna même à de fortes amendes ceux qui en portaient. Mais la mode fut la plus forte. Malgré les résistances des fabricants aux règlements, ceux-ci ont pour effet d'empêcher les perfectionnements, les inventions techniques[1].

Très pernicieux aussi furent les effets du système protecteur et des prohibitions, qui entraînaient des représailles, de la part de l'étranger, sans d'ailleurs que la prohibition pût être rigoureuse-

1 Voy. V. Dumas, La réglementation industrielle après Colbert.

ment observée. On ne cessa d'interdire l'entrée en France des toiles peintes de l'Inde, mais la contrebande était souvent la plus forte [1]. Les commerçants français, de leur côté, ont recours à la contrebande pour faire pénétrer à l'étranger leurs marchandises frappées de prohibition. Ainsi, en 1693, des marchands de Lyon l'ont savoir au Roi que, de concert avec des marchands de Londres, ils ont résolu d'acheter un vaisseau anglais, qu'ils comptent charger à Calais de taffetas pour l'Angleterre ; ils demandent un passeport, qui leur est accordé.

On commence à se rendre compte des résultats désastreux d'un système protecteur vraiment excessif. Boisguillebert, dans son *Détail de la France*, de 1696, les indique très fortement. Les délégués des villes commerçantes au Conseil du commerce, reconstitué en 1700, demandant qu'on modère les tarifs, montrent les inconvénients des grandes compagnies (tel, le député de Nantes, Des Casaux du Hallay), s'attaquent à tout le système de Colbert ; tel, le député du Languedoc :

« Il faut revenir, dit-il, de la maxime de Colbert qui prétendait que la France pouvait se passer de tout le monde et qui voulait encore obliger les étrangers de recourir à nous. C'était aller contre la nature et les décrets de la Providence, qui a distribué ses dons à chaque peuple pour les obliger à entretenir entre eux un commerce réciproque. Ce ne serait plus un commerce que de fournir nos denrées et nos manufactures aux étrangers et de ne tirer d'eux que de l'argent ».

Et tous les députés dénoncent le système qui consiste à vouloir prohiber les marchandises étrangères ; ils demandent qu'on conclue des traités de commerce [2]. L'on sait déjà que la politique commerciale du gouvernement se modifia à la fin du règne.

XII. Elle s'accentue après 1700.

Avant 1690, la décadence industrielle n'est pas encore très marquée. C'est ainsi que Louvois réussit à créer de nouvelles manu-

1 Voy. E. Depitre, La toile peinte en France aux XVIIᵉ et XVIIIᵉ siècles, 1912.
2 Mémoires des députés du commerce, inédits (Bibl. Nat., man. fonds français 18.597) ; cf. E. Lavisse. *Hist. de France*, t. VIII¹, pp. 215-218 (chapitre de Ph. Sagnac).

factures, surtout des manufactures de drap. En 1685, un privilège est donné au Hollandais Cadeau, qui se fixe en Normandie ; un autre Hollandais, Remade, s'établit à Louviers ; Pierre Mamien, qui a travaillé en Angleterre et en Hollande, crée une manufacture de drap à Caen ; dans le faubourg Saint-Marceau, on fonde des manufactures de moquettes. Mais, après 1690, la détresse s'accentue dans tous les centres ouvriers ; elle est grande surtout les années de mauvaises récoltes, par exemple en 1693. L'intendant du Languedoc, celui de Bordeaux montrent les villes se remplissant de mendiants qu'on ne peut nourrir, déclarent que chaque jour des personnes meurent de faim. A Lyon, en 1693, écrit l'intendant, les ouvriers et les tisseurs en soie sont sans ouvrage ; on leur distribue gratuitement, chaque semaine, 56.000 livres de grain ; beaucoup meurent de misère ; à Rouen, de nombreux ouvriers doivent mendier. C'est alors une émigration, en masse des ouvriers : des Lillois se réfugient aux Pays-Bas ; des fileuses de Picardie, en Hollande et en Angleterre ; des ouvriers alsaciens, en Suisse.

De 1702 à 1713, la ruine s'aggrave encore. Les finances sont ruinées par la guerre ; on crée de nouveaux impôts (capitation et dixième) ; le numéraire se faisant rare, on est obligé de donner cours forcé aux billets. L'évêque de Nîmes, en 1707, déplore cette mesure, dans une lettre au Contrôleur général : « plus de 10.000 ouvriers, qui ne peuvent nourrir leurs familles, ni payer les charges, s'ils ne sont pas payés comptant, vont tomber dans la mendicité et dans la misère » ; et Basville aussi craint que cette mesure ne provoque des désordres dans les Cévennes [1].

Beaucoup de manufactures sont ruinées et les ouvriers émigrent en grand nombre, obéissant d'ailleurs aux sollicitations de l'étranger ; les fabricants de Reims, de Lyon, le directeur de Saint-Gobain se plaignent que les ouvriers « ont l'esprit gâté par les sollicitations continuelles de ceux qui veulent les débaucher pour leur faire quitter la France ».

La correspondance des intendants dénonce partout la misère des ouvriers. A Marseille, à Lyon, beaucoup sont réduits à la mendicité ; les intendants d'Orléans et d'Amiens font ouvrir des ateliers publics ; le clergé d'Auxerre nourrit plus de 1.300 pauvres ; 400 ouvriers de la manufacture d'armes Titon, de Charleville, n'ont

1 Germain MARTIN, Appendice n° 5, pp. 401 et sqq.

plus aucune ressource ; l'intendant de Champagne demande de la farine pour les nourrir ; à Rouen, en 1709, il n'y a plus que 357 métiers en marche, et on emploie les compagnons à tracer des routes. Dans sa lettre au duc de Chaulnes, du 4 août 1710, Fénelon peut écrire avec raison : « Tous les métiers languissent et ne nourrissent plus leurs ouvriers. La France entière n'est plus qu'un grand hôpital désolé et sans provisions ». La même impression se dégage de la lecture de la *Dîme royale* : Vauban a été frappé aussi de la grande détresse du royaume.

XIII. Tableau de l'industrie
à la fin du règne de Louis XIV.

M. Sagnac a essayé de décrire avec précision l'état de l'industrie en France dans les dernières années du règne de Louis XIV. Le tableau qu'il a dressé est le plus complet que nous possédions [1]. A le lire, on voit nettement la décadence des industries de luxe, notamment des dentelles, auxquelles sont néfastes les changements de la mode. Pour la soierie, seul, Lyon se maintient à peu près, malgré une diminution très notable des métiers et des ouvriers (en 1702, de 12.000 ils sont réduits à 3.000) ; dans les villes concurrentes de Lyon, au début du XVIIIe siècle, l'industrie de la soie est tout à fait ruinée, notamment à Tours ; à Nîmes aussi, profonde décadence. Cette ruine est attribuée à l'exode des protestants et aussi à la concurrence des étoffes étrangères, des soies de Chine. Les industries d'une consommation courante sont atteintes, elles aussi. La fabrication de la toile, encore fort importante en Normandie, en Bretagne, en Champagne, dans les provinces du Nord, a subi une forte diminution, par suite de la concurrence de l'Angleterre et de la Hollande. L'industrie drapière, la plus considérable de toutes au XVIIe siècle, a souffert aussi. En Normandie, où elle avait une grande extension, elle a pu résister, malgré l'exode des protestants. Mais, en Champagne, à Reims et à Sedan surtout, elle est tout à fait ruinée, et, en Languedoc même, elle est très compromise. C'est que les protestants avaient la haute main sur cette industrie, qui maintenant est de plus en plus menacée par les toiles peintes et les soies, ainsi que par la concurrence très inquiétante des Anglais et

1 E. Lavisse, Hist. de France, t. VIII[1], pp. 232 et sqq.

des Hollandais [1].

Quant aux industries extractives, elles sont loin d'avoir une importance de premier ordre. Tous les gisements houillers ne sont pas mis en valeur ; les mines du Boulonnais, du Nivernais, du Forez, de la région d'Alais ne produisent encore que peu de charbon. Les mines de fer, de cuivre, de plomb et d'étain sont exploitées dans certaines régions, en Bourgogne, en Franche-Comté, dans le comté de Foix, dans les Cévennes, en Bretagne, mais leur revenu est encore peu considérable ; cependant, on peut prévoir l'extension de cette industrie, car d'assez nombreuses concessions sont accordées à la fin du XVIIe siècle et au commencement du XVIIIe. Les forges, au contraire, abondent, surtout dans le Hainaut, dans la région des Ardennes, en Franche-Comté, dans le Maine, en Dauphiné, à Saint-Étienne, dans le comté de Foix, dans le Béarn. A cet égard, il y a progrès ; mais il faut bien se rendre compte que ces forges sont, en général, de petits établissements, ne comprenant chacun que quelques ouvriers [2] ; la grande industrie sidérurgique ne fera son apparition qu'à la fin du XVIIIe siècle. — C'est le même caractère que présente aussi l'industrie de la verrerie, répandue un peu partout et assez prospère.

Une industrie, qui naît véritablement à cette époque, grâce à la mise en valeur des îles d'Amérique, c'est l'industrie sucrière. Des raffineries sont créées à Nantes et dans les autres villes de la Loire, à Saumur, Angers, Orléans, à Rouen aussi et à Marseille, et on les protège, par des droits protecteurs, contre les sucres raffinés de l'étranger et même des Antilles, qui doivent payer 22 l. 10 s. par 100 livres pesant [3]. — Le commerce colonial suscite aussi les premières manufactures de cotonnades, notamment à Rouen.

Ce qui prouve, d'ailleurs, que l'industrie française, grandement affaiblie, n'était pas détruite, c'est qu'elle se relève, dès 1713. Ce relèvement, qui témoigne de la vitalité de la France, a été surtout

1 Voy. Ph. SAGNAC, L'industrie et le commerce de la draperie à la fin du XVIIe siècle (Revue d'histoire moderne, 1907, t. IX).
2 Tel est, par exemple, le caractère des forges de la région dijonnaise (ROUPNEL, op. cit., p. 91). — On remarquera que les forges sont nombreuses surtout dans les régions forestières.
3 Sur les raffineries de Nantes, voy. GABORY, La marine et le commerce de Nantes au XVIIe et au commencement du XVIIIe siècle (Annales de Bretagne, 1902, t. XVII, pp. 38 et sqq.).

l'œuvre des petits fabricants, qui reprennent courage ; ils tendent alors à l'emporter sur les manufactures De 1703 à 1713, les petits fabricants ont tissé 18.000 pièces d'étoffe, les manufactures, 32.000 ; de 1713 à 1723, la proportion se renverse : les petits fabricants produisent 51.000 pièces, les manufactures, 27.000.

Le relèvement industriel fut préparé par la reconstitution du Conseil du commerce, en 1700 ; le président en fut Daguesseau, mais le membre le plus actif fut Amelot de Gournay. En font partie deux conseillers du roi, les directeurs généraux des finances, douze marchands, délégués des villes de Paris, Rouen, Bordeaux, Lyon, Marseille, La Rochelle, Nantes, Saint-Malo, Lille, Rayonne, Dunkerque, élus par les corps de ville et les principaux négociants, souvent remarquables par leur compétence et leurs idées. Le rôle du Conseil est purement consultatif, mais, en fait, il a décidé de bien des questions et ses attributions ne feront que s'accroître au xviiie siècle [4].

Pour faciliter le recrutement du Conseil du Commerce, on établit des Chambres de commerce, comme il en existait déjà à Marseille et à Dunkerque ; on en fonda sept de 1702 à 1714. Les membres furent d'abord désignés par l'intendant, puis élus par un corps électoral de 30 à 40 personnes. — A noter encore la création, en 1708, de six intendants du commerce, qui ont entrée au Conseil du commerce ; ce ne fut d'abord qu'un expédient financier ; mais, au xviiie siècle, ces intendants joueront un rôle assez important.

Ainsi, au xviie siècle, malgré les désastres de la fin du règne de Louis XIV, on peut constater, dans l'ensemble, un progrès très notable de ce que nous appelons la grande industrie. Mais il ne faut pas la considérer comme semblable à ce qu'elle est aujourd'hui. Ce ne sont que des manufactures, pour lesquelles travaillent le plus souvent de petits fabricants ; elles sont nées des progrès du capitalisme commercial, de la concentration commerciale. Le capitalisme industriel existe à peine ; l'industrie rurale et domestique, loin de s'atténuer, se développe. Dans la métallurgie même, on ne voit que de petits établissements. C'est encore le commerce, le grand commerce colonial surtout qui donne naissance à des fabri-

4 Voy. Biollay, Le pacte de famine, 1885 (Appendice, l'administration du commerce au XVIIIe siècle) ; Bonnassieux et Lelong, Inventaire des procès-verbaux du Conseil du Commerce, 1900, in-4.

cations nouvelles (raffineries de sucre, cotonnades) et fait naître de nouveaux centres industriels dans des villes comme Rouen, Marseille, Nantes [1]

Chapitre VIII
La condition et la vie des classes ouvrières et marchandes au XVIIe siècle

Le mode de vie des classes ouvrières et marchandes est particulièrement difficile à étudier ; on ne peut arriver qu'à des résultats tout approximatifs, car il est impossible de dresser de véritables statistiques.

Ainsi, il serait intéressant de pouvoir évaluer la population des métiers. Mais, comme il n'existe pas de statistique., il faut se contenter de quelques indications. M. Boissonnade, pour le Poitou, croit pouvoir établir que, dans les villes et gros bourgs, les métiers constituent un quart ou un tiers de la population, et, même à Niort, ville très industrielle, les neuf dixièmes ; dans les campagnes, notamment dans l'élection de Saint Maixent, la classe industrielle ne représenterait qu'un cinquième de la population,

---

1 (1) Pour tout ce chapitre, voy. l'étude bibliographique de SAGNAC (*Revue d'histoire moderne*, 1902) ; A. DE BOISLILE, *Correspondance des contrôleurs généraux*, 3 vol. in-4 : BOULAINVILLIERS, *État de la France*, 1727, 2 vol. in-fol. ; PIGANIOL DE LA FORCE, *Nouvelle description de la France*, 1717, 6 vol. in-12 ; J. SAVARY, *Le Parfait Négociant*, éd. de 1721, in-4 ; SAVARY DES BRULONS, *Dictionnaire universel du commerce*, 1723 : GARNAULT, *Le commerce rochelais au XVIIIe siècle*, 1887 ; CHARLÉTY, *Le régime douanier à Lyon* (*Revue d'histoire de Lyon*, 1902) ; E. PARISET, *Histoire de la fabrique lyonnaise*, Lyon, 1901 ; Justin GODART, *L'ouvrier en soie de Lyon* ; BOSSEBŒUF, *Histoire de la soierie à Tours du XIe au XVIIIe siècle* (*Mém. de la Soc. archéologique de Touraine*, 1900) ; G. MARTIN, *L'industrie et le commerce dans le Velay aux XVIIe et XVIIIe siècles*, Le Puy, 1900 ; GRAR, *Hist. de la recherche, de la découverte et de l'exploitation de la houille dans le Hainaut français, dans la Flandre française et dans l'Artois*, 3 vol., Valenciennes, 1847 ; A. BARDON, *L'exploitation du bassin houiller d'Alais sous l'Ancien régime*, Nîmes, 1898 ; H. MONIN, *Essai sur l'histoire administrative du Languedoc pendant l'intendance de Basville* (thèse, 1884) ; MARCHAND, *Étude sur l'administration de Lebret, intendant de Provence* (thèse, 1889) ; A. DE SAINT-LÉGER, *La Flandre maritime et Dunkerque sous la domination française* (thèse, 1900). Cf. d'excellents chapitres de Ph. SAGNAC, dans l'*Hist. de France* d'Ernest LAVISSE, t. VIII¹, pp. 201-248.

s'il faut en croire le rapport du subdélégué Levesque, en 1698 [1]. On voit aussi que les métiers qui emploient le plus de personnes sont les métiers de l'alimentation (boulangers, meuniers, bouchers, cabaretiers) et aussi ceux de l'industrie textile et de l'habillement : dans les campagnes même, fileurs et tisseurs sont très nombreux.

I. Charges qui pèsent sur les gens de métiers.

On peut se rendre compte avec plus de précision des charges qui pèsent sur les gens de métiers. Les artisans sont plus heureux, à cet égard, que les paysans, car ils n'ont à supporter ni les droits seigneuriaux, ni presque jamais la taille royale ; ils ne sont atteints que par les impôts indirects. Mais, à la fin du XVIIe siècle, ils sont plus directement frappés par la fiscalité royale. La capitation retombe surtout sur eux ; les jurés dressent les rôles et versent au trésor les fonds des impositions. Bientôt vont sévir le dixième, puis les vingtièmes. En outre, les offices se multiplient ; pour les racheter, les métiers doivent contracter des dettes dont le poids retombe sur les maîtres.

Quant aux charges militaires, elles sont relativement peu de chose. La milice urbaine, aux XVIIe et XVIIIe siècles, n'a plus qu'une importance très faible [2]. La milice royale épargne aussi les artisans, beaucoup plus que les paysans. De 1778 à 1787, dans l'élection de Troyes, 9.000 hommes tirent au sort ; on en prend 354 (pour 85.000 habitants). A Troyes, qui a une population de 24.000 âmes, on n'en prend que 70, soit 7 par an, sur 1.378 inscrits.

II. Mode de vie des artisans.

La plupart des ouvriers, l'immense majorité même, sont des ouvriers de petite industrie. Le régime tout à fait dominant, même dans l'industrie textile, c'est le régime du petit atelier. D'après les règlements de la soierie, à Lyon, à Paris, à Tours, chaque maître ne peut avoir qu'un atelier et un apprenti ; même obligation pour les sayetteurs d'Amiens ; à Reims, les drapiers ne peuvent avoir plus

1 Boissonnade, *op. cit.*, t. II, pp. 236 et sqq.
2 *Ibid*, t. II. pp. 243 et sqq.

de six compagnons, quatre peigneuses, un apprenti. Il y a donc un grand nombre de maîtres. La proportion du nombre des maîtres à celui des compagnons est encore très forte.

Quelle est la condition du maître-artisan ? Comment peut-on se représenter son genre de vie ? La principale source à consulter, à cet égard, ce sont les inventaires après décès.

Souvent encore, au XVIIe siècle, les métiers sont répartis par quartiers. Cependant, vers la fin de ce siècle, au moins dans les grandes villes, cette coutume tend à disparaître : les métiers suivent de plus en plus la clientèle.

La maison de l'artisan est, en général, petite et étroite. Au rez-de-chaussée, une large baie : c'est l'atelier ou la boutique, avec l'enseigne, au-dessus de la porte. Au premier étage, une chambre et un cabinet ; derrière la maison, une cour avec ses dépendances. La maison est bâtie le plus souvent en bois et en torchis, « de plastre et de bois ». Le toit est couvert de planchettes en bois (*aissis*), et souvent la fumée s'échappe par une cheminée en bois, ce qui est un grave danger d'incendie. Parfois la maison est supportée par des piliers, qui forment galerie, ce qui a l'inconvénient de rendre les boutiques obscures. En tout cas, les auvents font saillie pour abriter les objets en vente, et souvent ils forment le volet ; on peut acheter du dehors. Comme les rues sont étroites, cette disposition rend la circulation difficile. Quelquefois, le maître est propriétaire de la maison, ou encore il a conclu un bail à long terme, moyennant le paiement d'un cens.

Le mobilier est parfois assez confortable, dénotant un certain bien-être ; il comprend des chaises, des fauteuils, des armoires, un lit confortable, un peu d'argenterie ; parfois on trouve des tableaux, des gravures, des bijoux.

C'est une nécessité pour les artisans d'avoir des avances, car ils vendent fréquemment à crédit, surtout aux gentilshommes. Les bouchers, les tailleurs, les drapiers, les boulangers surtout sont dans ce cas [1]. Aussi aiment-ils avoir chez eux de l'argent comptant : un pâtissier de Troyes a dans sa chambre 1.800 l. L'artisan qui ne possède pas d'avances frise constamment la faillite ; la maladie produit souvent une grande gêne [2].

1 A un boulanger, au moment de sa mort, il est dû 4.000 l.

2 BABEAU, Les artisans et les domestiques d'autrefois, Paris, 1886, pp. 188 et sqq.

Henri Sée

Ainsi la vie de l'artisan est difficile, précaire, bornée. On cite bien quelques artisans qui arrivent à la fortune, surtout dans les métiers de luxe ; mais c'est l'exception. Et, dans ce cas, ils s'élèvent au-dessus de leur classe et l'abandonnent, deviennent de gros négociants, des directeurs de manufactures ; leurs enfants achètent des charges royales et pénètrent dans les rangs de l'aristocratie.

III. Différences de conditions : métiers aisés et métiers pauvres.

D'ailleurs, parmi les maîtres, on note de grandes différences de conditions. C'est ce que montrent les inventaires de Troyes, recueillis par Babeau [1]. Voici, par exemple, un maître passementier, Charles Dieu, en 1622 : sa vie est très simple, son mobilier assez rudimentaire, sa batterie de cuisine est peu fournie ; il ne possède que de la vaisselle d'étain ; la liquidation de sa succession ne donne que 218 l. ; chacun de ses sept enfants reçoit 14 l. 12 s. En 1631, un maître boulanger habite une petite maison achetée 320 l. ; il loge dans une chambre basse, obscure, humide ; comme linge de table, il ne possède que deux nappes et trois douzaines de serviettes ; chez un autre boulanger, en 1636, l'inventaire du mobilier s'élève à 739 l. 15 s. ; chez un autre encore, en 1665, à 1380 l., et on voit qu'il est bien muni d'instruments professionnels. Un maître pâtissier, en 1665, a une très belle argenterie, qui vaut près de 700 l., une belle batterie de cuisine ; sa maison est vaste, son mobilier, confortable ; en cave, il a 11 muids et 2 feuillettes de vin, estimés 432 l. ; en outre, il possède une somme d'argent de 1800 l., sans compter de nombreuses constitutions de rentes. Un boucher, Toussaint Camusat, en 1666, a une chambre basse garnie d'armoires en noyer, de la vaisselle de faïence, de la belle argenterie. Sa chambre à coucher est tendue d'une tapisserie de Rouen, contient un beau lit, un miroir assez luxueux (un cadre en écaille de tortue, garnie d'argent), des coffres couverts de tapisserie en cuir rouge ; dans une chambre voisine, se trouvent un lit, un « bassin à laver », une aiguière couverte, deux flambeaux. La bouchère possède d'assez riches bijoux ; le boucher, des habits de drap confortables ; en cave, se trouvent 14 muids de vin, estimés 420 l. ; la fortune de Camusat comprend

1 *Ibid.*, Appendice, pp. 322 et sqq.

aussi des terres, des vignes, des rentes, des vaches à cheptel.

Un drapier-drapant, en 1670, a dans sa boutique une assez grande quantité de marchandises, 200 l. en argent monnayé, un mobilier simple, mais dénotant une assez grande aisance ; il laisse à sa veuve 1033 l. et à ses cinq enfants, 1009 l. Un autre drapier, en 1679, détient moins de marchandises et semble avoir un commerce assez peu prospère. — Un maître maçon, en 1685, a donné 500 l. de dot à sa fille, 300, à l'un de ses fils ; sa succession s'élève à 3.646 l. Son installation est assez vaste : au rez-de-chaussée, la boutique et une chambre à coucher, avec un lit garni de tapisserie et une haute armoire de chêne ; dans un cabinet voisin, la batterie de cuisine ; dans une chambre haute, une armoire de noyer, contenant du linge et des bijoux, une garniture de cheminée. La même année, voici un maître cordonnier, qui a une fortune de près de 2.500 l., une maison bien montée, beaucoup de linge (40 draps, 32 serviettes, 22 chemises d'homme), pas mal de matière première, une vigne. Sa femme étant morte, il se remarie avec la fille d'un laboureur, qui lui apporte 700 l., « tant en argent qu'en habits et linge » [1].

On voit nettement que la condition des artisans diffère, suivant qu'ils appartiennent à tel ou tel métier. Les métiers qui conduisent le plus facilement à l'aisance sont les métiers de l'alimentation, qui ne connaissent pas de morte-saison, et aussi, — et surtout —, un certain nombre de métiers de l'habillement (drapiers, merciers, bonnetiers), ainsi que les métiers où il faut un capital plus considérable ou des connaissances spéciales : tanneurs, orfèvres, apothicaires, architectes, imprimeurs. Les métiers les plus pauvres, ce sont ceux des cardeurs, tisserands, cordonniers et surtout des savetiers, qui sont de vrais prolétaires [2]. Tailleurs et savetiers sont très nombreux et souvent misérables.

En réalité, les plus aisés, parmi les gens de métiers, ce sont ceux qui ne produisent pas eux-mêmes, mais qui vendent les produits des autres, c'est-à-dire les marchands et les merciers qui tiennent toute espèce d'articles et qui ont déjà le caractère de gros négociants ou de négociants en gros (*grossiers*). Les marchands-dra-

---

1 BABEAU, *op. cit.*, pp. 339 et sqq.

2 Voy. BOISSONNADE, f. II, pp. 167-168. Cf. G. ROUPNEL, *Les populations de la ville et de la campagne dijonnaises au XVIIᵉ siècle*, pp. 141 et sqq. A Dijon, on compte 119 merciers et 27 marchands de drap, jouissant d'une situation considérable.

piers sont dans le même cas ; on verra comment ils deviennent *entrepreneurs*, font travailler les maîtres, qui tombent sous leur dépendance économique ; c'est grâce à leurs capitaux qu'ils s'élèvent à une condition supérieure.

En Roussillon, l'on distingue officiellement, d'une part, le corps des *artistes* (apothicaires, chirurgiens, marchands de draps) et, d'autre part, le corps des *comuns* ou *menestrals* (métiers manuels). Au premier appartient tout le pouvoir politique ; les *menestrals* n'ont qu'un consul sur cinq, et encore la fonction est-elle attribuée exclusivement à ceux d'entre eux qui ont une fortune assez considérable, comme le dit un intendant du XVIIIᵉ siècle, « pour soutenir avec décence l'éclat d'une pareille place » [1]. — Cette classification économique des métiers, qui apparaîtra plus fortement encore au XVIIIᵉ siècle [2], semble bien l'un des traits caractéristiques de l'état social sous l'Ancien Régime.

L'éparpillement des métiers constitue aussi un phénomène très général : il se manifeste dans toutes les villes. Très nombreux, les savetiers, cordonniers, tailleurs, fripiers, menuisiers, maçons et tailleurs de pierre se disputent la clientèle et ont beaucoup de peine à vivre [3]. C'est un cas tout à fait exceptionnel que celui des cordonniers de Dijon, qui sont, en général, de riches fabricants, travaillant pour le marché général. La concentration capitaliste ne commence à apparaître que dans quelques centres et quelques métiers.

IV. Marchands, entrepreneurs et directeurs de manufactures.

---

1 Voy. DRAPÉ, *op. cit.*, pp. 161 et sqq.

2 A Dijon, une ordonnance municipale de 1711 répartit les métiers, en quatre classes, suivant leur importance économique : la première comprend les imprimeurs, libraires, chirurgiens, apothicaires, merciers, drapiers, orfèvres, etc. ; la seconde groupe surtout les métiers de l'alimentation (boulangers, bouchers, pâtissiers, charcutiers, cuisiniers, marchands de vin), les selliers, corroyeurs, tanneurs, cordonniers ; la troisième, la plupart des artisans du métal et de l'ameublement ; la quatrième comprend les ouvriers du bâtiment, les savetiers, les ouvriers à façon comme les drapiers (G. ROUPNEL. *op. cit.*, pp. 135-136). — L'édit royal de mars 1691 avait déjà réparti en quatre classes les corporations du royaume et fixé pour chacune le taux des droits de réception à la maîtrise.

3 Cf. ROUPNEL, *op. cit.*, pp. 143 et sqq. — A Dijon, dont la population ne dépasse guère 20.000 habitants, on trouve 16 à 1.800 artisans, répartis entre 130 métiers.

Cependant, dès le XVIIᵉ siècle, nous voyons l'origine d'une évolution qui est grosse de conséquences pour l'avenir : au-dessus des maîtres artisans s'élève une classe nouvelle, une classe d'employeurs, qui, dans certains métiers, concentrent les produits du travail. On comprend que les marchands drapiers occupent souvent un grand nombre d'ouvriers ; dans la draperie, il y a plusieurs opérations distinctes, dont chacune est accomplie par des ouvriers spéciaux : tisseurs, fouleurs, tondeurs, etc. Le marchand leur livre la matière première, la fait travailler et vend le drap fabriqué. A Castres, par exemple, pour 1000 ouvriers, on trouve 14 *facturiers*, véritables patrons, pour le compte desquels travaillent tous les artisans.

Dans la manufacture de la soierie, à Lyon, dès le XVIIᵉ siècle, on voit aussi se dessiner l'évolution qui plus tard, au XIXᵉ siècle, se précipitera grâce au machinisme. Les maîtres ouvriers tombent sous la dépendance des maîtres marchands, qui détiennent des capitaux [1]. Le règlement de 1667 incorpore à la communauté les maîtres marchands, établissant l'égalité des droits. Mais, à la faveur même du règlement, les maîtres marchands vont réduire les maîtres ouvriers au rôle de compagnons. En effet, à partir de 1667, le maître ouvrier qui prendra de l'ouvrage à façon d'un autre maître sera tenu, à peine de 60 l. d'amende, de savoir si le premier maître est content de son travail ; il doit obtenir de celui-ci un *billet de congé* ou d'*acquit*, comme le compagnon ; s'il a encore des dettes vis-à-vis du premier employeur, le nouveau marchand lui retiendra un huitième sur le prix de la façon. Au commencement du XVIIIᵉ siècle, s'établit la règle que, si c'est le maître ouvrier qui a donné congé, il devra au marchand le remboursement intégral de ses avances, fixées au maximum, par l'arrêt de 1702, à 150 l. pour les tissus pleins et à 300 l. pour les tissus façonnés. Par les avances, le marchand tient le maître ouvrier dans sa complète dépendance économique ; c'est lui qui fournit les dessins et la matière première. Quant au prix de façon, il ne peut être fixé à l'avance ; pour cela, il faut que la pièce soit terminée, et alors, s'il y a contestation, l'ouvrier a un délai d'un mois pour se pourvoir auprès des gardes. D'après le règlement de 1667, les maîtres ouvriers ne peuvent donner congé au marchand sans l'avertir un mois à l'avance et sans finir la pièce commencée.

---

1 Voy. l'excellent ouvrage de Justin GODART, *L'ouvrier en soie de Lyon*.

Les litiges pourront être jugés gratuitement par le Consulat, mais au Consulat toute l'autorité appartient aux marchands. — On verra les conséquences de ce système : c'est au XVIIIᵉ siècle qu'auront lieu les crises ouvrières les plus terribles dans la manufacture lyonnaise.

C'est le plus souvent parmi les marchands que se recrutent les directeurs de manufactures. Jacques Savary, dans son *Parfait négociant*, indique comment le marchand doit s'y prendre pour monter une manufacture. C'est là une besogne difficile et qui demande beaucoup de réflexion. Le négociant peut, soit imiter des manufactures étrangères, soit en inventer de nouvelles. Il importe qu'il connaisse bien les matières premières et qu'il soit expert dans tout le détail de la fabrication. Il doit surveiller de près le travail et Savary énumère toutes les sortes de tromperies que peuvent commettre les divers ouvriers qui fabriquent une pièce de drap. Ainsi, le négociant manufacturier est bien un entrepreneur :

« Il est certain, dit Savary, que, si les négociants qui entreprennent des manufactures ne sont capables de les bien gouverner, et s'ils ne sont actuellement, eux ou leurs facteurs, après les ouvriers ; s'ils ne prennent un grand soin et s'ils ne veillent à toutes les choses qui ont été dites ci-dessus, les marchandises qu'ils feront manufacturer ne seront jamais dans leur perfection : ils seront perpétuellement volés par les ouvriers entre les mains desquels passent les soies, et ils ne réussiront jamais bien dans leurs entreprises ».

Il en est de même, ajoute-t-il, dans toutes les manufactures, qu'il s'agisse de serges, de draps, de camelots, car « les ouvriers par les mains desquels passent les matières les peuvent dérober et tromper en plusieurs façons, si les entrepreneurs de ces sortes de manufactures ne sont soigneux et vigilants et s'ils ne prennent garde à toute chose ». Il faut aussi que le négociant sache bien vendre les marchandises manufacturées [1]. Ainsi le marchand-manufacturier doit se livrer à trois opérations : acheter les matières premières, les faire manufacturer, vendre les objets manufacturés. Il est déjà, sinon un patron au sens actuel du mot, tout au moins un directeur d'ouvriers.

Les manufacturiers et, *a fortiori*, les directeurs de manufactures royales n'appartiennent plus, en aucune façon, à la classe des

1 *Le Parfait négociant*, 2ᵉ partie, l. I, chap. VI, VII et VIII, pp. 426 et sqq.

maîtres de métiers ; ils ne font plus partie d'aucune corporation. Leur condition économique est profondément différente aussi de celle des artisans ; leur genre de vie est tout autre. Certains d'entre eux ont le train de véritables gentilshommes ; tel, Van Robais, qui « a six chevaux de carrosse, six de main ; il est fort bien meublé et logé et reçoit tous les jours » [1].

V. Les compagnons.

Il nous reste à décrire la condition des compagnons. Nous les voyons soumis à une discipline très stricte, même en dehors de leurs heures de travail. C'est que beaucoup d'entre eux sont de véritables domestiques, logés et nourris chez le maître. Tel est le cas des ouvriers papetiers. A Besançon et à Baume, ils sont pris à l'année, ils reçoivent, au début du XVIIe siècle, des gages de 20, 21 et 24 l. ; ils sont nourris et on leur donne un habillement complet pour deux saisons [2].

Toute la journée, le compagnon est tenu à l'atelier, sans pouvoir s'absenter, si ce n'est aux heures fixées pour son repas ; s'il prolonge son dîner, il est puni d'une amende. L'ordonnance municipale de Beauvais, du 20 avril 1660, oblige les ouvriers à commencer leur travail à l'heure accoutumée, sous peine de 75 sous d'amende ; s'ils quittent leur travail sans le consentement du maître, l'amende sera de 80 sous — Ce qui est plus grave, c'est que le compagnon peut être congédié du jour au lendemain ; c'est un cas exceptionnel que le règlement de 1699, d'après lequel, chez les teinturiers et les bonnetiers de Paris, le maître doit donner congé un mois à l'avance [3].

Dans les manufactures, lorsque les ouvriers sont logés et nourris dans l'établissement, la discipline est plus stricte encore : ils ne peuvent sortir de l'enceinte qu'à des heures fixées ; excepté au moment des repas, il leur est interdit d'aller au cabaret. Très significatif à cet égard est le règlement qui fixe la police intérieure de la

---

1 C'est ce que dit l'État des ouvriers des fabriques de toile d'Abbeville.
2 Voy. Jules GAUTHIER, L'industrie du papier dans les hautes vallées franc-comtoises du XVe au XVIIIe siècle (Mémoires de la Société d'Émulation de Montbéliard, t. XXVI, pp. 15 et sqq.).
3 Recueil de règlements généraux, t. I, p. 391.

manufacture de soie de Saint-Maur-les-Fossés [1]. Le travail commence à la pointe du jour, et l'on veillera le soir jusqu'à 10 heures, du 8 septembre à la semaine sainte.On a une demi-heure pour déjeuner à midi, une heure pour dîner à 6 heures. Pendant le temps du travail, toute conversation est interdite ; il est défendu de dire des jurons, des blasphèmes, des « paroles sales et deshonnêtes », à peine de 6 l. ; est punie d'amende aussi toute raillerie, toute médisance, toute violence à l'égard d'une personne employée à la manufacture. Les jours de congé, on doit rentrer à 9 ou 10 heures du soir. Les ouvriers qui détourneront des outils ou des matières premières seront punis comme voleurs domestiques. A peine de 3 livres d'amende, il est interdit de payer la bienvenue ou de reconduire d'autres ouvriers. — Dans la manufacture de Fournier à Lyon, c'est aussi une discipline de caserne, tout à fait semblable à celle de Saint-Maur ; le dimanche, on est obligé d'aller à la messe et l'on doit communier huit fois par an. Les ouvriers supportent malaisément ce régime ; on se plaint alors de leur esprit indiscipliné, de leurs « insolences et désordres ».

Là où l'ouvrier de manufacture est enrégimenté, c'est qu'il y a déjà une organisation intérieure, un commencement de division du travail, fixant à chacun une fonction déterminée. C'est le cas de la manufacture de Van Robais, qui contient 1.692 ouvriers ; on y trouve des ateliers do charronnerie, de coutellerie, de lavage, de teinture, d'ourdissage, de tissage. Les ateliers de tissage comprennent eux-mêmes plusieurs catégories distinctes d'ouvriers : fileurs, tisserands, repasseuses, bobineuses, brodeurs. Il y a des contremaîtres et chacun commande à plus de cent ouvriers [2]. — Peut-être faut-il voir l'origine du livret ouvrier dans le billet de congé ou d'acquit qu'à Lyon le maître marchand, on l'a vu, impose au maître ouvrier.

VI. La journée de travail et les salaires.

La journée de travail est, en général, fort longue ; elle s'étend du soleil levant au soleil couchant ; elle est de 10, de 12, de 14 heures, et souvent en hiver il y a une veillée. Les couteliers de Châtellerault

1 Publié par E. Levasseur, *Histoire des classes ouvrières*, 2ᵉ édition, 1901, t. II, pp. 423 et sqq.
2 *État de la manufacture d'Abbeville* (E. Levasseur, *op. cit.*, t. II, pp. 421-423).

fournissent parfois 17 heures de travail par jour. Aucune limitation légale n'existe. Quant au travail de nuit, il est autorisé ou interdit suivant les métiers, mais, lorsqu'il est défendu, ce n'est point pour des raisons humanitaires. Ainsi, à Poitiers, il est permis aux corroyeurs et aux menuisiers, parce qu'on estime que, dans ces métiers, il n'a pas d'inconvénients pour le public ; au contraire les « texiers en toile », les chapeliers, les cordonniers, les bourreliers ne peuvent « ouvrer de nuit à la chandelle », parce que leurs ouvrages risqueraient d'être mal exécutés [1]. Si le travail est excessif les jours ouvrables, il y a, par contre, un grand nombre de jours où l'on chôme, même dans les métiers où la morte-saison n'existe pas : environ une centaine par an.

Il serait extrêmement intéressant de se rendre compte avec précision des salaires ouvriers. Mais, pour le faire, il faudrait des données précises, des statistiques, qui nous manquent. Nous devons nous contenter de conclusions très approximatives. Voici quelques spécimens de salaires dans la seconde moitié du XVIIᵉ siècle. Dans la manufacture de glaces, les journaliers gagnent 8 sous par jour ; les femmes, 4 sous ; les souffleurs, 8 l. par semaine ; les équarisseurs, 4 l. [2]. En Anjou, les lingères gagnent 6 sous ; les dentellières d'Auvergne, très habiles, peuvent se faire 20 sous ; à Paris, les ouvriers gagnent de 12 à 14 sous. En 1709, des terrassiers, travaillant dans les environs de Tours, gagnent 6 à 7 s. par jour. Dans le bassin de Saint-Étienne, « on paie 15 à 10 s. par jour aux manœuvres qui travaillent aux mines, soit qu'ils fouillent le charbon, soit qu'ils le tirent hors la mine » ; en Gévaudan, les piqueurs gagnent 20 sous, les brouetteurs, 12 sous. Dans les environs de Poitiers, les mineurs gagnent de 8 à 10 sous. Quant aux ouvriers de manufactures, en province, ils semblent gagner de 12 à 15 sous, tandis que les manœuvres ont de 8 à 10 sous. Vauban, observateur très consciencieux, estime, dans les grandes villes, le salaire à 12 sous en moyenne (les serruriers gagnent 15 et même 30 sous), le salaire des tisserands à 12 sous (mais ils n'ont, par an, que 180 jours de travail productif), le salaire des manouvriers, pendant la moisson et la vendange, à 8 sous, mais leur gain de l'année, à 90 l. seulement, ce qui les condamne à faire « très maigre chère ». D'Avenel pense

---

1 P. Boissonnade, *op. cit.*, t. II, pp. 73 et sqq.
2 E. Frémy, *op. cit.*, pp. 312 et sqq.

que ces évaluations sont trop faibles, que les manouvriers gagnent 87 l. par an, mais que leur salaire baisse à la fin du XVIIe siècle et au début du XVIIIe; il estime que le salaire des ouvriers du bâtiment est de 30 à 40 0/0 supérieur à celui des journaliers [1]. Mais ses conclusions ne semblent pas reposer sur des données bien sûres, et, à considérer les renseignements plus nombreux que nous avons pour le XVIIIe siècle, il semble que Vauban soit plus près de la vérité.

Quand le salaire est payé à la tâche, il est plus malaisé encore de l'apprécier ; il semble plus défavorable à l'ouvrier que le salaire à la journée. A Lyon, par exemple, le compagnon en soie ne sait pas à l'avance quel sera son salaire, car le prix de façon n'est déterminé que quand l'ouvrage est terminé ; alors seulement, il sait à quoi s'en tenir et il a huit jours pour se pourvoir devant les maîtres gardes, s'il se trouve lésé ; sur le prix de façon, il reçoit du maître ouvrier au minimum la moitié, plus exactement les trois cinquièmes ; sur 4 l., il obtient 2 l. 10 s. [2]. Souvent d'ailleurs, le salaire est payé en partie en nature, quand l'ouvrier est logé et nourri ; c'est ce qui se passe dans les mines de Giromagny appartenant au duc de la Meilleraye ; c'est le cas aussi des ouvriers papetiers, qui, du reste, sont en général bien traités.

Aux époques de crise, les salaires ne sont payés qu'irrégulièrement ou ne le sont pas du tout ; le cas est fréquent entre 1700 et 1715, époque à laquelle le numéraire est souvent remplacé par du papier-monnaie. En 1709, les manufacturiers d'Elbeuf renvoient 500 ouvriers dont ils ne peuvent plus payer les salaires. Aussi le gouvernement ordonne-t-il aux intendants de fixer le prix des objets de première nécessité et de déterminer officiellement le taux des salaires. En Dauphiné, on abaisse les salaires d'un cinquième environ. L'intendant de Moulins taxe les denrées et les journées d'ouvriers ; de même en Auvergne, et, dans cette province, comme il y a eu effervescence, l'intendant fait mettre quelques compagnons en prison pour 24 heures.

D'ailleurs, connaîtrait-on exactement les salaires apparents qu'il faudrait encore déterminer les salaires réels, c'est-à-dire, voir ce

---

1 Vicomte G. D'AVENEL, Histoire économique de la propriété, des salaires, des denrées et des prix de l'an 1200 à l'an 1800, 5 vol., 1894-1909.
2 J. GODART, op. cit., pp. 140 et sqq.

qu'on peut se procurer avec eux. Le pain, de qualité très médiocre, fait de son et de seigle, exigeait des consommateurs peu aisés un débours proportionnellement très supérieur à celui du pain de bonne qualité qu'ils se procurent aujourd'hui ; il reste donc beaucoup moins d'argent disponible pour la viande, le logement et l'habillement ; le logement et l'habillement paraissent vraiment chers.

Pourquoi les salaires se sont-ils si peu élevés quand la richesse générale s'accroissait, quand le prix de la terre montait ? Quoi qu'en pense M. d'Avenel, c'est que l'action des pouvoirs publics et la législation tendent à empêcher leur hausse. Sans doute, il y a des lois naturelles des salaires ; mais ces lois peuvent être contrariées en un sens ou en l'autre par la législation. Or, au xvii⁰ siècle, toutes les institutions s'opposaient à la hausse des salaires, précisément parce que les compagnons ne pouvaient réellement résister à leurs employeurs, étaient obligés d'accepter les conditions qu'on leur imposait.

VII. Les compagnonnages.

Au xvii⁰ siècle, en effet, il y a bien des associations ouvrières, mais elles ne constituent pas pour les compagnons une arme de résistance suffisamment efficace.

Cependant, ces associations se multiplient au xvii⁰ siècle, surtout dans la seconde moitié, et, dans certaines professions, elles ne sont pas bornées à une seule localité ; elles s'étendent à toute la France. C'est le cas des papetiers et des ouvriers du bâtiment qui font leur tour de France. Il y a deux sociétés : les *compagnons du Devoir* (les *dévorants*) et les *compagnons du Devoir de liberté* (les *gavots*) [1]. Les statuts des compagnons menuisiers de Dijon, en 1657, nous montrent les coutumes du compagnonnage : tout compagnon qui arrive est obligé d'aller voir le *rooleur*, qui l'inscrira sur un registre et s'occupera de son embauchage ; s'il est malade, s'il lui arrive un accident, il reçoit des secours. Le compagnonnage a son centre dans une auberge ; l'hôte est le père, et l'hôtesse, la mère [2].

Mais les maîtres ne cessent de se plaindre du compagnonnage et

---

1 Martin Saint-Léon, *Le compagnonnage*, Paris, 1901, pp. 32 et sqq.
2 Le statut a été publié par Levasseur, *op. cit.*, 1ʳᵉ édition, t. II.

de l'inquiéter. A Dijon, les maîtres nomment un maître embaucheur pour lui faire pièce ; à Reims, les règlements défendent aux compagnons « d'exiger de l'argent pour former une boîte commune », de se mêler d'embauchage ; à Lyon, à Tours, on leur interdit de tenir des assemblées. Enfin, contre le compagnonnage, on voit agir la Compagnie du Saint-Sacrement. Elle prétend que les compagnons se livrent à des cérémonies impies et blasphématoires. Elle essaie de créer un véritable contre-compagnonnage : un artisan, Henry Buche, en 1645, constitue une sorte de communauté de « frères cordonniers » ; en 1647, deux maîtres tailleurs fondent une communauté analogue, et ces deux sociétés ont des ramifications en province. Les frères obtiennent d'anciens compagnons des attestations révélant les pratiques secrètes du compagnonnage, et ils les présentent comme des parodies criminelles des saints mystères, alors qu'en réalité, c'est un symbolisme emprunté à des pratiques religieuses. En 1655, la Compagnie du Saint-Sacrement parvint ainsi à obtenir une condamnation de la Sorbonne contre les compagnonnages et leurs pratiques sacrilèges. Ce fut un dur moment pour les sociétés, qui furent véritablement pourchassées. Mais, la Compagnie du Saint-Sacrement une fois dissoute en 1670, les compagnonnages, qui souvent ont dû se cacher pendant la tempête, reprennent leur activité [1]. N'oublions pas, d'ailleurs, que, malgré les poursuites dont ils sont l'objet, les compagnonnages jouent un rôle assez considérable dans le marché du travail ; ils en arrivent parfois à porter atteinte aux entreprises patronales les plus importantes (celles qui emploient plusieurs compagnons), favorisant ainsi les petits métiers et contribuant à accentuer l'émiettement, l'éparpillement de « l'activité artisane » [2].

Mais, comme le compagnonnage n'existe que dans certains métiers, le plus souvent les compagnons restent totalement désarmés vis-à-vis des maîtres. En hutte à l'hostilité de la société tout entière, comment les associations ouvrières pourraient-elles résister effica-

1 Voy. Raoul ALLIER, *La Cabale des Dévots*, 1902.— Toutefois, à Lyon, la Compagnie du Saint-Sacrement ne manifeste pas la même hostilité contre les compagnonnages ; elle reproche même aux marchands de payer des prix de façons trop faibles (G. GUIGUE, *Les papiers des dévots de Lyon : recueil de textes sur la Compagnie du Saint-Sacrement*. Lyon, 1922).

2 Voy. H. HAUSER, *Les compagnonnages d'arts et métiers à Dijon aux XVIIe et XVIIIe siècles* ; G. ROUPNEL, *Les populations de la ville et de la campagne dijonnaises*, pp. 137 et sqq.

cement aux employeurs ? Puis, il ne faut pas l'oublier, les ouvriers n'ont pas et n'auront pas de longtemps une conscience claire des intérêts collectifs de leur classe.

VIII. Les grèves.

Sans doute, il y a eu, au XVIIe siècle, des conflits, et plus fréquents qu'on ne le croirait *a priori*, entre maîtres et compagnons. Mais ce sont des mouvements isolés, des révoltes peu organisées et qui n'ont guère chance de réussir. — A Paris, les compagnons imprimeurs, en 1664, rédigent une requête, dans laquelle ils réclament la suppression du *billet de congé*, demandent que les maîtres ne puissent plus prendre d'apprentis pendant dix ans et que les apprentis soient tenus de connaître la langue latine. L'autorité répondit par deux sentences (en 1605 et 1671), défendant aux compagnons de s'assembler, de molester les compagnons de province et de l'étranger qui viennent à Paris, et renouvelant l'obligation du billet de congé. Des arrêts du & mai 1701 et du 19 juin 1702 interdisent encore les associations de compagnons. Ceux-ci prétendent, dans un mémoire, qu'ils sont plus habiles que les maîtres, « qui ne sont la pluspart que des marchands de livres, dont le talent ne réside que dans leur argent et qui n'ont pour l'ordinaire ni science ni capacité » [1].

Dans la papeterie, dont l'industrie ne possède cependant qu'un outillage très rudimentaire, et qui n'exige qu'un personnel très restreint (3 ouvriers et un apprenti par cuve ; 4 ou 5 femmes pour le triage des chiffons, l'étendage et le séchage du papier, l'empaquetage), où le maître travaille avec ses ouvriers, mais où les compagnons sont logés et nourris dans la papeterie, il se forme, dès le XVIIe siècle, de puissantes associations de compagnons. En juin 1688, une révolte eut lieu à Ambert, qui groupa trois ou quatre cents compagnons ; ceux-ci veulent obtenir des patrons une rétribution appelée *droit d'apprentissage*, de 30 l., qui sera exigée par les apprentis qui ne sont pas fils d'ouvriers, et que le maître consacrera aux ouvriers nécessiteux. On poursuit et on condamne sévèrement les principaux meneurs. Puis l'autorité royale fait un règlement qui

1 Voy. L. MORIN, Essai sur la police des compagnons imprimeurs sous l'Ancien Régime. Paris, 1898.

Henri Sée

détermine les rapports des patrons et des ouvriers, fixe la durée de la journée de travail, la nourriture, établit pour le maître et le compagnon l'obligation de donner congé six semaines à l'avance, règle les conditions de l'apprentissage, défend aux compagnons d'inquiéter les ouvriers étrangers. Comme il n'y a pas de communauté jurée, pour devenir maître, il faudra l'approbation de trois maîtres et de quatre anciens ouvriers et l'on devra payer un droit de 100 l., dont sont exempts les fils de maîtres. — Dès cette époque, les ouvriers papetiers ont adopté la coutume de ce qu'ils appellent la *rente* : ils paient à boire à l'ouvrier qui a quitté un autre moulin [1].

Les compagnons drapiers, qu'on voit fréquemment groupés, engagent assez souvent des grèves. A Darnétal, ils veulent exclure des ateliers quiconque ne fait pas partie de leur société ; en juin 1097, 3 à 4.000 d'entre eux s'ameutent, parce que des patrons ont employé des étrangers, et ils l'ont une grève d'un mois. Parfois les compagnons ont une caisse de grève ; tel est le cas des chapeliers de Paris, vers la fin du XVIIᵉ siècle [2]. Ce sont surtout des questions de salaires qui provoquent les émeutes et les grèves. Boisguillebert, dans son *Traité des grains*, dit que les ouvriers se mettent souvent en grève pour obtenir une augmentation de salaires ou en empêcher la diminution. — En réalité, les mouvements ouvriers n'ont eu que peu de succès.

La vie du compagnon reste assez misérable. Dans des rues tristes et malsaines, il occupe une ou deux chambres, dans les plus mauvaises conditions hygiéniques, habite même dans des caves. Lorsqu'il est logé chez le maître, il est relégué dans une mansarde sans cheminée. Sa nourriture se compose presque exclusivement de pain et de légumes. Est-il logé chez le maître ; il se plaint souvent de la qualité du menu. Une maladie survient-elle : c'est la misère profonde, car aucune épargne n'est possible pour lui. Babeau cite cependant des compagnons de Troyes, qui possèdent des pièces de vignes ; mais ce ne peut être que l'exception [3].

Quant aux artisans des campagnes, ils forment une classe très

1 Voy. G. M. BRIQUET, Associations et grèves des ouvriers papetiers en France aux XVIIᵉ et XVIIIᵉ siècles (Revue Internationale de Sociologie, an. 1897).
2 A Bruxelles, on voit aussi que les compagnons chapeliers sont fortement organisés dès le XVIIᵉ siècle. Cf. G. DES MAREZ, *Le compagnonnage des ouvriers chapeliers*, Bruxelles, 1909, pp. 21 et sqq.
3 Cf. A. BABEAU, *op. cit.*, pp. 4 et sqq.

différente des ouvriers des villes. Ce sont le plus souvent des paysans, des journaliers, pour qui le métier n'est qu'une occupation accessoire, un complément de ressources. Dans le Gévaudan, par exemple, chaque paysan a son métier et y travaille dès le plus jeune âge ; une fileuse gagne 2 sous par jour, un tisserand, 8 sous. En Bretagne, les fileuses et les tisserands, qui fabriquent la toile, sont aussi, pour la plupart, des paysans, souvent même des servantes ou des domestiques de fermiers [1].

---

1 Voy. F. Bourdais et R. Durand, L'industrie et le commerce de la toile en Bretagne, d922.

Henri Sée

DEUXIÈME PARTIE
LES TENDANCES NOUVELLES (XVIIIᵉ siècle)

Chapitre premier
La décadence des corporations de métiers
au XVIIIᵉ siècle

Le XVIIIᵉ siècle est marqué par la décadence progressive du régime corporatif, qui ne correspond plus aux besoins nouveaux, à l'état économique de l'époque, et cette décadence aboutira à leur abolition.

I. Accroissement du nombre des métiers jurés.
L'édit de 1767.

La décadence n'empêche pas, d'ailleurs, le nombre des métiers jurés de s'accroître. Une grande quantité de métiers libres demandent à être organisés en jurandes. Cependant leurs requêtes ne sont pas toujours accueillies favorablement. Le Conseil du commerce, lorsqu'il est consulté, ne donne pas toujours un avis favorable. Les autorités municipales s'opposent aussi parfois à la création de nouvelles jurandes. Les échevins de Mâcon refusent de constituer en métier juré les boulangers de la ville. Le syndic des États du Mâconnais se refuse à enregistrer les statuts des tonneliers :

« On n'a point vu que le public ait souffert de l'absence de jurande : c'est un esprit ambitieux qui a porté les tonneliers à rédiger des statuts en treize articles, à la faveur desquels ils veulent se rendre maîtres des contestations qui naîtront sur la façon des futailles dont ils sont les auteurs ».

Dans les ports surtout, les négociants et les communautés de ville sont hostiles à l'organisation en jurande des ouvriers. En 1716, la Chambre de commerce de Bordeaux veut empêcher les charpentiers et les calfatiers de s'ériger en communautés ; à Nantes, les négociants en blé ne veulent pas de la jurande des portefaix ; ce serait, disent les juges-consuls, nuire à 4.000 porteurs. En 1732, la communauté de ville de Saint-Malo décide qu'il faudra « s'opposer à l'établissement de toute nouvelle maîtrise et tenter la destruction des maîtrises établies et surprises depuis peu de temps, telles que celles des tailleurs, cordonniers et autres qui s'en servent comme autant de titres pour vexer et tyranniser le public et particulièrement quantité de pauvres habitants et de veuves auxquels ils arrachent les moyens de subsistance ». Déjà se marque fortement l'antagonisme entre les riches bourgeois, les gros négociants, d'une part, et les gens des métiers, de l'autre.

Cependant, le nombre des communautés s'accrut au XVIIIe siècle ; à Nevers, par exemple, il y a peu de métiers où le travail soit resté libre [1]. Les métiers qui ont été obligés de racheter des offices, eu 1745, s'en font un titre pour obtenir une jurande. Tels, les horlogers de Gex en 1749 : tous les horlogers qui se refuseront à entrer dans la communauté tomberont au rang de simples ouvriers. Les épingliers de Laigle ne formaient pas de communauté jurée, bien que l'industrie fût prospère et employât 6 à 7.000 personnes, dès la fin du XVIIe siècle. Pour obtenir la jurande, les marchands et ouvriers invoquent les nombreuses malversations qui se commettent dans le métier. Le règlement de 1750 indique avec minutie tous les procédés de fabrication qu'on devra employer. L'article 30 déclare qu'aucun fabricant de Laigle et des paroisses voisines ne pourra faire d'épingles s'il n'a été reçu maître épinglier et s'il n'a fait de chef-d'œuvre. A partir de 1750, à Laigle, les lettres de maîtrises deviennent obligatoires et on voit fonctionner l'institution des gardes-jurés ; seulement, les règlements ne sont pas toujours bien observés, comme le remarque le subdélégué en 1782 [2].

D'autre part, les métiers des faubourgs se refusent parfois à entrer dans les communautés de la ville. En effet, ils ne se soucient pas de payer les droits de réception, trop élevés, de prendre leur part des dettes des communautés [3].

On compte, au XVIIIe siècle, moins de corporations nouvelles que dans les siècles précédents. Et cependant l'autorité royale favorise

1 Voy. L. GUENEAU, *op. cit.*, p. 36.
2 Voy. VEUCLIN, Le règlement professionnel des épingliers de Laigle (Bull. du Comité des Travaux historiques, Sciences économiques et sociales, an. 1900, pp. 42 et sqq.).
3 C'est le cas aussi des métiers des quartiers privilégiés de Paris ; malgré l'édit de Louis XIV, au XVIIIe siècle, ils ne sont pas encore incorporés aux métiers parisiens.

Henri Sée

l'extension du régime corporatif à l'industrie textile, afin de faciliter l'exécution des règlements. Ainsi, en Poitou, d'après le règlement de 1698, tous les ouvriers ou maîtres fabricants de lainages et tous les marchands drapiers sont contraints à se grouper en corporations jurées autour de chacun des bureaux de fabrique. Même mesure à l'égard des bonnetiers de Poitiers et de Saint-Maixent, des fabricants de coutils, mouchoirs et toiles de la région des marches du Poitou, qu'on astreint à l'apprentissage et au chef-d'œuvre. L'administration s'efforce aussi de renfermer chacun de ces métiers dans une industrie déterminée ; le règlement de 1737, par exemple, tenta de former deux communautés distinctes de teinturiers, du grand teint et du petit teint, ce qui ne fut possible qu'à Poitiers et à Niort [1].

Dans la deuxième moitié du XVIIIe siècle, il y a eu une dernière tentative pour soumettre tous les métiers au régime corporatif. L'arrêt du Conseil du 23 août 1767 renouvela les prescriptions de l'édit de 1673, enjoignant à tous les marchands et artisans dont les métiers sont restés libres de se réunir en communautés. Mais l'arrêt ne fut pas réellement appliqué. — Beaucoup de communautés demandent une réforme, une révision de leurs statuts, afin de rendre plus étroite encore la réglementation et plus strict le monopole, afin d'empêcher la concurrence. Le Conseil du commerce est souvent défavorable à ces révisions ; mais le pouvoir royal trouve intérêt à les sanctionner, car il touche un droit pour chacune de ces « réformations ».

II. La tutelle de l'autorité royale.

La tutelle du gouvernement sur les corporations ne fait que s'accentuer, au XVIIIe siècle, devenir plus étroite et plus active. Il est vrai que l'édit de 1699, qui créait des tribunaux chargés spécialement de la police, fut surtout un expédient fiscal et que les offices de juges furent le plus souvent rachetés, comme on le voit, à Rennes, en 1706. Le tribunal de police se trouve alors composé d'échevins sous la présidence du maire, qui remplit les fonctions de lieutenant de police. Ce tribunal juge en première instance les procès relatifs

---

1 Voy. Boissonnade, *op. cit.*, t. II, pp. 492 et sqq.

à l'observation des statuts et règlements des communautés en jurande ; c'est aussi devant le lieutenant de police et le procureur du Roi que les nouveaux maîtres et officiers des communautés prêtent serment.

L'autorité royale tend à exercer la haute main sur la reddition des comptes. Un arrêt du Conseil du 20 septembre 1712 établit qu'à l'avenir les comptes des prévôts des communautés seront rendus en présence du lieutenant de police et du procureur du Roi. A Rennes, la communauté des marchands et quelques autres corporations protestent contre l'arrêt, mais elles sont obligées de se soumettre. Puis, dans le courant du siècle, les intendants s'immiscent dans les comptes des communautés ; ainsi, un arrêt de 1772 décide que les comptes des marchands de Rennes seront soumis à l'intendant seul [1].

III. Le métier est de plus en plus une caste fermée. Les métiers maintiennent jalousement leurs monopoles, sont hostiles à toute innovation.

Le caractère aristocratique des métiers ne fait que s'accentuer au XVIIIe siècle. L'accès à la maîtrise devient de plus en plus difficile. Les droits de réception sont devenus très élevés : à Paris, chez les charpentiers, ils sont de 1.800 l. ; chez les maçons, de 1.700 ; chez les bouchers, charrons, selliers, de 1.500 ; dans bien des métiers, ils s'élèvent jusqu'à 2.000 l. Le chef-d'œuvre devient de plus en plus difficile et coûteux. Certains métiers s'interdisent, pendant une période déterminée (10 ou 20 ans), de recevoir de nouveaux maîtres ; d'autres décident de ne plus admettre que les fils de maîtres. En pratique, il est presque impossible à quiconque n'est ni fils, ni gendre de maître, d'arriver à la maîtrise [2].

Les métiers s'efforcent aussi d'accroître leurs monopoles respectifs ; leurs prétentions suscitent d'innombrables et d'interminables procès, qui contribuent à les ruiner. On s'efforce d'éviter la concurrence ; de là, des plaintes incessantes contre les forains et contre les marchands en gros, qui ne font pas partie de la communau-

---

1 Voy. REBILLON, *op. cit.*, pp. 116 et sqq.
2 MARTIN SAINT-LÉON, *Histoire des corporations*, p. 519.

té [1], contre les marchands et artisans de la Cour, contre les métiers libres.

L'esprit de routine se manifeste de plus en plus dans les corporations. Elles se montrent de plus en plus hostiles à toute innovation. C'est ainsi que les passementiers veulent interdire la fabrication des boutons au métier, moins chers et dont la mode s'introduisait ; ils obtiennent satisfaction en 1736 [2]. En 1750, le Roi autorise Bedel à appliquer aux étoffes de coton un genre de teinture bleue, dont il était l'inventeur ; il monte son industrie ; mais, en 1763, un procès lui est intenté par les gardes des teinturiers ; Bedel est condamné par le lieutenant de police, et, si le Conseil d'État lui donne finalement gain de cause, il n'en subit pas moins un très grave dommage. Leprevost, chapelier de Paris, reçu maître en 1758, fabrique des chapeaux mêlés de soie ; la communauté porte sa capitation de 90 l. à 2.171, puis consent à la réduire à 722 l. En 1760, Leprevost achète une charge de chapelier du roi. Ses confrères refusent d'employer tout ouvrier sortant de chez lui ; les gardes, dès 1760, font trois visites contrairement à tout droit, saisissent un grand nombre de chapeaux ; ils violent ainsi les statuts de la corporation, qui permettaient aux chapeliers de fouler la soie. Leprevost finit par obtenir l'autorisation de continuer son commerce, mais seulement au bout de quatre années [3].

Les corporations s'élèvent aussi contre tout nouveau procédé commercial, par exemple, contre la vente à prix fixe. En 1734, les corporations provoquent l'interdiction de prospectus annonçant ce mode de vente ; on surprend par cette façon de faire, prétendent-elles, la bonne foi du public : « à la faveur de ce prix fixe, on évacue des marchandises inférieures et défectueuses, que le public saisit avec enthousiasme, parce que les nuances dans les qualités sont au-dessus de sa compréhension » [4]. — Ainsi les communautés sont une entrave à tout progrès industriel, s'efforcent d'éteindre toute initiative, précisément à une époque où l'on sent de plus en

---

1 A Nantes, dans la deuxième moitié du XVIIIᵉ siècle, les bonnetiers veulent interdire la vente d'articles de bonneterie aux merciers et quincailliers ; mais les juges-consuls prennent fait et cause pour ces derniers, au nom des intérêts du commerce (PIED, op. cit., t. I, p. 171).

2 MARTIN SAINT-LÉON, pp. 517-518.

3 LEVASSEUR, op. cit., t. II, p. 473.

4 MARTIN SAINT-LÉON, op. cit., pp. 518-519.

plus la nécessité d'accroître la production. Faut-il s'étonner que toutes les personnes qui souhaitent le développement des forces économiques réclament l'abolition du régime corporatif ?

IV. La fiscalité royale : offices et lettres de maîtrise. Les dettes des communautés.

D'autre part, les corporations sont menacées par les plus graves difficultés financières. La cause essentielle de cette ruine, ce sont les exigences croissantes de la fiscalité royale. — Pendant la première partie du siècle, jusqu'en 1740 au moins, il y a eu accalmie. Cependant, en 1723, on réclama des corporations parisiennes un droit de confirmation de leurs statuts, ce qui les obligea, malgré leurs réclamations, à débourser 430.000 l. En 1722 et 1725, on créa de nouvelles lettres de maîtrise. On imposa aux communautés le rachat des offices de payeurs-contrôleurs des gages, créés dans les dernières années de Louis XIV.

Puis les guerres de Louis XV, la gêne du Trésor royal déterminèrent de nouvelles mesures fiscales. On revint aux créations d'offices. En 1745, on créa des offices d'inspecteurs et contrôleurs des jurés et autres officiers, dont on autorisa immédiatement le rachat. Mais on ne put opérer ce rachat que très difficilement, car la somme exigée était très forte ; à Rennes, par exemple, elle s'éleva à 194.000 l., alors que les communautés étaient déjà ruinées par les rachats du commencement du siècle, qui représentaient une somme de 327.000 l. au moins [1]. — Dans le Roussillon, les communautés sont dans l'impossibilité de racheter les nouveaux offices. L'intendant, en 1747, déclare que ce sont des charges trop fortes pour les communautés, qu'elles représentent neuf ou dix fois plus que la capitation ; il est impossible d'en faire le recouvrement « quand bien même on dépouillerait les artisans de tous les meubles ou effets qu'ils peuvent avoir dans leur maison » ; trois communautés seules pourraient payer : les marchands drapiers, les maçons et les apothicaires. L'intendant propose de doubler simplement la capitation, sans quoi on réduira les communautés à la mendicité [2]. — En 1732, le gouvernement dut rendre obligatoire

1 A. Rebillon, *op. cit.*, pp. 158-159.
2 Drapé, *op. cit.*, pp. 190 et sqq.

l'incorporation des nouveaux offices.

Les lettres de maîtrise furent beaucoup moins nombreuses au XVIIIᵉ siècle. Cependant, on en créa encore en 1722 et 1725. En 1757, le roi promet de n'en plus jamais délivrer à l'avenir. Mais, en 1767, comme on a besoin d'argent, on en crée de nouvelles, sous le prétexte de favoriser l'accès de compagnons à la maîtrise ; on en établit 12 par métier à Paris, 8 dans les villes ayant une cour supérieure, 4 dans les villes de présidiaux, 2 dans les autres. L'édit déclare que les étrangers pourront se faire recevoir. Là-dessus, réclamations des Six Corps, qui redoutent surtout l'admission des Juifs : « ils étaient convenus de ne jamais admettre les juifs librement et résolus de ne communiquer avec eux en aucune façon » ; ils craignent sans doute leur concurrence [1]. — Les communautés sont tellement endettées au XVIIIᵉ siècle que le plus souvent elles ne rachètent pas les lettres de maîtrise. C'est ce qui se passe à Rennes. Les lettres de 1722 furent mises au prix de 1.320 l. pour les marchands, 330 l. pour les gantiers et boursiers, 110 à 120 l. pour les autres métiers. A Rennes, comme ailleurs, les lettres trouvent difficilement acquéreurs. Des arrêts de 1727 et 1730, pour faciliter le placement, interdisent aux communautés de soumettre les titulaires aux droits de réception, d'admettre aucun nouveau maître avant que toutes les lettres n'aient obtenu d'acquéreurs. Les marchands de Rennes, ayant reçu six maîtres, quand il y avait encore sept lettres à placer, le Contrôleur général ordonne à l'intendant de faire fermer les boutiques de ces nouveaux maîtres et d'imposer à chacun 200 l. d'amende [2].

Puis les communautés font au Trésor royal des dons plus ou moins volontaires. En 1759, après la bataille de Rosbach, les Six Corps offrent 514.000 l. pour les dépenses de guerre ; en 1762, ils votent un emprunt de 700.000 l., destiné à offrir un vaisseau au Roi. On peut douter que ces dons aient été aussi spontanés que le prétend M. Martin Saint-Léon.

Sans doute, les expédients fiscaux ont été moins écrasants à cette époque que pendant les vingt-cinq dernières années du règne de Louis XIV. Mais les communautés sont toujours obérées par leurs dettes anciennes. Puis, il faut tenir compte des procès qu'elles sou-

1 MARTIN SAINT-LÉON, *op. cit.*, pp. 513-515.
2 REBILLON, *op. cit.*, pp. 154 et sqq.

DEUXIÈME PARTIE

tiennent, et qui sont si nombreux au XVIIIe siècle, ainsi que des frais d'administration : à Rennes, le bureau des marchands coûte 1.800 l. et n'en rapporte qu'à peine 300. Les emprunts accroissent les dépenses annuelles, et il faut sans cesse en contracter de nouveaux. Beaucoup d'emprunts ont été engagés pour le rachat des offices ; si la royauté avait payé régulièrement les gages des offices incorporés, les intérêts auraient pu être servis sans difficulté par les communautés ; mais, en réalité, ils sont payés très irrégulièrement [1]. A Nevers, au XVIIIe siècle, toutes les corporations sont accablées de dettes ; les procès qu'elles soutiennent les ont ruinées [2].

Pour payer les intérêts des anciens emprunts, il faut en contracter de nouveaux. Arrive un moment où on ne trouve plus du tout à emprunter. Alors les communautés sont obligées d'avoir recours à des *égails* sur leurs membres. Ainsi, en 1750, le corps des marchands de Rennes est autorisé à lever chaque année, pendant vingt ans, sur les maîtres 5.000 l. et à réclamer de chacun 20 sous pour chacune des quatre visites annuelles des gardes. L'égail subsistera pendant tout le XVIIIe siècle. Quelquefois les maîtres protestent contre les égails : en 1784, 82 marchands de Rennes se refusent à payer les frais d'un procès intenté, en 1769, à un marchand en gros, nommé Vivier, et que la communauté avait perdu [3]. Dans toutes les communautés, au XVIIIe siècle, on est obligé d'augmenter, dans une forte proportion, les droits de réception des maîtres.

La misère des communautés rejaillit donc sur les maîtres. Ceux-ci, presque partout, sont dans une situation économique peu prospère. Évidemment, il est encore difficile aujourd'hui de s'en rendre compte pour tout l'ensemble de la France. Cependant, nous possédons déjà quelques exemples significatifs. A Perpignan, le mémoire du baille Joseph Llamby, de 1766, nous montre l'extrême pauvreté des artisans : beaucoup sont morts « dans la dernière misère » ; d'autres ne travaillent plus de leur métier ou doivent le faire « en qualité de garçons » ; souvent leurs maisons tombent en ruine [4].

A Rennes, le mémoire de l'intendant sur les corporations, de 1755, déclare que, sur 24 métiers jurés, il y en a 9 seulement dont les

---

1 Voy. des exemples très précis, cités par REBILLON, *op. cit.*, pp. 159-160.
2 Voy. GUENEAU, *op. cit.*, pp. 120 et sqq.
3 *Ibid.*, pp. 101 et sqq.
4 Voy. DRAPÉ, *op. cit.*

maîtres jouissent d'une certaine aisance ; dans 5 métiers, la plupart des maîtres sont dans la misère ou, tout au moins, dans la gêne ; dans 10 autres, il n'y a aucun maître qui ne soit très gêné ou dans la misère. A tout instant, dans le mémoire de l'intendant, reviennent les expressions : *les maîtres ont de la peine à vivre, vivent tout juste du fruit de leur travail, vivent médiocrement dans une grande gêne, pauvres et chargés de dettes, dans la misère.* Et leur situation ne s'améliore pas à la fin du siècle, comme le prouvent les mémoires de 1707 et de 1776. Dans beaucoup de corporations, le nombre des maîtres diminue sensiblement, en moyenne d'un quart. Dans les métiers libres, le sort des artisans est encore moins brillant [1].

On comprend que, dès 1716, le pouvoir royal se soit préoccupé de la liquidation des dettes des communautés. Des commissions furent nommées à cet effet. Mais le travail n'avançait guère : la question était très difficile à résoudre et, d'ailleurs, les communautés ne montraient pas volontiers leurs comptes. En 1740, le gouvernement demande à toutes les communautés de remettre un état complet de leur situation financière. Mais la liquidation n'avançait toujours pas, bien qu'elle fût devenue de plus en plus urgente. C'est justement cette question qui provoqua les premiers projets de réforme, au moment même où les idées économiques se transformaient, où, sous l'influence des disciples de Gournay et des physiocrates, l'opinion publique commençait à s'élever contre le régime de la réglementation et à réclamer la liberté du commerce et de l'industrie.

V. Tentatives de réformes.

Le gouvernement est amené tout naturellement à trouver des procédés pour réformer les corporations. En 1750, Machault demande à l'intendant de Bretagne deux rapports : l'un sur le mode d'administration et l'organisation des corporations en Bretagne,

---

1 Voyez les tableaux dressés par l'intendant (REBILLON, pp. 25 et sqq.). — A cet égard, il y a des différences assez notables suivant les métiers : les marchands jurés, les orfèvres, libraires-imprimeurs, les métiers de l'alimentation sont généralement prospères ; les artisans du vêtement, de l'ameublement, du bâtiment, au contraire, frisent souvent la misère. D'ailleurs l'intendant exagère un peu la misère de certains métiers. (H. SÉE, *La population et la vie économique de Rennes vers le milieu du XVIIIᵉ siècle*).

l'autre sur leur situation financière. Les rapports furent envoyés par l'intendant Le Bret, en 1755, et il y joignait un projet de réformes, peu radical, sur la façon de libérer les communautés de leurs dettes. De la même année, date un mémoire anonyme « sur les moyens de libérer les corps d'arts et métiers de leurs dettes », qui fait une critique très vigoureuse du régime des jurandes, en montre les vices, se prononce pour la liberté économique, déclare que, seule, la libre concurrence peut ranimer l'industrie et le commerce. Le Bret, dans une lettre à Séchelles, de 1755, formule les mêmes griefs contre les jurandes, surtout contre la jurande des marchands, demande qu'on restreigne le monopole des communautés, qu'on abaisse les droits de réception [1].

Le secrétaire d'État Bertin, partisan de la liberté économique, formule, en 1761, un projet de réforme ; il veut qu'on restreigne les monopoles des communautés, qu'on en réduise le nombre, qu'on en fonde plusieurs ensemble ; il demande aux intendants un rapport sur les métiers et communautés. Son projet n'eut pas de suite, et, l'édit de 1767, nous le savons, ordonna l'application de l'édit de 1673. En réalité, l'administration royale est peu favorable à l'extension des jurandes. Les boulangers de Niort, les tailleurs de Fontenay, les beurriers de Poitiers, qui réclament, après 1730, une concession ou une extension de statuts, n'obtiennent pas satisfaction. Ce qui préoccupe encore l'abbé Terray, en 1771, et plus vivement que ses prédécesseurs, c'est la liquidation des dettes des communautés.

VI. Turgot et la suppression des Corporations.

En réalité, la solution, à laquelle on va être forcément amené et qui semble s'imposer à tous les gens qui pensent, c'est l'abolition des corporations. Non seulement les physiocrates, mais encore les économistes indépendants, comme Gournay, se prononcent pour la liberté du travail, qu'ils considèrent comme seule capable d'accroître les forces productives de la nation [2]. En 1752, Gournay ré-

1 REBILLON, *op. cit.*, pp. 176 et sqq.
2 Voy. L. DE LAVERGNE, *Les économistes français au XVIIIᵉ siècle.* Paris, 1870 ; WEULERSSE, *Le mouvement physiocratique en France de 1756 à 1770,* 1910 (thèse de doctorat ès-lettres) ; SCHELLE, *Vincent de Gournay.* Paris, 1897.

dige un mémoire sur les abus des communautés lyonnaises, « les abus de la fabrique, la contrainte et la longue durée de l'apprentissage et du compagnonnage, les droits exorbitants que les communautés exigeaient des aspirants à la maîtrise et les droits imposés sur les matières premières servant aux fabriques ». Il montre combien l'existence de communautés de métiers similaires a été nuisible aux progrès de la fabrique lyonnaise. Le prix des marchandises a enchéri ; leur qualité a diminué. S'il ne pouvait espérer obtenir l'abolition immédiate des corporations, comme il l'eût désiré, il suscita du moins quelques réformes, qui atténuaient un peu le régime ; ainsi, on décida qu'un apothicaire qui aurait fait son apprentissage à Paris pourrait exercer son métier dans une autre ville ; un arrêt du Conseil de 1755 établit qu'un ouvrier étranger à une localité pourra s'y établir sans avoir à recommencer son apprentissage (à l'exception seulement de Paris, Lyon, Lille et quelques grandes villes). En 1757, Gournay fait mettre au concours la question de la suppression des corporations, revoit le mémoire couronné de Clicquot-Blervache, qui paraît en 1758 : ce mémoire montrait les vices du régime, proposait que l'État liquidât les dettes des communautés, que l'on groupât les corporations similaires en associations, où l'on pourrait entrer et d'où l'on pourrait sortir librement.

Lorsque Turgot arrive au contrôle général, les économistes espèrent que leurs idées vont triompher. Pour préparer les esprits, ils font paraître, en 1775, un *Essai sur la liberté du commerce et de l'industrie*, écrit posthume de Bigot de Sainte-Croix, qui s'inspirait des idées de Gournay [1]. Bigot de Sainte-Croix déclare que, seule, la liberté est conforme au droit naturel :

« Qu'un homme ait obtenu le privilège exclusif de me vendre telle ou telle marchandise, c'est lui qui, dès ce moment, est l'arbitre du prix ; il faut que je subisse sa loi ; qu'un règlement me force à employer tel ou tel ouvrier, il me taxe à son gré. Rendez-moi ma liberté, et le monopole cesse ».

Les statuts des communautés ne sont que « des titres exécutoires contre le public », c'est-à-dire contre le consommateur, qui ne peut se fournir au mieux de ses intérêts, et contre l'ouvrier, parce qu'ils permettent « d'emprisonner et faire périr de faim tout ouvrier qui

1 Analysé par Martin Saint-Léon, *op. cit.*, pp. 573-574.

n'est pas de leur agrégation ». Bigot s'élève contre l'exclusivisme des communautés, contre la limitation du nombre des apprentis, contre la durée de l'apprentissage, contre la cherté du droit de maîtrise, contre les privilèges des fils de maîtres, contre les charges qui pèsent sur les communautés. Sa conclusion est qu'il faut abolir les corporations et établir la liberté du commerce et de l'industrie.

En 1770, les corporations tentent de se défendre. Les Six Corps de Paris chargent Me Delacroix d'écrire un *Mémoire à consulter pour l'existence actuelle des Six Corps et la conservation de leurs privilèges*. Il se donne comme l'ennemi des abus, mais déclare qu'il est nécessaire de conserver des privilèges qui sont une garantie pour le public. L'apprentissage est nécessaire, car, sans lui, on n'aura que des ouvriers inhabiles. Bigot a critiqué la règle qui interdit d'exercer plusieurs métiers à la fois, affirmant « qu'un grand entrepreneur fait plus d'ouvrage à moins de frais ». Delacroix répond que la spécialisation est favorable au consommateur et à l'artisan : « L'argent se divise en différents canaux et va soulager plusieurs familles au lieu de rouler vers une seule qui regorgerait de richesses, tandis que mille autres languiraient de misère ». C'est bien l'opposition des deux régimes industriels. Delacroix use encore d'autres arguments. La liberté illimitée du commerce, dit-il, amènerait la dépopulation des campagnes ; le marchand, sous ce régime, ne pourrait réussir qu'en vendant de la camelote ; les statuts ont l'avantage de réprimer les malfaçons, nuisibles aux pauvres comme aux riches. On prétend que le pauvre a besoin de denrées à bon marché ; oui, mais il faut qu'elles soient bonnes. — Les Six Corps font imprimer aussi leurs Réflexions, qui sont écrites dans le même esprit [1].

L'édit de Turgot, de 1776, procède de tout le mouvement d'idées antérieur. Le préambule est un véritable cours d'économie politique. Il montre les effets désastreux du régime corporatif sur l'industrie, les ouvriers, les consommateurs. Les corporations constituent des monopoles au profit d'un certain nombre de personnes et au détriment du grand nombre. Il montre encore que le développement des jurandes a eu pour cause principale les besoins de la fiscalité royale. Il oppose au *droit royal* le *droit naturel* : on a prétendu que « le droit de travailler était un droit royal, que le prince pouvait vendre et que les sujets devaient acheter. Nous

---

1 Martin Saint-Léon, *op. cit.*, pp. 574 et sqq.

Henri Sée

nous hâtons de rejeter une pareille maxime. Dieu, en donnant à l'homme des besoins, en lui rendant nécessaire la ressource du travail, a fait du droit de travailler la propriété de tout homme, et cette propriété est la première, la plus sacrée et la plus imprescriptible de toutes » ; c'est le droit naturel, par excellence. Turgot rassure aussi les consommateurs en leur affirmant qu'il est de l'intérêt des fabricants de livrer de bonnes marchandises, surtout quand il y a concurrence.

L'article 1ᵉʳ dit qu'« il sera libre à toutes personnes, de quelque qualité et condition qu'elles soient », même aux étrangers, d'exercer toute espèce de commerce ou de métier et même d'en réunir plusieurs. L'article 2 déclare que quiconque exercera un métier ou un commerce devra en faire la déclaration devant le lieutenant général de police. D'après l'article 10, dans les différents quartiers des villes, le lieutenant de police nommera, pour la première année, un syndic et deux adjoints ; dans la suite, ceux-ci seront élus par tous les commerçants et artisans sans distinction de professions ; le syndic veillera à tout ce qui concerne les diverses professions. Les malfaçons seront jugées par le lieutenant de police ; ce dernier connaîtra aussi de toutes les contestations qui pourront naître des contrats de travail (art. 10 et 11). Tous les procès entre communautés seront éteints. Enfin il est défendu aux maîtres et ouvriers « de former aucune association ni assemblée entre eux, sous quelque prétexte que ce puisse être » ; toutes les confréries, de maîtres et de compagnons, sont supprimées (art. 14). Sont exceptées de la réforme les professions de barbiers, de pharmaciens, d'orfèvres, d'imprimeurs et libraires [1]. — On a prétendu que la réforme de Turgot était trop brusque et prématurée. M. Martin Saint-Léon déclare que le maître et l'ouvrier allaient se trouver en face l'un de l'autre, « sans que le sentiment de leurs intérêts communs et la solidarité professionnelle intervinssent comme autrefois pour exercer leur influence bienfaisante et conciliatrice ». Sans doute, l'ouvrier se trouvera désarmé vis-à-vis du patron ; mais la corporation, constituée uniquement par les maîtres, offrait-elle à cet

---

1 Lettre à M. de Garnerain, intendant de Caen, du 30 avril 1776 (publiée par LEVASSEUR, *op. cit.*, 2ᵉ édit., t. II, p. 632, n° 2). Sur tout ce qui précède, voy. *Œuvres de Turgot*, éd. Dupont de Nemours, 1808-1811, Daire, 1844, et, de préférence, éd. SCHELLE, t. V, 1923 ; FONCIN, *Essai sur le ministère de Turgot*, 1876 ; SCHELLE, *Turgot*, 1909 ; L. SAY, *Turgot*, Paris, 1887.

DEUXIÈME PARTIE

ouvrier la moindre garantie ? L'édit de Turgot subit l'opposition, non seulement des corporations, mais aussi des Parlements, qui y virent une atteinte au droit de propriété, et, pour contraindre le Parlement de Paris à l'enregistrer, le Roi dut tenir un lit de justice, le 12 mars 1776.

La chute de Turgot va déterminer l'échec de la réforme. Mais il ne faut pas oublier que, même si Turgot était resté ministre, l'édit n'aurait pu être appliqué immédiatement, du moins en province. En voici la preuve. En avril 1776, Turgot écrit aux intendants que, conformément à l'article 23 de l'édit, les particuliers ne pourraient s'affranchir des règles corporatives que lorsque les dettes des corporations auraient été liquidées ; il indique aussi que l'édit ne peut être exécuté avant d'avoir été enregistré par le Parlement.

VII. Les corporations à la fin de l'Ancien régime.

Après la chute de Turgot, on rétablit les corporations, mais la restauration est loin d'être intégrale, car on se rend compte qu'une réforme est nécessaire. La question est d'abord réglée pour Paris par l'édit d'août 1776 [1]. C'est une sorte de compromis, comme l'indique le préambule. Il faut détruire les abus, conserver libres certains commerces, réunir dans une même communauté les métiers similaires, « établir des règles à la faveur desquelles la discipline intérieure et l'autorité domestique des maîtres sur les ouvriers seront maintenues, sans que le commerce et l'industrie soient privés des avantages attachés à la liberté ». — Les professions sont divisées en deux classes : celles qui sont libres et pour lesquelles une déclaration suffit ; les professions organisées en communautés, pour lesquelles il faut avoir accompli un apprentissage et payé des droits de maîtrise. Les maîtres des anciennes communautés peuvent : ou continuer à exercer leur métier sans payer aucun droit, et dans ce cas ils ne jouiront pas des privilèges des communautés, ils seront simplement *agrégés* ; ou bien faire partie des communautés, et alors ils paieront, comme droits de confirmation, un cinquième, un quart ou un tiers des droits de réception ordinaires. La répartition des droits de maîtrise est ainsi fixée : trois quarts, au Roi,

---

1 ISAMBERT, *Anciennes lois françaises*, t. XXIV, pp. 74 et sqq.

pour acquitter les dettes des communautés ; un quart, aux communautés pour satisfaire à leurs besoins. Les femmes sont admises dans les métiers. On réunit ensemble plusieurs communautés similaires. Ainsi, on donnait satisfaction aux adversaires de Turgot, mais on faisait subir une transformation assez sensible à l'ancienne organisation [1].

L'édit n'était d'abord applicable qu'à Paris. On essaya de l'étendre à la province, mais cela ne se fit qu'avec peine et fort lentement : à Lyon, en juin 1777 ; dans les villes du ressort du Parlement de Paris, en avril de la même année, en Normandie (février 1778), en Roussillon (1779). Dans la Flandre française et en Artois, en vertu des capitulations de Louis XIV, l'édit ne fut pas appliqué du tout. En Bretagne, non plus. En 1781, M. de Tolozan envoyait un projet dédit, d'après lequel l'intendant déciderait de l'autorisation des nouveaux maîtres, qui présenteraient des certificats d'apprentissage et de compagnonnage. Mais les États et le Parlement de Bretagne font une vive opposition à l'édit. Les États, pour lui faire échec, se déclarent partisans de la liberté économique, dénoncent l'esprit fiscal du projet, invoquent la misère des communautés de Bretagne, s'opposent à la fusion des métiers qui ruinerait les métiers peu aisés, ne proposent d'ailleurs aucune réforme. On fait en 1785 un nouveau projet qui s'inspire de l'édit d'août 1776 : la juridiction serait enlevée à l'intendant et aux subdélégués ; les aspirants à la maîtrise seraient examinés par les syndics du métier ; on réunirait plusieurs métiers similaires. Le projet ne fut d'ailleurs pas plus promulgué que le précédent [2].

En somme, une grande confusion régna dans le régime corporatif jusqu'à la Révolution. Il faut reconnaître, d'ailleurs, que le système des nouvelles corporations était plus libéral que l'ancien. Les statuts devaient être plus simples, comme le montre une lettre de Necker à l'intendant de bourgogne, du 10 novembre 1778 : le ministre renvoie à l'intendant les statuts des menuisiers-ébénistes-tonneliers de Dijon, parce qu'ils sont trop compliqués. Plusieurs métiers similaires sont réunis, par exemple, fripiers et tailleurs, cordonniers et savetiers, ce qui supprime une des causes essentielles des procès.

---

1 Voy. le tableau annexé à l'édit, et reproduit par MARTIN SAINT-LÉON, *op. cit.*, pp. 590-593

2 A. REBILLON, *op. cit.*, pp. 177 et sqq.

Les procès pendants doivent être éteints ; il n'y a plus d'exclusion pour les femmes et les « étrangers » ; plus de confréries, d'assemblées générales, de banquets, de présents aux gardes. Les statuts des nouveaux métiers ne limitent plus l'outillage, ni le nombre des ouvriers. Les dettes des communautés doivent être liquidées, et l'on commencera à effectuer cette opération.

Mais les abus inhérents à l'institution ne purent être facilement supprimés. L'on étendit le régime corporatif à des métiers libres jusqu'alors. Les métiers de teinturiers, passementiers, tondeurs avaient été réunis ; dans un grand nombre de villes, on les sépara de nouveau. Les droits de maîtrise tendent de nouveau à s'élever ; ainsi, au moment de la guerre d'Amérique, les communautés de Paris offrent 150.000 l. au Roi pour la construction d'un vaisseau ; elles durent emprunter et, pour payer les intérêts, il leur fallut augmenter les droits de maîtrise (de 50 à 200 l. suivant les communautés). L'esprit de routine persiste. Les communautés, toujours jalouses de leur monopole, veulent empêcher toute invention nouvelle : quand Érard commence à fabriquer des pianos, la corporation des luthiers le persécute ; heureusement, il parvient à obtenir un brevet royal. Enfin il est toujours aussi malaisé pour les compagnons d'arriver à la maîtrise.

Les communautés s'efforcent toujours aussi vivement de s'opposer à la liberté du commerce : elles engagent des poursuites incessantes contre les *forains*, contre les colporteurs. Le gouvernement leur donne satisfaction par la déclaration du 1er mai 1782, qui interdit aux colporteurs l'étalage et la vente dans les villes ayant des communautés, si ce n'est à l'époque des foires [1].

Il est certain aussi que les maîtres regrettent leurs anciennes communautés, pensent qu'elles seront rétablies, ne s'empressent nullement de rédiger les statuts des communautés reconstituées. Le gouvernement, en 1782, dut faire, pour les questions concernant leur discipline, un règlement général, appliqué, d'abord au ressort du Parlement de Paris, puis au ressort des autres Parlements. — En un mot, on voit bien clairement que le régime corporatif ne pourra

---

1 Les colporteurs de Marseille, en 1789, se plaignent des vexations que leur font subir les marchands ; et cependant, ils ne font que revendre les marchandises achetées chez ces derniers, qui les accusent de vendre des marchandises étrangères (J. Fournier, *Cahiers de doléances de la sénéchaussée de Marseille*, pp. S12 et sqq.).

être réformé ; ainsi l'on s'explique que la Constituante en revienne à la mesure radicale de Turgot et abolisse tout le régime ancien [1].

L'opinion publique incontestablement se prononçait en ce sens. Beaucoup de cahiers pour les États Généraux, en 1789, réclament la suppression des corporations. On ne voit guère demander leur maintien que les cahiers qui émanent des maîtres ou s'inspirent de leurs vœux. Beaucoup de cahiers du Tiers reflètent, en effet, les sentiments des professions libérales et surtout des gros négociants, favorables à la liberté du commerce ; les négociants, qui vivent en marge des corporations, représentent les tendances économiques nouvelles, tandis que les maîtres des métiers s'en tiennent à l'organisation ancienne, qu'ils veulent maintenir intégralement [2]. Il y a là deux classes qui s'opposent fortement l'une à l'autre ; il y a là aussi deux conceptions économiques inconciliables [3].

Chapitre II
L'évolution commerciale au XVIIIᵉ siècle.
Conditions déterminantes de cette évolution.

Au XVIIIᵉ siècle, plus encore qu'au XVIIᵉ, les progrès du commerce ont devancé les progrès de l'industrie. Il s'est produit, à cette époque, un développement remarquable du commerce, du commerce intérieur et surtout du commerce extérieur. Cette expansion économique, d'ailleurs, n'est pas bornée à la France : elle intéresse toute l'Europe, on peut même dire le monde tout entier, et prépare les grandes transformations du XIXᵉ siècle.

---

1 Sur tout ce qui précède, voy. LEVASSEUR, *op. cit.*, t. II, pp. 619 et sqq.

2 Voy. Roger PICARD, Les cahiers de 1789 au point, de vue industriel et commercial, 1910 (Thèse de droit, Paris) et Camille BLOCH, Les cahiers du bailliage d'Orléans au point de vue économique, dans les Etudes d'histoire économique de la France (1760-1789). Paris, 1900, pp. 157-224.

3 Pour tout l'ensemble du chapitre, voy. GUÉNEAU, L'organisation du travail à Nevers aux XVIIᵉ et XVIIIᵉ siècles (1660-1789), 1919 (thèse de doctorat ès lettres). Cf. aussi A. CRAPET, L'industrie dans la Flandre wallonne à la fin de l'Ancien Régime (Revue d'histoire moderne, t. XII, pp. 5 et sqq.) ; OUIN-LACROIX, Histoire des anciennes corporations de métiers de Rouen. Rouen, 1850.

I. Les progrès des voies de communication : routes et canaux.
Leurs imperfections.

A l'intérieur du royaume, les diverses régions commencent à sortir de leur isolement. On ne se contente plus des produits du pays ; on sent le besoin de relations plus actives. Telle est l'idée qu'exprime Dupré de Saint-Maur, en 1784, lorsqu'il déclare : « une maladie éternelle semblera toujours attachée au pays où chaque individu sera réduit à créer lui-même ce qu'il est dans le cas de consommer »,

Aussi sent-on le besoin de communications moins rudimentaires ; on se préoccupe des progrès des voies de communication. Elles s'améliorent, en effet, mais on va voir qu'à cet égard il n'y aura de progrès décisifs qu'au xixe siècle [1].

Il convient de noter le rôle important de l'État, qui de plus en plus considère l'administration des voies de communication comme un service public [2]. On se préoccupe aussi de créer une administration unique, qui faisait encore défaut à la fin du xviie siècle, alors que chaque intendant agissait à sa guise. Sous le règne de Louis XIV, le budget des ponts et chaussées ne dépassait guère 700.000 l. ; aussi y avait-il encore peu de routes, médiocrement entretenues.

Au xviiie siècle, il faut signaler deux créations très importantes. La première, c'est l'école des ingénieurs des Ponts et chaussées, fondée par l'intendant des finances Trudaine et l'ingénieur Perronnet, en 1747 ; à partir de 1776, le nombre de ses élèves est d'environ 60, qui reçoivent une instruction théorique et pratique. Non moins importante est la création du corps des ingénieurs, entre 1750 et 1754 ; il comprend un premier ingénieur, quatre ou cinq inspec-

---

1 En ce qui concerne les voies de communication, les préoccupations militaires joueront aussi un rôle important, notamment en Bretagne sous l'administration du duc d'Aiguillon ; cf. Lieutenant BINET, *Le commandement du duc d'Aiguillon en Bretagne au début de la guerre de Sept Ans* (*Annales de Bretagne*, 1911, t. XXVI, pp. 310 et sqq.).

2 Sur tout ce qui suit, voy. VIGNON, Études historiques sur l'administration des voies publiques en France aux XVIIe et XVIIIe siècles, Paris, 1863 ; DEBAUVE, Les travaux publics et les ingénieurs des Ponts et Chaussées depuis le XVIIe siècle, Paris, 1893 ; DES CILLEULS, Origine et développement des travaux publics en France, 1893, et l'excellente étude de J. LETACONNOUX, Les voies de communication en France au XVIIIe siècle (Vierteljahrschrift für social-und Wirtschaftsgeschichte, an. 1909).

teurs généraux, et, dans chaque généralité, un ingénieur en chef et des sous-ingénieurs ; depuis 1747, il existe une assemblée consultative des Ponts et chaussées. On essaya de rattacher au corps des Ponts et chaussées le personnel des pays d'États, mais l'administration des Ponts et chaussées resta autonome dans ces pays, surtout en Bretagne, où elle échappa de plus en plus à l'intendant et finit par appartenir exclusivement aux États, en 1785 ; c'est que les États faisaient eux-mêmes « les fonds », subvenaient aux dépenses des voies et communications [1].

Le budget des Ponts et Chaussées s'accroît notablement au XVIIIe siècle ; aux approches de la Révolution, il s'élève à 5.800.000 l. pour les pays d'élections et à 1.200.000 l. pour les pays d'États. Ce budget n'était, d'ailleurs, affecté qu'aux travaux d'art et aux traitements du personnel. Les travaux de construction et d'entretien furent accomplis au moyen de la corvée, qui, à partir de 1720, fut établie peu à peu dans toute la France, par simple mesure administrative, sans qu'il y ait eu d'édit régulier pour l'instituer. On considérait la corvée comme indispensable pour la construction et la réparation des routes ; mais c'était un régime très arbitraire, entraînant beaucoup d'abus et qui pesait lourdement sur les paysans, auxquels cependant les routes, à cette époque, profitaient le moins [2]. La réforme de Turgot, qui abolissait la corvée en 1770, ne survécut pas à son ministère, mais l'ancienne corvée tendait à se transformer et elle fut définitivement supprimée en 1787 [3].

Le réseau des routes se développa remarquablement dans la deuxième moitié du XVIIIe siècle ; ainsi, en Bretagne, si, en 1757, le réseau ne comprenait que 380 lieues, en 1769, il s'étendait sur 800 lieues, et, en 1789, sur 930. En 1788, pour l'ensemble de la France, 12.000 lieues étaient construites, 12.000 tracées ou en construction [4].

---

1 Voy. J. LETACONNOUX, *Les grands chemins de Bretagne* (*Revue du Dix-Huitième siècle*, 1917, 4e année, pp. 220-23-4).

2 LETACONNOUX, Le régime de la corvée en Bretagne, Rennes, 1903 (extr. des Annales de Bretagne) ; E.-P. CLÉMENT, La corvée des chemins en France et spécialement en Poitou (1751-1789), Poitiers, 1899.

3 L'édit de 1787 ne fut pas appliqué en Bretagne. — Sur l'abolition de la corvée, cf. A. LESORT. *La question de la corvée sous Louis XVI après la chute de Turgot* (Comité des Travaux historiques, section d'histoire moderne, fasc. VII, pp. 52-95).

4 Cependant, à travers les Alpes, malgré l'importance du commerce de Lyon avec l'Italie, il n'y a pas encore de bonnes routes. Cf. Marcel BLANCHARD, *Les routes des*

Mais ces routes, dont, d'ailleurs, la construction fut provoquée plutôt par des intérêts politiques et stratégiques que par la préoccupation de favoriser les transactions commerciales, sont le plus souvent en mauvais état et leur empierrement laisse fort à désirer. Le travail de corvée, en effet, ne convient que très peu à l'entretien ; aussi, à la fin de l'Ancien Régime, commence-t-on à employer des cantonniers, des « manœuvres stationnaires », notamment en Bourgogne, en Languedoc, dans la généralité de Châlons ; mais ce n'est qu'exceptionnel. La plupart des routes nous apparaissent comme dégradées, coupées de fondrières, parfois presque impraticables ; les ponts sont en nombre insuffisant. Et, quand la corvée sera supprimée, l'état des routes s'aggravera encore ; leur dégradation est telle, en l'An II, que l'on prévoit pour leur réfection des sommes très considérables [1] ; il n'y aura réellement progrès qu'au siècle suivant. Dans toute la France, l'état des chemins de traverse est déplorable ; ils sont vraiment impraticables, ce qui nuit énormément au transport des denrées agricoles ; les cahiers de paroisses, en 1789, sont unanimes à s'en plaindre [2].

Quant aux voies fluviales et aux canaux, leur réseau se développe lentement. Le gouvernement manque de ressources, même pour les entretenir ; on laisse aux riverains le soin de s'occuper de la navigabilité des rivières ; on concède les canaux à des particuliers ou à des sociétés d'actionnaires. C'est seulement après 1770 que l'État se préoccupe activement de la navigation intérieure, la considère comme un véritable service public. Eu 1775, les fonds assignés aux travaux de navigation s'élèvent à 800.000 l., dans les pays d'élections, mais cette somme n'est employée qu'à partir de 1785.

On s'est préoccupé d'établir un *système général de navigation*, suivant le terme qui sert de titre à l'ouvrage de Marivetz et Goussier, en 1788. On s'efforce plus encore d'étendre le réseau des canaux que d'améliorer la navigabilité des rivières, malgré les travaux accomplis sur la Loire, la Somme, les rivières du Nord, la Vilaine. D'une façon générale, en ce qui concerne cette navigabilité, il y a

Alpes occidentales à l'époque napoléonienne (1796-1813), 1920 (thèse de doctorat ès lettres).

1 Voy. à cet égard des renseignements très précis dans l'*Enquête sur l'état des routes, rivières et canaux au début de l'An II,* publiée par P. CARON (*Bull. d'Histoire économique de la Révolution,* années 1917-1919. pp. 1-362).

2 Pour la Bretagne, voy. H. SÉE, *Les classes rurales en Bretagne,* pp. 406 sqq.

décadence ; ainsi, sur la Seine, au début du XVIIe siècle, les bateaux remontaient jusqu'à Bar-sur-Seine ; au début du XVIIIe siècle, ils ne dépassent plus Troyes ; même décadence en ce qui concerne les affluents de la Seine, la Garonne, la Loire.

Les canaux étaient encore peu nombreux, à la fin du XVIIe siècle. Au XVIIIe, on fit de nombreux projets, par exemple, de jonction de la Loire à la Saône, de la Saône à la Seine (canal de Bourgogne), de la Saône à la Moselle, de Brest à Nantes et de la Vilaine à la Mayenne. Mais on ne travailla à leur réalisation que dans la seconde moitié du siècle. De 1753 à 1786, on construisit le canal de Neuffossé, reliant l'Aa à la Lys [1] ; le canal de Crozat ou de Picardie, entre la Somme et l'Oise, fut achevé en 1738 ; le canal de Valenciennes à Courtrai fut terminé à la fin de l'Ancien Régime [2]. On commence le canal du Centre et le canal de Bourgogne, ainsi que le canal du Rhône au Rhin (depuis 1783) ; pendant tout le XVIIIe siècle, on travaille au « canal des étangs », prolongement du canal du Languedoc, sans parvenir à l'achever ; en Bretagne, tous les efforts de l'administration n'aboutirent qu'à rendre la Vilaine navigable en aval de Rennes ; les canaux de Brest à Nantes et d'Ille-et-Rance ne seront achevés qu'au XIXe siècle. Au total, en 1788, 1.000 kilomètres de canaux étaient construits, et le réseau navigable comprenait plus de 2.000 lieues [3]. D'ailleurs, dans la pratique, les voies navigables sont souvent peu accessibles ; les fleuves et les rivières sont encombrés par les pêcheries et surtout par les moulins ; les chemins de halage sont interceptés, rétrécis par les usurpations des riverains ; souvent les bateaux échouent ou se brisent [4]. L'alimentation des canaux laisse souvent à désirer ; le canal du Languedoc, par exemple, est en chômage pendant les mois d'août et de septembre ; les écluses à sas, en usage sur les canaux de la Flandre, sont encore presque

---

1 La Lys était jointe à la Scarpe depuis 1693.

2 Cf. G. LEFEBVRE, *Les paysans du Nord pendant la Révolution*, Lille, 1924, pp. 230-242.

3 Voy. LALANDE, *Des canaux de navigation*, 1778. — Pour la Bretagne, cf. BOURDAIS, *La navigation intérieure en Bretagne depuis le moyen âge jusqu'à nos jours* (mémoire inédit, analysé dans les *Annales de Bretagne*, an. 1908, t. XXIII, pp. 335-341) ; pour le Languedoc, cf. Léon DUTIL, *L'état économique du Languedoc à la fin de l'Ancien Régime*, Paris, 1911, pp. 687 et sqq. (thèse de doctorat ès lettres).

4 Voy. à ce sujet le Mémoire des entrepreneurs de la voiture du sel pour la grande gabelle (R. GASNIER, La navigation sur la Loire et ses affluents vers 1785, dans les Annales de Bretagne, 1924, t. XXXVI, pp. 76-95).

DEUXIÈME PARTIE

inconnues dans le reste de la France en 1789.

II. Les transports laissent encore à désirer.
Décadence des foires.

Malgré des progrès réels, les moyens de transport sont encore très imparfaits [1]. Le transport des voyageurs est un privilège que la royauté se réserve ; mais, jusqu'en 1775, les messageries, réunies aux postes, étaient louées à des traitants, qui les sous-louaient à des fermiers particuliers. En 1775, Turgot les réunit au domaine, les met en régie ; après Turgot, en septembre 1776, on les rattache à la ferme des postes ; Necker les met en régie intéressée, et, en 1782, on les loue à une compagnie fermière. Tous ces changements sont peu favorables au progrès des messageries.

Les voitures publiques apparaissent encore comme peu confortables. On distingue plusieurs catégories : les fourgons, lents et lourds, à l'usage des bourses les plus modestes ; les carrosses à quatre roues, suspendus et couverts ; les diligences, mieux aménagées [2] ; les chaises de poste, assez rapides, mais fort chères, et contenant très peu de places (on paie une somme déterminée par poste et l'on a souvent à subir les exactions des maîtres de poste). Turgot, en 1775, essaie d'établir des voitures plus confortables et plus légères, mais, résistant mal aux cahots, elles ne semblent pas avoir bien réussi. — Sur les rivières, les coches d'eau n'ont la plupart que trois départs par mois et les voyages sont souvent interminables : on met le plus souvent de 18 à 20 jours de Rouen à Paris ; de 10 à 15 jours, de Bordeaux à Toulouse ; de 6 à 8 jours, de Toulouse à Bordeaux. Sur terre, les voyages sont très longs aussi : les diligences, à huit places, devaient faire 2 lieues par heure ; les carrosses font 8 à 10 lieues par jour. Turgot s'efforce de multiplier les voitures rapides, établit partout des diligences, mais le mauvais état des chemins entraîne des retards continuels, surtout en hiver. N'oublions pas

---

1 Voy. LETACONNOUX, Les transports en France au XVIIIᵉ siècle (Revue d'histoire moderne, 1908-1909, t. XI) et La transformation des moyens de transport (Divisions régionales de la France, Paris, Alcan, 1913, pp. 42 et sqq.) ; P. BOYÉ, Les postes, messageries et voitures publiques en Lorraine au XVIIIᵉ siècle (Bulletin du Comité des Travaux historiques, sciences économiques et sociales, an. 1900).

2 Les diligences *extraordinaires* ne partent que si toutes les places en sont prises.

que les départs n'ont pas lieu tous les jours : de Nancy à Metz, on compte deux départs par semaine, en 1771 ; cinq départs, en 1778 ; six, en 1788 ; de Paris à Lyon, cinq départs à la fin du siècle ; de Paris à Bordeaux, quatre. Mais, sur beaucoup de lignes, il n'existe que deux départs ou un seul. Pour pouvoir partir sur-le-champ, à cause du monopole des transports, il faut se procurer un billet de permission, très coûteux. Pour les marchands qui visitent les campagnes, les messageries sont inutilisables. Enfin, considérons qu'il y a très peu de lignes transversales ; les relations ne sont régulières qu'avec Paris. De Lyon à Bordeaux, les lettres passent par Paris et mettent huit jours, de Rennes à Granville, sept jours[1]. Cependant, à la fin du siècle, les relations entre les villes d'une même province se développent, notamment en Languedoc[2]. On s'explique que le service de la poste soit très défectueux. Ajoutons qu'il y a encore très peu de bureaux de poste, bien que le nombre s'en soit accru au XVIIIe siècle et que, dans les grandes villes, on ait créé une petite poste[3].

Les prix des transports restent fort élevés. Turgot les fixe ainsi : pour l'intérieur des voitures, à 13 sous par lieue ; pour les places extérieures, à 7 sous 6 deniers ; pour les diligences extraordinaires, à 20 sous. En 1777, ces prix furent portés à 16 et 10 sous pour les diligences ordinaires, à 23 sous pour les diligences extraordinaires. Quant aux fourgons, ils coûtaient 6 sous par lieue.

Le transport des marchandises laisse aussi à désirer. Les paquets de moins de 50 livres et les objets précieux sont réservés aux messageries, dont le tarif est très cher. Le roulage se charge du reste. Il est, en général, libre, et ce sont souvent les paysans qui le pratiquent. Tandis que, dans les contrées industrielles et dans le voisinage des grandes villes, il est très actif, dans les pays plus écartés, au contraire, on a de la peine à trouver des moyens de transport. Bien qu'il soit difficile de préciser l'importance réelle du roulage,

1 Voy. sur cette question la très intéressante pétition adressée à la Constituante par les députés du commerce de Bordeaux, de Lyon, de Toulouse, de la Bretagne (GERBAUX et SCHMIDT, Procès-verbaux des comités d'agriculture et de commerce..., t. I, pp. 380-381). Ils demandent l'établissement de deux courriers directs par semaine de Bordeaux à Lyon, rétablissement de courriers directs entre la Bretagne et Bordeaux-La Rochelle Ils montrent toutes les défectuosités du service postal.
2 DUTIL, op. cit., pp. 078 et sqq.
3 Voy. MARTIN-GINOUVIER, Pierron de Chamoussel, fondateur de la poste de ville sous Louis XV, 1921.

il est certain qu'il a fait de grands progrès au XVIIIe siècle. Les prix étaient très variables suivant les régions, l'état des routes, la concurrence ; malgré un léger abaissement au cours du siècle, ils restaient fort onéreux, au point de doubler parfois le prix des marchandises. Les transports sur routes étaient très lents ; les rouliers faisaient au maximum sept lieues par jour.

Les marchandises lourdes sont surtout transportées par la batellerie. Celle-ci a l'inconvénient d'être encore plus lente que le roulage ; c'est ainsi que les vins de l'Orléanais et du Beaujolais mettent deux mois pour parvenir à Paris. Les marchands se plaignent de la diversité des prix, ainsi que des exigences des bateliers, organisés en corps de métier et aussi de leur malhonnêteté (les vols commis par les bateliers de la Vilaine sont fréquents). Il faut subir encore, sur le cours des rivières, de nombreux péages, dont les tarifs sont élevés, malgré les réformations ordonnées au XVIIIe siècle [1]. Cependant, comme les prix des transports par eau sont deux ou trois fois moins élevés que les autres, on s'explique la prospérité et les progrès de ce trafic ; sur la Garonne, par exemple, on compte par an 1.800 bateaux de 10 à 20 tonneaux [2].

En résumé, les transports sont encore trop peu nombreux, trop chers et trop lents pour satisfaire aux besoins du commerce. Il y a cependant un progrès sensible dans les transactions ; une preuve, c'est que le bail des postes, qui, en 1676, n'était que de 1.222.000 l., s'est élevé, en 1777, à 8.800.000 l.

Ce qui montre aussi que les pratiques commerciales tendent à se transformer, c'est que les grandes foires tombent de plus en plus en décadence, tandis que les foires et marchés agricoles se développent. Les foires de Beaucaire, il est vrai, se développent encore, car leur trafic passe de 14 millions, en 1750, à 41 millions, en

---

1 Sur les difficultés qu'on éprouve pour le transport de la houille, voy. Marcel ROUFF, Les mines de charbon au XVIIIe siècle, pp. 368 et sqq. — Le Mémoire des entrepreneurs de la voiture du sel déclare (op. cit., loc. cit., p. 91) : « En général, la navigation des rivières est chargée de droits qui en gênent infiniment la marche et en augmentent le prix au point de lui préférer la voiture par terre ».

2 Sur le canal du Languedoc, le trafic est évalué :

en 1700, à 175.000 l.
en 1750, à 433.600 l.
de 1750 à 1768, à 653.000 l.
de 1780 à 1788, à 972.000 l. (DUTIL, op. cit., p. 713).

1788 [1] ; mais c'est une exception. A Paris, la foire de Saint-Germain, qui attire encore la foule par ses spectacles et ses divertissements, décline de plus en plus, en ce qui concerne le trafic, au XVIIIe siècle, et après l'incendie de 1762, elle finit par perdre toute importance [2]. Les économistes, d'accord avec les tendances qui se manifestent dans la pratique, se montrent peu favorables à la concentration temporaire du trafic et pensent qu'il vaut mieux que le commerce soit permanent dans un grand nombre de localités, Turgot, dans l'article *Foires et marchés* de l'*Encyclopédie*, écrit :

« Qu'importe qu'il se fasse un grand commerce dans certaine ville et dans certain moment, si ce commerce momentané n'est grand que par les causes qui gênent le commerce et qui tendent à le diminuer dans tout autre temps et dans toute l'étendue de l'État » ?

L'état défectueux des voies de communication, la cherté des transports intérieurs nous font comprendre qu'on ait recours de préférence, lorsque c'est possible, aux transports maritimes ; un négociant de Saint-Malo, par exemple, payait moins cher pour expédier du blé à Nantes qu'à Rennes. Le fret était assez peu coûteux ; les morutiers de Saint-Malo avaient avantage à vendre leur poisson à Marseille, d'où ils rapportaient des marchandises, qu'ils venaient débarquer au Havre. Le cabotage jouait donc relativement un plus grand rôle qu'à l'époque contemporaine. Les relations entre les ports français et Cadix, Lisbonne, voire même Amsterdam et Hambourg étaient plus aisées que les relations terrestres avec n'importe quel marché de l'Europe continentale [3].

III. Les banques et le crédit.

En ce qui concerne les moyens d'échange, on ne peut signaler de grandes transformations au XVIIIe siècle, et, à cet égard, la France reste en retard sur des pays comme l'Angleterre et la Hollande.

---

1 Par contre, les foires de Pézenas et d'Alais tombent en complète décadence (DUTIL, *op. cit.*, pp. 759 et sqq.).

2 Voy. CHERRIÈRE, La lutte contre l'incendie dans les halles, les foires et les marches (HAYEM, op. cit., t. III, pp. 107 et sqq. et 204 et sqq.).

3 Voy. H. SÉE. Le commerce de Saint-Malo dans la première partie du XVIIIe siècle (Revue internationale du commerce..., juin 1724).

Cependant, à l'époque de la Régence, apparaît l'intéressante tentative de Law, qui préconisait une organisation analogue à celle des banques anglaises et hollandaises, qu'il avait étudiée. Son idée essentielle, c'était de remplacer le numéraire par la monnaie de papier, car il considérait que la monnaie était un simple signe. En même temps que la banque, il voulait créer une grande compagnie par actions, qui monopoliserait tout le commerce maritime et qui assurerait toujours un emploi au numéraire ainsi créé. Ces projets grandioses, il parvint à les réaliser. En 1716, il créa une banque privée, qui, en 1718, fut transformée en banque d'État, puis il créa une Compagnie des Indes par actions. Successivement furent lancées de nouvelles séries d'actions ; celles-ci, par la spéculation, obtinrent une plus-value considérable, qui ne correspondait en aucune façon aux bénéfices de la Compagnie. Telle fut l'origine de la débâcle du système, qui eut lieu en 1720 et entraîna la disparition de la Banque. C'est la conséquence de cette déconfiture qu'il nous importe surtout de noter : pendant tout le XVIIIe siècle, on se défia de l'organisation bancaire et surtout du billet de banque, tout au moins dans la masse du public [1].

Cependant les banques se développent au cours du XVIIIe siècle. A Paris, le nombre des banquiers s'accroît sensiblement (21 en 1703 ; 51, dès 1721) ; ceux-ci s'occupent surtout du crédit public, des emprunts de l'État, mais ils traitent aussi les affaires des gros commerçants. A Marseille, la banque se spécialise dans les opérations commerciales avec le Levant ; à Bordeaux, Saint-Malo et Rouen, elle a surtout affaire avec les armateurs. Lyon où tant de banquiers étrangers avaient établi leurs comptoirs, fut longtemps la grande place française pour le change et la banque ; on y opérait même des « virements et parties », véritables « chambres de compensations », qui permettaient, avec fort peu de numéraire, de traiter les plus grosses affaires ; mais, après la chute du système de Law, la banque lyonnaise décline notablement. Notons que, dans le commerce de l'argent, les Juifs jouent déjà un rôle important ; les Genevois tiennent une place considérable : tels, Thélusson, dès la première moitié du XVIIIe siècle, et plus tard Necker. D'ailleurs, les gens de finance (fermiers généraux, receveurs généraux, receveurs

1 Voy. E. LEVASSEUR, Recherches historiques sur le système de Law, 1854 ; Dom H. LECLERCQ, Histoire de la Régence pendant la minorité de Louis XV, 1921, t. II, pp. 99 et sqq. et 385-481.

Henri Sée

des États, etc.) font souvent l'office de banquiers [1]. Une des occupations importantes des banquiers, c'est toujours le change des monnaies étrangères [2]. La Hollande reste encore au XVIIIᵉ siècle le grand marché financier de l'Europe, grâce à ses réserves d'or et d'argent et à son excellent régime bancaire [3].

D'ailleurs, à la fin de l'Ancien Régime, les progrès des transactions, ainsi que le déficit de plus en plus grave du Trésor royal, finissent par imposer le besoin d'institutions de crédit. Turgot, en mars 1776, crée une *Caisse d'escompte*, qui ne s'ouvre qu'après sa chute. Cette caisse, qui a pour fondateur Gabriel Bernard, doit avoir un capital de 13 millions, divisé en 5.000 actions, sur lesquels 10 millions devaient être prêtés au Trésor public ; l'escompte ne devait pas dépasser 4 %. La Caisse émettait des billets remboursables à vue et au porteur. Malgré les emprunts que la Caisse, à plusieurs reprises, dut consentir au Trésor, elle parvint à maintenir son crédit ; elle fut d'ailleurs puissamment soutenue par Necker, notamment en 1788. Elle porta son capital à 100 millions, divisés en 20.000 actions, et ne cessa de rendre de grands services au commerce et à l'industrie [4]. Le commerce de Marseille, en particulier, souffrait très vivement de l'absence d'institutions de crédit, de banques vraiment solides ; ce furent les courtiers royaux, remplacés dans la seconde moitié du XVIIIᵉ siècle par des courtiers de commerce, qui y suppléèrent dans une certaine mesure [5].

---

1 Voy. Marcel VIGNE, La banque à Lyon du XVᵉ au XVIIIᵉ siècle, Lyon, 1902 ; BONZON, La banque à Lyon aux XVIIᵉ et XVIIIᵉ siècles (Revue d'histoire de Lyon, an. 1902 el 1903) ; Germain MARTIN, L'histoire du crédit en France sous le règne de Louis XIV, Paris, 1913, pp. 172 et sqq., 189 et sqq. ; Ph. SAGNAC, Le crédit d'État et les banquiers en France à la fin du XVIIᵉ siècle et au commencement du XVIIIᵉ (Revue d'histoire moderne, t. X, pp. 257-272).

2 Par exemple des piastres américaines, qui constituent les retours du commerce avec l'Amérique espagnole ; voy. H. SÉE, *op. cit.*, loc. cit., pp. 23 et sqq.

3 Et cependant le commerce hollandais est devenu bien moins important que le commerce anglais. Voy VAN DILLEN. Amsterdam, marché mondial des métaux précieux aux XVIIᵉ et XVIIIᵉ siècles (Compte rendu du Congrès des sciences historiques de Bruxelles, 1923, pp. 280-282).

4 Sur la portée de la fondation de la Caisse d'Escompte, voy. NECKER, *Administration des finances*, t. III, pp. 343 et sqq. La Caisse d'Escompte a été créée sur le modèle de la Banque d'Angleterre. — Necker, qui a été banquier, se rend mieux compte que qui que ce soit de l'importance du crédit (*Ibid.*, t. III, pp. 236 et sqq.).

5 Cf. P. MASSON, Histoire du commerce français dans le Levant au XVIIIᵉ siècle et Encyclopédie départementale des Bouches-du-Nord, t. III, p. 222 et sqq.

DEUXIÈME PARTIE

A la fin de l'Ancien Régime, il y a donc, en ce qui concerne le crédit, un certain progrès. Mais, jusqu'en 1789, subsistent les charges que font peser sur les transactions les droits imposés par le Roi et par les seigneurs à la circulation des marchandises : les *péages* sont toujours aussi gênants, bien qu'à plusieurs reprises, au cours du XVIIIᵉ siècle, on se soit préoccupé de leur réduction et qu'il y ait eu une révision des titres, sans grand effet d'ailleurs ; les *droits de foires et de marchés* restent les mêmes ; les droits d'aides sont toujours fort onéreux ; c'est toujours le même régime de *douanes intérieures* qui subsiste, et l'on ne songe sérieusement à leur abolition que dans les dernières années de l'Ancien Régime, comme le montre le programme de Calonne [1].

Une circonstance favorable au commerce, c'est que le gouvernement, à partir de 1726, renonça à l'altération des monnaies, si fréquente à la fin du règne de Louis XIV et sous la Régence. On altérait moins la valeur intrinsèque de l'espèce que la valeur nominative des monnaies : on opérait des *augmentations*, qui avaient pour effet d'accroître le nombre de livres à tailler dans le marc, de rendre la monnaie plus faible. Puis, pour rétablir à peu près sa valeur, on édictait des *diminutions*, aussi nuisibles aux transactions que les augmentations. C'était une cause de fréquentes perturbations commerciales, qui exerçaient aussi une influence déplorable sur le change avec l'étranger [2].

---

1 Les droits d'aides entravent singulièrement le commerce des vins ; voy. P. Destray, *Le commerce des vins en Bourgogne au XVIIIᵉ siècle* (Hayem, *op. cit.*, t. II, pp. 235 et sqq.). Les douanes de Lyon et de Valence paraissent maintenant intolérables aux Lyonnais (Charléty, *Le régime douanier de Lyon*). — Il est intéressant de remarquer que Claude Dupin, très conservateur en matière économique, se prononce pour la suppression des douanes inférieures et des péages, ainsi que pour la réforme des aides, qui entravent le commerce (*Œconomiques*, éd. Marc Aucuy, Paris, 1913, Coll. des économistes et réformateurs sociaux de la France). — Necker considère comme monstrueux le régime des douanes et demande l'abolition des douanes intérieures (*Administration des finances*, t. II, pp. 166 et sqq.).
2 Voy. par exemple, H. Sée, Le commerce de Saint-Malo dans la première moitié du XVIIIᵉ siècle, loc. cit., pp. 50 et sqq. Cf. Landry, Étude sur la mutation des monnaies, 1910 ; Germain Martin, Histoire du crédit sous Louis XIV, 1913 ; Vuitry, Le désordre des finances et les excès de la spéculation, 1885 ; Girod, Les subsistances en Bourgogne à la fin de l'Ancien Régime (Revue bourguignonne d'enseignement supérieur, 1906).

IV. La technique commerciale.

Il serait intéressant d'étudier, pour le XVIIIe siècle, les progrès de la technique commerciale, d'après les papiers des commerçants ou des sociétés commerciales, qui nous ont été conservés. Les travaux relatifs aux questions de cette sorte sont encore bien rares.

Dans ses traits essentiels, cette technique ne semble pas différer profondément de la technique du XVIIe siècle.

On peut noter cependant que l'usage de la lettre de change devient de plus en plus fréquent. Comme les transports de numéraire, qui se font par les messageries, sont très coûteux, la grande préoccupation des commerçants, c'est de se procurer des papiers sur telle ou telle place, française ou étrangère.

Les courtiers et les commissionnaires jouent un rôle de plus en plus important dans les relations commerciales. Le droit de commission est le plus souvent de 2 ou 3 % ; le droit de courtage est, en général, d'1/2 %. — Les représentants de commerce sont encore peu nombreux ; cependant, pour les achats surtout, les négociants s'adressent parfois à des agents, à des représentants, auxquels ils confient leurs intérêts.

La pratique des assurances maritimes se développe de plus en plus ; il se fonde à Paris, vers 1750, une Compagnie d'assurances, qui fait concurrence aux assureurs des ports. La prime s'est abaissée ; elle est souvent de 2 à 3 %, s'élevant à 25 % en temps de guerre [1].

Notons encore que la législation commerciale fait de sensibles progrès au XVIIIe siècle, grâce aux Chambres de commerce, dont l'origine remonte à l'arrêt de 1701, et qui, en toute occasion, soutiennent vigoureusement les intérêts des négociants [2].

1 Cf. Lucien GUILLOU, André Vanderheyde, courtier lorientais et ses opérations (1756-1765) ; H. SÉE, op. cit., loc. cit., passim, et Le commerce de Saint-Malo dans la deuxième moitié du XVIIIe siècle (Revue internationale du commerce, sept. 1924). On trouverait sans doute bien des documents de même ordre dans les archives de Bordeaux et de Nantes (aux Archives de la Loire-Inférieure, voy. les papiers de la maison d'armement Delaville Deguer).

2 Aussi leurs archives constituent elles une source très importante pour l'histoire du commerce. Voy. E. PARISET, *La Chambre de commerce de Lyon* ; FOURNIER, *La Chambre de commerce de Marseille*. Ni Saint-Malo, ni même Nantes n'ont eu de Chambre de commerce sous l'ancien régime. — Les juridictions consulaires font aussi de grands progrès ; elles sont au nombre de 86, à la fin de l'Ancien Régime. Cf.

V. La nouvelle politique commerciale.
Gournay et les physiocrates.

Cependant le commerce intérieur et extérieur va être favorisé par les nouvelles tendances qui, pendant la seconde moitié du XVIIIe siècle, se manifestent dans la politique commerciale de la France. Cette nouvelle politique a été, en grande partie, provoquée par les théories économiques qui s'imposent maintenant à l'opinion. Déjà, dans la première moitié du siècle, ces idées apparaissent chez des écrivains qui cependant ne se sont pas encore dégagés du mercantilisme ; Melon, par exemple, déclarait, dès 1734, que « la liberté est ce qu'il y a de plus essentiel dans le commerce », bien qu'il défendît encore les compagnies privilégiées ; mêmes conceptions chez l'Anglais Cantillon, dont l'*Essai sur la nature du commerce* eut beaucoup de succès en France. Mais l'influence décisive appartint à Vincent de Gournay, originaire de Saint-Malo, familier avec la pratique des affaires ; intendant du commerce de 1751 à 1758, il défendit sans trêve la cause de la liberté industrielle et commerciale ; il parvint à faire supprimer, en 1757, la douane de Lyon, qui, il est vrai, fut rétablie en 1758. Enfin, — et c'était plus important encore —, il groupa autour de lui de jeunes administrateurs, animés d'idées nouvelles et fut l'ami de Trudaine, dont l'action administrative fut si grande.

Il faut aussi noter l'influence des physiocrates, dont le maître fut Quesnay. Dès 1755, il publiait son *Tableau économique*, et, en 1756, ses *Maximes générales du gouvernement économique d'un royaume agricole*. Considérant que la richesse ne consiste pas dans le numéraire, que la terre seule peut la créer, il se dresse contre la conception mercantiliste. Dans l'article *Grains* de l'*Encyclopédie*, il disait déjà :

« Les avantages du commerce extérieur ne consistent pas dans l'accroissement des richesses pécuniaires. On ne peut connaître par l'état de la balance du commerce extérieur entre les diverses nations l'avantage du commerce et l'état des richesses de chaque nation ».

A. Lefas, *De l'origine des juridictions consulaires des marchands de France* (*Revue de l'histoire du droit*, an. 1924, pp. 83-120). Les procès relatifs au commerce maritime sont jugés par les tribunaux d'amirautés.

Henri Sée

Quesnay combat aussi l'idée qu'une nation s'enrichit par la ruine des autres nations, démontre qu'il y a solidarité entre tous les pays. Telle est la doctrine, qui est soutenue et développée par ses disciples, par Dupont de Nemours, dans son *Origine et progrès d'une science nouvelle*, par Mercier de la Rivière dans son *Ordre naturel et essentiel des sociétés*. Mais, d'autre part, pour les physiocrates, les industriels et les commerçants sont des « classes stériles » ; le commerce et l'industrie, ne créant pas de richesses, doivent céder le pas à l'agriculture ; ils se préoccupent donc assez peu du développement industriel et commercial. Mais ils ne sont pas les seuls économistes du XVIIIe siècle ; des hommes, comme Galiani, Graslin, Turgot lui-même et Condillac, comprennent toute l'importance du travail industriel et de l'échange [1].

C'est à la question des grains que l'on s'intéresse tout particulièrement. On proteste contre la réglementation excessive qui pèse sur le commerce des grains, réglementation sans laquelle on craindrait de ne pouvoir assurer les subsistances, surtout à Paris et dans les grandes villes, et que le régime économique de l'époque, en effet, rendait peut-être indispensable. N'oublions pas que ce sont les classes pauvres qui sont favorables à la réglementation, tandis que les propriétaires et les privilégiés se montrent les partisans de la liberté [2]. Les physiocrates pensent plus aux producteurs qu'aux consommateurs ; la liberté, déclarent-ils, aura pour effet de faire hausser les prix, mais l'équilibre se rétablira et ce sera un avantage pour les ouvriers eux-mêmes [3].

---

1 Voy. L. de LAVERGNE, Les économistes français au XVIIIe siècle, Paris, 1870 ; WEULERSSE, Le mouvement physiocratique en France de 1756 à 1770, Paris, 1910, pp. 387 et sqq.

2 Voy. AFANASSIEV, Le commerce des céréales en France au XVIIIe siècle, trad. IV., 1894 ; J. LETACONNOUX, Les subsistances et le commerce des grains en Bretagne au XVIIIe siècle, Rennes, 1909 et La question des subsistances et du commerce des grains en France (Revue d'histoire moderne, t. VIII, pp. 409-445). D'ailleurs, la réglementation du commerce des grains pouvait être considérée comme une nécessité imposée par le régime économique de l'époque ; voy. Ch. MUSART, La réglementation du commerce des grains en France au XVIIIe siècle. La théorie de Delamare, 1921 (thèse de doctorat en droit). — Sur la difficulté d'approvisionner Paris et sur les abus auxquels donne lieu le commerce des grains, voy. Léon CAHEN, L'approvisionnement de Paris en grains au début du XVIIIe siècle (Bull. de la Soc. d'histoire moderne, mars 1922).

3 Voy. G. WEULERSSE, Les physiocrates et la question du pain cher au milieu du XVIIIe siècle (Revue du Dix-huitième siècle, t. I, 1913, pp. 175 et sqq.).

DEUXIÈME PARTIE

Vers 1750, la question suscite de nombreux écrits, parmi lesquels on peut citer l'*Essai sur la police générale des grains*, de Herbert. Le gouvernement se montre bientôt favorable, à la liberté. La déclaration du 25 mai 1763 autorisa le libre transport des grains d'une province dans une autre sans déclarations ni autorisations préalables ; l'édit du 10 juillet 1764 permit la libre exportation hors du royaume et assura la liberté entière du commerce des grains. Bientôt, d'ailleurs, de mauvaises récoltes provoquèrent un mouvement de réaction, et, en 1770, Terray annula les mesures prises en 1768-1764. Turgot, en 1774, supprima les entraves qui mettaient obstacle au commerce intérieur, mais, après sa chute, il y eut une réaction au moins partielle. Enfin, la déclaration du 17 juin 1787 établit la libre circulation à l'intérieur et l'exportation à l'étranger, mais avec possibilité de suspendre cette exportation en cas de nécessité.

VI. Les traités de commerce ;
le traité de 1786 avec l'Angleterre.

On s'élève aussi contre les droits de douane excessifs et prohibitifs, et l'on montre l'intérêt qu'il y aurait à conclure des traités de commerce avec les puissances étrangères. — Le gouvernement obéit à ces tendances nouvelles, lorsqu'il s'efforce de traiter avec l'Espagne, poursuit avec cet État de longues négociations, qui aboutissent aux traités de 1768 et 1769 [1]. En 1778, en même temps qu'un traité d'alliance, on conclut un traité de commerce avec les États-Unis : chacune des deux puissances doit jouir du traitement de la nation la plus favorisée et les Américains seront exempts du droit d'aubaine.

En ce qui concerne l'Angleterre, on sait que le traité de 1713 ne fut pas exécuté, que le Parlement anglais avait refusé de le ratifier. Des droits très élevés, souvent prohibitifs, furent levés pendant le XVIIIe siècle ; ainsi, pour donner satisfaction aux pêcheurs bretons, on prohiba les sardines et l'on mit une surtaxe sur les harengs anglais ; sur les tissus anglais, on perçut des droits très élevés, qui ne les empêchèrent pas d'ailleurs de pénétrer en France, grâce à

1 Voy. P. MURET, *Les papiers de l'abbé Beliardi* (*Revue d'histoire moderne*, an. 1904, pp. 637-072). — Ces traités ne devaient pas rester longtemps en vigueur.

la contrebande. Aussi le traité de commerce de 1786 marque-t-il un triomphe éclatant de la doctrine libérale [1]. Il fut préparé par le traité de paix de 1783, qui stipulait que l'on travaillerait « à de nouveaux arrangements de commerce entre les deux nations » ; de longues négociations eurent lieu. Le traité de 1786 renouvelait presque toutes les stipulations de 1713. Il établissait la liberté réciproque et absolue de navigation et de commerce entre les deux nations. Les vins de France ne paieraient pas de plus de droits que ceux « que payent présentement les vins de Portugal » (45 sh. par tonneau) ; les droits sur les eaux-de-vie sont réduits de 9 à 7 sh. par gallon ; les batistes et les linons ne paieraient pas plus que les toiles de Hollande. Les tissus de coton et la plupart des autres étoffes seraient taxés au taux de 12 % de leur valeur ; de même, la quincaillerie, les glaces, les faïences, la verrerie ; rien n'était stipulé pour les soieries, qui restaient donc prohibées, au grand dommage de l'industrie française. Le traité était très avantageux pour l'Angleterre ; et, s'il y provoqua des protestations, celles-ci eurent surtout un caractère politique. En France, le mécontentement fut très vif : en ce qui concerne les vins, on se plaignait de n'avoir pas obtenu les avantages que l'on espérait ; au Portugal, en effet, l'Angleterre, accorda, dès 1787, une réduction de 45 à 30 sh. A considérer les objets manufacturés, tout l'avantage appartint à l'Angleterre ; les marchandises anglaises inondèrent la France ; l'outillage de l'industrie française, bien plus rudimentaire, rendait la lutte difficile ; le traité provoqua donc en France une crise industrielle très grave dans les années qui ont précédé la Révolution, crise qui devait se prolonger jusque vers l'année 1800 [2].

Il faut noter aussi que l'arrêt du Conseil de 1784 avait ouvert

1 Voy. F. DUMAS, Étude sur le traité de commerce de 1786 entre la France et l'Angleterre, Toulouse, 1904 ; Camille BLOCH, Le traité de commerce de 1786 entre la France et l'Angleterre d'après les papiers du plénipotentiaire anglais (Études d'histoire économique de la France, pp. 239 et sqq.).

2 Voy. Ch. SCHMIDT, La crise industrielle de 1788 (Revue historique, an. 1908). Beaucoup d'industriels, à l'époque de la Révolution, se plaignent d'avoir été ruinés par le traité de 1786 (GERBAUX et SCHMIDT, Procès-verbaux,.., passim). Il semble que les industriels français n'aient pas été consultés, au moment où l'on négociait le traité ; les délégués des fabricants de Louviers ont été éconduits par le ministre (Ibid., t. I, p. 49, n. t). — Sur la persistance de la crise industrielle, voy. Ch. SCHMIDT, Un essai de statistique industrielle en l'an V (Bulletin d'histoire économique de la Révolution, an. 1908, pp. 11-205).

DEUXIÈME PARTIE

le commerce des colonies françaises aux étrangers [1]. C'était une
atteinte très sérieuse portée au monopole des négociants français. Unanimement, toutes les chambres de commerce s'en plaignirent avec une grande vigueur ; les députés du commerce à la
Constituante demandèrent le maintien du monopole, comme la
conservation de la traite [2].

Comme le traité de commerce de 1786 n'avait guère produit que
des déceptions, on comprend qu'à l'époque révolutionnaire une
vive réaction se soit manifestée contre la nouvelle politique commerciale. La Convention devait revenir à l'ancien système protecteur, du moins lorsque la guerre fut déclarée à l'Angleterre au
début de 1793, et inaugurer les mesures qui aboutiront au Blocus
Continental [3].

Chapitre III
Les progrès du commerce au XVIIIᵉ siècle

I. Le commerce intérieur.

Nous sommes encore fort mal renseignés sur le commerce intérieur. Nous savons cependant qu'il était entravé par les conditions
défectueuses des voies de communication et surtout des transports.

Ce sont les denrées agricoles qui faisaient encore le principal objet de ce commerce. Les mesures libérales prises à la fin de l'Ancien
Régime rendirent plus aisé le commerce des grains, au grand profit
des propriétaires aisés, plus encore que des consommateurs [4].

1 Il a été publié par Isambert, *Anciennes lois françaises*, t. XXVII, pp. 459-464.
2 Cf. Letaconnoux, Les députés extraordinaires du commerce à l'Assemblée constituante (Annales révolutionnaires, 1913) ; Cahier de la ville de Saint-Malo (Sée et
Lesort, Cahiers de la sénéchaussée de Rennes, t. III, pp. 30-31) ; P. Boissonnade,
Saint-Domingue à la veille de la Révolution, Paris, 1906, pp. 24 et sqq.
3 Voy. l'important ouvrage de Fr. Nussbaum, *Commercial policy in the french
Revolution*, 1923. Il montre que les Girondins étaient favorables à la liberté écono-
mique, et que les Montagnards, au contraire, s'y montraient hostiles. Cf. aussi E. F.
Heckscher, *The continental system*, Oxford, 1922 (Publ. de la fondation Carnegie).
4 Letaconnoux, Les subsistances et le commerce des grains en Bretagne au
XVIIIᵉ siècle ; Girod, op. cit. Voy. G. Lefebvre, Les paysans du Nord pendant la
Révolution, 1924, pp. 243-254 ; L. Cahen, L'approvisionnement de Paris en grains

L'approvisionnement des villes, qui préoccupait si fort le gouvernement, laissait fort à désirer. M. Bondois [1] nous montre que le commerce des œufs et du beurre à Paris était entravé, non seulement par des « droits d'entrée », mais par l'organisation défectueuse de la vente. C'étaient, entre la corporation des fruitiers et les marchands forains, des luttes incessantes. La corporation s'attaquait aussi aux paysans de la banlieue, auxquels ils prétendaient interdire la vente au détail, aux fruitiers et regrattiers des faubourgs. En outre, de cette corporation sortaient des spéculateurs, favorisés souvent par les jurés, et qui cherchaient à accaparer les marchandises. C'étaient les consommateurs qui souffraient de tout cet état de choses, malgré les efforts de la municipalité et des officiers de police.

II. Les relations commerciales avec l'Espagne, l'Angleterre, la Hollande, l'Italie, les États-Unis.

Comme au XVIIe siècle, le commerce extérieur de la France est plus important que le commerce intérieur. Cependant, notre pays ne vient qu'au troisième rang, du moins dans la première partie du siècle : la Hollande reste toujours le grand marché international, grâce à ses réserves monétaires et à son régime bancaire ; en ce qui concerne le grand commerce maritime, l'Angleterre a déjà pris la première place.

Sur le commerce de la France avec les pays d'Europe, nos connaissances laissent encore à désirer, et des études approfondies seraient nécessaires [2].

Les clients de la France étaient à peu près les mêmes qu'au XVIIe siècle, mais leur importance respective a subi des changements assez sensibles.

Le commerce avec l'Espagne, dont la valeur résulte surtout du trafic avec ses colonies d'Amérique, semble encore considérable dans la première moitié du XVIIIe siècle, malgré la concurrence an-

au début du XVIIIe siècle (Bull. de la Soc. d'histoire moderne, mars 1922).

1 Le commerce des œufs et du beurre sous l'Ancien Régime (J. Hayem, Mémoires et documents, 8e série, pp. 214-320).

2 On trouve beaucoup de renseignements dans Savary des Brulons, *Dictionnaire universel de commerce* ; voy. aussi Arnould, *La balance du commerce de la France*.

glaise. Il fait notamment la prospérité du port de Saint-Malo, auquel il rapporte un bénéfice annuel de 7 à 12 millions. L'exportation des toiles à Cadix enrichit de nombreux négociants [1]. Cependant, à partir de 1725, les fructueuses expéditions de contrebande en Amérique — et surtout sur les côtes du Pacifique —, cessent à peu près complètement. Dans la seconde moitié du siècle, malgré le rapprochement politique entre les deux États, le commerce avec l'Espagne fléchit sensiblement, surtout lorsqu'une ordonnance du roi d'Espagne, de 1778, eut aggravé les droits, fermé le marché de l'Espagne à certains produits (mouchoirs, chapeaux, bas de soie, draps), et nui gravement à l'exportation de certains autres, notamment à celle des toiles [2]. Les chiffres officiels ne donnent, d'ailleurs, qu'une idée imparfaite du commerce avec l'Espagne, car il y a une contrebande très active, notamment avec les colonies espagnoles. Les importations (18 millions en 1715) se sont élevées à 43 ; elles concernent surtout la laine, les eaux-de-vie, les vins, les peaux d'Amérique ; les exportations, de 20 millions en 1713, se sont élevées à 66, comprenant des matières premières et des objets manufacturés ; grâce à la supériorité des exportations, la France reçoit de l'Espagne des métaux précieux et notamment des piastres américaines. — Le commerce avec le Portugal s'est accru dans de très fortes proportions, bien que ce pays, depuis le traité de Methuen, de 1703, se trouve dans la dépendance économique, très étroite, de l'Angleterre.

Avec la Hollande, le commerce n'a plus l'importance qu'il avait

---

1 Voy. Henri Sée, L'industrie et le commerce de la Bretagne dans la première moitié du XVIIIe siècle d'après, le mémoire de l'intendant des Gallois de la Tour (extr. des Annales de Bretagne, 1922, t. XXXV), pp. 8 et 42. — Sur les pratiques du commerce avec les colonies espagnoles et sur les bénéfices très considérables de ce commerce, voy. Dahlgren, op. cit. Cf. André Lesort, Les transactions d'un négociant malouin avec l'Amérique espagnole (Revue de l'histoire des colonies, an. 1921, pp. 239-268) ; il s'agit des opérations commerciales de Luc Magon de la Balue ; la partie la plus importante de son trafic consiste dans l'exportation des toiles. — Voy. aussi P. Muret, op. cit., et H. Sée, Le commerce de Saint-Malo dans la première moitié du XVIIIe siècle.

2 En 1782, le gouvernement français tenta d'obtenir un meilleur traitement pour l'introduction des produits français en Espagne ; mais les négociations engagées par l'intermédiaire d'Izquierdo, n'aboutirent pas (A. (Girard, Une négociation commerciale entre l'Espagne et la. France en 1782, Revue historique, 1912, t. CXI, pp. 292 et sqq.). — Notons d'ailleurs que le commerce avec les colonies espagnoles du Pacifique dut cesser en vertu du traité d'Utrecht (Dahlgren, op. cit.).

connu au XVIIe siècle. A la veille de la Révolution l'exportation de France en Hollande se chiffrait par 40 millions, dont 20 millions pour le sucre et le café des Antilles ; de Hollande en France, l'importation s'élevait à 25 millions et consistait surtout en grains et en bois. En 1789, les relations avec ce pays étaient donc florissantes et la balance, contrairement à ce qui s'était passé autrefois, se trouvait favorable à la France [1]. La Hollande n'avait plus le monopole des transports maritimes de l'Europe Septentrionale.

Les droits prohibitifs, la non exécution du traité d'Utrecht, d'où résultait une sorte de guerre commerciale perpétuelle, nuisaient gravement aux transactions commerciales entre la France et l'Angleterre. Cependant, les chiffres officiels, qui, pour 1784, indiquent l'importation en France de 26 millions de marchandises anglaises et l'exportation en Angleterre de 13 millions de marchandises françaises, ne correspondent nullement à la réalité : il y avait une très active contrebande, qui atténuait les effets du régime prohibitif. Il n'en est pas moins vrai que les tarifs constituaient une gêne très sérieuse pour les transactions commerciales. Le traité de 1786 accrut, dans une très forte proportion, les relations entre les deux pays : en 1789, l'importation en France s'éleva à 59 millions, l'exportation en Angleterre, à 33 millions.

Par contre, le commerce avec l'Italie et la Savoie n'a cessé de se développer au XVIIIe siècle. L'importation en France est de 58 millions ; l'exportation en Italie, de 29. La France importe de la soie du Piémont et de la Lombardie, des tissus de soie et des velours, des deux Siciles, de la laine, du coton, des olives, de l'huile, des fruits. Elle exporte en Italie des produits manufacturés, des vins, des denrées coloniales. — Il y a progrès aussi du commerce avec la Suisse (7 millions pour l'importation ; 22, pour l'exportation).

Les relations commerciales avec les pays du Nord dénotent de grands progrès, mais elles se font toujours sur des vaisseaux étrangers (hollandais, scandinaves ou hanséatiques), et au moyen de commissionnaires étrangers, dont beaucoup sont établis, à titre définitif en France, notamment à Bordeaux ; c'est une situation qui préoccupe fort les commerçants français, mais les moyens qu'ils préconisent n'ont guère plus de succès que la tentative de Colbert.

1 Voy. J.-B. MANGER, Recherches sur les relations économiques entre la France et la Hollande pendant la Révolution française, Paris, 1923.

DEUXIÈME PARTIE

A la fin de l'ancien régime, les Anglais et les Hollandais sont toujours les intermédiaires du commerce du Nord [1], et ils sont nombreux, ces derniers surtout, dans nos ports [2].

Avec les villes hanséatiques, un traité, conclu en 1718, fut renouvelé pour vingt ans en 1765 : il établissait la liberté du commerce et de la navigation, exemptait les commerçants hanséates du droit d'aubaine et du droit de 50 sous par tonneau. La France leur fournissait surtout du sucre et du café, en recevait du blé et de la laine. A la fin de l'Ancien Régime, l'importation était de 13 millions, l'exportation de 62. — Avec la Russie, le commerce se faisait presque uniquement par l'intermédiaire de l'Angleterre ; les négociations engagées à plusieurs reprises n'aboutirent à un traité de commerce qu'en 1787. A la fin de l'Ancien Régime, avec la Russie et les pays Scandinaves, l'exportation était évaluée à 30 millions et l'importation à la même somme, tandis qu'en 1715, l'importation ne dépassait pas 2.300.000 l. et l'exportation, 6.800.000. On envoyait en ces pays du sucre, du café, des vins et eaux-de-vie ; on en recevait des bois de construction, du chanvre, du cuir, du plomb [3].

Avec l'Allemagne se fait un commerce important : 30 millions, à l'importation ; 81, à l'exportation ; c'est que l'Allemagne est encore un pays médiocrement industriel, qui reçoit de France beaucoup de produits manufacturés et surtout d'objets de luxe.

Les États-Unis, depuis que leur indépendance a été reconnue, en 1783, peuvent faire le commerce avec tous les pays de l'Europe. Cependant, les relations restent surtout actives avec l'Angleterre, ce qui s'explique par la communauté de race et de langue. Le commerce avec la France est beaucoup moins important : en 1789, l'importation s'élevait à 1.640.000 francs, l'exportation, à 13.039.000 fr. En outre, les colonies françaises exportaient aux

---

1 Voy. DE DAINVILLE, Les relations commerciales de Bordeaux avec les villes hanséatiques aux XVIIe et XVIIIe siècles (HAYEM, op. cit., 4e série, pp. 213-270) ; Henri SÉE, L'industrie et le commerce de la Bretagne dans la première partie du XVIIIe siècle, d'après le mémoire de l'intendant de la Tour, p. 39.

2 Voy. MATHOREZ, Les étrangers en France, t. II, 1921, pp. 175 et sqq. — On trouve beaucoup de Hollandais à Nantes et à Bordeaux. Dans une assemblée de négociants bordelais, en 1789, comprenant 500 membres, on compte 100 Allemands et Hollandais.

3 Voy. DE DAINVILLE, op. cit.

États-Unis 6.400.000 l. [1]. En décembre 1787, les produits de la pèche américaine furent admis en France avec le bénéfice de la nation la plus favorisée, ce dont les pêcheurs français se plaignirent très vivement [2].

III. Le commerce du Levant.

Le commerce du Levant n'a pas éprouvé de décadence au XVIIIe siècle, comme on l'a prétendu [3]. Ce commerce est toujours concentré à Marseille, et la Chambre de commerce s'en occupe presque exclusivement ; les Ponantais et surtout les Languedociens ne peuvent ébranler son monopole. L'organisation des Echelles du Levant reste aussi, dans ses traits essentiels, la même qu'au XVIIe siècle, mais la réglementation en est renforcée, tout au moins jusqu'en 1756 ; à cette date l'on y renonce et l'on établit un régime de liberté, favorable au commerce.

D'une façon relative, si l'on considère l'ensemble des transactions, le commerce du Levant est devenu bien moins important : vers l'Inde, on se sert surtout de la route du Cap, et les relations avec l'Amérique se développent de plus en plus. Au début du XVIIe siècle, le commerce du Levant représentait la moitié du commerce maritime de la France ; à la fin de l'Ancien Régime, un vingtième seulement. Mais, de toutes les puissances, la France conserve le premier rang, car elle est favorisée par ses relations amicales avec la Turquie (les capitulations sont renouvelées en 1740). A partir de 1730, se marque la décadence du commerce anglais, du commerce hollandais, et aussi du commerce vénitien ; vers 1735, les Français peuvent se vanter d'avoir « exclu totalement les Hollandais du commerce des draps ». A la veille de la Révolution, l'importation représente 30 millions 1/2, l'exportation, 28 millions. L'importation consiste surtout en matières premières textiles, en soies, laines, et

---

1 Cf. Johnson, History of foreign and domestic commerce of the United States, 1915 (Publ. de l'Institut Carnegie).
2 Voy. le cahier de Saint-Malo (H. Sée et A. Lesort, op. cit., t. III, pp. 30-31). — Sur ce qui précède, voy. Vauthier, Notes sur les relations commerciales entre la France et les Etats-Unis de 1789 à 1815 (Hayem, op. cit., 3e série, pp. 91 et sqq.).
3 Voy. P. Masson, Histoire du commerce français dans le Levant au XVIIIe siècle. Paris, 1911.

surtout, à la fin du siècle, en coton, qui est évalué à 14 millions ; elle porte aussi sur les huiles, peaux et cires, qui servent aux besoins des grandes fabriques marseillaises : tanneries et savonneries (celles-ci au nombre d'une trentaine). L'importation des denrées comestibles (blé et café) a diminué. A l'exportation figurent surtout les draps du Languedoc, soumis à une réglementation très étroite, et destinés principalement à Constantinople et à Smyrne. Dans la première moitié du siècle, on n'expédie pas plus de 50.000 pièces par an ; de 1763 à 1773, 85.000 en moyenne (99.000 même en 1772) ; puis, c'est une décadence relative : de 1773 à 1783, 72.000 pièces par an, et, après 1783, moins de 50.000 ; aux approches de la Révolution, c'est la concurrence étrangère qui semble avoir nui à ce commerce. On envoie aussi dans le Levant de la bonneterie, des produits coloniaux (sucre, café, cochenille, indigo). C'est surtout dans la péninsule des Balkans, en Morée, à Constantinople, à Salonique, que le commerce français a fait des progrès ; mais, au XIXe siècle, il sera en partie ruiné par la concurrence anglaise, russe et autrichienne. — Dans les pays barbaresques, notamment en Tunisie, notre commerce s'est développé, bien qu'il ne représente pas un gros chiffre d'affaires [1].

IV. Le commerce colonial et la Compagnie des Indes.

Le commerce maritime et colonial est encore au premier plan. Au XVIIIe siècle, on n'a pas renoncé au système des compagnies privilégiées ; mais toutes celles qui avaient été créées sous Louis XIV, et qui subsistaient encore en 1715, furent absorbées par la Compagnie que fonda Law [2]. Celui-ci avait d'abord créé la Compagnie d'Occident, en 1717, puis, en 1719, il obtenait le privilège de la Compagnie des Indes Orientales, celui de la Compagnie d'Afrique, en 1720, celui de la Compagnie de Guinée. La Compagnie des Indes fut atteinte par la chute du système, mais, après la liquidation, elle fut reconstituée (1722-1723) ; ses privilèges furent confirmés en 1725,

---

1 Peut-être les violences des pirates barbaresques gênent-elles ce commerce. Voy. HAYEM, *La navigation et le commerce français dans la Méditerranée* (HAYEM, *op. cit.*, t. I, pp. 207 et sqq.).
2 Voy. BONNASSIEUX, Les grandes compagnies de commerce, 1892 ; WEBER, La Compagnie française des Indes, 1901.

et son capital fut fixé à 137 millions [1].

Dans la première moitié du XVIIIe siècle, c'est la Compagnie qui étend le domaine colonial de la France. Elle manifeste, d'abord, son activité par la mise en valeur de la Louisiane, qui commence à être colonisée, et qui aurait pu être prospère sans l'hostilité des colonies anglaises et les révoltes de Peaux-Rouges ; d'importantes cultures de tabac y sont créées [2]. Dans l'Inde, en 1715, la Compagnie française, comme la Compagnie anglaise, n'avait encore que des comptoirs (Pondichéry, Mahé, Chandernagor). Dumas commence à étendre le domaine de la France, par l'acquisition de Karikal, en 1739. Dupleix crée un véritable empire, sans obéir, au début, à un plan systématique ; entraîné par les circonstances, il en arrive à soumettre à son protectorat les princes indigènes ; s'il fut rappelé en 1754, ce fut avant que la Compagnie fût réellement instruite de ses projets [3]. Le Canada se développe aussi ; on commence à mettre le pays en valeur ; en 1763, on compte plus de 60.000 colons.

Le traité de Paris, en 1753, enleva à la France la plus grande partie de cet empire. La Compagnie des Indes se transformait en simple compagnie de commerce et ses ressources diminuaient. Sa décadence est nettement marquée par le chiffre de son capital :

en 1725	137	millions
1740	162	—
1756	138	—
1769	55	—

Cependant, jusque vers 1760, elle avait fait un commerce considérable, surtout avec l'Inde et avec la Chine : les bénéfices des transactions avec l'Inde s'élevaient, en moyenne, à 50 millions de livres ; les bénéfices du commerce avec la Chine, à 22 millions, dans la période de 1743 à 1756. En somme, elle alimentait très convenablement le marché français en marchandises de l'Inde et de la Chine, en café de Moka ; elle armait, chaque année, 30 bâ-

---

1 La Compagnie reconstituée fut placée directement sous l'autorité du Roi, mais le contrôle en fut assuré aux actionnaires ; voy. Albert GIRARD, *La réorganisation de la Compagnie des Indes (1719-1723)* (*Revue d'hist. moderne*, 1908-1909, t. XI, pp. 5 34 et 177-197).

2 A noter le rôle joué par Bienville et par Perrier. Cf. Pierre HEINRICH, *La Louisiane sous la Compagnie des Indes (1717-1731)*, 1907 (thèse de doctorat ès lettres).

3 Voy. CULTRU, *Dupleix*, 1901 ; Alfred MARTINEAU, *Dupleix et l'Inde française (1722-1744)*. Paris, 1920.

DEUXIÈME PARTIE

timents, et on peut douter que le commerce libre eût beaucoup mieux réussi. Mais, à partir de la guerre de Sept Ans, ses transactions diminuent sensiblement ; ses bénéfices, en 1768, ne sont plus que de 15 millions, pour l'Inde, de 3 millions pour la Chine [1]. C'est là une des raisons qui expliquent sa suppression.

Dès 1755, Gournay, dans ses *Observations sur la Compagnie des Indes*, critiquait sa gestion, en proposait la liquidation et préconisait la liberté du commerce colonial. Après la Guerre de Sept Ans, c'est une campagne plus active encore : Morellet, en 1769, écrit un *Mémoire sur la situation actuelle de la Compagnie des Indes*. D'ailleurs, le privilège de cinquante ans touche à son terme. En 1769, on suspend le privilège exclusif de la Compagnie aux îles de France et de Bourbon, ainsi que dans l'Inde. Cependant, en 1785, une nouvelle Compagnie des Indes fut créée, mais de son monopole étaient exclus les pays de l'Atlantique et elle n'avait « aucun droit de souveraineté sur les pays dont le commerce lui était concédé » ; son privilège était fixé à sept ans et son capital, à 20 millions. Bien qu'elle n'eût pas l'importance de l'ancienne Compagnie, elle fit de bonnes affaires commerciales, et elle suscita le mécontentement des négociants, habitués maintenant à la liberté du commerce. D'ailleurs, il faut dire que sa constitution donna lieu à des spéculations scandaleuses. Les cahiers de 1789 ont réclamé énergiquement sa suppression, et la Constituante, en 1790, établit la liberté du commerce dans l'Inde [2].

V. Le monopole de la métropole et le commerce des Antilles.

On le sait, le commerce colonial n'avait jamais cessé d'être soumis à une législation très restrictive, en France comme dans les autres pays ; au XVIIIe siècle, la métropole prétend toujours s'en réserver le monopole et interdire le commerce de ses colonies avec les pays étrangers. Des lettres-patentes de 1717 défendent aux colons des « îles d'Amérique » de transporter leurs produits à l'étranger, aux capitaines de navires de prendre à l'étranger des cargaisons à destination des Antilles ; un édit de 1727 interdit aux étrangers d'abor-

1 A. WEBER, *La Compagnie des Indes*, 1901, pp. 472 et sqq.
2 *Ibid.*, pp. 616 et sqq. Cf. A. MATHIEZ, *L'affaire de la Compagnie des Indes*.

der dans les colonies. Mais ces prescriptions étaient constamment violées, ce dont ne cessaient de se plaindre les négociants français [1]. C'est que les colonies françaises d'Amérique avaient besoin d'être approvisionnées en bois, farines et poissons ; surtout après la perte du Canada et de la Louisiane, on ne peut se passer des denrées fournies par les colonies anglaises de l'Amérique du Nord ; la France fournit à peine un cinquième de la farine dont on a besoin, et que les colonies anglaises vendent bien moins cher ; de là, une contrebande très active contre laquelle le gouvernement est presque complètement désarmé, et qui a d'autant plus de succès que les colons anglais ont besoin aussi des produits des Antilles (sucre, café, indigo) [2]. Choiseul, après 1763, et malgré les réclamations des armateurs français, doit autoriser les Anglais à importer dans les Antilles la morue de leurs pêches, moyennant un droit de 8 l. par quintal. Enfin, l'arrêt du Conseil de 1784 permet aux navires étrangers d'aborder dans les colonies françaises, au grand mécontentement des négociants de Nantes, Bordeaux, La Rochelle, Saint-Malo, etc., qui veulent le maintien de leur monopole. C'est qu'aux Antilles, la colonisation française avait fait de grands progrès au cours du XVIIIᵉ siècle. Après 1715, on mit en valeur Saint-Vincent, puis Sainte-Lucie ; on introduisit aux Antilles le caféier et le cacaoyer, puis le cotonnier. Malgré les désastres de la guerre de Sept Ans, ces colonies étaient très prospères à la fin de l'Ancien Régime, notamment la Martinique, la Guadeloupe et surtout Saint-Domingue [3]. A Saint-Domingue, le Cap Français a 20.000 habitants, le Port-au-Prince, fondé en 1749, 10.000 ; la population totale dépasse 400.000 âmes, dont 42.000 blancs. Nombreuses sont les plantations de cannes à sucre, de café (surtout depuis 1730), d'indigo (surtout après 1750), de coton. Le commerce avec les Antilles fut encouragé par un certain nombre de mesures : la liberté du commerce de Guinée, en 1716 ; la réduction des droits sur l'importation des denrées coloniales en France (1717) ; la liberté

1 Notamment les armateurs de Nantes et de Saint-Malo ; voy. H. SÉE, L'industrie et. le commerce de la Bretagne dans la première moitié da XVIIIᵉ siècle, p. 38. Cf. BRUTAILS, Inventaire des Archives de la Chambre de commerce de Bordeaux, Introduction.
2 Déjà, à l'époque de Colbert, se manifestent ces tendances, qui font échouer la politique commerciale de Colbert dans les Antilles ; voy. MIMS. op. cit., et ci-dessus, p. 123.
3 Sainte-Lucie, La Désirade, Marie-Galante n'ont qu'une importance secondaire.

DEUXIÈME PARTIE

du commerce du café (1736) ; puis, il faut tenir compte surtout du progrès de la consommation des denrées coloniales (sucre et café), et, dans la deuxième moitié du siècle, du coton. Le commerce avec les Antilles occupe de plus en plus tous les ports de l'Atlantique ; Le Havre, qui, au XVIe siècle, avait trafiqué surtout avec les colonies espagnoles, puis, au XVIIe siècle, s'était occupé de la pêche de la morue, se spécialise au XVIIIe, dans le traité des noirs et le commerce avec les Antilles, affectant à ce commerce 140 navires [1].

En 1716, le commerce des Antilles ne s'élevait, à l'importation, qu'à 16.700.000 l., et à l'exportation de France, qu'à 9 millions ; en 1774, d'après l'*Encyclopédie méthodique*, l'importation en France était déjà de 126 millions ; en 1788, d'après la *Balance du commerce*, d'Arnould, on importait en France pour 185 millions de denrées coloniales et l'on exportait aux Antilles des marchandises d'une valeur de 78 millions. Le sucre et le café ont une valeur de 134 millions ; le coton, de 26 millions ; l'indigo, de 11 millions ; le cacao et le gingembre, de 10 millions. On exporte surtout des objets manufacturés : toiles, tissus, mercerie, quincaillerie (42 millions), comestibles (13 millions), vins et eaux-de-vie (7 millions). Un commerce subsidiaire très important, c'est la traite des nègres, que font 2.173 navires, jaugeant 133.000 tonneaux ; la traite, qui enrichit de nombreux armateurs, notamment à Bordeaux et à Nantes, est considérée comme indispensable pour la colonisation des Antilles. En 1789, le mouvement pour l'affranchissement, préconisé surtout par la *Société des Amis des noirs*, suscite les craintes des colons et des armateurs, des Havrais, comme des Nantais et des Bordelais [2]. La Chambre de commerce de Bordeaux, dans son Instruction à ses députés extraordinaires du commerce, disait :

« La France a besoin de colonies pour soutenir son commerce, et, par conséquent, d'esclaves pour faire fleurir l'agriculture dans cette partie du monde, jusqu'à ce qu'on ait trouvé un autre moyen d'y suppléer ».

C'était une des grosses questions qui se posaient devant l'Assemblée Constituante.

Les négociants faisant le commerce colonial réclamaient aussi

1 Voy. AUGEARD, La traite des noirs à Nantes, 1901.
2 Voy. Ph. BARREY, Le Havre et la navigation des Antilles sous l'Ancien Régime, La question coloniale en 1789-1791 (J. HAYEM, op. cit., 3e série, pp. 211 et sqq.).

la liberté commerciale, c'est-à-dire la suppression de la nouvelle Compagnie des Indes, et le maintien de leur monopole dans les colonies. Mais ce monopole ne pouvait être maintenu : depuis un siècle, tout le grand commerce international s'efforçait de rendre libres les transactions avec l'Amérique ; il y avait là une évolution à tel point fatale que l'arrêt de 1784 ne faisait guère que consacrer un état de fait et que les colonies anglaises de l'Amérique avaient, en grande partie pour cette raison, secoué le joug de la métropole [1]. Le roi d'Espagne lui-même, Charles III, en 1778, avait définitivement supprimé le monopole de Cadix par son *Ordenanza del comercio libre*, qui préparait la voie à une liberté plus large encore.

En un mot, toute l'expansion économique du xviiie siècle rendait fatale la rupture de l'ancien pacte colonial. Les colons des deux Amériques ne pouvaient plus le supporter ; tous, à cet égard, étaient unanimes, tandis que les négociants du vieux monde s'ils prétendaient conserver leur monopole particulier, s'efforçaient de détruire celui de leurs rivaux. La conséquence, ce sera l'affranchissement de tout le continent américain, de l'Amérique espagnole, comme de l'Amérique anglaise, la création de jeunes républiques vigoureuses. Ce grand fait, qui se préparait depuis un siècle et demi, est sans aucun doute l'un des grands événements de l'histoire universelle, et il a été, pour une forte part, déterminé par l'évolution économique des peuples civilisés.

VI. Prospérité des ports de l'Atlantique : Bordeaux, Nantes, La Rochelle, Saint-Malo, Le Havre.

Tout ce qui précède nous explique que les places de commerce les plus florissantes soient les ports [2] et, en particulier, ceux d'entre eux

---

1 La traite des noirs a été la principale ressource des établissements français du Sénégal ; voy. P. Cultru, *Histoire du Sénégal*, pp. 245 et sqq. Cf. Letaconnoux, *Le Comité des députés extraordinaires des manufactures et du commerce* (*Annales révolutionnaires* 1913) ; P. Boissonnade, *Saint-Domingue et la question de la représentation coloniale aux États généraux*, 1906 ; Ph. Barrey, *op. cit.*, loc. cit., pp. 256 et sqq. — Sur ce qui précède voy. aussi A. Girault, *Principes de colonisation et de législation coloniale*, nouvelle édition, t. I, 1921 ; Schlesinger, *Colonial merchants and the American revolution*, 1918 ; H. Hauser, *De quelques aspects de la Révolution américaine* (*La Révolution française*, 1921, I. LXXIV, pp. 193 210).

2 Les ports comptent parmi les villes les plus peuplées du royaume : Marseille, en

qui ont des relations avec les Antilles.

A cet égard, il n'est peut-être pas d'exemple plus frappant que celui de Bordeaux [1]. Évidemment, l'un des éléments de sa prospérité, ce sont les vins : le Bordelais produit environ 200.000 tonneaux, dont 125.000 sont exportés, principalement sur des bateaux anglais et hollandais. — Mais, au XVIIIe siècle, c'est le commerce colonial qui passe au premier plan. A son développement contribuent deux mesures : l'arrêt du Conseil, de 1716, autorisant le port de Bordeaux à faire la traite des nègres ; l'arrêt de 1717, qui affranchit de tous droits les marchandises françaises embarquées à Bordeaux, ainsi que les produits importés des colonies et réexpédiés à l'étranger. Aussi le port devient-il très actif. Tandis qu'en 1682, il n'expédiait en Amérique qu'une vingtaine de navires et ne recevait que 2.000 tonneaux de sucre, en 1720, 74 navires partent pour les Antilles, et 120, en 1722. Des chiffres montrent clairement aussi le progrès du commerce maritime ; on l'évalue :

En 1717	à	12	millions	;
en 1724-1725	à	40	millions	;
en 1740	à	53	millions	;
en 1749	à 75 millions.			

1784, contient 90.000 habitants ; Bordeaux, 84.000 ; Rouen, 72.500 ; Nantes. 57.000. Il est vrai que le Havre n'a que 18.000 âmes et La Rochelle, 17.000 (NECKER, *Administration des finances*, t. I, pp. 228 et sqq.). — Notons que l'outillage des ports est encore bien primitif. Les ports d'estuaires, comme Bordeaux et Nantes, ne peuvent recevoir que des bateaux de faible tonnage (200 tonneaux à Nantes) ; les bateaux des « îles d'Amérique » doivent s'arrêter à Paimbœuf, et les marchandises sont transportées à Nantes sur des *gabarres*, qui prennent de 35 sous à 3 l. par tonneau (R. GASNIER, *op. cit., loc. cit.*, p. 79). Rouen se trouve dans le même cas que Nantes. Les navires de plus de 200 tonneaux doivent décharger au Havre leurs marchandises, qu'on transporte ensuite sur des *allèges* à Rouen. A la veille de la Révolution, malgré des travaux exécutés dans la Basse-Seine, Rouen ne reçoit guère que 180 à 200 navires, dont le tonnage ne dépasse pas 180 tonneaux ; Le Havre reçoit, de son côté 769 navires. Le transport du Havre à Rouen coûte assez cher : pour le sucre, 7 l. 10 s. par tonneau : pour le café, 10 l. Voy. Ph. BARREY, *Le Havre maritime : la batellerie et les transports par terre du XVIe au XIXe siècle* (J. HAYEM, *Mem. et doc*, t. VI, pp. 67 et sqq.). Jusqu'au XIXe siècle, Marseille n'aura que son « Vieux Port », encombré par les navires (*Encycl. départementale des Bouches-du-Rhône*, t. IX).
1 Voy. C. JULLIAN, Histoire de Bordeaux depuis les origines jusqu'en 1895, 1895 ; MALVEZIN, Histoire du commerce de Bordeaux, 3 vol., 1892 ; BRUTAILS, op. cit. ; Alex. NICOLAÏ, La population de Bordeaux au XVIIIe siècle, 1909 (extr. de la Revue économique de Bordeaux, t. XV-XIX) ; H. LORIN, Bordeaux (Coll. des Ports de France).

Henri Sée

La guerre de Sept Ans détermine une crise grave. Mais, à la veille de la Révolution, la prospérité de Bordeaux est plus grande que jamais. En 1782, 310 navires partent pour les Antilles et en rapportent pour 130 millions de marchandises ; le chiffre d'affaires total est de 250 millions, représentant un quart du commerce maritime de la France. En 1787, le gouvernement crée un service de paquebots-postes pour les Antilles. Sous Louis XVI, la traite des nègres emploie une quinzaine de navires, transportant 5.000 nègres par an aux îles. Les principales industries sont nées du commerce colonial : les distilleries, les raffineries, les chantiers de constructions navales. Notons qu'à Bordeaux beaucoup de maisons de commerce ont été fondées par des étrangers, notamment par des Irlandais et des Juifs portugais, parmi lesquels on peut citer les Gradis, célèbres comme armateurs [1]. Les fortunes s'édifient vite : Bonnafé, qui arrive à Bordeaux en 1740, possède sous Louis XVI plus de 13 millions. La ville est si prospère que sa population s'accroît sensiblement, qu'elle s'embellit et se couvre de magnifiques monuments [2].

Nantes s'est aussi beaucoup développé au XVIIIᵉ siècle, et pour les mêmes raisons que Bordeaux ; la traite des nègres y est encore plus importante. Sans doute, Nantes fait un grand commerce avec l'Espagne, mais ce sont les relations avec les Antilles qui l'emportent de beaucoup : elles occupent 150 vaisseaux de 50 à 400 tonneaux. Après la guerre de Sept Ans, l'importation du sucre augmente ; Saint-Domingue lui en envoie, chaque année, pour 35 millions de livres. Les industries nantaises sont nées surtout du commerce colonial, principalement les raffineries. Enfin, d'importants chantiers de constructions ont été créées à Nantes. La population s'est beaucoup accrue, et les étrangers sont frappés de la richesse des habitations. La prospérité de Nantes sera gravement compromise par l'abolition de la traite et par les guerres de la Révolution et de l'Empire, qui ruineront le commerce colonial [3].

1 Voy. MALVEZIN, Histoire des Juifs à Bordeaux, 1875.

2 Sur les embellissements de Bordeaux, voy. LHÉRITIER, L'intendant de Tourny, 1920 (thèse de doctorat ès-lettres).

3 Les raffineries de Nantes, malgré la concurrence des autres ports — et surtout de Rouen —, se développent beaucoup dans la seconde moitié du XVIIIᵉ siècle : en 1780, on en compte douze dont les produits sont évalués à 600.000 l. ; voy. Georges LERAT, Étude sur les origines, le développement et l'avenir des raffineries nantaises. Paris, 1911 (thèse de doctorat en droit). Cf. aussi AUGEARD, La traite des noirs à Nantes,

Saint-Malo, au XVIIIᵉ siècle, n'a plus sa situation prépondérante d'autrefois. Ses armateurs, dès 1725, ont renoncé au commerce interlope dans les mers du Sud. Cependant le port fait encore un important trafic avec l'Espagne, malgré une certaine diminution qui se manifeste dans l'exportation des toiles ; la pêche de la morue, la traite des nègres, les transactions avec les Antilles contribuent à faire de Saint-Malo une place de commerce importante. Cependant sa déchéance est déjà bien visible à la veille de la Révolution. Sa navigation est moins active, malgré la valeur traditionnelle de ses marins [1]. C'est que le port n'a pas d'*hinterland*, pas de communication facile avec le reste du royaume ; les négociants se plaignent de n'avoir pas sur place de débouchés pour les marchandises qu'ils tirent des colonies ; ils doivent les envoyer vendre à Nantes, à Marseille, voire à Amsterdam et à Hambourg [2].

C'est au commerce des Antilles, et aussi du Canada et de la Louisiane, que La Rochelle doit sa prospérité [3]. En 1718, 52 navires y sont déjà occupés, et des raffineries importantes ont été créées. La liberté du commerce avec la Louisiane, en 1731, détermine un mouvement de navigation assez important (en 1743, 11 navires jaugeant 2.100 tonneaux). Dans la première moitié du siècle, les progrès du commerce sont très sensibles :

	Pays d'Europe		Hors d'Europe	
	Importations	Exportations	Importations	Exportations
1731	1.577.000	3.815.000	3.761000	2.013.000
1740	2.792.000	6.245.000	6.950.000	3.572.000

Pour les colonies françaises, le port a expédié : en 1725, 23 navires, d'un tonnage de 3.310 tonneaux ; en 1738, 47 navires (8.532 tonneaux) ; en 1740, 40 navires (7.113 tonneaux). — Même pen-

Nantes, 1909 ; M. TREILLE, *Le commerce de Nantes sous la Révolution* ; Gaston MARTIN, *La politique nantaise des subsistances sous la Constituante et la Législative*, 1924. — Il n'existe toujours pas d'histoire du commerce de Nantes au XVIIIᵉ siècle, malgré les belles archives de la Chambre de commerce.

1 Voy. René DURAND, Le commerce de la Bretagne au XVIIIᵉ siècle (Annales de Bretagne, 1917, t. XXXII, pp. 447-469).

2 H. SÉE, Le commerce de Saint-Malo au XVIIIᵉ siècle, loc. cit. ; SAINT-MLEUX, Les armements de M. de Chateaubriand (Annales de Bretagne, t. XXXIV) ;

3 Voy. GARNAULT, Le commerce rochelais au XVIIIᵉ siècle, 1887-1888, 3 vol.

Henri Sée

dant la guerre de la Succession d'Autriche, le commerce reste florissant : en 1748, on expédie 41 navires (8.059 tonneaux). Pendant la guerre de Sept Ans, par contre, il y a une crise terrible : en 1762, l'importation tombe à 1.657.000 l. et l'exportation, à 2.500.000 l. La Rochelle se releva difficilement ; la perte du Canada et de la Louisiane lui fit grand tort, sans compter que le port est devenu insuffisant pour des navires d'un plus fort tonnage qu'on emploie maintenant ; les travaux n'ont pas encore commencé en 1775 ; ils seront ordonnés en 1777, mais ne seront pas encore achevés en 1789 ; ils ne seront terminés qu'en 1808 [1].

Le Havre, servi par sa situation à l'extrémité de l'estuaire de la Seine, fait aussi de très grands progrès au XVIIIe siècle, surtout après la guerre de Sept Ans, et principalement grâce au commerce avec les Antilles, qui occupe 130 bâtiments ; la traite négrière, qui se développe vers 1750, contribue à sa prospérité. Le Havre a aussi des relations importantes avec l'Angleterre, la Hollande, les pays de la Baltique. La plupart des marchandises destinées à Rouen doivent y être déchargées, comme on l'a vu plus haut. C'est maintenant le grand port du Nord-Ouest : il reçoit chaque année près de 800 navires [2].

Quant au port de Dunkerque, qui commerce surtout avec les pays du Nord, il n'a encore qu'une importance tout à fait secondaire.

Le port de Marseille a fait de grands progrès au cours du XVIIIe siècle. Si ses relations avec les pays de l'Europe Centrale sont gênées par le mauvais état des communications alpestres, d'autre part, il commence à faire un commerce important avec les îles d'Amérique, de sorte qu'il devient un grand marché pour le sucre

1 Voy. un mémoire de la Chambre de commerce de La Rochelle à l'intendant Meulan d'Ablois : « La Rochelle tenait autrefois le premier rang parmi les villes maritimes du Royaume ; son port fait pour contenir des vaisseaux de 150 à 200 tonneaux a été celui où la France a trouvé ses plus grandes ressources pour l'établissement et l'accroissement de ses colonies, aussi longtemps que le commerce de l'Amérique a pu se faire avec de petits navires ; mais, ce commerce s'étendant insensiblement et toutes les nations ayant voulu y participer, il est devenu moins lucratif. Il a fallu alors chercher les moyens de le faire avec plus d'économie ; on a senti qu'il fallait pour cela y employer de plus grands navires, et la marine marchande s'est successivement montée en vaisseaux de 3, 4 et 500 tonneaux ». Le port de La Rochelle, ne permettant pas de recevoir des bateaux d'un aussi fort tonnage, n'a pu soutenir la concurrence des « ports de rivières, comme Nantes et Bordeaux » (GARNAULT. t. II, pp. 239 et sqq.).
2 Ph. BARREY, *op. cit.* et *Le Havre maritime*, loc. cit.

DEUXIÈME PARTIE

et le café, qu'il revend dans tous les pays de la Méditerranée ; il entre même en relations avec les Indes Orientales, après la suppression de la Compagnie des Indes, en 1769 ; il prend ainsi une importance mondiale. En 1795, Marseille possède 495 navires, d'un tonnage de 127.000 tonneaux [1].

Le tonnage des bateaux s'accroît assez sensiblement au XVIIIe siècle, ce qui entraîne des modifications dans l'importance relative des différents ports [2]. Dans la première moitié du XVIIIe siècle, un bâtiment de 400 tonneaux semble un gros vaisseau, et même, pour le commerce colonial, on se servait souvent de bateaux qui ne dépassaient pas 200 tonneaux. Dans la seconde moitié du siècle, les navires des « îles d'Amérique » ne peuvent plus arriver jusqu'à Nantes, doivent s'arrêter à Paimbœuf [3]. Mais, en 1789, on compte encore beaucoup de bateaux de moins de 200 tonneaux. On s'explique ainsi la décadence de ports comme Vannes [4].

VII. Données générales
sur le développement du commerce.

Quelle a été, dans son ensemble, l'importance du commerce extérieur de la France au XVIIIe siècle [5] ? Tandis que, pour le XVIIe siècle, nous ne possédons pas de renseignements numériques, de statistique commerciale, au XVIIIe siècle, fut créé un bureau, auquel les agents des douanes durent envoyer, chaque année, les tableaux

---

1 Voy. Marcel BLANCHARD, *Les routes des Alpes Occidentales à l'époque napoléonienne.* Paris, 1920 ; *Encyclopédie départementale des Bouches-du-Nord*, t. IX (chap. de Paul Masson), p. 345, et t. III, pp. 256 et sqq. (chap. écrits par Bourrilly). — Remarquons qu'en 1726, Marseille obtient l'autorisation de recevoir les cargaisons des navires qui ont un autre port d'attache ; les Malouins y débarquent les piastres espagnoles et leurs chargements de morues (H. SÉE. *Le commerce de Saint-Malo dans la première moitié du XVIIIe siècle*, loc. cit., pp. 25, 37, 40).

2 Ainsi s'explique, par exemple, la décadence du port de Morlaix ; voy. H. SÉE, *L'industrie et le commerce de la Bretagne dans la première moitié du XVIIIe siècle*, p. 46 : BOURDE DE LA ROGERIE, *Inventaire de la série B' du Finistère*, Introduction, pp. CLXXII et sqq.

3 A partir de 1770, un sixième environ des bateaux, provenant des Antilles ou de Marseille, qui entrent à Nantes dépasse 400 tonneaux ; on en note quelques-uns de 600, 700 et même 900 tonneaux (Arch. d'Ille-et-Vilaine, C 1588).

4 H. SÉE, Le commerce de Saint-Malo ; R. GASNIER, op. cit., loc. cit., p. 79.

5 E. LEVASSEUR, *Histoire du commerce de la France*, t. I, pp. 509 et sqq.

des importations et des exportations. Le service fonctionna régulièrement, à partir de 1726, mais laissa d'abord à désirer, car, si les quantités étaient notées exactement (les négociants étaient tenus d'en faire la déclaration), les valeurs ne l'étaient pas. Cependant, à partir de 1756, on remarque un notable progrès, grâce à Trudaine, qui a fait ajouter aux états particuliers des états généraux, dits « objets généraux », sorte de résumés récapitulatifs. En 1781, Necker réorganisa le service et créa le *bureau de la balance générale du commerce*, qui eut pour chef Arnould. Ce dernier fut donc en mesure de publier son ouvrage, *De la balance du commerce*, qui contient des tableaux détaillés pour 1716 et 1787, ainsi que des tableaux résumés par périodes et par régions, de 1716 à 1788.

Ou a encore d'autres données, notamment les relevés de Bruyard, qui se trouvent aux Archives Nationales, ainsi que les renseignements fournis par Necker dans son *Administration des finances* ; Necker critique vivement les chiffres donnés par Bruyard, et il semble qu'Arnould soit la source la plus sûre ; mais ses chiffres eux-mêmes ne sauraient avoir qu'une valeur approximative [1].

Au début du règne de Louis XV, le commerce extérieur est évalué à 213 millions (93 à l'importation, et 122 à l'exportation). Or, dans les années 1719-1755, la moyenne est déjà de 616 millions. Et cependant, les vingt premières années du règne ont été marquées par une profonde dépression économique, avec des crises fréquentes [2] ; mais, après 1735, il y a un progrès assez accentué. Ensuite, la guerre de Sept Ans a provoqué une crise profonde : de 1756 à 1763, la moyenne est tombée à 323 millions.

A partir de 1763, les chiffres se relèvent rapidement : 725 millions en 1764-1776 ; 683, de 1777 à 1783 ; 1.061, de 1784 à 1788 [3]. En

---

1 Voy. aussi des états conservés aux Archives nationales (F¹² 1834), édités par M. LOHMANN, dans les Mémoires de l'Académie des Sciences de Berlin, 1898 (*Die amtliche Handelslatistik Englands und Frankreichs im XVIII^{ten} Jahrundert*), des états imprimés de 1787 à 1828 (Arch. nat., F¹² 251) ; CHAPTAL, *De l'industrie française*, t. I, p. 134 ; MOREAU DE JONNÈS, *Statistique générale de la France*. — Toutes ces données auraient besoin d'être critiquées d'une façon scientifique.

2 Notamment en Bretagne ; voy. H. SÉE, *Le commerce et l'industrie de la Bretagne*, et *Le commerce de Saint-Malo*, loc. cit., pp. 53-54.

3 Necker donne le chiffre de 530 millions, mais il omet le commerce avec les colonies. Il estime les exportations à 300 millions et les importations à 230. A l'article exportation, il fait figurer les objets manufacturés pour 150 millions ; les denrées coloniales des îles d'Amérique, pour 70 ou 75 millions ; les vins et eaux-de-vie, pour

1787, d'après Arnould, le commerce est évalué à 1 milliard 153 millions (611 à l'importation ; 542 à l'exportation). Après la guerre de Sept Ans, l'exportation était restée, pendant une douzaine d'années, supérieure à l'importation ; puis, c'est l'inverse qui se produisit, surtout après le traité de 1786 avec l'Angleterre. En 1787, sur les 512 millions de l'exportation, 311 provenaient de l'agriculture et 231, de l'industrie. La plus forte exportation se faisait par les provinces maritimes (Bretagne, Provence, généralité de Montpellier), et surtout par les ports de l'Atlantique.

Il est vrai que la hausse des prix, qui se produit à la fin de l'Ancien Régime, a dû contribuer à la hausse de la valeur du commerce. Ce qui est frappant, en tout cas, c'est que les chiffres de 1825 sont à peine supérieurs à ceux de 1788.

En résumé, la valeur du commerce extérieur a plus que quadruplé de 1716 à 1789. Pour les progrès de l'exportation, Arnould donne les chiffres suivants :

	1716	1789
Produits du sol *	36 millions	93 millions
Produits de l'industrie	4b —	133 —
Denrées coloniales de l'Amérique	15 —	152 —
Marchandises des Indes réexportées	2,6 —	4,1 —
Marchandises étrangères réexportées	6	46 —
Balance en argent	36	57 —

* A noter les progrès de l'exportation des vins et des eaux-de-vie du Bordelais et du Languedoc ; voy. DUTIL, op. cit., pp. 841 et sqq.

Ce ne sont là, d'ailleurs, que des données tout approximatives. Pour décrire avec précision les progrès du commerce français au cours du XVIIIe siècle, un grand nombre de monographies, que

35 ou 40 millions ; les produits des Indes Occidentales, pour 18 millions ; les blés, pour 16 ; les cuirs, bois, etc., pour 6 millions. Il décompose ainsi les importations : matières premières pour les manufactures, 70 millions ; autres matières premières, 20 ; objets manufacturés, 40 ; comestibles, 40 ; bois, métaux, charbon de terre, 25 ; denrées coloniales, 14 ; tabacs, 10 ; marchandises diverses, 10 à 12 (*Administration des finances*, t. II, pp. 130 et sqq.). — CHAPTAL (*op. cit.*, t. I, p. 134) évalue, pour 1789, les importations à 634.365.000 l., et les exportations, à 438.477.000 l.

nous ne possédons pas encore, seraient nécessaires.

Il importe de remarquer que les progrès des transactions commerciales au XVIIIe siècle [1] ont exercé une influence considérable sur le développement industriel. Ainsi, c'est l'importation du coton dans les ports normands qui va créer l'industrie cotonnière dans la région rouennaise ; à Nantes, c'est le commerce avec les « îles d'Amérique » qui donne naissance aux raffineries et aux manufactures d'indiennes [2]. A cette époque, en France (le fait s'est produit aussi en Angleterre), c'est le développement du commerce qui accélère tout le progrès économique, qui détermine les transformations industrielles, tandis que, plus tard, c'est l'inverse qui se produira [3]. Ce ne sont pas les fabricants, mais les négociants et surtout les armateurs qui cherchent des débouchés pour les produits industriels ; négociants et armateurs se plaignent souvent de l'imperfection de ces produits et du peu de conscience des fabricants [4]. Il semble qu'on soit là en présence d'un phénomène d'une portée très générale. Presque toujours, c'est le commerce qui précède l'industrie ; n'est-ce pas le cas même de villes comme Lyon et Grenoble, que l'on considère surtout aujourd'hui sous leur aspect industriel [5] ? Et, à mesure que les relations commerciales prennent, à l'étranger, un champ de plus en plus vaste, l'industrie, sollicitée à travailler pour des marchés plus lointains et plus nombreux, ne

---

1 Sur le commerce à la fin de l'Ancien Régime, voy. Chaptal, *op. cit.*, t. I, pp. 1-136 ; Gournay, *Almanach général du commerce*, 1788, el René Durand, *Le commerce en Bretagne au XVIIIe siècle* (*Annales de Bretagne*, 1917, t. XXXII, pp. 447-469), étude faite d'après Gournay. — Pour tout le chapitre, voy. aussi E. Lavisse, *Histoire de France*, t. IX, pp. 223 et sqq.

2 Voy. H. Sée, L'industrie et le commerce de la Bretagne..., pp. 20-21 ; Levainville, Rouen ; Sion, Les paysans de la Normandie Orientale.

3 Voy. P. Mantoux, La révolution industrielle au XVIIIe siècle. Paris, 1905.

4 Voy., par exemple, ce que dit Magon de la Balue de l'« infidélité » des fabricants lyonnais, et cependant la fabrication de la soie est déjà contrôlée par les maîtres marchands (H. Sée, *Le commerce de Saint-Malo dans la première moitié du XVIIIe siècle*, loc. cit., pp. 16-18).

5 L'industrie par excellence de Lyon, la soie, n'a été implantée en cette ville que par François Ier, et l'on sait que la tentative de Louis XI pour l'y établir avait échoué. A Grenoble, la ganterie ne se développe qu'au XVIIe siècle. L'industrie si florissante de Marseille est née du commerce maritime. Voy. R. Blanchard, *Trois villes du Sud-Est* (*Travaux de géographie alpine*, an. 1918, pp. 189-191), et *Grenoble*. Paris, 1911, pp. 107 et sqq. : X. Roux, *La corporation des gantiers à Grenoble avant et après la Révolution*, 1887.

DEUXIÈME PARTIE

peut plus se contenter de l'organisation qui suffisait à des marchés purement locaux ; elle tend à devenir une grande industrie. C'est aussi le capitalisme commercial, qui précède et qui, en quelque sorte, engendre le capitalisme industriel ; on le verra bien nettement dans les pages qui suivront [1].

Chapitre IV
Le développement des manufactures au XVIIIᵉ siècle.
La première période (1715-1750)

C'est surtout dans la seconde moitié du siècle que se développeront les manufactures et qu'on pourra percevoir nettement les origines de la grande industrie, lorsque se créeront des fabrications nouvelles et que le machinisme commencera à s'introduire en France ; mais ce ne sera que le début du nouveau régime économique ; l'Angleterre devancera la France, et on ne pourra dire qu'il s'est produit en notre pays de véritable « révolution industrielle [2] ».

I. L'administration du « commerce » : Conseil et Bureau du commerce ; députés du commerce et chambres de commerce ; inspecteurs des manufactures ; gardes jurés ; intendants.

---

1 Sur l'influence prépondérante exercée par le commerce et la circulation sur tous les phénomènes économiques, voy. les considérations si suggestives de Lucien FEBVRE, *La terre et l'évolution humaine*. Paris, 1922, pp. 390 et sqq. (coll. de l'*Évolution de l'humanité*). — Notons encore que les grandes places de commerce s'embellissent à la fin de l'Ancien Régime ; tel fut le cas de la ville de Lyon, qui prend alors la physionomie qu'elle conservera dans la suite. Voy. LEROUDIER, *Les agrandissements de Lyon à la fin du XVIIIᵉ siècle* (*Revue d'histoire de Lyon*, an. 1910, pp. 81 et sqq.). — Voici encore un fait significatif, qui montre l'importance croissante du grand commerce : en 1765, on autorisa toute personne, quelle qu'elle fût, à faire le commerce en gros, malgré l'opposition des Six Corps (MARTIN SAINT-LÉON, *Histoire des corporations de métiers*, 3ᵉ édition, pp. 531-532).
2 Comme sources essentielles, voy. BONNASSIEUX et LELONG, *Inventaire des Procès-verbaux du Conseil de commerce*, in-4. Paris, 1900 ; ENCYCLOPÉDIE MÉTHODIQUE, *Arts et manufactures* et *Commerce*, 1789 ; GOURNAY, *Tableau général du commerce*, 1789 ; TOLOSAN, *Mémoire sur le commerce de la France*, 1789 ; ARNOULD, *De la balance du commerce*. Paris, 1795, 2 vol.

Comme au siècle précédent, les manufactures dépendent étroitement du pouvoir royal, qui exerce sur elles une tutelle de plus en plus active. Il y a toute une administration « du commerce », qui ne cesse de se perfectionner.

C'est tout d'abord le *Conseil et Bureau du commerce* [1]. Le Conseil, organisé sous la Régence, fut remplacé, en 1722, par un Bureau du commerce, puis rétabli en 1730, mais ne joue qu'un rôle insignifiant. C'est le Bureau du commerce qui est vraiment actif ; il est présidé par un intendant des finances et se compose de quelques membres du Conseil, de l'intendant de Paris, du lieutenant général de police, des quatre intendants du commerce. Il étudie les questions qui lui sont soumises par le Contrôleur général, et doit résoudre « toutes les difficultés concernant le commerce de terre et de mer et les fabriques et manufactures ». Le Bureau et le Conseil, depuis 1730, ont à leur tête un directeur du commerce, véritable ministre des arts et manufactures : à ce poste se sont succédé Fagon, Rouillé, Trudaine, et son fils, Trudaine de Montigny. Vers 1750, le personnel se modifie, et les idées nouvelles commencent à se faire jour dans l'administration.

Les députés du commerce continuent à figurer au Conseil jusqu'en 1789. Ils représentent Paris, Rouen, Bordeaux, Lyon, Marseille, La Rochelle, Nantes, Saint-Malo, Bayonne, Lille, Dunkerque, Amiens, la Martinique, le Languedoc, la Flandre. En théorie, ils doivent être élus par les négociants ou les Chambres du commerce ; en réalité, le gouvernement désigne d'avance l'élu, choisit, non le plus méritant, mais l'homme que recommandent ses relations. Ils reçoivent 6.000 l. par an, mais le séjour à la cour est coûteux et il faut abandonner ses affaires [2]. Billatte, député de Bordeaux pendant plusieurs années, dépense 200.000 l. et se ruine. Aussi a-t-on parfois de la peine à trouver des députés : Marseille et Bayonne, pendant plusieurs années, n'en désignent pas. Le rôle des députés est purement

---

1 Voy. BONNASSIEUX et LELONG, Inventaire des Procès-verbaux du Conseil de Commerce, Introduction.

2 Les négociants de Saint-Malo ne peuvent obtenir la révocation de leur député, M. de Maupertuis, qui, disent-ils, trahissait leurs intérêts. Marion, nommé en 1740, ne touche que 3.000 l. Les négociants malouins devaient dresser une liste de trois candidats, parmi lesquels le gouvernement choisissait le député (H. SÉE, *La représentation commerciale de Saint-Malo*, dans la *Revue internationale du commerce*, sept. 1924).

consultatif, mais ils rédigent souvent des mémoires intéressants.

L'institution des Chambres de commerce se développe au XVIIIe siècle ; elles représentent, surtout dans les villes maritimes, où elles sont le plus importantes, l'aristocratie commerciale, et disposent d'un véritable budget ; les plus actives sont celles de Marseille, Bordeaux, Lyon [1].

Le nombre des *inspecteurs des manufactures* s'accroît au XVIIIe siècle ; de 38, en 1715, ils passent à 64, en 1754, puis Trudaine en réduit le nombre à 16, assistés de 10 sous-inspecteurs. Il y eut aussi des inspecteurs spéciaux pour certaines industries (mines, savonnerie, papeterie). Leurs fonctions sont très difficiles et délicates ; ils sont mal vus des populations et ont des différends continuels avec les gardes-jurés et les juges des manufactures. Ils sont souvent mal reçus : l'un d'eux, qui fait une visite aux environs de Reims, « est accueilli à coups de bâton par plus de 400 personnes ». Il est souvent difficile aux inspecteurs de faire appliquer les règlements.

Quelle est la valeur de ce personnel ? Sans doute, parmi eux, surtout dans la deuxième moitié du XVIIIe siècle, on compte quelques hommes remarquables : tels, Desmarets, membre de l'Académie des Sciences en 1771, Hellot, autre membre de l'Académie, auteur d'*Études sur l'art de teindre les étoffes* ; Roland de la Platière, qui écrit trois volumes de l'*Encyclopédie méthodique*, Abeille, Dupont de Nemours, Clicquot-Blervache. Mais la plupart, choisis par la faveur, n'ont aucune idée de l'industrie, ou bien ce sont des commerçants qui ont fait de mauvaises affaires. Leur administration est souvent vexatoire. Les fabricants demandent leur suppression ; ils se maintiendront cependant jusqu'à la Révolution.

Au-dessous des inspecteurs, et sous leur contrôle, se trouvent les *gardes-jurés* et les *sous-jurés*, dont les fonctions sont très absorbantes dans les métiers textiles. Ils ont souvent une circonscription étendue. Ils sont élus par les notables, en présence du juge ou de l'inspecteur, sans vote secret, parmi ceux que l'agent royal juge « les plus capables et les mieux intentionnés ». Ils sont absolument aux ordres de l'inspecteur et doivent se conformer aux instructions

---

1 Voy. MASSON, op. cit. ; FOURNIER, La Chambre de commerce de Marseille d'après ses archives historiques. Marseille, 1910 ; BRUTAILS, op. cit. : PARISET, La Chambre de commerce de Lyon, Lyon, 1887 ; WALLON, La Chambre de commerce de la province de Normandie (1703-1791). Rouen, 1903.

qu'il leur donne. Tous les six mois, ils ont à leur fournir deux états : l'un, qui contient le nombre des fabricants, des ouvriers, des métiers, des échantillons d'étoffes et l'indication des prix ; l'autre, qui mentionne le nombre des pièces visitées et marquées, ainsi que leur qualité. — Ils procèdent aux saisies des tissus non conformes aux règlements, assignent les coupables. Ils sont responsables des pièces défectueuses. Faut-il s'étonner que les négociants fuient ces charges et qu'on ne trouve, pour les exercer, que de petits fabricants sans autorité ?

On a déjà vu le caractère de la juridiction des manufactures, singulièrement confuse [1]. A partir de 1726, les contestations relatives aux papeteries sont réglées par l'intendant ; l'arrêt de 1744 lui conférera aussi la connaissance des procès relatifs aux exploitations minières. D'ailleurs, beaucoup d'affaires sont maintenant évoquées au Conseil [2]. Souvent l'administration ne sait pas quels sont les juges ; en 1737, l'intendant du Languedoc demande à son subdélégué de Tournon quels sont les juges des manufactures de cette ville ; le subdélégué répond : « je n'en ai jamais eu encore connaissance et personne n'a su m'en instruire ». Quels qu'ils soient, ces juges sont étroitement subordonnés au pouvoir central, qui d'ailleurs a essayé de rendre la juridiction expéditive et peu coûteuse ; c'est là une atténuation des inconvénients résultant du régime réglementaire.

Les assemblées de fabricants, créées par Colbert, se tiennent assez régulièrement au XVIIIᵉ siècle, sous la présidence du juge de police ou en présence de l'inspecteur.

Une *caisse du commerce* fut créée en 1727 ; elle fut dotée d'un denier pour cent sur les droits perçus à l'entrée sur les marchandises d'Amérique. Le revenu, de 33.000 l. en 1733, s'éleva, en 1775, à 431.000, puis à 610.000. Ces fonds furent consacrés aux traitements des inspecteurs et aux encouragements à donner aux manufactures.

Au XVIIIᵉ siècle, les intendants exercent une action de plus en plus forte sur les manufactures [3]. On leur demande souvent des

1 Voy. plus haut, pp. 143-146.

2 Voy. H. Sée, *Études sur les mines en Bretagne* (*Annales de Bretagne*, t. XXXVI). D'ailleurs, en ce qui concerne les mines, les intendants n'ont pas toujours une idée précise de leurs attributions.

3 Voy. Ardascheff, Les intendants de province sous Louis XVI, trad. Jousserandot. Paris, 1900 ; Legrand, Sénac de Meilhan et l'intendance de Hainaut sous Louis

mémoires ; ce sont des documents souvent intéressants, dont la valeur varie, d'ailleurs, suivant la qualité des renseignements fournis par les subdélégués [1]. Les mines, verreries et papeteries sont plus spécialement sous le contrôle de l'intendant et son avis pèse d'un grand poids, chaque fois qu'il s'agit d'obtenir une concession houillère ou le droit d'établir une usine à feu. C'est l'intendant aussi qui juge les différends entre inspecteurs et fabricants. — Comme on laisse aux intendants une assez grande initiative, bon nombre d'entre eux ont essayé d'introduire des industries nouvelles. De Bernage, en Languedoc, obtient des États l'installation d'un atelier qui fabriquera des métiers inventés par Vaucanson. Moreau de Séchelles, intendant de Flandre, engage un ouvrier de Bruxelles à travailler chez Hutin, à Douai, pour enseigner l'art de fabriquer les camelots. Défenseurs, pour la plupart, des idées de liberté en matière économique, les intendants recommandent sans cesse au pouvoir d'user de ménagements à l'égard des fabricants qui ont commis quelque faute contre les règlements. Dans les pays d'États, ils négocient pour faire accorder par les États des primes aux manufactures [2].

II. Manufactures royales et manufactures privilégiées. Encouragements aux manufactures. Monopoles et ligues.

Au XVIIIe siècle, les manufactures royales sont encore, à bien des égards, des créations du gouvernement. On peut toujours distinguer, comme au siècle précédent, trois sortes de manufactures : manufactures d'État, manufactures royales, manufactures privilégiées [3].

Les anciennes *manufactures d'État*, comme les Gobelins et la

---

XVI. Paris, 4868 ; d'Arbois de Jubainville, L'administration des intendants d'après les archives de l'Aube. Paris, 1880 ; F. Dumas, La généralité de Tours au XVIIIe siècle ; administration de l'intendant Du Cluzel. Paris, 1894 ; Lhéritier, L'intendant de Tourny. Paris, 1920.

1 Ces mémoires se trouvent surtout dans la série C des dépôts d'archives départementales et dans la série H des Archives nationales. Cf. H. Sée, *L'industrie et le commerce de la Bretagne.*

2 Sur tout ce qui précède, voy. Germain Martin, *La grande industrie sous le règne de Louis XV*, pp. 13 et sqq.

3 Sur ce qui suit, voy. Germain Martin, *op. cit.*, pp. 102 et sqq.

Henri Sée

Savonnerie, dont le roi est le patron, subsistent. Quelques autres sont créées : des manufactures d'armes et de canons, et aussi la manufacture de Vincennes, transportée à Sèvres en 1748, et qui acquiert une grande renommée.

Pour établir une *manufacture royale*, il faut une autorisation du gouvernement, délivrée par le Contrôleur Général, sur l'avis du Conseil et du directeur du commerce ; on tâche de se faire recommander par des intendants, des évêques, de grands seigneurs, auxquels on promet parfois un intérêt dans l'affaire. On comprend que les nobles aient favorisé le mouvement manufacturier. La plupart des lettres patentes délivrées à des fabricants roturiers portent la mention que les nobles pourront leur être associés sans déroger à la noblesse. — Quant aux privilèges accordés aux manufactures royales, ils sont exactement les mêmes qu'à l'époque de Colbert. [1].

Il peut être intéressant de voir, par quelques exemples, comment on fonde une manufacture royale. — Un Suisse, nommé Grenus, fabricant de cotonnades à Lyon, est invité par les habitants du Puy et par le directeur du commerce à transporter son industrie au Puy. Après la remise du plan par Grenus et le rapport du subdélégué, l'autorisation est accordée. Grenus, alléguant les grandes dépenses qu'il a dû subir, demande : 1° une pension viagère ; 2° 100 l. par métier monté ; 3° l'exemption d'impôts et de milice pour ses ouvriers. La manufacture royale du Puy est instituée par arrêt du Conseil, en 1759. Elle ne réussit que médiocrement et Grenus ne tarde pas à se retirer. Son successeur obtient, en 1759, que l'État paie la moitié d'une calandre de 2.130 l. ; en 1761, la province lui accorde une subvention annuelle de 2.000 l. pendant six ans. Mais bientôt les subventions cessent complètement, et la manufacture, qui décline de plus en plus, est complètement ruinée en 1782. Autre exemple. Dans la même ville du Puy, en 1755, une manufacture de velours de soie est créée par le Lyonnais Servant. Il obtient des privilèges considérables : 1° l'affranchissement des droits d'entrée et de sortie pour ses produits ; 2° une gratification de 4 l. par pièce de velours de 20 aunes et de 2 sous par aune pour les soieries ; 4.000 l. pour l'établissement d'un teinturier ; 500 l. par an pour le logement du directeur. Les États du Languedoc votent une subvention de 10.000 l. Cependant, et en dépit du faible salaire

---

1 Voy. plus haut, pp. 134 et sqq.

donné aux ouvriers, la manufacture ne réussit pas, et, en 1772, elle est abandonnée [1].

Le pouvoir royal ne cesse d'encourager les manufactures par ses subventions, qui, de 1740 à 1789. représentent une somme totale de 5.500.000 l. Il les faisait bénéficier aussi de prêts sans intérêt, servis par la *Caisse du 1/2 %*, qui, de 1740 à 1789, prêta au total 1.300.000 l., dont le quart ne fut jamais remboursé. A partir de 1759, les prêts sont accordés surtout à l'industrie cotonnière ; c'est ainsi qu'en 1783, 60.000 l. furent prêtées à la manufacture de velours de coton de Sens. De 1783 à 1789, la Caisse se montra particulièrement généreuse, car la somme prêtée s'éleva à 434.000 l. [2].

Les États Provinciaux encouragent l'extension des manufactures par des primes, des prêts et des dons. Ainsi, en 1756, les États du Languedoc, afin de favoriser la création d'une manufacture de soie à Lavaur, accordent à Jacques Reboul une gratification de 20.000 l., une somme de 4.000 l. pour l'entretien d'un teinturier habile, qu'on fait venir d'Avignon, 800 l. pour une indemnité de logement. Ils donnent aux manufactures de draps fins destinés au Levant plus de 150.000 l. par an. Il est vrai que ces subventions sont le plus souvent imposées par l'intendant. Les États de Bourgogne et de Bretagne encouragent également les manufactures [3]. — Un assez grand nombre de villes donnent aussi des subventions aux manufactures nouvelles : en 1739, Valence accorde à Goudard, qui établit une fabrique de mouchoirs, 10 l. de gratification par pièce, le logement, l'entrée franche des matières premières.

Quant aux monopoles, ils sont de même nature qu'au XVIIe siècle. Ce sont d'abord les monopoles que possèdent certains centres pour telle ou telle espèce de fabrication : par exemple, Lyon pour la soie, certaines villes du Languedoc pour les draps fins à destination du Levant. Jusqu'en 1756, un certain nombre de villes possèdent le monopole de la fabrication des bas au métier : Paris, Caen, Rouen, Nantes, Nîmes, Lyon, Poitiers, Bourges, Amiens, Reims. Puis, il

1 Voy. Germain MARTIN, L'industrie et le commerce du Velay aux XVIIe et XVIIIe siècles. Le Puy, 1900.

2 E. DEPITRE, Les prêts au commerce et aux manufactures de 1740 à 1789 (Revue d'histoire économique, an. 1914-1919, pp. 196 et sqq.).

3 Ainsi, à Rennes, des manufactures de faïences sont subventionnées par les États ; voy. DECOMBE, *Les anciennes faïenceries rennaises*. Rennes, 1900 (extr. des *Mémoires de la Société archéologique d'Ille-et-Vilaine*, t. XXIX).

y a les monopoles accordés à des manufactures particulières, par exemple, le monopole des Van Robais, à Abbeville, qui a duré plus d'un siècle. Leur manufacture n'a plus rien de remarquable, et elle traite ses ouvriers plus mal que les autres [1]. Les Van Robais ne laissent pas cependant de défendre jalousement leur monopole, qui s'étend sur dix lieues à la ronde ; en 1737, ils veulent empêcher une fabrique de droguets que voulaient créer Alliamet et Stalogne — On commence cependant à se rendre compte des inconvénients que présentent les monopoles. En 1732, Trudaine, intendant d'Auvergne, écrit : « Je suis opposé à tous les privilèges exclusifs qui ne servent qu'à gêner le commerce et à donner occasion à bien des friponneries ». Cependant, dans la première moitié du XVIIIe siècle, les créations de manufactures royales sont encore très nombreuses [2].

D'ailleurs, l'autorisation du gouvernement est indispensable pour certaines industries, par exemple, pour les fourneaux et usines à feu : on craint que ces établissements n'épuisent les forêts et les bois [3]. C'est aussi l'État qui, depuis l'arrêt de 1744, concède le droit d'exploiter les mines. Au XVIIIe siècle, il y a eu un grand nombre de concessions nouvelles. Ainsi, on accorde au marquis de Solages le droit d'exploiter les gisements houillers de Carmaux ; en 1716, on concède au prince de Condé le droit d'ouvrir des mines de fer dans la baronnie de Chateaubriant et à deux lieues aux environs. Le duc d'Humières et le duc d'Aumont obtiennent le privilège de l'extraction de la houille dans le Boulonnais ; parmi les principaux actionnaires de la Société des mines de la Roche Molière, fondée au capital de 110.000 l., on compte le duc de Charost. Ce sont aussi des membres de la noblesse qui sont les principaux propriétaires des mines d'Anzin [4].

Non contents de leurs privilèges, les grands industriels forment des ligues, de véritables *trusts* Ainsi, les fabricants de drap du Languedoc, en 1740, se concertent pour obtenir la fourniture

---

1 Encyclopédie méthodique, Arts et manufactures.

2 Sur tout ce qui précède, voy. G. MARTIN, *La grande industrie sous le règne de Louis XV*, pp. 228 et sqq.

3 Voy. H. SÉE, Les forêts et la question du déboisement en Bretagne à la fin de l'Ancien Régime (Annales de Bretagne, t. XXXVI).

4 Voy. GRAR, *op. cit.* En 1763, le duc de Chaulnes obtient la concession de la mine de houille de Montrelais, près d'Ancenis (Arch. d'Ille-et-Vilaine, C 1474).

exclusive des draps de troupe. Vers le milieu du XVIIIᵉ siècle, on constate que « tous les différents entrepreneurs et propriétaires des mines du Languedoc ont des conventions entre eux, suivant lesquelles ils vendent tour à tour le charbon à un prix qu'ils ont fixé ». En 1724, Perrin et Poinat, de Lyon, ont accaparé tous les fers du royaume. En 1703, le manufacturier, qui fabrique des armes pour le roi à Saint-Étienne, a accaparé le marché des aciers.

On comprend quelle a pu être la prospérité de certaines manufactures auxquelles est assuré le monopole de la fabrication. Telle, la manufacture de Saint-Gobain, qui, en 1702, a succédé à toutes les anciennes manufactures de glaces. Constituée avec un capital de 2.040.000 l. divisé en 24 parts, elle a comme actionnaires treize personnes, appartenant pour la plupart à la noblesse (le duc de Montmorency, le marquis de Sainte-Fère, etc.). Grâce à d'habiles directeurs, à des perfectionnements techniques, à la vulgarisation des glaces, elle réalise de superbes bénéfices. La vente, qui, en 1730, était de 798.000 l. par an, s'élève à 2 millions, en 1774. La fortune de la société, dès 1777, atteint 12 millions de livres ; le denier, émis à 7.000 l. en 1702, s'élève à 40.000 l. en 1780 [1].

III. La réglementation ; comment elle empêche les progrès de l'industrie.

L'un des caractères essentiels de l'organisation industrielle s'est maintenu : la réglementation [2], qui s'est même développée beaucoup dans la première moitié du XVIIIᵉ siècle. Sans cesse on édicte de nouveaux règlements, « parce que les précautions prises par les précédents n'étaient pas suffisantes », comme le disent les préambules de ces règlements ; on les considère comme nécessaires par suite de « la négligence et de la mauvaise foi des fabricants et des marchands », ainsi que le déclare une circulaire d'Orry, en 1740. Une autre raison, ce sont les transformations techniques plus rapides qu'autrefois. Ces règlements — plus minutieusement encore que les règlements de Colbert — déterminent : la qualité et la nature des matières premières, la nature de l'outillage, les procédés

1 Elphège FRÉMY, Histoire de la manufacture des glaces en France aux XVIIᵉ et XVIIIᵉ siècles. Paris, 1909.

2 Voy. Recueil des règlements, 1732-1734, 6 vol. in-4.

de fabrication, les diverses qualités des objets fabriqués. En Poitou, par exemple, furent établis une vingtaine de règlements relatifs, soit à l'ensemble, soit aux détails de la fabrication des tissus et des bas ou bonnets ; en janvier 1737, on édicte un règlement pour la teinture, par lequel on prétend astreindre tous les ateliers aux procédés techniques usités pour les riches étoffes ; en 1735, on réglemente la verrerie, en 1739, l'industrie de la papeterie, afin d'obliger les papetiers à changer leur outillage et à réformer leurs procédés de fabrication [1].

Il est vrai que souvent les règlements sont demandés par les fabricants eux-mêmes et soumis à leurs assemblées.

L'administration s'efforce de rendre la réglementation plus efficace par un contrôle plus rigoureux, et notamment par l'extension des *bureaux de fabrique* ; vers 1750, il y en a 30 en Poitou. A partir de 1715, l'administration a exigé que les pièces ne fussent plus marquées dans les maisons des jurés ; les bureaux doivent être établis dans les échevinages ou dans les auditoires. Les opérations dans les bureaux sont très nombreuses : on contrôle toutes les manipulations auxquelles on procède pour la fabrication des pièces de drap (tissage, foulage, teinture) [2].

Ces règlements donnent lieu à une foule d'infractions et d'abus. Certains jurés peu scrupuleux exigent des fabricants et des marchands des droits de marque illégaux. Plus souvent encore, la visite et la marque constituent des formalités dérisoires ; parfois les jurés frappent à l'avance les plombs, parfois encore ils portent le *marc* chez les fabricants ou leur confient des marcs particuliers semblables à ceux des bureaux. En dépit des mesures qu'on prend pour remédier à ces abus, les contraventions sont très nombreuses [3].

Il n'en est pas moins vrai que la réglementation était une cause de vexations perpétuelles, une gêne de tous les instants pour l'industrie, et qu'elle entravait les inventions techniques. Les exemples abondent. Pour en citer un, on sait que le plomb laminé constituait un très grand progrès sur le plomb coulé dont se servait exclusi-

---

1 Cf. Boissonnade, *Le travail en Poitou*, t. II, pp. 405 et sqq. Cf. F. Dumas, *La réglementation après Colbert*.
2 Boissonnade, t. II. pp. 482 et sqq.
3 *Ibid.*, I. II, pp. 487 et sqq. — Dès 1722, les règlements ne sont plus réellement appliqués dans la manufacture de draps de Nevers (Gueneau, *op. cit.*, p. 288).

vement la communauté des plombiers. En Angleterre, on usait du plomb laminé depuis trente ans ; de 1719 à 1731, les plombiers en empêchèrent l'importation, qui ne fut autorisée que grâce à de puissantes influences. Les manufactures de toiles peintes eurent beaucoup de peine à s'établir. Si, dans la première moitié du XVIIIe siècle, les inventions industrielles sont si peu nombreuses, c'est la réglementation qui en est surtout responsable.

IV. L'activité industrielle de 1715 à 1750.

Cependant, de 1715 a 1750, on constate un notable progrès industriel. Dans la période de 1715 à 1730, il est encore très lent, bien qu'en Languedoc l'industrie drapière ait triplé sa production. La manufacture des toiles en Bretagne semble avoir beaucoup souffert dans le premier tiers du siècle ; elle a parfois diminué de moitié et ne se relèvera qu'après 1740 [1].

De 1730 à 1750, les progrès sont beaucoup plus marqués. Pour les fixer avec précision, il faudrait beaucoup de monographies précises. On ne peut citer qu'un certain nombre de faits : l'industrie des étoffes de soie se répand hors de Lyon ; on voit le progrès des manufactures d'étoffes d'or et d'argent à Paris (fabrique de Jean Simonnet). En Languedoc, se créent de nouvelles manufactures royales, qui reçoivent d'importants privilèges : Montonlieu, en 1731 ; Bise, en 1733 ; Aubenas, en 1731 [2]. L'industrie cotonnière fait de grands progrès, surtout dans l'Est et en Normandie : le Bureau du commerce le constate en 1749, à propos de la question des toiles peintes [3].

Le pouvoir royal accorde de nombreuses autorisations de construire des verreries, à condition que l'on usera de la houille. Les manufactures de fer blanc de l'époque de Colbert ayant presque toutes disparu, on crée de nouveaux établissements. L'industrie métallurgique (et notamment les aciéries du Dauphiné) est en pro-

---

1 Voy. H. Sée, L'industrie et le commerce de la Bretagne dans la première moitié du XVIIIe siècle (Annales de Bretagne, 1922) et F. Bourdais et R. Durand, op. cit.
2 Voy. H. Sée, Documents sur l'industrie au XVIIIe siècle (Revue d'histoire économique, an. 1923, pp. 137 et sqq.).
3 Cf. aussi J. Sion, Les paysans de la Normandie Orientale, pp. 172-173, et surtout Levainville, Rouen.

grès ; on fonde de nouvelles faïenceries, de nouvelles papeteries, notamment en Dauphiné et surtout en Angoumois. Les mines, jusqu'alors peu exploitées, sont mises en valeur avec plus de méthode : elles sont très actives à Saint-Étienne et à Firminy ; on commence l'exploitation des bassins d'Anzin et de Carmaux.

En somme, le régime des manufactures privilégiées, malgré ses défauts, a préparé l'expansion de la grande industrie [1] ; munies d'un outillage relativement perfectionné, ces manufactures ont été un facteur important dans l'évolution industrielle de la France ; en ce pays, comme on l'a remarqué, la naissance de la grande industrie et du machinisme a été, en grande partie, l'œuvre de l'État [2]. En Angleterre, au contraire, la « révolution industrielle » a été vraiment spontanée [3].

Chapitre V
Les manufactures dans la seconde moitié du XVIIIᵉ siècle et les origines de la grande industrie

Les besoins de la production demandaient une organisation nouvelle du travail. Les fabricants eux-mêmes commençaient à sentir la gêne de la réglementation et à éprouver le besoin de procédés plus perfectionnés. La transformation industrielle était donc fatale, mais elle fut hâtée par les théories nouvelles qui se font jour vers le milieu du siècle et qui vont agir sur les faits. C'est ainsi qu'avant la fin de l'ancien régime on pourra assister aux débuts de la grande industrie capitaliste.

I. Les nouvelles conceptions économiques :
Vincent de Gournay ; les physiocrates.

Jusque vers 1730, exception faite pour Bois-Guillebert, les théoriciens se montrent partisans de la réglementation. Ainsi, Melon déclare, dans son *Essai politique sur le commerce*, qui date de 1739 :

« La liberté dans un gouvernement ne consiste pas dans une li-

---

1 Voy. Ch. BALLOT, L'introduction du machinisme dans l'industrie française, p. 9.
2 *Ibid.*, pp. 303 et sqq.
3 Voy. P. MANTOUX, La révolution industrielle au XVIIIᵉ siècle.

cence à chacun de faire ce qu'il juge à propos, mais seulement de faire ce qui n'est pas contraire au bien général. Il y a des règlements pour toutes les manufactures, il y a des mesures et des poids étalonnés, des marques et des cachets qui assujettissent les ouvriers et qui préviennent la cupidité frauduleuse des marchands ».

Toutefois, Melon n'accepte pas intégralement le système mercantile : « si la marchandise reçue coûte peu et si la nation qui l'apporte prend de nous une autre denrée surabondante, alors la maxime porte à faux » ; il se prononce même pour la liberté d'importation et d'exportation, que les nations ont presque toujours restreinte « par des intérêts passagers ou mal entendus ».

D'ailleurs, en Angleterre, le système mercantile est depuis longtemps battu en brèche ; dès le XVIIe siècle, Petty et Child, dans ses *Observations sur le commerce et l'intérêt*, le combattent. Au XVIIIe siècle, la doctrine se perfectionne, avec Cantillon, qui, en 1733, publie son *Essai sur la nature du commerce*, puis avec Hume. Les économistes français sont les disciples des anglais.

Toutefois le premier qui soutint la cause de la liberté industrielle et commerciale fut, non un théoricien, mais un homme pratique, Vincent de Gournay, qui avait été un habile commerçant et avait voyagé dans toute l'Europe [1]. Il n'écrivit pas de traité théorique, mais des mémoires sur des questions pratiques. L'expérience lui avait montré que la liberté doit avoir pour effet d'accroître prodigieusement la production, que le régime corporatif, la réglementation, les privilèges, les monopoles concourent à restreindre la consommation. Comme la consommation est infinie, la production pourrait s'étendre dans de grandes proportions, et le nombre des ouvriers ne saurait être trop considérable : « il y a plus d'habitants dans le monde qu'il n'y a de mains dans le Languedoc ». Les monopoles permettent à quelques-uns de prélever une rente sur le public ; ils restreignent l'activité humaine. Comme les physiocrates, il pense qu'il faut émanciper l'individu humain, mais il paraît s'être plus préoccupé que ceux-ci des classes inférieures et s'être inspiré d'idées humanitaires :

« Cette humanité, dit Turgot, était un des motifs qui l'attachaient le plus à ce qu'on appelle son système ; ce qu'il re-

1 Voy. SCHELLE, *Vincent de Gournay*, 1897.

prochait le plus vivement aux principes qu'il attaquait, c'était de favoriser toujours la partie riche et oisive de la société au préjudice de la partie pauvre et laborieuse ».

Il faut donc affranchir la production industrielle de toute entrave. Ce qui le préoccupe surtout, c'est l'industrie ; il ne croit pas, comme les physiocrates, que les industriels soient une classe stérile : « De Gournay, dit Turgot, pensait qu'un ouvrier qui avait fabriqué une pièce d'étoffe avait ajouté à la masse des richesses de l'État une richesse réelle ». Intendant du commerce de 1731 à 1758, il trouve un vigoureux appui en Trudaine, directeur du commerce ; il ne peut agir sur Machault, partisan de la réglementation, mais ses idées trouvent un accueil favorable chez son successeur, Moreau de Séchelles (1754-1756).

Dans ses mémoires, Gournay ne s'attaque pas seulement au régime corporatif [1], mais encore, et surtout, à la réglementation. Dans un mémoire de 1754, il réclame la suppression des droits d'entrée sur les matières tinctoriales, afin d'encourager la fabrication des cotonnades ; en 1755, il demande que l'on supprime toute réglementation en ce qui concerne la qualité de la laine employée : contrainte, dit-il, qui suspend souvent le travail ou favorise les accaparements :

« Cela fait voir que le commerce et les fabriques ne peuvent supporter des lois fixes, invincibles, que les gênes, étant opposées à l'esprit du commerce, resserrent nécessairement le travail du peuple et rendent l'état de notre fabrication précaire ».

Il parvient à faire modifier le règlement qui pesait sur la fabrication des draps du Languedoc : les fabricants pourront produire autant de pièces qu'ils voudront. Il atténue donc, dans une certaine mesure, le régime de la réglementation ; la garantie que l'on demandait aux règlements, on l'obtiendra de la concurrence ; comme il le dit dans son mémoire du 15 mars 1754, « la concurrence est le meilleur frein que l'on puisse mettre à la mauvaise foi, et un négociant honnête homme oblige mille fripons à négocier malgré eux comme d'honnêtes gens ».

---

1 Voy. plus haut, pp. 191-192.

Gournay parvient aussi à restreindre, dans une certaine mesure, le régime des monopoles. Ainsi, il demande la suppression de la douane de Lyon pour la soie ; en compensation, Tours n'aura plus le monopole de la fabrication des étoffes de la largeur de 5 1/2. Ces projets de réformes finissent par être adoptés. Grâce à son influence, le Bureau du commerce n'accorde plus de privilège exclusif : « on est, dit-il, trop convaincu par l'expérience du préjudice que causent ces sortes de privilèges pour en accorder davantage » (mémoire du 14 janvier 1754). A propos d'une autre demande (le 6 avril 1756) : « si la perfection que le fabricant a donnée à son genre d'étoffes ne peut être imitée, le débit qu'il obtiendra produira l'effet d'un privilège et le dédommagera suffisamment ». Il n'admet que des encouragements à l'industrie, des primes aux inventeurs. — Sans doute, Gournay eut à lutter contre l'inertie administrative ; mais, parmi les administrateurs, les idées libérales pénétraient peu à peu. Les Trudaine, à cet égard, jouent un rôle de premier plan ; puis vient l'activité réformatrice d'un homme de génie, Turgot. Les physiocrates, dont l'influence est prédominante après 1760, considèrent que la terre est la seule source des richesses ; mais, comme ils sont partisans de la liberté, ils réclament, eux aussi, la liberté industrielle et commerciale et se rencontrent avec Gournay sur ce terrain.

II. Atténuation du régime prohibitif ; la question des toiles peintes.

Le régime prohibitif s'est donc bien atténué dans la seconde moitié du XVIIIe siècle. A cet égard, il y a un fait caractéristique : on finit par abolir la prohibition des toiles peintes [1]. Pendant toute la première moitié du siècle, cette prohibition avait subsisté ; mais, après 1745, il n'y a plus de nouvel effort législatif en ce sens. En fait, la législation n'a pu arrêter la contrebande, car la mode a été toute puissante. Quant à la fabrication, il existait depuis longtemps des ateliers clandestins. A partir de 1740, la sévérité se relâche peu à peu ; on autorise d'abord des manufactures d'impression sur étoffes de laine, puis sur étoffes mélangées ; enfin, on donne des permissions régulières à certains établissements. En 1749, une de-

1 Voy. Edgard Depitre, La toile peinte en France au XVIIe et au XVIIIe siècle, 1912.

Henri Sée

mande d'autorisation de Julien et Wetter, examinée par le Bureau du commerce, donna lieu à une étude approfondie de la question. Le rapporteur, M. de Montaran, conclut qu'il fallait défendre l'introduction des toiles étrangères, mais permettre l'impression des toiles peintes en France, en obligeant les fabricants à ne se servir que des cotons importés par la Compagnie des Indes. A partir de 1730, on autorisa la fabrication, mais à la condition que la toile fût trempée dans la teinture ; des fabriques se fondent un peu partout. Puis, vers 1735, c'est un retour offensif de la prohibition, provoqué par les plaintes des fabricants d'autres étoffes.

C'est alors qu'éclata la grande querelle. Forbonnais écrit son *Examen des avantages et des désavantages de la prohibition des toiles peintes*, exposé sérieux, plein de faits ; il conclut, comme Montaran, qu'il faut autoriser des manufactures pour l'exportation. Gournay répond par ses *Observations* ; en 1758, Morellet défend aussi la cause de la liberté dans ses *Réflexions sur les avantages de la libre fabrication et de l'usage des toiles peintes en France* ; il est contredit par les *Observations sommaires des fabricants de Lyon, Rouen, Tours et les Six Corps*. L'édit de 1759, publié par le Contrôleur général Silhouette, donne gain de cause aux partisans de la liberté : il autorise l'entrée et la fabrication des toiles peintes. En fait, à partir de 1770, cette industrie fera de grands progrès ; une enquête de 1785 montre qu'il y a, en France, une centaine de manufactures produisant environ 500.000 pièces par an, notamment à Rouen, à Lille, à Lyon, dans la région parisienne [1] ; dès 1760, Oberkampf s'établit à Jouy ; en 1761, Jacques de Mainville fonde à Orléans une manufacture de toiles peintes, qui devient bientôt prospère [2].

III. La réglementation se relâche.

On comprend maintenant que, dans la seconde moitié du siècle, la réglementation se soit, dans la pratique, de plus en plus relâchée. Légalement, elle subsiste toujours. Mais les administrateurs ne croient plus à l'utilité des règlements. En 1777, l'intendant du commerce, M. de Montaran, constate que beaucoup de règlements

1 Voy. FLAMMERMONT, Histoire de l'industrie à Lille.
2 Voy. Dr GARSONNIN, *La manufacture de toiles peintes d'Orléans* (HAYEM, *op. cit.*, 3ᵉ série, pp. 1 et sqq.) ; Ch. BALLOT, *op. cit.*, pp. 281 et sqq.

ne répondent plus aux exigences de l'époque, qu'ils sont devenus inapplicables et qu'observés rigoureusement, ils pourraient même nuire aux intérêts de l'industrie. La tendance à ne plus tenir compte des règlements se manifeste partout. En Languedoc, même pour l'industrie drapière dont on dénonce la décadence, le gouvernement recommande aux inspecteurs de ne veiller à l'observation des règlements qu'avec beaucoup de circonspection et de ne se préoccuper que de la bonne foi dans la fabrication. Montaran, comme le prouvent ses lettres de 1778-1779, ne cesse de préconiser la prudence et la modération des règlements.

Les lettres patentes, publiées par Necker, le 5 mai 1779, marquent le progrès des idées nouvelles ; elles reconnaissent qu'il est impossible d'appliquer à la lettre l'ancienne réglementation. Les étoffes fabriquées conformément aux règlements porteront une marque spéciale, les autres, « une marque de grâce », afin que le public soit averti, et l'on devra aussi désigner le caractère du teint (*grand* ou *petit teint*). Les lettres patentes du 4 juin 1780 indiquaient nettement le sens de la réforme :

« Par nos lettres patentes du 5 mai 1779, nous avons eu dessein d'encourager le talent et l'esprit d'invention, en affranchissant de toute espèce d'examen et de visite les étoffes qu'on voudrait fabriquer librement, mais en exigeant seulement qu'elles eussent une marque distincte des étoffes fabriquées selon les règlements, afin que la confiance publique ne pût jamais être trompée ».

Les lettres patentes du 4 juin 1780 atténuaient les anciens règlements, notamment en supprimant, pour toute l'industrie des lainages, certaines dispositions relatives à la qualité, à la longueur et à la largeur des pièces.

Après la chute de Necker, il y eut réaction : l'arrêt de 1782 déclarait que le caractère facultatif des règlements ne s'appliquait qu'aux étoffes d'un prix inférieur à 40 sous.

D'ailleurs, les nouveaux règlements, qui marquent une politique indécise, donnent lieu à autant de difficultés que les anciens et sont encore plus mal appliqués. En fait, beaucoup de marchandises sont vendues sans aucune marque ; on ne se montre vraiment sévère que pour la mauvaise foi. On se contente le plus souvent de couper en deux les tissus illégalement fabriqués, sans y joindre ni amende, ni confiscation. Le gouvernement est de plus en plus persuadé qu'une tutelle étroite exercée sur le fabricant ne pourrait que nuire au développement de l'industrie.

IV. Extension de l'industrie rurale et domestique.

Ce qui a, d'ailleurs, contribué à enlever leur valeur aux règlements, c'est le progrès de l'industrie rurale et domestique, qui ne peut être réellement atteinte par eux et qui, légalement maintenant, échappe à l'organisation corporative.

A cet égard, il faut indiquer la véritable portée de l'édit du 7 septembre 1762 : les habitants des campagnes obtiennent le droit de fabriquer toute espèce d'étoffes sans faire partie de corporations de métiers, mais à la condition de se conformer aux règlements. En fait, la seconde disposition était illusoire : les habitants des campagnes ne pouvaient être soumis à la réglementation, d'autant plus qu'ils échappaient maintenant à tout contrôle des corporations urbaines et que les inspecteurs des manufactures ne pouvaient guère visiter leurs métiers. A Lyon, à Amiens, à Lille, à Reims, à Abbeville, il y eut, de la part des marchands et des corporations, de vives protestations contre l'édit.

On ne saurait donc nier que l'édit de 1762 n'ait contribué, non seulement à affaiblir la réglementation, mais encore à développer l'industrie rurale. Mais ce serait une grave erreur d'affirmer qu'elle a créé cette industrie ; celle-ci apparaît bien comme l'un des traits essentiels de l'ancienne économie sociale [1]. Remarquons que l'édit constate un état de fait, lorsqu'il proclame « le *maintien* aux habitants des campagnes et à ceux des villes sans jurandes du droit d'acheter, en quelque lieu que ce soit, des matières textiles et des ustensiles, de filer toute espèce de matière et fabriquer toutes sortes d'étoffes ». Le Roi considérait qu'il était « essentiel de faire cesser tous les obstacles qui pouvaient nuire au progrès de l'industrie ».

L'industrie rurale et domestique, déjà fort « importante au XVIIe

---

1 Voy. TARLÉ, L'industrie dans les campagnes en France à la fin de l'Ancien régime. Paris, 1910.

siècle [1], prend encore plus d'extension. Elle consiste essentiellement dans l'industrie textile et principalement dans la fabrication de la toile, qui est surtout active en Normandie, en Bretagne, dans le Bas-Maine [2]. Les compagnes s'adonnent aussi à l'industrie lainière dans bien des régions, notamment en Languedoc [3], en Beauce, en Sologne, dans le Gâtinais [4]. En Touraine, dans la région de Nîmes, dans le Vivarais, en Provence, le dévidage et la filature de la soie s'opèrent en grande partie dans les campagnes [5] ; dans le Velay, dans le pays d'Alençon, les paysannes fabriquent les dentelles ; dans les environs de Thiers, la coutellerie est une fabrication rurale, et aussi les aiguilles, dans les environs de Laigle. Même la fabrication nouvelle des cotonnades est, en grande partie, rurale et domestique, en Haute-Normandie, dans les Vosges, dans l'Orléanais : dans les environs de Rouen, les cotonnades ont, en grande partie, supplanté la toile [6] ; en 1779, à Saint-Dyé, près de Blois, la manufacture d'un certain Brondes emploie 2.100 ouvriers (1.800 fileuses, 180 dévideuses, 70 tisserands, 50 apprêteurs), presque tous disséminés dans la campagne. Dans les environs de Troyes, de nombreux mé-

---

1 Dès la fin du XVIIe siècle, les métiers qui fabriquent la toile disparaissent à peu près de la ville de Dijon ; la fabrication devient presque exclusivement rurale (ROUPNEL, *op. cit.*, p. 144).

2 Voy. SION, Les paysans de la Normandie Orientale, 1909, pp. 166 et sqq. ; H. SÉE, Les classes rurales en Bretagne du XVIe siècle à la Révolution, pp. 446 et sqq. ; F. BOURDAIS et R. DURAND, L'industrie et le commerce de la toile en Bretagne ; L. DESCHAMPS, La toile à Alençon au XVIIIe siècle ; G. LEFEBVRE, op. cit., pp. 281-292 ; R. MUSSET, Le Bas-Maine, pp. 256 et sqq.

3 DUTIL, *op. cit.*, pp. 289 et sqq.

4 Voy. Georges HARDY, La localisation des industries dans la généralité d'Orléans au XVIIIe siècle (HAYEM, op. cit., 3e série, pp. 37 et sqq.).

5 Voy. ISNARD, *L'industrie de la soie en Provence au XVIIIe siècle* (HAYEM, *op. cit.*, 2e série, 1912, pp. 13 et sqq.). Cf. l'excellente étude d'Elie REYNIER, *La soie en Vivarais*, 1921. L'auteur montre que la filature reste, au XVIIIe siècle, une industrie exclusivement domestique et rurale ; les perfectionnements techniques, dans la deuxième moitié du siècle, ne s'appliquent encore qu'au moulinage. D'ailleurs, toute cette industrie tombe de plus en plus sous la dépendance économique des négociants lyonnais. — Dans le Velay, le tissage du ruban est aussi une industrie rurale et domestique ; voy. Germain MARTIN, *Le tissage du ruban à domicile dans les campagnes du Velay*. Le Puy et Paris, 1913. Il en est de même dans le Lyonnais pour la fabrication de la toile ; voy. Ph. POUZET, *Les anciennes confréries de Villefranche-sur-Saône*, pp. 40 et sqq.

6 Dans certaines paroisses des environs de Rouen, les cinq sixièmes des habitants sont occupés a la filature du coton (LEVAINVILLE, *Rouen*, pp. 192 et sqq.).

tiers campagnards travaillent la bonneterie en coton [1].

D'ailleurs, l'industrie rurale n'a pas eu la même extension dans toutes les parties du royaume. Elle s'est surtout développée dans deux catégories de régions : 1° dans celles où la propriété paysanne était le moins considérable, où il y avait le plus de paysans dénués de propriété, comme le Laonnois, la Picardie, la Flandre, la Haute-Normandie ; 2° dans des régions, comme la Bretagne et le Bas-Maine, où l'insuffisance de la production agricole obligeait les paysans à trouver une occupation accessoire. En Bretagne et dans le Bas-Maine, l'industrie rurale est pratiquée, non seulement par les journaliers agricoles, mais par les propriétaires et les fermiers, qui font travailler la toile par un ou plusieurs domestiques. En Picardie, en Normandie, en Champagne, pays de villes industrielles, c'est l'industrie urbaine qui a essaimé dans les campagnes, bien que l'agriculture y fût prospère [2].

Il est, d'ailleurs, très rare que l'artisan des campagnes, travaille pour le consommateur. Le plus souvent, il vend ses produits à un marchand, qui vient chercher sur place les étoffes (c'est le cas en Bretagne). Ou bien encore le manufacturier, le fabricant fait ses commandes, livre à l'ouvrier la matière première, reçoit l'étoffe à laquelle il donne la dernière main (teinture et apprêt) ; c'est le cas notamment de l'industrie cotonnière. Enfin, il arrive que le manufacturier fournisse aux paysans même les métiers, comme à Abbeville, Amiens et Sedan ; alors, le « fabricant » est bien près de

---

1 VERNIER, Cahiers de doléances du bailliage de Troyes, t. I, 1909. Introduction.

2 Cf. TARLÉ, op. cit., pp. 17 et sqq. ; LOUTCHISKY, La propriété paysanne en France à la veille de la Révolution, particulièrement dans le Limousin. 1912 ; DEMANGEON, La plaine picarde, pp. 277 et sqq. Voy. le mémoire des fabricants de toilettes (batistes), en 1789 (GERBAUX et SCHMIDT, op. cit., t. I, p. 06, n. 3) : « Il y a environ 60 ans que la fabrique était, en quelque sorte, concentrée dans Cambrai, Valenciennes et Saint-Quentin et fort peu dans les campagnes... Actuellement cette industrie réside absolument dans les campagnes et si peu dans les villes que dans Cambrai, où le corps des maîtres est composé de 70 à 80 membres, à peine ont-ils entre eux tous 10 métiers en activité, tandis qu'il y a des seules paroisses dans le Cambrésis qui en comptent jusqu'à 400 et 500 ». C'est surtout dans la seconde moitié du XVIIIe siècle que l'industrie des toiles fines de Valenciennes quitte la ville pour la campagne ; cependant Valenciennes conserve d'importantes blanchisseries, et c'est là qu'habitent les gros négociants qui contrôlent cette industrie. Voy. MALOTET, L'industrie et le commerce des toiles fines à Valenciennes (Revue du Nord, an. 1910, pp. 281-326).
— Les fabricants de Lille n'ont pu empêcher l'extension de l'industrie rurale (A. CRAPET, op. cit.).

devenir un patron industriel suivant le type moderne.

Les causes de l'extension de l'industrie rurale au XVIIIᵉ siècle apparaissent alors bien nettement. — C'est d'abord la faiblesse des salaires. En Bretagne, pendant la première moitié du XVIIIᵉ siècle, les fileuses gagnent 4 à 5 sous, les tisserands, 8 à 10 sous, et leurs gains, dans la suite, ne semblent pas s'être sensiblement élevés. Les frais de fabrication sont donc réduits au *minimum*. Une autre cause, c'est que les ouvriers des campagnes échappent aux règlements des corporations urbaines, ne sont soumis qu'aux visites des inspecteurs des manufactures, qui ne peuvent réellement contrôler leur travail. Il est vrai que les étoffes doivent être *marquées* pour être vendues sur le marché, mais elles échappent à cette obligation, lorsque le marchand commissionnaire fait ses achats sur place.

Une autre cause encore, c'est l'influence exercée par les marchands en gros des villes. Ces marchands, en bien des cas, « s'arrogent la qualité de fabricants » ; ce sont eux qui soutiennent la fabrication dans les campagnes, au point de ruiner les métiers urbains, comme le déclare le cahier des fabricants d'étoffes de Troyes : le nombre des métiers a diminué de moitié et réduit à la misère la population ouvrière de la ville [1]. — L'industrie rurale a permis aussi aux *négociants* d'introduire dans les campagnes les métiers mécaniques, qui peuvent être maniés par des manœuvres sans habileté technique et dont le rendement est bien plus considérable que celui des ouvriers de la ville, qui travaillent toujours à la main.

Ainsi, les marchands deviennent de véritables chefs d'industrie, grâce à l'emprise qu'ils exercent sur l'industrie rurale. Celle-ci prépare donc le triomphe de l'industrie capitaliste, qui la ruinera d'ailleurs, lorsque le machinisme se sera développé. Mais la transformation n'aura vraiment lieu que dans les régions où les campagnes ont suivi la direction des villes ; dans des contrées comme la Bretagne et le Bas-Maine, les marchands ne se transformeront

---

1 Cahiers des fabricants d'étoffe de soie, laine, fil et coton et Cahier des maîtres bonnetiers, chapeliers et fourreurs-pelletiers de Troyes (VERNIER, op. cit., t. I, pp. 81 et sqq. et 120) ; Cahier des compagnons d'arts et métiers de Troyes et Cahier des compagnons bonnetiers (Ibid., t. I, pp. 178 et sqq., et 192-193). Les métiers mécaniques, disent les compagnons, sont responsables de la « décadence de la fabrique ». — Dans le Lyonnais, les négociants, au XVIIIᵉ siècle, prennent la haute main sur la fabrication de la toile (Ph. POUZET, Les anciennes confréries de Villefranche-sur-Saône, 1904).

pas en patrons industriels, et, lorsque se produira la décadence de l'industrie rurale, elles redeviendront des pays uniquement agricoles [1].

V. Partout, c'est le régime des moyennes ou petites entreprises qui prédomine.

Le régime dominant est celui des moyennes ou des petites entreprises. La grande industrie demanderait des capitaux considérables, dont on ne dispose pas. Les bâtiments d'une petite fabrique de coton coûtent 20.000 l. ; une manufacture de drap à Bordeaux est estimée 60.000 l. ; les raffineries de Cette fixent le prix de leur établissement à 400.000 l. Les capitaux sont encore trop peu considérables pour que beaucoup de grandes entreprises puissent être tentées.

Dans l'industrie textile, par exemple, les petits patrons sont en majorité. En Poitou, en 1747, écrit l'inspecteur de Pardieu, on compte 500 fabricants, mais « la plupart travaillent par eux-mêmes, de sorte qu'il n'y a pas plus de 150 maîtres qui fassent travailler uniquement à façon » [2]. Dans le Beaujolais, en 1752, ce sont les femmes et les enfants de la campagne qui filent le coton que les « fabricants » ou négociants vont acheter à Lyon ou à Marseille, et qu'ils blanchissent eux-mêmes [3].

Les tanneries, fort atteintes d'ailleurs par les droits sur les cuirs, sont uniquement de petites exploitations ; dans les environs de Dijon, à la veille de la Révolution, le patron tanneur travaille partout avec quelques ouvriers et parfois n'a qu'un seul compagnon. Les papeteries du Dauphiné, d'après un mémoire de 1769, sont, pour la plupart de petits établissements, ne contenant que quelques ouvriers. En Bretagne, elles consistent aussi en petites entreprises ;

1 Sur tout ce qui précède, voy. H. Sée, Remarques sur le caractère de l'industrie rurale en France et les causes de son extension au XVIIIe siècle (Revue historique, janvier 1923).

2 Boissonnade, op. cit., t. II, p. 60. Cf. Kovalewsky, La France économique et, sociale à la veille de la Révolution, t. II, p. 60.

3 Voy. H. Sée, Documents sur l'histoire de l'industrie au XVIIIe siècle (Revue d'histoire économique, an. 1923, pp. 135-136), et Ph. Pouzet, Les anciennes confréries de Villefranche-sur-Saône. Lyon, 1904, pp. 31 et sqq. (extr. de la Revue d'histoire de Lyon).

les rares tentatives pour créer de plus grands établissements pouvant coûter 40 ou 50.000 l. échouent [1]. En Provence, malgré le développement de l'industrie papetière, qui fabrique pour le Levant, ce ne sont aussi que d'assez petits établissements ; peu d'entre eux usent de machines perfectionnées, de *cylindres* ; dans la deuxième moitié du siècle, on ne signale aucun progrès sensible ; il n'existe de papeteries un peu importantes qu'à Annonay et à Angoulême [2].

Dans la plupart des villes, les petits artisans travaillant seuls ou n'ayant qu'un seul compagnon sont les plus nombreux. A Bordeaux, les ouvriers ne dépassent que de quatre fois le nombre des maîtres ; à Paris, en 1791, si quelques fabriques d'étoffes emploient plusieurs centaines d'ouvriers, la moyenne n'est cependant que de 16 ouvriers par patron (62.743 ouvriers pour 3.766 patrons) ; au faubourg Saint-Antoine, c'est un régime de petite industrie, et il en est de même dans presque toute la capitale [3].

D'ailleurs, de façon indirecte, le faible chiffre de la population urbaine prouve bien qu'il n'existe pas en ce moment de grandes agglomérations ouvrières. Seule, la ville de Lyon a 160.000 habitants. Des cités industrielles, comme Lille, Nîmes, Troyes, Reims, Amiens, Saint-Étienne, ont respectivement 67.000 âmes, 50.000, 32.000, 31.000, 43.000, 27.000. Même les capitales de provinces, les chefs-lieux d'intendances dépassent rarement 30.000 âmes ;

---

1 Cf. H. Bourde de la Rogerie, Notes sur les papeteries des environs de Morlaix depuis le XVe siècle jusqu'au commencement du XIXe siècle (Bulletin historique et philologique, 1911).

2 Le droit sur le papier, imposé en 1771, nuit aux papeteries provençales. Voy. Emile Isnard, *Les papeteries de Provence au XVIIIe siècle* (Hayem, *op. cit.*, 4e série, pp. 39 et sqq.). Cependant le savant C. Desmarest, après avoir fait une grande enquête sur les papeteries et étudié les manipulations hollandaises, fait introduire les méthodes nouvelles à Annonay, à Essonnes et à Angoulême (Gerbaux et Schmidt, *op. cit.*, I. IV, p. 133, n. 1).

3 Voy. Alex. Nicolaï, La population de Bordeaux au XVIIIe siècle, 1909 (extr. de la Revue économique de Bordeaux, 1905-1909) ; F. Braesch, Essai de statistique de la population ouvrière de Paris vers 1791 (Révolution française, 1912, t. LXII, pp. 289 et sqq.). Cependant remarquons que la moyenne même qu'a obtenue M. Braesch prouve l'existence de quelques grands établissements occupant une quantité considérable d'ouvriers. — Dans les villes d'une importance secondaire, la dispersion industrielle est encore plus marquée ; cf. H. Sée, La population et la vie économique de Rennes vers le milieu du XVIIIe siècle d'après les rôles de la capitation (Mém. de la Société d'histoire de Bretagne, t. IV, et La vie économique et les classes sociales en France au XVIIIe siècle, pp. 179 et sqq.).

Henri Sée

Rennes n'a guère plus de 30.000 habitants ; Dijon, 20.000 ; Aix, 24.000 ; Besançon, 25.000 ; Nancy, 34.000. La grande majorité des villes relativement importantes ont de 10 à 20.000 habitants (Poitiers, 17.000 ; Moulins, 16.000 ; Nevers, 14.000 ; Blois, 12.000 ; Bar-le-Duc, 10.000). La population totale des 78 villes qui dépassent 10.000 habitants est évaluée à 1.919.000 habitants ; la population de Paris est environ de 650.000 âmes. La population urbaine s'élève donc seulement à 2.600.000 habitants, c'est-à-dire à 11 % de la population totale de la France [1].

VI. Cependant progrès de la technique industrielle.
Introduction des métiers anglais.

Cependant, on peut saisir le germe de la grande industrie, de la concentration industrielle, l'origine aussi du machinisme, qui opérera une véritable révolution. Mais ce n'est encore que le début.

Le triomphe du machinisme a été préparé par les progrès, de la technique industrielle. Chose curieuse, c'est dans le tissage, où la révolution industrielle s'accomplira si tardivement, qu'on emploie en France les premiers métiers mécaniques ; dès le xviie siècle, fonctionne le métier à bas, dès le début du xviiie, apparaissent les métiers à rubans [2]. Puis, voici que l'on commence à appliquer les sciences à l'industrie. L'Académie des Sciences est consultée fréquemment sur les inventions nouvelles ; un arrêt de 1724 a prescrit au Bureau du commerce de demander l'avis « de l'Académie royale des Sciences sur toutes les créations nouvelles et les épreuves à faire ». Des savants de haute valeur s'occupent d'applications pratiques. Buffon, à Montbard, élève une forge, perfectionne le mode de construction des hauts fourneaux, trouve un nouveau genre de soufflet. Vaucanson, associé de l'Académie des Sciences, fait faire de grands progrès à la mécanique appliquée. On lui doit de grands perfectionnements pour le moulinage et le tissage des soies ; il in-

---

1 Tels sont les chiffres donnés pour la fin du xviiie siècle par Necker (*Administration des finances*, t. I, pp. 228 et sqq.). La population des villes est indiquée par la *Population du royaume*, de 1787 (Arch. Nat. H 1444, cité par LEVASSEUR, *La population française*, t. I, p. 217). Ce ne sont, d'ailleurs, que des évaluations approximatives.
2 Voy. Ch. BALLOT, *L'introduction du machinisme en France*, pp. 254 et sqq. et 263 et sqq.

vente aussi un nouveau métier pour les tapisseries de basse lice. Réaumur perfectionne la fabrication de l'acier, écrit un mémoire sur la résistance des cordages, découvre des substances qui entraient dans la composition des porcelaines de Chine. Hellot fait des études sur l'exploitation des houillères et écrit un traité sur la teinture des laines. Duhamel crée, en 1765, à Ruffec, une manufacture d'acier cémenté. Bernard de Jussieu écrit, en 1759, dans les *Mémoires de l'Académie des Sciences*, un *Traité sur les mines de mercure*. Le marquis de Courtivron et Bouchu publient, en 1762, un *Art des forges et fourneaux à fer*. Il y a toute une littérature de traités de fabrication et de manuels [1], parmi lesquels on peut citer le *Blanchissage des cotons*, de Roland (1756). L'*Encyclopédie* contribue à la vulgarisation des nouveaux procédés techniques, comme on peut s'en rendre compte par les planches de l'*Encyclopédie*, et l'on sait l'importance qu'y attachent d'Alembert et Diderot.

On emploie déjà des machines-outils pour le tissage et la filature, comme la machine pour fabriquer des toiles brochées, de Cardon, comme les nouveaux métiers pour les bas de Cardonville. On use de nouvelles calandres pour moirer les étoffes de soie [2] ; des ouvriers de Lyon, les frères Raymond, montent un métier qui permet de rendre moins pénible le travail des tireuses de cordes.

Pour tout ce qui concernait la rubannerie, et surtout le moulinage et le tissage de la soie, la France n'avait plus besoin des inventions étrangères ; ce furent des Français auxquels on dut tous les perfectionnements désirables. Mais, pour les autres industries textiles, et notamment pour la fabrication du coton, c'est en Angleterre que naquirent les grandes invasions techniques. On cherche donc à se procurer par tous les moyens des machines anglaises, ce qui n'est pas facile, car les règlements les plus sévères en prohibent l'exportation.

L'Anglais jacobite Holker, qui crée à Rouen une manufacture de velours de coton, avec 200 métiers, fait une active campagne pour l'introduction des machines anglaises. Dans deux mémoires de 1754, il demande qu'on introduise l'usage des rouets et dévidoirs à

1 Voy. Germain MARTIN, La grande industrie sous le règne de Louis XV, pp. 174 et sqq.

2 A Nîmes, dans la seconde moitié du XVIIIe siècle, on commence, dans l'industrie de la soie, à se servir de calandres ; voy. DUTIL, L'industrie de la soie à Nîmes (*Revue d'hist. moderne*, 1908, t X, pp. 318-343).

l'anglaise, qu'on fasse venir des ouvriers anglais, qu'on multiplie les calandres à l'anglaise pour apprêter les tissus de fil et de coton ; il montre l'avantage qu'il y aurait à établir dans plusieurs provinces « des fourneaux et platines à l'anglaise pour apprêter et lustrer toutes sortes d'étoffes de laine, particulièrement celles qui se fabriquent à Amiens, à Reims, dans le Languedoc » ; on relèverait ainsi les draperies du Gévaudan et de Carcassonne, dont on ne veut plus à l'étranger, « parce qu'elles n'ont pas le beau lustre que les Anglais donnent à leurs draperies ». Il demande aussi qu'on emploie la machine inventée par Jubié pour le dévidage des soies [1]. Ce sont surtout les *jennys* que les Holker ont pour mission de répandre en France. A partir de 1775, on emploie les *jennys*, d'abord en Picardie, dans les environs de Rouen, puis un peu partout en France ; en 1790, 900 environ fonctionnent dans le royaume. Leur inconvénient, c'est qu'elles ne peuvent « filer en gros ». La *jenny* d'ailleurs, ne contribue guère à la concentration industrielle, car, étant un métier à bras de petites dimensions, elle était employée surtout dans l'industrie rurale et domestique.

Tout autre est le caractère des « machines continues » et des *mule-jennys*, grâce auxquelles peut s'opérer la concentration du travail. Un Français avait fait un effort en ce sens : Brisout de Barneville ; mais son invention ne réussit que médiocrement dans la pratique, bien qu'il ait créé un établissement à Rouen, vers la fin de l'Ancien Régime. Au contraire, les machines d'Arkwright, puis la *mule-jenny* de Crompton (inventée en 1779) vont révolutionner l'industrie cotonnière. Ce sont aussi des Anglais, les Milne, qui les répandent en France. On les voit monter, en 1782, le grand établissement de Perret, à Lyon, société par actions au capital de 600.000 l. Puis, grâce à Calonne, ils concluent avec le gouvernement, en 1785, un traité par lequel ils s'engagent à fournir aux fabricants les machines dont ils auraient besoin ; ils établissent leurs ateliers au château de la Muette. Contrevenant à ce traité, en 1785, ils concluent avec le duc d'Orléans une convention, qui lui assure la jouissance exclusive de leurs machines, et ils montent pour son

---

1 Voy. Boissonnade, Trois mémoires relatifs à l'amélioration des manufactures en France sous l'administration de Trudaine (1754) (Revue d'histoire économique, an. 1914-1919, pp. 68 et sqq.). Voy. aussi H. Sée, Documents sur l'histoire de l'industrie au XVIIIᵉ siècle (Revue d'histoire économique, an. 1923, pp. 135-139).

compte deux grands établissements, à Orléans et à Montargis [1].

Sans doute, ce n'est encore qu'un début, mais, en 1789, on voit se dessiner les progrès du machinisme, qui se développera dans la période suivante. Le mémoire de Tribert, inspecteur des manufactures de l'Orléanais, en 1790, note les progrès des machines à filer le coton, ce qui va faire disparaître le filage au rouet ordinaire, encore usité à Chartres, Rambouillet et Clamecy. « Depuis environ deux ans, dit-il, on fait mouvoir à Orléans un nombre assez considérable de ces machines nouvellement construites en France sur le modèle de celles employées depuis longtemps en Angleterre » (machines d'Arkwright et *mules jennys*) ; on vient de construire un monument très considérable pour les contenir. Le directeur forme le projet de faire mouvoir jour et nuit, au moyen d'une pompe à feu, 6.000 bobines, qui permettront de filer 1.000 livres pesant de coton en 24 heures. Les produits de ces deux établissements doivent s'élever cette, année à 180.000 l., mais l'an prochain, ils seront six fois plus considérables. Et il ajoute :

« Au moyen de ces machines dont le nombre commence à beaucoup s'accroître en France, on doit bientôt s'attendre à voir extrêmement diminuer le prix des cotons filés, mais aussi les bénéfices à faire sur cette nouvelle espèce de filature diminueront en proportion, de manière qu'il sera de l'intérêt des entrepreneurs de faire ouvrager leurs cotons filés » [2].

On commence donc à employer des moteurs mécaniques, mais ce sont surtout des moteurs hydrauliques. Les machines employées dans les forges et les papeteries sont actionnées par des chutes d'eau et ont un caractère encore assez primitif. Cependant, on commence à se servir de pompes à vapeur. Dans les mines, on les employait déjà depuis assez longtemps pour épuiser l'eau, notamment à Anzin et dans quelques mines bretonnes. Le marquis de Solages demandant, en 1782, la prolongation de sa concession, parle de la pompe à feu dont il est obligé de se servir : « les concessionnaires de la mine d'Anzin ont travaillé pendant trente ans avec

1 Voy. l'excellent exposé de Ch. BALLOT, *op. cit.*, pp. -43-90 ; cf. aussi Georges MATHIEU, *Notes sur l'industrie du Bas-Limousin dans la seconde moitié du XVIIIe siècle* (HAYEM, *op. cit.*, 1re série, pp. 35 et sqq.).

2 J. HAYEM, Les inspecteurs des manufactures et le mémoire de l'inspecteur Tribert sur la généralité d'Orléans (HAYEM, op. cit., 2e série, p. 284).

plusieurs pompes à feu à épuiser les eaux de leur mine avant de pouvoir extraire un panier de charbon ». En un mot, si les mines de charbon emploient de bonne heure les pompes à vapeur, c'est seulement à l'époque de l'Empire que la machine à vapeur commencera à se répandre dans les diverses branches de l'industrie [1].

VII. Fondation de quelques grandes usines, surtout dans l'industrie cotonnière et dans l'industrie métallurgique (le Creusot).

On comprend qu'on puisse voir déjà, à la fin de l'Ancien régime, quelques spécimens de grands établissements, de véritables usines modernes, qu'il y ait déjà un embryon de concentration industrielle. Mais ce sont seulement quelques industries qui commencent à se transformer.

La première en date paraît être celle du moulinage de la soie, qui s'était déjà bien perfectionné, au XVIIe siècle, près de Lyon (à Neuville et à Virieu), puis dans le Vivarais. Au XVIIIe, ce sont les Jubié qui sont les grands organisateurs du moulinage. De 1751 à 1770, grâce aux efforts de Trudaine et du gouvernement, les établissements se multiplient en Dauphiné, en Provence, dans le Languedoc. Les Deydier, à Aubenas, ne craignent pas de faire de grandes dépenses pour expérimenter les inventions de Vaucanson. Ainsi, comme le dit Ch. Ballot, les moulinages de soie, tel l'établissement des Jubié, à la Sône, ont été les premières grandes manufactures modernes, comportant des bâtiments à plusieurs étages, munis de machines automatiques marchant nuit et jour, disposant de gros capitaux [2].

La seconde par ordre de date, vient la fabrication des indiennes, de création récente. C'est que l'impression des étoffes de coton nécessitait un matériel compliqué, une division du travail perfectionnée, des stocks importants, et exigeait un capital considérable. Ainsi, en Alsace, dès le début, cette fabrication se fait dans des fabriques concentrées, tandis que la filature et le tissage affectent en-

1 Voy. Ch. BALLOT, *op. cit.*, pp. 383 et sqq. ; M. ROUFF, *Les mines de charbon en France*, pp. 3-48 et sqq. ; H. SÉE, *Les mines de charbon en Bretagne* (*Annales de Bretagne*, t. XXXVI).

2 Voy. Ch. BALLOT, *op. cit.*, pp. 297 el sqq. ; Elie REYNIER, *La soie en Vivarais*.

core la forme d'industries à domicile. L'industrie de la toile peinte, fondée à Mulhouse par Köchlin et Dollfüss, se répandit assez vite dans toute l'Alsace (très peu industrielle jusqu'alors) et provoqua la création de la filature et du tissage du coton. A la fin du XVIIIᵉ siècle, on ne trouve en Alsace qu'une seule filature mécanique de quatre métiers ; en 1800, on ne compte encore que trois établissements, comprenant il métiers et 317 ouvriers, tandis que la filature à la main occupe 15.000 personnes [1]. Cet exemple nous montre clairement le caractère exceptionnel des manufactures d'indiennes. A Orléans, la fabrique de toiles peintes, fondée par Jacques de Mainville en 1761, comprend plus de 200 ouvriers, en 1779 ; ce nombre était nécessaire pour satisfaire aux opérations compliquées de la fabrication [2]. On constate une organisation analogue dans la manufacture d'indiennes, créée à Angers dès 1752 [3].

Après les manufactures d'indiennes, c'est dans les filatures de coton que la concentration apparaît le plus souvent, mais ce n'est encore que d'une façon exceptionnelle. L'intendant du commerce Tolozan, dans son rapport de 1790, notait qu'en France il n'y avait que 9.000 jennies, tandis que l'Angleterre en employait 20.000, sans compter 7 à 8.000 machines d'Arkwright. Il existe à peine 8 grandes filatures. La filature de Brive est bien une grande manufacture ; elle comprend quatre bâtiments, contenant 14 jennies, des machines à carder, une mule jenny, et la mise de fonds a été de 100.000 l. ; mais elle ne fut créée qu'en 1786. Aussi récent est l'établissement fondé à Rouen par Brisout de Barneville ; ses ateliers et ses machines furent détruits, lors de l'émeute du 20 juillet 1789. A Amiens, dès 1785, Martin et Flesselles créent une grande usine, et

---

1 C'est seulement à partir de ce moment que la filature mécanique se développe. Cf. Robert Lévy, *Histoire économique de l'industrie cotonnière en Alsace*. Paris, 1902 (thèse de droit) ; *Histoire documentaire de l'industrie à Mulhouse*.

2 La fabrique employait : 20 graveurs, 40 imprimeurs, 50 femmes pour le pinceau ; 40 tireurs ; 25 ouvriers aux teintures ; 20 ouvriers pour le blanchiment ; 5 lisseurs ; 3 pilleurs ; 5 pour la calandre. Voy. Dr Garsonnin, *La manufacture de toiles peintes d'Orléans* (Hayem, 3ᵉ série, pp. 1 et sqq.). — Sur tout ce qui précède, voy. Ch. Ballot, *op. cit.*, pp. 281 et sqq.

3 V. Dauphin, *La manufacture de toiles peintes et imprimées en Anjou* (Mém. de la Soc d'agriculture, sciences et arts d'Angers. 1923, t. XXVI). — Sur l'évolution de l'industrie des indiennes et son caractère, on observe les mêmes phénomènes en Angleterre ; voy. Parakunnel J. Thomas, *The beginnings of calico printing in England* (*English historical review*, avril 1924).

Henri Sée

plus important encore apparaît l'établissement de Louviers, installé par des techniciens anglais. — En somme, la concentration industrielle dans les filatures de coton ne commence guère à apparaître que vers 1780, et surtout après le traité avec l'Angleterre de 1786 ; elle ne se développera vraiment qu'à partir de 1800, ce qui sera, en grande partie, une conséquence du Blocus Continental [1].

Dans l'industrie drapière, les grands établissements sont extrêmement rares, si ce n'est cependant à Sedan et à Reims. La création de ces grands établissements, groupant dans les mêmes locaux plusieurs métiers distincts et autrefois éparpillés avait été provoquée, non par le machinisme (qui ne commencera à se développer dans l'industrie lainière qu'à l'époque napoléonienne), mais par la concentration commerciale. Celle-ci s'explique surtout par des raisons techniques, par la multiplicité des opérations auxquelles donne lieu la fabrication. Les marchands ont intérêt à grouper les ouvriers sous le même toit pour surveiller leur travail et éviter les frais de transport [2].

Dans la fabrication de la toile, bien qu'elle échappe totalement

---

1 Voy. Ch. SCHMIDT, *Les débuts de l'industrie cotonnière en France (1760-1806)* (*Revue d'histoire économique*, an. 1913, pp. 262 et sqq., et 1914, pp. 21 et sqq.) et surtout BALLOT, *op. cit.*, pp. 64 et sqq. — Il convient de remarquer qu'en Angleterre, c'est aussi dans l'industrie cotonnière que se produisent tout d'abord les progrès du machinisme et de la concentration industrielle ; la concentration se manifeste d'abord dans la filature ; elle ne triomphe dans le tissage qu'après 1820, sous l'influence de la concurrence internationale, qui oblige les industriels anglais à réduire leurs frais de production. Seulement, en ce pays, l'évolution est plus précoce et plus rapide. Voy. SCHULZE-GAEVERNITZ, *La grande industrie, son rôle économique et social étudié dans l'industrie cotonnière*. trad. fr., 1896 ; Paul MANTOUX, *La révolution industrielle au XVIII*e *siècle* ; CUNNINGHAM, *Growth of the english industry and commerce, modern times* ; George UNWILL, *Samuel Oldknow and the Arkwrights*. Manchester, 1924 (Publ. de l'Université de Manchester). Dans l'industrie de la laine, en Angleterre comme en France, la transformation a été beaucoup plus tardive ; jusqu'en plein XIXe siècle, la fabrication de la laine a été surtout rurale et domestique ; cf. LIPSON, *History of the woolen and worsted industries*, 1921, et Herbert HEATON, *Yorkshire woolen and worsted industry*, 1920. — Un fait intéressant à signaler encore, c'est que c'est l'Angleterre qui a employé le plus tôt le travail des enfants et des femmes. En France, le travail des enfants (il s'agissait d'abord des enfants assistés) ne se développe vraiment que sous l'Empire. Cf. BALLOT, *op. cit.*, pp. 128-129 ; Ch. SCHMIDT, *Le travail des enfants dans les manufactures pendant la Révolution* (*Bull. d'hist. économique de la Révolution*, an. 1910, pp. 198 et sqq.).

2 Voy. Germain MARTIN, *La grande industrie sous le règne de Louis XV*, et surtout BALLOT, *op. cit.*, pp. 159 et sqq.

au machinisme, la concentration industrielle se manifeste parfois. Dès 1748, à Angers et à Beaufort, sont créées des manufactures de toiles, qui présentent le caractère d'« ateliers réunis ». D'après un rapport de 1783, la manufacture d'Angers contient des « bâtiments considérables, où sont répartis par ordre les différents ateliers, depuis la première fabrication des chanvres jusqu'à l'entière fabrication des toiles ». La manufacture est entretenue par des capitaux considérables et elle groupe plusieurs centaines d'ouvriers qui y sont logés et nourris. Dans un seul atelier, en 1790, fonctionnent 43 métiers [1]. Mais c'est un cas très rare.

D'ailleurs, il faut bien s'en convaincre, trouvât-on un assez grand nombre d'exemples analogues, les établissements textiles où se manifeste la concentration industrielle ne constitueraient cependant que des exceptions ; ce sont comme des îlots épars qui émergent au-dessus des flots pressés de la petite industrie. Voici, par exemple, la généralité d'Orléans que nous décrit Tribert, en 1790. On constate bien à Orléans l'existence d'une grande filature de coton ; il s'en monte une autre à Montargis. Mais, dans la fabrication des bas, voici 55 ateliers, employant 2.287 ouvriers dispersés dans la ville et sa banlieue ; la bonneterie au tricot a bien le caractère d'une industrie rurale, qui emploie en Beauce 12.000 personnes ; les étoffes de laine et les teintureries sont aux mains de petits fabricants peu aisés ; 21 maîtres fabriquent la ganterie et font travailler 900 ouvriers [2].

C'est qu'en effet, le machinisme ne s'est introduit, en 1789, que dans la filature du coton, le moulinage de la soie, les fabriques d'indiennes. Il n'a pas atteint l'industrie drapière, encore moins la fabrication de la toile ; le tissage échappe encore à son emprise.

Dans certaines papeteries, notamment à Annonay, on substitue l'industrie mécanique au travail à la main et on crée de grands établissements, à la fin de l'Ancien Régime. Le savant Desmarests, qui avait visité les fabriques françaises, de 1763 à 1768, puis étudié l'or-

---

1 Voy. V. DAUPHIN, *Recherches pour servir à l'histoire de l'industrie textile en Anjou.* Angers, 1916, pp. 91 et sqq. — Les manufactures d'Angers et de Beaufort, réunies, emploient plus de 800 ouvriers. Voy. (p. 133) le plan de la manufacture d'Angers. — Dans la Flandre wallonne, la concentration apparaît aussi dans quelques établissements (A. CRAPET, *op. cit.*, loc. cit., pp. 12-13).
2 HAYEM, Le mémoire de Tribert sur la généralité d'Orléans, en 1790 (HAYEM, op. cit., t. II, p. 258 et sqq.).

ganisation des papeteries hollandaises, proposa de donner 24.000 l. à l'un des manufacturiers d'Annonay, qui monterait des cylindres hollandais, l'un pour l'effilochage des chiffons, l'autre pour l'affinage des pâtes, et installerait des machines. Pierre de Montgolfier et les Johannot transformèrent donc tout leur outillage et fabriquèrent d'excellents papiers, que le système douanier empêcha seul d'exporter à l'étranger. Desmarets fit créer deux autres papeteries modèles, à Essonnes et à Angoulême [1]. Mais l'immense majorité des papeteries restent de petits établissements, dotés d'un outillage sommaire et n'employant que quelques ouvriers.

Dans l'industrie métallurgique, la concentration industrielle commence aussi à se manifester : on y trouve déjà des usines au sens moderne du mot ; c'est à cette industrie que s'applique la définition que Roland donne de l'usine :

« Un vaste laboratoire, un immense atelier où les machines en grand sont communément mues par l'eau, une grosse forge, une forge d'ancres, une refonderie de fer, l'ensemble des martinets et des grands travaux sur cuivre, des fileries de fer sont des usines, qu'on distingue encore par la nature de l'objet particulier qu'on y exploite, le lieu où l'on fore les canons... ».

Déjà Buffon, en 1759, établit une forge, qui coûte 300.000 l., et qui est actionnée par un moteur hydraulique. Plus importants encore apparaissent les établissements, qui furent l'origine de la puissante société du Creusot [2]. Le gouvernement, qui se préoccupait très vivement de l'industrie métallurgique, envoya en mission le chevalier de Jars, d'abord en Allemagne, puis en Angleterre où la métallurgie avait fait de grands progrès, de 1750 à 1760, enfin en France, où il devait entrer en relations avec des métallurgistes. Le père et le frère du chevalier étaient à la tête des mines de cuivre de Saint-Bel ; Jars les décida à essayer la fonte du cuivre au coke, en 1769, et ces essais réussirent parfaitement. De Gensanne, qui avait visité les

1 Germain Martin, *Les papeteries d'Annonay (1634-1790)*. Besançon, 1897. Cf. Ballot, *op. cit.*, pp. 554 et sqq. ; F. Thomas, Annonay (*Revue de géographie alpine*, t. XI, 1923).
2 Voy. le très important article de C. Ballot, L'introduction de la fonte du coke en France et la fondation du Creusot (Revue d'Histoire des Doctrines économiques, an. 1912, pp. 29-62), reproduit dans son Introduction du machinisme, pp. 436 et sqq.

DEUXIÈME PARTIE

fourneaux de Sulzbach, près de Sarreguemines, où l'on se servait du coke pour la fabrication du fer, s'associa avec Stuart, Kessling, le chevalier de Milleville et réalisa, par ses recherches et par les travaux de Ling, de nombreux perfectionnements. La Compagnie Stuart, en 1770, absorba la société fondée par la Chaize et Jullien à Montcenis. Comme Ling avait fondé une compagnie rivale, le gouvernement conclut un accord : Stuart obtenait le monopole de l'exploitation dans les généralités de Dijon, Moulins et Lyon ; Ling, en Normandie, Dauphiné, Provence et Languedoc. Malgré leur activité, ces deux sociétés ne pouvaient réussir, car elles ne procédaient pas assez en grand et leur outillage était rudimentaire. En 1785, le roi révoquait leurs privilèges. Mais la grande transformation technique avait été obtenue : la fonte au charbon, d'autant plus importante qu'à ce moment l'on se préoccupait beaucoup de la disette du bois.

C'est d'une tentative, au début plus modeste, que devait naître l'entreprise du Creusot. De Gensanne et La Houlière, s'associent avec l'Anglais Wilkinson, le créateur de la fonderie de canons d'Indret, tandis que Wendel, de la famille des maîtres de forges de Hayange, obtient, par l'intermédiaire de Calonne, de fortes avances du gouvernement (600.000 l.) ; la Société put réunir ainsi toutes les usines de la région de Montcenis. Enfin, en 1787, fut fondée la société par actions du Creusot, dans laquelle le Roi est intéressé, et qui comprend 4.000 actions, chacune de 2.500 l. Disposant de ce capital énorme pour l'époque, la société put établir des hauts fourneaux mieux organisés qu'ailleurs, employer des machines à vapeur, de grands soufflets, des marteaux-pilons, expérimenter tous les nouveaux procédés de fabrication. Les bénéfices devinrent rapidement très satisfaisants ; en 1787, les dépenses furent de 812.000 l., mais les recettes s'élevèrent à 2.041.000 l. ; on constitua 96.000 l. de réserve et l'on distribua 62 l. 10 s. par action. Il est vrai qu'à l'époque de la Révolution, la société tomba peu à peu en décadence et ne se relèvera qu'en 1836.

C'est aussi un grand établissement que la fonderie de canons d'Indret, fondée en 1777 par Wilkinson, et qui fut la propriété de la compagnie Wendel. Cette fonderie, où l'on se servait exclusivement de charbon de terre, employa des procédés de fabrication très perfectionnés pour l'époque et disposa d'un outillage exigeant des capitaux considérables. Que l'on considère, en effet, qu'en 1777 on dépensa 78.000 l. ; en 1778, 307.000 ; en 1779, 577.000 l. ; en 1780, 381.000 l. Les ouvriers étaient logés et nourris dans l'établissement [1].

Mais il faut bien se persuader que le Creusot et Indret sont des établissements tout à fait exceptionnels. A considérer l'immense majorité des établissements sidérurgiques, ils apparaissent comme de très modestes exploitations, des forges d'un rendement médiocre, n'occupant que peu d'ouvriers (souvent 8 à 10), ne disposant que d'un outillage rudimentaire, n'ayant par conséquent besoin que de modestes capitaux. Les forges n'emploient guère encore que le bois ; aussi sont-elles nombreuses surtout dans les régions forestières, comme les Ardennes, le Nivernais, la Lorraine, la région pyrénéenne, certaines parties du massif central. Bien que le nombre des petites forges, par suite de la disette de bois, ait peut-être diminué au cours du XVIIIe siècle [2], c'est encore partout l'éparpillement et la dispersion, d'autant plus que les diverses fonctions de l'industrie métallurgique « sont localisées dans des établissements séparés ». La concentration ne s'opérera qu'au XIXe siècle, et l'industrie ne fera de grands progrès que lorsqu'elle usera exclusivement du charbon et que le développement de la grande industrie exigera une métallurgie vraiment puissante [3].

Les industries métallurgiques qui transforment la matière première sont bien moins importantes que de nos jours. Dans le laminage, la tréfilerie, la quincaillerie, les aciéries, les ateliers de construction de machines, où la technique a fait de grands progrès, on signale déjà quelques grands établissements, mais ils sont encore l'exception [4]. La coutellerie de Thiers, par exemple, est traitée par des ouvriers à domicile ; on constate dans cette fabrication une extrême division ou spécialisation du travail, dont l'effet est

1 Voy. Georges Bourgin, Deux documents sur Indret (Bulletin d'histoire économique de la Révolution, années 1917-1919, pp. 467 et sqq.).
2 C'est notamment le cas dans le Bas-Maine ; et cependant on n'y trouve qu'un établissement important : Port-Brillet (Musset, Le Bas-Maine, pp. 253 et sqq.).
3 Voy. l'importante publication de H. et G. Bourgin, L'industrie sidérurgique en France au début de la Révolution, 1920 (Collection des Documents d'histoire économique de la Révolution). La métallurgie du Nivernais, si active, ne comprend guère que de petites exploitations (Gueneau, op. cit., pp. 332 et sqq.). Sur ce qui précède, cf. aussi Levainville, L'industrie du fer en France, 1922.
4 Voy. Ch. Ballot, op. cit., pp. 469 et sqq.

de soumettre encore plus étroitement les artisans au « contrôle » des *marchands-fabricants*, qui distribuent le travail aux ouvriers ; mais ces fabricants sont nombreux, et la concentration du travail ne s'opérera qu'à partir de 1850 [1].

VIII. Quelques grandes exploitations houillères : Anzin, Carmaux, Alais.

L'industrie métallurgique est en relation étroite avec l'industrie minière. Celle-ci non plus, en 1789, n'a pas pris encore l'extension qu'elle recevra plus tard. Cependant, de grandes exploitations se sont déjà organisées à la fin de l'Ancien régime. Les bassins les plus importants sont ceux d'Alais, de Carmaux, d'Anzin [2].

Dans le nord de la France, la houille avait été découverte à Fresnes en 1720, puis à Anzin en 1734, et cette découverte transforme un pays médiocrement peuplé et assez misérable, à tel point que la population de 32 paroisses voisines de Valenciennes a augmenté de 200 %. Dès 1716, Desandrouin obtient l'autorisation d'exploiter les mines sur le terrain situé entre l'Escaut et la Scarpe et il fonde une Compagnie, à laquelle, dans la deuxième moitié du siècle, les seigneurs cèdent leurs droits, moyennant le paiement d'une rente ; en 1757, la Compagnie d'Anzin s'adjoint l'exploitation du marquis de Cernay.

Pendant la première moitié du XVIIIe siècle, l'extraction de la houille était laissée aux propriétaires du sol ou à de petits entrepreneurs. Mais ceux-ci, ne disposant que d'un capital insuffisant, n'exploitent qu'à la surface et par les procédés les plus primitifs. Le gouvernement, de plus en plus préoccupé de la disette du bois, se prononce donc contre « la liberté individuelle d'exploiter les mines » et rend l'arrêt de 1744, qui donne à l'État le droit de concé-

---

1 Voy. Paul COMBE, Thiers et la vallée industrielle de la Duriolle (Annales de géographie, an. 1922, p. 360-365).

2 Cf. GRAR, Histoire de la recherche, de la découverte et de l'exploitation de la houille dans le Hainaut français, la Flandre française et l'Artois. Valenciennes, 1847 ; BARDON, Le bassin houiller d'Alais, 1898, et surtout Marcel ROUFF, Les mines de charbon en France au XVIIIe siècle (1744-1791). Paris, 1922. Cf. aussi L.-J. GRAS, Histoire économique du bassin houiller de Saint-Étienne, 1922 ; H. SÉE, Les mines de charbon en Bretagne (Annales de Bretagne, t. XXXVI).

der l'exploitation des mines à des personnes autres que les propriétaires de la surface ; ceux-ci seront dédommagés simplement par des indemnités.

L'arrêt de 1744 est le point de départ d'une révolution complète dans l'exploitation des mines de houille. Malgré la résistance obstinée des petits propriétaires et des petits industriels paysans, les grandes compagnies parviennent à l'emporter. Seules, elles sont capables, en effet, d'accomplir les perfectionnements techniques nécessaires : les sondages, l'ouverture des galeries et des puits, l'aérage, l'épuisement de l'eau sont menés déjà par procédés vraiment scientifiques, et, à peu près partout, dans la seconde moitié du XVIIIe siècle, on emploie les pompes à vapeur. C'est que ces compagnies, menées par des hommes intelligents et énergiques (des nobles, comme le marquis de Castries, le chevalier de Solages, des bourgeois comme les Mathieu, Laurent, etc.) disposent de capitaux considérables. Ce sont des sociétés par actions, sociétés en nom collectif ou sociétés en commandite, car la société anonyme est encore rare. Sans doute, la compagnie d'Aniche, constituée en 1773, n'emploie encore en 1789 que 100 ouvriers et ses recettes ne s'élèvent qu'à 47.000 l. Mais, par contre, la Compagnie d'Anzin fait preuve d'une activité prodigieuse. En 1756, elle emploie déjà 1.000 mineurs, et, dans ses ateliers, 500 ouvriers ; en 1789, elle compte 4.000 ouvriers et 600 chevaux ; elle a ouvert 3 à 400 toises de galeries et elle emploie 12 machines à vapeur. L'extraction du charbon s'élève rapidement, de 2.375.000 quintaux, en 1783, à 3.750.000, en 1789. La situation commerciale n'est pas moins brillante : en 1779, les bénéfices annuels sont de 700.000 l. ; en 1789, ils s'élèvent à 1.200.000 l., bien que le prix du charbon ait diminué d'un tiers. Les sociétés de Carmaux et d'Alais, moins prospères, sont cependant aussi de grandes entreprises. Partout, grâce aux procédés industriels nouveaux, l'extraction de la houille se développe sensiblement, malgré les difficultés que les compagnies rencontrent pour le transport, qui est lent, coûteux, et qu'entravent les péages, malgré leurs luttes contre les marchands, qui réalisent souvent des bénéfices de 100 %. M. Rouff évalue cette production à 450.000 tonnes, insuffisante d'ailleurs pour la consommation, puisqu'on doit importer de l'étranger (Belgique et Angleterre) environ 220.000 tonnes ; le charbon commence à devenir un objet de consommation courante.

Ainsi, l'industrie houillère présente déjà, à la fin de l'Ancien Régime, tous les caractères de la grande industrie capitaliste : exploitation scientifique ; concentration et groupement de nombreux ouvriers ; emploi de capitaux considérables.

Les autres exploitations minières constituent aussi de grands établissements, pour lesquels se constituent des sociétés capitalistes, comme les mines de Pontpéan près de Rennes, les mines de Huelgoat et de Poullaouen en Basse-Bretagne [1].

Mais, à examiner l'ensemble des exploitations industrielles, on se convainc qu'en 1789 la concentration industrielle n'en est qu'à ses débuts [2]. Le régime prédominant, c'est celui des moyens et petits établissements et, c'est aussi le régime de l'industrie rurale et domestique. Toutefois, on se rend compte de l'importance que vont prendre la grande industrie cotonnière et la grande industrie métallurgique ; on aperçoit la transformation que va opérer le machinisme. Les ouvriers la redoutent, dans les régions où il s'introduit. Ainsi, au moment de la convocation des États Généraux, paraît à Rouen une petite brochure contenant « le vœu des six sergenteries, faubourgs et banlieue de la ville de Rouen pour la suppression des mécaniques de filature » [3]. Elle déclare que l'introduction des machines anglaises va dépouiller le peuple de ses moyens d'existence : « les méchaniques n'occupent qu'un vingtième des ouvriers qu'occupaient auparavant les filatures à la main,

1 Voy. H. Sée, *Les origines de la société minière Pontpéan* (*Mémoires de la Société d'histoire de Bretagne*, an. 1924). Parmi les principaux membres de la société se trouvent Noël Danycan, le fils du grand armateur malouin, et Pâris-Duverney, le grand financier.

2 Voici encore un exemple significatif. A Marseille, l'industrie du savon, très importante, puisqu'elle fait un chiffre d'affaires de 30 millions de livres par an, occupe 33 fabricants, dont la plupart n'ont que 5, 4 ou 3 chaudières ; un seul en possède 27 ; un autre, 25 ; deux, 18 ; un, 15 : un autre, 12. C'est donc une industrie où la concentration est assez faible (J. Fournier, *Cahiers de doléances de la sénéchaussée de Marseille*, pp. 473 et sqq.). — Dans l'imprimerie, on n'a affaire, en général, qu'à d'assez petits établissements, ne comprenant que quelques presses. A Lyon même, parmi les 12 imprimeurs, qui existent en 1763, un seul a 11 presses, un seul 6 presses, un seul, 5 ; quatre d'entre eux possèdent 4 presses ; trois, 3 presses ; deux ont 2 presses (Moulé, *Rapport de Bourgelat sur le commerce de la librairie et de l'imprimerie à Lyon en 1763*, dans la *Revue d'histoire de Lyon*, an. 1914, pp. 51 et sqq.).

3 Voy. l'intéressante étude de Levasseur (*Comptes rendus de l'Académie des Sciences Morales*, t. CLI, pp. 618 et sqq.).

et, par conséquent, on enlève aux neuf autres dixièmes leur existence et leur pain ». Il faut craindre une concurrence dangereuse pour Rouen, car, avec les machines, on pourra établir des toileries dans toutes les villes, bourgs et villages du royaume : « ce que les habitants ne pouvaient faire par la disette des bras, ils le feront maintenant par le moyen des méchaniques ».

D'ailleurs, si l'introduction du machinisme n'en est encore qu'à ses débuts, si la concentration industrielle n'apparaît qu'à l'état sporadique, il est vrai de dire qu'un symptôme caractéristique se manifeste, qui annonce l'avènement de la grande industrie : c'est l'emploi de plus en plus fréquent de capitaux considérables que l'on consacre à l'industrie. Les négociants, qui font travailler des milliers d'artisans campagnards, qui concentrent leurs produits, surtout dans l'industrie de la laine et de la toile, et aussi dans la bonneterie, les marchands de soie de Lyon, qui soumettent à leur domination économique les maîtres ouvriers, imprègnent déjà l'industrie d'une véritable « organisation capitaliste » [1]. Il s'agit seulement de capitalisme commercial ; mais celui-ci précède et va engendrer le capitalisme industriel. Il y a là une évolution qui s'est manifestée en Angleterre comme en France, et qu'il importait de mettre en lumière [2].

---

1 Voy. l'article très intéressant d'Alex. CHOULGUINE, *L'organisation capitaliste de l'industrie existait-elle en France à la veille de la Révolution ?* (*Revue d'histoire économique*, an. 1922, pp. 184-218). — M. Choulguine pense que l'évolution de l'industrie anglaise ne devance pas autant qu'on le prétend celle de l'industrie française ; en Angleterre, surtout dans l'industrie de la laine, les grands établissements sont encore exceptionnels. Sans doute, mais il est paradoxal de soutenir que l'Angleterre, à ce point de vue, n'ait pas de beaucoup devancé la France. — Dans la Flandre wallonne, le capitalisme commercial joue un grand rôle à la veille de la Révolution (A. CRAPET, *op. cit.*, pp. 12-13). Sur tout ce qui précède, voy. BALLOT, *op. cit.*, pp. 159 et sqq., 263 et sqq.

2 En Angleterre, on voit bien nettement comment les négociants peuvent se transformer en patrons industriels. A Stockport (Cheshire) Samuel Oldknow, d'abord négociant, fait travailler les fileurs et les tisserands ; puis il devient *factory-master* ; ce passage de l'industrie domestique au *factory-system* s'opère de 1786 à 1795. Voy. George UNWIN, *Transition to the factory system* (*English historical review*, 1922, pp. 206-218, 383-397) et *Samuel Oldknow and the Arkwrights*. En Angleterre, l'emploi des enfants dans les manufactures est plus précoce qu'en France ; cependant, en France, surtout dans les manufactures de cotonnades, on commence à employer les enfants vers la fin de l'Ancien Régime ; cf. WEIL-GÉVEL, *L'introduction des machines et le travail des enfants assistés dans les manufactures d'après les notes de Ch. Ballot* (*Bull. de la Soc. d'histoire moderne*, février 1923). L'emploi des femmes dans la

IX. La crise industrielle de 1787-1789. Ses causes.

De tout ce qui précède, on peut conclure qu'un progrès très sensible s'est manifesté dans l'industrie vers la fin de l'Ancien régime, qu'il est contraire à la vérité d'affirmer, comme le fait M. Kovalewsky [1], qu'elle soit tombée dans une profonde décadence pendant le dernier tiers du XVIIIe siècle.

Ce qui est vrai, c'est que le traité de 1786 a produit en France une crise très grave, surtout dans l'industrie textile [2], dans les manufactures de drap, de coton et de toile. Ainsi, à la fin de 1787, Troyes n'emploie plus, pour la fabrication de la toile, que 1157 métiers au lieu de 3.000, et la campagne environnante subit une crise aussi grave pour la bonneterie ; plus de 10.000 ouvriers restent sans travail [3]. A Sedan, dès le mois de décembre 1787, 800 métiers sont démontés et il y a 9.000 chômeurs. La draperie de Beauvais est également atteinte. Le 25 février 1788, Loménie de Brienne réunit le Bureau de commerce, qui se livre à une enquête. L'intendant du commerce Tolozan déclare qu'il y a 200.000 ouvriers sans travail. Il attribue la crise : 1° au traité de 1786 ; 2° au réveil des manufactures en Italie, en Espagne et en Allemagne. Dans les six premiers mois de 1788, la Caisse du commerce donne 120.000 l. pour parer aux premiers besoins.

Dans l'hiver de 1788-1789, la crise s'étend, gagne l'ouest de la France. A Rouen, en novembre 1788, les patrons renvoient beaucoup de leurs ouvriers ; à Elbeuf, en décembre 1788, 7.500 ouvriers sur 13.000 n'ont pas d'ouvrage, et les salaires s'abaissent de 10 s. 6 d. à 8 s. ; à Louviers, en décembre 1788 et janvier 1789, il y a 18.000 chômeurs ; à Falaise, éclatent des émeutes et l'on s'en prend aux

---

grande industrie ne se généralisera aussi qu'au XIXe siècle ; cependant, dès le XVIIIe, elles apparaissent déjà nombreuses dans la fabrication lyonnaise de la soie et dans la passementerie. Cf. ABENSOUR, *La femme et le féminisme avant la Révolution*, 1923, pp. 191 et sqq.

1 *La France économique à la veille de la Révolution*, t. II, pp. 69 et sqq. — L'auteur montre bien la supériorité de l'industrie anglaise, mais, s'il y a eu en France une crise grave après 1786, cela ne veut pas dire qu'une décadence générale se soit manifestée dans l'industrie française à la veille de la Révolution.

2 Voy. Ch. SCHMIDT, Le traité de 1786 et la crise ouvrière en France (Revue historique, 1908) ; F. Dumas, Le traité de 1786 entre l'Angleterre et la France.

3 VERNIER, *op. cit.*, t. I, Introd., pp. LIX et sqq.

« mécaniques » ; on veut brûler une nouvelle machine à filer le coton. En Champagne, la situation s'aggrave en 1788 ; même en Dauphiné, où l'industrie n'a pas encore un très grand développement, on signale une crise grave.

Partout, on attribue la crise au traité de commerce de 1786. L'intendant du commerce maritime, M. de la Porte, en avril 1788, dit que, depuis mai 1787, les importations anglaises se sont élevées à 35 millions de livres, dont 19 en produits manufacturés, surtout en cotons, déclarés à la moitié ou aux deux tiers de leur valeur, tandis que les exportations françaises n'ont pas dépassé 26 millions. Puis, il y a la façon dont le traité a été appliqué : les Anglais violent certaines clauses, notamment pour le commerce des vins, et commettent toutes sortes d'abus. Roland insiste aussi sur les effets du traité de commerce et montre qu'il n'y a qu'un moyen de lutter contre la concurrence anglaise, c'est d'employer des machines [1]. Les cahiers de 1789 dénoncent avec une égale vigueur les conséquences désastreuses du traité [2]. Les inspecteurs des manufactures émettent la même idée, mais font remarquer que la fermeture de certains marchés, notamment de l'Espagne, a contribué à la crise.

En ce qui concerne la soie, la décadence de la fabrique lyonnaise a encore d'autres causes que le traité, car, si la crise s'est aggravée en 1787, elle est antérieure à 1786. En 1769, on comptait 11.000 métiers ; déjà, en 1784, il n'y en a plus que 9.200 ; en 1789, 7.500. Le chiffre d'affaires, qui était de 46 millions, en 1769, n'est plus que de 33 en 1783. L'une des causes les plus importantes de cette décadence a été la mode nouvelle des toiles peintes, du linon, de la mousseline, des gazes, qui fut néfaste à la soie façonnée et aux tissus d'ameublements auxquels la fabrique lyonnaise devait surtout son grand prestige. Le traité de 1786 a eu pour effet de fermer presque complètement le marché anglais, tandis que l'Espagne, dès 1778, en élevant aux deux tiers de leur valeur les droits sur les crêpes français, avait écarté les produits lyonnais et avait nui gravement à l'industrie de la soie, ainsi qu'à la fabrication des bas aux métiers de Nîmes [3]. De là, une crise terrible qui accable la ma-

---

1 *Encyclopédie méthodique, Arts et manufactures*, t. II, p. 127. On se plaint aussi du maintien par les Anglais de l'Acte de navigation, qui est fort gênant pour les armateurs français.
2 Voy. Roger PICARD, Les cahiers de 1789 au point de vue industriel et commercial.
3 LEROUDIER, La décadence de la fabrique lyonnaise à la fin du XVIIIᵉ siècle (Revue

nufacture lyonnaise et dont elle ne se relèvera pas de longtemps. A Nîmes, si les métiers ont diminué de moitié, la soie, en 1789, rapporte encore environ 10 millions par an. — En un mot, il semble bien que la fermeture du marché espagnol, tout au moins dans le midi de la France, ait été aussi nuisible à l'industrie française que le traité de 1786 [1].

Voilà les causes qui expliquent la crise industrielle de 1787-1789. Cette crise, que viennent aggraver encore les mauvaises récoltes et la disette qui en fut la conséquence, a contribué à précipiter la révolution politique [2]. Elle a eu aussi pour conséquence le retour à un régime de protection industrielle, marqué par le tarif douanier de 1791 et par l'acte de navigation de 1793, en attendant le régime du blocus continental [3].

Ce qui est vrai aussi, c'est que l'industrie française, au moment où éclate la Révolution, ne s'est pas encore complètement affranchie de l'influence étrangère. La supériorité technique des Anglais apparaît encore en bien des métiers, notamment dans la tannerie, où la « façon anglaise » jouit d'un grand renom [4], et dans la fabrication de certaines étoffes de drap. Le ministre de l'intérieur peut encore écrire, le 4 juillet 1792 :

« L'industrie nationale .... est encore tributaire de l'Espagne pour la fabrication des belles draperies et de toutes les étoffes qui vont au foulon ; elle éprouve la supériorité de l'Angleterre

d'histoire de Lyon, sept.-oct. 1911) ; L. Dutil, L'industrie de la soie à Nîmes, et La fabrique des bas à Nîmes au XVIIIᵉ siècle (Annales du Midi, 1905, t. XII, pp. 218-251).

1 Voy. aussi à ce sujet J. Fournier, Cahiers de la sénéchaussée de Marseille, passim, et Encyclopédie départementale des Bouches-du-Nord, t. III, p. 235-236.

2 Voy. G. Lefebvre, Les paysans du Nord, pp. 339 et sqq.

3 Pour tout ce chapitre, voy. F. Gerbaux et Ch. Schmidt, Procès-verbaux des Comités d'agriculture et de commerce de la Constituante, de la Législative et de la Convention. Paris, 1906-1910, 4 vol. in-8° (Coll. des Documents économiques de la Révolution). Les notes surtout renferment beaucoup de renseignements précieux. Cf. encore Ernest Lavisse, Histoire de France, t. IX, pp. 203 et sqq. — Sur la réaction contre le libéralisme économique, cf. Nussbaum, op. cit.

4 En 1781, Legendre crée à Pont-Audemer une tannerie « façon anglaise » (Al. Tuetey, Correspondance du ministre de l'intérieur relative au commerce, aux subsistances et à l'administration générale (16 avril-14 octobre 1792) (Coll. des Doc. économiques de la Révolution), 1917, pp. 236-237. En 1792, à Langeac, Sivau et Dupas proposent la création d'une tannerie « façon anglaise » (Ibid., pp. 275 et sqq.).

Henri Sée

pour toutes les étoffes sèches et rayées, telles que les serges, les étamines, les burats, les baracans et autres de ce genre, relativement auxquelles l'infériorité des laines de France ne permet pas au fabricant le plus instruit d'égaler la fabrication anglaise »[1].

Les raffineries françaises ont aussi de la peine à lutter contre les raffineries étrangères, sans doute mieux outillées[2].

X. Cependant, dans l'ensemble, une grande expansion industrielle marque la seconde moitié du XVIIIe siècle.

Mais on ne saurait nier que les vingt dernières années de l'Ancien Régime aient été marquées par une grande activité industrielle, que suffiraient à prouver l'esprit d'invention, les efforts pour introduire le machinisme, la création de grandes entreprises, comme la Société des Eaux, la Société d'assurances générales, la Caisse d'escompte, la fondation des Sociétés d'encouragement et de bureaux d'encouragement pour l'industrie. L'entreprenant Calonne, le duc d'Orléans, prince éclairé et âpre au gain, contribuent à activer ce grand mouvement d'affaires[3]. Dans les provinces jusque-là un peu somnolentes, on voit se manifester un éveil industriel. Tel est le cas de la Bourgogne. En 1782, le trésorier des États, Chartraire de Montigny, déclare :

« Des nitrières artificielles, une manufacture de verdet (acétate de cuivre), une fabrique de potasses, plusieurs exploitations de charbons prouvent que l'industrie commence à s'éveiller dans notre pays ».

Et il note encore la création de plusieurs banques à Dijon[4]. A Marseille, en dépit d'un certain fléchissement une l'on observe, à la veille de la Révolution, dans certaines fabrications (savonnerie, chapellerie, papeterie), la seconde moitié du XVIIIe siècle est mar-

---

1 *Ibid.*, p. 341.
2 Voy. l'arrêt du Conseil, du 25 mai 1786, qui ordonne de restituer la totalité des droits acquittés par les sucres bruts des colonies, qui auraient été raffinés dans un port du royaume et seraient exportés (Arch. Nat., E 2620, fol. 193).
3 Voy. Ch. BALLOT, pp. 61 et sqq.
4 P. DESTRAY, L'état économique de la Bourgogne à la fin de l'Ancien Régime, 1911, pp. 20 et sqq.

quée par une grande expansion industrielle [1].

Sans doute, en France, les progrès de la grande industrie ne sont pas, comme en Angleterre, spontanés, dus à l'initiative privée ; ils furent, en grande partie, l'œuvre du gouvernement, dont l'action se manifeste aussi bien dans l'industrie cotonnière que dans l'industrie métallurgique et le moulinage de la soie. Il s'agissait d'augmenter la production, pour que l'on fût à même le plus possible de se passer de l'étranger. Sous le Premier Empire, la protection gouvernementale contribuera aussi, dans une forte mesure, au développement industriel. L'époque révolutionnaire, par suite des troubles intérieurs, de la guerre étrangère, de l'émigration, marqua, au contraire, un temps d'arrêt dans l'évolution de l'industrie, du moins à partir de 1792, bien que la guerre ait favorisé les progrès de la métallurgie et des fabrications chimiques [2].

Sans aucun doute, au point de vue industriel, l'Angleterre devance de beaucoup la France : le machinisme s'y est répandu bien davantage ; la concentration industrielle, le *factory system* commencent à y triompher au début du XIXᵉ siècle, tandis qu'en France ce n'est encore que l'aube d'un mouvement qui ne s'épanouira pleinement qu'un demi-siècle plus tard [3]. Au cours du XIXᵉ siècle, l'Angleterre deviendra un pays presque exclusivement industriel, tandis qu'en France l'équilibre entre la production industrielle et la production agricole ne sera jamais rompu ; on se l'explique, si l'on considère combien l'évolution de la propriété foncière et du régime agraire a été différente en l'un et l'autre pays [4].

---

1 Voy. *Encyclopédie départementale des Bouches-du-Rhône*, t. III (1921), pp. 235-25B (chapitre écrit par M. Bourrilly).

2 Voy. Ch. BALLOT, *passim*, et chapitre I. Cf. aussi Ch. SCHMIDT, *Statistique industrielle en l'an V* (*Bulletin d'histoire économique de la Révolution*, an. 1908, pp. 1 et sqq.). Cependant, il faut noter, à cette époque, une grande activité des industries métallurgiques et chimiques, en un mot, des fabrications de guerre ; les savants, pour contribuer à la défense nationale, multiplièrent les découvertes, dont l'industrie profita un peu plus tard (Camille RICHARD, *Le Comité de Salut Public et les fabrications de guerre sous la Terreur*. Paris, 1921 (thèse de doctorat ès lettres).

3 Sur tout ce qui précède, cf. aussi mon étude, Remarques sur l'évolution du capitalisme et les origines de la grande industrie (Revue de synthèse historique, juin 1924).

4 Voy. H. SÉE, Esquisse d'une histoire du régime agraire en Europe aux XVIIIᵉ et XIXᵉ siècles. Paris, 1921.

Henri Sée

Chapitre VI
Les artisans, les négociants et les gros entrepreneurs au XVIIIᵉ siècle

Les phénomènes économiques que nous venons d'exposer ont exercé la plus grande influence sur l'état social des classes ouvrières et marchandes. Les transformations qui se manifestent dans la production ont pour conséquence d'accentuer la différenciation des divers groupes sociaux.

I. — Mode de vie des artisans.

La classe la plus anciennement constituée est celle des artisans. Leur mode de vie, qui a toujours été médiocre, devient plus mauvais encore au XVIIIᵉ siècle. Dans beaucoup de villes, on l'a vu, la plupart des maîtres sont gênés, ont de la peine à vivre, se trouvent parfois dans un état voisin de la misère [1].

Comme au XVIIᵉ siècle, les plus aisés sont ceux qui pourvoient à l'alimentation ; les artisans du vêtement, du bâtiment, de l'ameublement, très nombreux, ont beaucoup de peine à gagner leur vie [2]. A Dijon, une ordonnance municipale de 1711 répartit les métiers en quatre classes selon leur importance économique. La première classe comprend : les imprimeurs et libraires, les chirurgiens, les apothicaires, les merciers, les drapiers, les orfèvres ; la seconde, les principaux métiers de l'alimentation (boulangers, bouchers, pâtissiers, charcutiers, cuisiniers, marchands de vin), les selliers, cordonniers et tapissiers ; la troisième, la plupart des métiers du métal et de l'ameublement ; la quatrième, les ouvriers du bâtiment, les savetiers, les artisans travaillant à façon comme les tisserands. Et l'on peut juger de leur situation économique respective, si l'on considère que les droits de réception à la maîtrise ont été fixés : pour la première classe, à 90 l. ; pour la seconde, à 60 ; pour la troisième, à 32 ; pour la quatrième, à 16 [3]. Le mode de vie des

1 Voy. le rapport de l'intendant de Bretagne, de 1755, cité plus haut (p. 189).
2 Voy. H. SÉE, La vie économique, et les classes sociales de Rennes vers le milieu du XVIIIᵉ siècle d'après les rôles de la capitation (Mém. de la Soc. d'histoire de Bretagne, 1923).
3 Voy. G. ROUPNEL, *op. cit.*, pp. 135-136. — Dans la petite industrie, on trouve

artisans peut donc varier assez sensiblement selon les métiers auxquels ils appartiennent. — Toutefois, en règle générale, au XVIIIe
siècle comme au XVIIe, leur habitation est peu confortable. Parlant
d'Angers, les *Souvenirs d'un nonagénaire*, de Besnard, déclarent :

« Les artisans étaient alors pour la plupart très étroitement logés. Outre leur boutique ou atelier, ils n'occupaient, souvent qu'une
grande chambre qui leur servait à la fois de cuisine, de salle à manger et de chambre à coucher pour la famille, puis une autre pièce
pour les compagnons que l'on était dans l'usage de nourrir et loger ».

Le même auteur remarque qu'à Paris les artisans n'étaient pas
mieux logés. Les boutiques les plus achalandées avaient un aspect misérable. Cependant, à la fin du XVIIIe siècle, apparaissent
quelques boutiques vitrées.

L'alimentation est grossière, souvent insuffisante. A Sophie
Gutermann la femme d'un coutelier de Châtellerault décrit ainsi
la nourriture :

« Du pain et de la soupe plusieurs fois par jour, parce que la
viande est trop chère : soupe aux herbes, soupe aux carottes,
soupe à l'oignon avec l'huile. On boit de l'eau à la maison, mais,
le lundi, le maître va boire avec ses compagnons au cabaret ».

En Poitou, au XVIIIe siècle, beaucoup de tisserands vivent d'une
façon misérable ; à Saint-Maixent, sur 1.000 maîtres, 100 à peine
arrivent à l'aisance [1].

Sans doute quelques artisans, dans certains métiers, parviennent
à la fortune. Voici un orfèvre qui a été sept ans compagnon ; en
ouvrant son atelier, il possède 800 l. ; il épouse une femme qui
en avait 900 ; il devient garde de sa communauté, marguillier de
sa paroisse, donne à chacune de ses filles 5.000 l. de dot [2]. Vers le
milieu du XVIIIe siècle, un chapelier, Leprévost, invente les cha-

---

beaucoup de femmes dirigeant l'exploitation. Les marchandes de modes et les
couturières de Paris parviennent parfois à la fortune. L'édit d'août 1776 admet les
femmes dans les corporations masculines et établit la liberté du travail dans un certain nombre de métiers féminins (bouquetières, filassières, coiffeuses, etc.). Voy. L.
ABENSOUR. *La femme et le féminisme avant la Révolution*, 1923, pp. 184 et sqq.
1 BOISSONNADE, *op. cit.*, t. II, pp. 137 et sqq.
2 BABEAU, *Artisans et domestiques d'autrefois*.

peaux de soie ; malgré les persécutions de sa communauté, il acquiert 40.000 l. de rente et vit comme un grand seigneur ; il est vrai qu'au début il possédait déjà un capital de 25.000 l. et que sa femme lui apportait une dot de 10.000 l. Voici un cordonnier pour dames, Charpentier : deux laquais en livrée introduisent les clientes, qu'il reçoit dans un magnifique boudoir, habillé comme un petit-maître [1].

Mais ce sont des cas exceptionnels. Et, d'ailleurs, le jour où l'artisan parvient à la fortune, il abandonne sa classe, devient gros négociant, directeur de manufacture ; ses enfants embrassent des professions libérales ou deviennent officiers du roi, pénètrent dans les rangs de la haute bourgeoisie ou même de la noblesse.

Si les « philosophes », dans la seconde moitié du XVIIIe siècle, prétendent réhabiliter le travail et ennoblir l'artisan, qu'ils regardent comme le membre le plus utile de la société, ces idées ne se sont pas encore imposées à l'opinion publique [2].

II. — Artisans tombant à la condition de salariés : les maîtres ouvriers en soie de Lyon.

Tandis qu'une petite minorité d'artisans s'élève à une classe supérieure, bien plus nombreux sont ceux qui tendent à perdre l'indépendance, à devenir des salariés, à constituer un véritable prolétariat. Cette transformation est déjà très visible, au XVIIIe siècle, dans certains métiers. A Aubusson, les tapisseries sont produites par des « fabricants » qui occupent 700 ouvriers, et à Felletin, 300. Chaque fabricant fournit la matière première aux artisans, qui travaillent isolément avec des compagnons et des apprentis. On trouverait beaucoup d'autres exemples analogues, surtout dans l'industrie

---

1 Encyclopédie méthodique, Arts et manufactures, t. II, pp. 210-211.
2 Les idées de Diderot et de d'Alembert, dans l'*Encyclopédie*, sont fort intéressantes. Les arts mécaniques, déclare Diderot, demandent autant d'intelligence que les arts libéraux : « rendons aux artistes la justice qui leur est due... Les artisans se sont crus misérables, parce qu'on les a méprisés. Apprenons-leur à mieux penser d'eux-mêmes ». D'Alembert veut remettre aussi en honneur les arts mécaniques. Mais ces idées n'ont pas eu d'influence immédiate sur l'opinion publique, comme semble le croire M. Charles Benoist, *La crise de l'État moderne* (*Revue des Deux Mondes*, 1er décembre 1911).

drapière [1].

Mais c'est surtout dans l'industrie de la soie à Lyon que l'on voit le maître artisan tomber peu à peu à la condition de salarié, perdre son indépendance, se trouver dans l'obligation de se soumettre aux conditions que lui impose le gros marchand. L'évolution, qui a commencé au XVIIe siècle, s'accentue au XVIIIe [2].

On a vu plus haut qu'au XVIIe siècle, surtout depuis le règlement de 1667, la séparation est faite entre maîtres marchands et maîtres ouvriers [3]. Dans la communauté, dès le début du XVIIIe siècle, toute l'autorité appartient au maître marchand. Le règlement de 1737, il est vrai, supprime en partie les distinctions, établit qu'ouvriers et marchands auront le même nombre de gardes-jurés. Mais le règlement de 1744 détruit tous les effets du précédent. D'après ce règlement, les maîtres qui voudront fabriquer pour leur compte ne pourront avoir que deux métiers et paieront 200 l. ; les maîtres faisant fabriquer paieront un droit de 800 l. L'obligation de la lettre de crédit est rendue plus stricte ; le maître ouvrier ne peut alors que très difficilement quitter le maître pour qui il travaille ; il devient son salarié. Sa dépendance est d'autant plus grande que le marchand fournit la matière première [4], ainsi que les dessins, et avance souvent à l'ouvrier les sommes nécessaires pour l'achat de

1 A Romorantin, 60 fabricants occupent 3.000 à 4.000 ouvriers (LESUEUR et CAUCHIE, *Cahiers du bailliage de Blois*, t. I, Introd., p. XXIX). Parmi ces ouvriers, on compte beaucoup de fileurs et de foulons. Les fabricants de Romorantin, plus nombreux dans la première moitié du siècle, ne font, en général, que de médiocres affaires et tombent sous la dépendance des drapiers-drapants ; voy. J. HAYEM, *La draperie à Romorantin* (*Mémoires et documents*, 8e série).

2 Voy. surtout Justin GODART, *L'ouvrier en soie de Lyon*, 1899, et E. PARISET, *Histoire de la fabrique lyonnaise*, 1901.

3 En 1694, la Compagnie du Saint-Sacrement de Lyon déclare : « On a souvent parlé d'un grand mal qui se commet entre les marchands et les ouvriers, en ce que les marchands [en soie] payent si peu les façons que les ouvriers ne peuvent subsister de leur travail... D'un autre côté, les marchands qui ne laissent pas de vendre bien chèrement leurs marchandises, deviennent extraordinairement riches... ; leurs enfants, prévenus et persuadés d'une si grande fortune, se donnent à la volupté ; les uns se perdent par l'abondance, comme les premiers par la misère et l'indigence ». Voy. G. GUIGUE, *Les papiers des dévots de Lyon. Recueil de textes sur la Compagnie du Saint-Sacrement (1630-1731)*, Lyon, 1922, pp. 122 et sqq.

4 Un signe caractéristique, c'est le « piquage d'once » : bien des maîtres ouvriers détournent, pour la revendre, une partie de la soie qui leur est livrée. Voy. P. METZGER, *Étude historique et juridique sur le piquage d'once à Lyon* (*Revue d'histoire de Lyon*, an. 1914, pp. 241-270, 322-349).

Henri Sée

l'outillage. Enfin, le prix de la façon est fixé par le marchand ; le salaire n'est donc déterminé que quand l'ouvrage est fini. S'il y a des contestations sur le prix de la façon, elles sont jugées par le Consulat, qui est composé en grande partie de marchands.

Voilà donc deux classes sociales en présence : une aristocratie de marchands et une plèbe de maîtres ouvriers. Les maîtres ouvriers sont animés d'une haine très violente contre les marchands, haine dont témoignent de nombreux mémoires : tel, celui qui fut écrit en 1788 [1] :

« Autrefois, déclare-t-il, on ne connaissait point ces désœuvrés par état qui se décorent aujourd'hui du titre de marchands ; le citoyen et l'étranger allaient porter à l'ouvrier même les fruits de son travail ; tout ouvrier était marchand, et tout marchand était ouvrier. La fabrique était-elle moins régulière ? Est-ce donc le marchand qui forme une fabrique ? N'est-ce point à l'ouvrier qu'elle doit tout son éclat ? Le marchand sçait compter, aulner, faire des étiquettes ; presque toujours il est oisif. L'artisan seul connaît les règles : il est adroit, laborieux... Concluons avec toute raison que les marchands ne sont point nécessaires pour former une fabrique régulière et stable ».

Il y a là, d'ailleurs, une exagération indéniable. Les marchands ne sont pas aussi inutiles à la fabrique lyonnaise que les ouvriers le prétendent : ils concentrent les produits, servent d'intermédiaires entre les ouvriers et l'acheteur, règlent la production suivant les besoins du marché. Ce qui est vrai, c'est qu'ils exploitent les maîtres ouvriers, car ils les ont dépossédés de la plus grande partie des bénéfices de leur travail.

En somme, cette transformation était le résultat d'une évolution fatale : les marchands, disposant de capitaux, devaient, à mesure que la production et les marchés s'étendaient, faire la loi aux ouvriers, qui n'avaient pas d'avances.

La condition des maîtres ouvriers ne cesse d'empirer au XVIIIᵉ siècle. Déjà, dans une requête de 1709, ils déclaraient qu'« au nombre de 5.000, ils étaient réduits à la misère et mendicité par suite du bas prix des façons et de la cherté des vivres » ; ils montrent que, pour les taffetas dits « d'Angleterre », ils ne peuvent gagner que

---

1 Justin GODART, *op. cit.*, p. 92.

13 s. 6 d. par jour ; ils demandent qu'on revienne aux prix de 1701, c'est-à-dire qu'on augmente l'aune de 2 sous. Il y eut de nouvelles réclamations en 1759, 1774, 1779. En 1779, les maîtres ouvriers paraissent obtenir satisfaction : on décide qu'un tarif sera dressé pour chaque genre d'étoffe, tarif dont les compagnons doivent aussi bénéficier, mais, en 1789, on établit que le tarif ne doit être appliqué qu'en cas de contestation. Les ouvriers ne cessaient de déclarer, comme ils le firent dans un mémoire de 1779, que, le prix de la vie ayant doublé, leur misère était extrême, tandis que les marchands faisaient de grosses fortunes ; ils n'étaient pas libres de refuser un ouvrage mal payé, puisqu'ils devaient subir la plus impérieuse des lois, celle « du besoin » [1]. La situation s'aggrave, d'ailleurs, chaque fois qu'éclate une crise industrielle : en 1750, en 1756, en 1771, de 1786 à 1789. En 1788, à la suite du traité avec l'Angleterre, qui vient accentuer la perturbation produite par les nouvelles modes, plus de 5.000 métiers restent inactifs, et la misère devient extrême.

On comprend donc que la vie matérielle du maître ouvrier soit très pénible et qu'il lui soit impossible de joindre les deux bouts. Dans un mémoire de 1779, les ouvriers lyonnais dressent le budget d'un maître qui a trois métiers et dont la famille se compose de trois enfants. Les dépenses s'élèvent à 2.049 l. ; les recettes, à 1.800 l. ; d'où déficit de 249 l. Un mémoire de 1786 établit que le déficit est de 506 l. Un autre mémoire (du 2 mai 1756), rédigé par Antoine Celle, et qui paraît très exact, fixe les recettes à 1.449 l. 15 s. (1.500 aunes, fabriquées par le maître ; 750, par le compagnon), les dépenses, à 1.502 l. 15 s. 6 d. Le déficit est de 53 l. 6 d. Le budget annexé aux *Doléances des maîtres ouvriers* à l'assemblée des États généraux de 1789 estime le déficit à 350 l. L'ouvrier est d'ailleurs obligé de faire des journées très longues, et sa nourriture est insuffisante. L'abbé Bertholon le montre d'une façon saisissante :

« Quelle vie que celle d'un ouvrier fabricant ! Toujours il devance le lever de l'aurore et prolonge ses travaux bien avant dans la nuit pour pouvoir, par la longueur du temps, compenser la modicité des salaires insuffisants... La plus modique subsistance les soutient et on peut dire qu'ils mangent moins pour vivre que pour ne pas mourir. Quelqu'un a dit que nulle part on ne pourrait établir de manufactures comme à Lyon, parce qu'il faudrait trouver ailleurs

---

1 J. GODART, *op. cit.*, pp. 259 et sqq.

des gens qui ne mangeassent ni ne dormissent comme à Lyon ».

Les maîtres ouvriers de Lyon se trouvent donc dans la même condition économique et sociale que les compagnons. Comme eux, ils se révoltent parfois avec violence contre ceux qui les emploient, mais, après ces brusques explosions de colère, ils retombent dans leur apathie coutumière. — Déjà, en 1717, il y a eu une révolte assez grave. Le règlement de 1744, provoque une révolte bien plus violente. Les maîtres ouvriers, auxquels se joignent les compagnons, font une grève générale, prononcent une amende de 12 l. contre ceux d'entre eux qui continueraient à travailler. Le 6 août, l'émeute triomphe ; le prévôt des marchands, pour apaiser les ouvriers, rend une ordonnance qui, en réalité, « n'engage à rien », mais qui déclare que le règlement de 1744 sera supprimé. Il y a des violences contre les personnes ; des maisons sont saccagées et pillées. Mais très rapidement l'émeute s'éteint et, en 1745, on rétablit le règlement de 1744. Les ouvriers recourent alors à la voie légale : en 1759, ils obtiennent un arrêt du Parlement qui supprime le règlement de 1744 ; mais les maîtres marchands finissent par l'emporter, obtiennent un nouvel arrêt qui annule le premier. En 1786, nouvelle révolte, durement réprimée aussi ; lorsque l'émeute bat son plein, on cède aux ouvriers sur la question du tarif ; puis, la révolte apaisée, on casse les ordonnances.

III. Les négociants et les gros entrepreneurs

Au-dessus de la classe des artisans s'élève donc la classe des commerçants et des industriels [1]. Ceux-ci ne veulent plus être confondus avec les gens de métiers, ne les admettent que difficilement et en petit nombre dans les chambres de commerce. D'autre part, les

1 Il est intéressant de constater que Turgot distingue nettement ces deux classes : « Toute la classe occupée à fournir aux différents besoins de la société l'immense variété des ouvrages de l'industrie se trouve donc, pour ainsi dire, divisée en deux ordres : celui des entrepreneurs manufacturiers, maîtres fabricants, tous possesseurs de gros capitaux, qu'ils font valoir en faisant travailler par le moyen de leurs avances ; et le second ordre, composé de simples artisans, qui n'ont point d'autres biens que leurs bras, qui n'avancent que leur travail journalier et n'ont de profit que leurs salaires » (*Réflexions sur la formation et la distribution des richesses*, 1766, § LXI, dans l'édition des *Œuvres de Turgot*, de G. SCHELLE, t. III, pp. 569-570).

artisans manifestent leur hostilité contre les marchands et surtout contre les négociants en gros, qui ne font pas partie des communautés. Les corporations engagent souvent des procès contre ces commerçants ; elles veulent notamment les obliger à ne jamais vendre au détail, conformément à la déclaration royale de 1782. Mais il était bien difficile de l'emporter sur des hommes qui avaient dans les corps de ville une situation prépondérante et qui souvent obtenaient des lettres de noblesse [1]. A Nantes, les négociants jouent un rôle prépondérant, s'organisent fortement, ont une « représentation commerciale » [2].

Les cahiers des corporations, en 1789, montrent combien l'hostilité est forte entre les deux classes, hostilité qui s'affirme avec d'autant plus de force que les négociants contrôlent de plus en plus l'industrie rurale, dont ils concentrent les produits. En 1789, dans leur cahier, les fabricants d'étoffes de soie, de laine, fil et coton de la ville de Troyes reprochent précisément aux négociants de développer l'industrie rurale, qui fait aux métiers urbains une concurrence ruineuse, au point de diminuer leur nombre de moitié et de réduire à la misère toute la classe ouvrière ; ils leur font grief d'accaparer à leur profit tous les produits de ces fabriques campagnardes. Les maîtres bonnetiers, chapeliers, pelletiers-fourreurs de la même ville reprochent aussi aux négociants « d'apposer sur leurs marchandises » des marques de fabrique, de s'arroger ainsi la qualité de « fabricants », contrairement aux privilèges des maîtres des métiers. Les teinturiers et les apprêteurs s'indignent de ce que les marchands établissent des calandres et des cylindres, tout un machinisme qu'ils considèrent comme désastreux pour leur fabrication [3].

---

1 Voy. Camille BLOCH, Les cahiers du bailliage d'Orléans au point de vue économique (Études sur l'histoire économique de la France, pp. 159 et sqq.).

2 Bien qu'ils n'aient pu obtenir de chambre de commerce, en 1701. Voy. Léon VIGNOLS, Jean-Paul Vigneu, secrétaire de la représentation commerciale de Nantes (Annales de Bretagne, 1890, t. VI, pp. 44-78).

3 J.-J. VERNIER, Cahiers de doléances du bailliage de Troyes (Coll. des documents économiques de la Révolution) Troyes, 1909, pp. 81 et sqq., 120, 99-100. — Dans les contrées, où il n'existe pas d'industrie urbaine, les négociants sont les maîtres incontestés du marché. Tel est le cas, à Laval, pour les marchands de toiles ; ceux-ci achètent la toile aux tisserands, avec lesquels ils débattent les prix ; ils la confient ensuite aux blanchisseurs, auxquels ils paient de 3 à 5 s. l'aune, puis ils la revendent avec un bénéfice net minimum de 6 à 8 %, bien plus élevé encore quand la toile est

Dans les ports, ce sont les armateurs, souvent fort riches, qui tiennent la première place ; toute la vie économique dépend de leur activité. Enfin, dans la classe des négociants figurent aussi les commerçants qui se spécialisent dans la commission, et dont les bénéfices sont souvent fort élevés ; tels, les commissionnaires en vin, qui, dans le Beaujolais, réalisent des gains de 300 %, aux dépens des producteurs [1].

Combien la situation des négociants est prépondérante dans les rangs du Tiers État, c'est ce que montre clairement aussi le rôle qu'ils jouent dans les assemblées électorales de 1789, rôle tout à fait disproportionné à leur nombre. On les voit souvent éclipser les maîtres des nombreuses corporations ; maintes fois, ils sont les seuls, avec les hommes de loi et les bourgeois vivant noblement, à rédiger les cahiers du Tiers [2].

On voit bien nettement que cette classe de négociants, aventureuse, avide d'innovations, ouvre la voie à la classe des grands patrons, des chefs d'industrie, dont le triomphe deviendra définitif au XIXe siècle. Et il apparaît bien, une fois de plus, que c'est le capitalisme commercial qui a précédé et engendré le capitalisme industriel [3]. Les directeurs de manufactures, issus de la classe des marchands, sont déjà parfois des gros capitalistes, qui forment l'aristocratie de la classe industrielle. Leur importance, comme leur nombre, grandit surtout dans la deuxième moitié du XVIIIe

---

exportée à l'étranger (surtout en Espagne). Les blanchisseurs sont parfois, en même temps, négociants ; leurs bénéfices sont d'autant plus grands ; leur condition est aussi prospère que celle des négociants proprement dits. Il y a aussi à Laval un certain nombre de *maîtres tissiers*, dont la situation est bien inférieure à celle des négociants et des blanchisseurs ; ces maîtres tissiers font souvent travailler des ouvriers à domicile, auxquels ils confient le fil, et qui n'ont que le plus mince profit dans ce processus de la fabrication. Voy. J.-M. RICHARD, *La vie privée dans une ville de l'Ouest : Laval aux XVIIe et XVIIIe siècles*, Paris, 1922, pp. 283 et sqq.

1 Voy. FAYARD, Les vins du Beaujolais au XVIIIe siècle (Revue d'histoire de Lyon, an. 1902, pp. 225 et sqq., 275 et sqq.).

2 Voy. MOURLOT, La fin de l'Ancien Régime et les débuts de la Révolution dans la généralité de Caen (1787-1790) ; Paris, 1913, pp. 205 et sqq. et 270-271 ; cf. G. LAURENT, Les cahiers de doléances du bailliage de Reims (Bull. d'histoire économique de la Révolution, an. 1913, pp. 318 et sqq.).

3 En Angleterre, l'évolution a été tout à fait analogue. Voy. MANTOUX, La Révolution industrielle au XVIIIe siècle, Paris, 1905. CUNNINGHAM, Growth of the english industry and commerce, modern times, 3e éd. ; TOYNBEE, Lectures on the industrial revolution in England, 1881.

DEUXIÈME PARTIE

siècle, au moment où la concentration du travail commence à apparaître ; il faut voir en eux le prototype des grands industriels du XIXe siècle.

Parmi ces gros entrepreneurs, il convient de ranger les concessionnaires des mines, surtout des mines de houille. L'édit de 1744, nous l'avons vu, déclarait que tous les exploitants des mines devaient se munir d'une concession royale ; il fut confirmé encore par une déclaration de 1783, qui étendait la mesure aux possesseurs de fiefs. Dans la deuxième moitié du siècle, il y eut beaucoup de concessions et d'exploitations nouvelles, dans le bassin d'Alais et dans le nord de la France. Vers 1770, arrive dans le bassin d'Alais un Normand, nommé Tubeuf, qui se propose d'établir une exploitation plus vaste et plus rationnelle ; les ministres lui concèdent pour un an la mine de Saint-Paulet de Cresson. Tubeuf, homme d'une énergie admirable et d'une intelligence hors ligne, qui dispose d'un capital considérable, perfectionne l'exploitation, fait construire une galerie qui coupe à angle droit toutes les couches de charbon. En 1783, on lui confère un privilège exclusif ; beaucoup d'anciens exploitants de mines, qui souvent sont des paysans, se trouvent réduits à la misère ; ainsi, Drulhon, en décembre 1783, demande à l'intendant la permission de rouvrir sa mine de charbon au quartier de Montaud, que Tubeuf avait fait fermer sans indemnité ; il est plongé dans la misère, car « il n'a pour toute fortune que ladite mine ». En 1789, de l'exploitation Tubeuf et de l'exploitation de la Grand Combe, qui appartient au marquis de Castries, on extrait annuellement 150.000 quintaux de houille. Il y a eu là un véritable accaparement, qui a eu pour effet d'élever le prix de la houille d'un sou 6 deniers le quintal à 5 sous. — Voilà donc de gros entrepreneurs, de puissants capitalistes, dont la richesse s'échafaude aux dépens des petits entrepreneurs. Ils sont encore peu nombreux, mais leur rôle n'en est pas moins intéressant ; ce sont déjà des représentants de la bourgeoisie industrielle, qui prendra une si grande extension au siècle suivant [1].

---

1 Voy. Ach. BARDON, *L'exploitation du bassin houiller d'Alais sous l'ancien régime*, Nîmes, 1898. Cf. aussi GRAR, *op. cit.*, M. ROUFF, *Tubeuf, un grand industriel français au XVIIIe siècle*, Paris, 1922. — Tubeuf, qui essayait partout de créer de nouvelles mines, notamment en Normandie, et dont le génie était quelque peu chimérique, finit, d'ailleurs, par se ruiner et dut s'expatrier aux États-Unis. Il avait été dépouillé de son exploitation du Languedoc par l'abbé de Bréard et le maréchal de Castries.

La plupart de ces gros négociants, de ces entrepreneurs, vivent dans l'aisance, quelques-uns même comme de grands seigneurs. D'ailleurs, à Paris, les membres de la bourgeoisie commerçante mènent un train de vie assez luxueux. Ils ont, en général, un salon ; les chambres à coucher sont confortables ; les fauteuils sont garnis d'étoffe ou de tapisserie ; les murs sont recouverts de papier peint et garnis de glaces ; leur buffet contient de la vaisselle de faïence [1]. Les gros négociants de province ont une existence qui les rapproche de la classe noble ; le négociant en toile de Laval, qui, en 1759, possède une fortune de 600.000 l., mène un train de vie qui confine au luxe ; beaucoup de ses confrères, d'ailleurs, achètent des terres nobles et s'allient par des mariages à des familles de l'aristocratie terrienne [2]. Les fils des riches négociants passent souvent dans les rangs de la noblesse ; dans le haut négoce, à toutes les périodes, apparaissent beaucoup de noms nouveaux [3].

IV. Les marchands

Parmi les classes marchandes, les *négociants* ne forment qu'une petite minorité. Aux négociants, s'adonnant à de grands trafics, s'opposent les marchands, qui travaillent pour la clientèle locale, les *détailleurs* ou détaillants [4]. Dans cette classe, les plus aisés sont

1 Voy. Babeau, Artisans et domestiques d'autrefois.
2 Voy. J.-M. Richard, *op. cit.*, pp. 285 et sqq.
3 Voy. Encyclopédie des Bouches-du-Rhône, t. IX, pp. 118-119. Cf. H. Sée, La vie économique à Saint-Malo (Revue internationale du commerce, sept. 1924, p. 120).
4 C'est la distinction que fait avec une grande précision Turgot (*Réflexions sur la formation et la distribution des richesses*, § 67). Roland (*Encyclopédie méthodique*, 1783, *Arts et manufactures*, t. I, pp. 1-2) distingue nettement le négociant du marchand ; le premier a des vues étendues, de grands intérêts, de larges relations, « En France, ajoute-t-il, il y a beaucoup de fabricants, beaucoup de *marchands*, les *négociants* sont rares ; ils le sont beaucoup moins en Angleterre et en Hollande. Bordeaux, Rouen, Nantes et Marseille en présentent quelques-uns ; aucune autre ville que je sache. Paris ne renferme que des vendeurs ou des manieurs d'argent, des banquiers, des gens qui spéculent sur les papiers, sur les emprunts de l'État, sur la misère publique, tous marchands et gens d'affaires. Tout homme, dont l'état et les fonctions n'offrent que la faculté et l'occupation d'acheter et de vendre, que ce soit au comptant ou à terme, pour de l'argent ou en échange d'autres marchandises, à commission ou à forfait, en gros ou au détail, n'est qu'un marchand. S'il est marchand en détail, le lieu où il tient ses marchandises et les débite est ordinairement ouvert et se nomme boutique ; s'il est marchand en gros, ce lieu est fermé et prend le nom de magasin ».

les marchands de drap et de soie, les libraires et les apothicaires ; ils confinent à la haute bourgeoisie. Les marchands de vin en gros, les marchands de fer et d'acier gagnent assez largement leur vie. Le commerce du blé est également rémunérateur. Quant aux merciers et aux épiciers, leur situation de fortune est très diverse. Les merciers, qui vendent toutes sortes d'articles et se trouvent par là même en conflit avec les drapiers et les libraires [1], sont souvent de riches marchands, disposant de capitaux considérables ; leur commerce peut être considéré comme l'origine des magasins de nouveautés [2].

D'ailleurs, au-dessous des marchands aisés organisés en jurandes, se trouvent un grand nombre de petits marchands (fripiers, revendeurs, détaillants de sel, herbières, regrattières), dont la condition ressemble fort à celle des plus pauvres artisans, et dont le mode d'existence est aussi médiocre [3]. Les marchands aisés, au contraire, ont un train de vie assez confortable ; ils possèdent plusieurs chambres, une salle à manger, bien qu'ils mangent ordinairement dans leur cuisine ; leur mobilier est fort convenable ; ils ont de la vaisselle d'étain et de faïence.

V. Les artisans des campagnes.

Quant à l'état social, au mode de vie des artisans de campagne, il est assez difficile de les déterminer avec précision. Il semble qu'ils ne se distinguent guère de ceux des paysans ; beaucoup de ces artisans possèdent une petite maison et quelques parcelles de terre. On trouverait, à cet égard, bien des renseignements dans les actes de ventes et les inventaires après décès. D'après ces inventaires, on voit que, même dans cette classe, les conditions sont souvent assez diverses. Voici quelques exemples assez caractéristiques [4].

1 Cf. E. Tromp, La communauté des libraires et imprimeurs de Paris, Nîmes, 1922.
2 Pierre Vidal et Léon Duru, Histoire de la corporation des marchands merciers de Paris.
3 Voy. mon étude sur La vie économique et les classes sociales de Rennes vers le milieu du XVIIIᵉ siècle (Mémoires de la Société d'histoire de Bretagne, an. 1923), reproduite dans La vie économique et les classes sociales en France au XVIIIᵉ siècle, pp. 179-209.
4 Empruntés à Germain Martin, *La grande industrie sous le règne de Louis XV*, pp. 369-372.

Henri Sée

Un laboureur passementier, Jean Berger, habitant le Boucher, près Saint-Just-lès-Velay, possède une seule chambre où l'on puisse coucher. Dans la cuisine assez vaste, se trouvent deux métiers ; à côté, la forge et l'écurie ; au-dessus, une grange et un réduit où couchent les domestiques. La nourriture se compose de porc et de pommes de terre ; il n'y a pas de vin en cave. Le mobilier paraît peu confortable ; on trouve des plats de terre et une « pendule en émail avec sa cage ». Mais le tisseur-fermier a de l'argent et des créances ; ses biens sont estimés à la somme relativement considérable de 6.747 l. Une rubanière, Pierrette Morel, habitant à Saint-Didier-la-Joyeuse, dans les environs directs de Lyon, est sans doute moins riche, car elle n'a pas d'argent liquide, seulement une créance de 400 l., mais son existence semble plus confortable : sa maison contient quatre chambres dont deux sont louées. Son mobilier est passable ; il comprend des miroirs à cadre doré, des rideaux de cadis aux lits ; il y a de la vaisselle d'étain, de la viande et du vin ; par contre, le linge est en mauvais état.

Chapitre VII
Le mode de vie des compagnons au XVIIIe siècle

Il convient maintenant d'étudier la condition sociale des salariés, des compagnons. Malheureusement, nous n'avons encore, sur cette question, que trop peu d'études, et les renseignements que nous possédons sont bien fragmentaires.

I. L'apprentissage et la condition de l'apprenti

Dans la plupart des métiers, on ne peut devenir compagnon, si l'on n'a pas fait son apprentissage. — Au XVIIIe siècle, l'apprentissage est régi par les mêmes lois que dans les siècles précédents. Sa durée est toujours à peu près la même, parfois deux ans, le plus souvent de trois à cinq ans [1]. Le prix payé au maître s'élève, mais

---

1 Son apprentissage terminé, l'apprenti apothicaire sert encore son maître, en qualité de garçon, pendant quatre ou six ans ; voy. E. H. GUITARD, *L'élève en pharmacie sous l'ancien régime* (J. HAYEM, *Mémoires...*, 8e série, pp. 335-360).

il diffère très sensiblement suivant les métiers : parfois, il est de 20 à 30 l., parfois, surtout dans les métiers les plus difficiles ou les plus renommés (chirurgiens, faïenciers, par exemple), il peut s'élever à plusieurs centaines de livres. Le droit d'entrée perçu sur les apprentis s'élève beaucoup, par suite des besoins d'argent des communautés : dans la Grande Fabrique, à Lyon, il est de 30 sous en 1619, de 15 l. en 1692, de 20 l. en 1707, de 24 l. en 1737. Et ce sont toujours les mêmes dépenses supplémentaires : dîner aux membres de la communauté, bienvenue aux compagnons ; chez les papetiers, on impose à l'apprenti 5 l. en libations. Le contrat d'apprentissage, passé par devant notaire, subsiste également. Rien n'est changé non plus à la limitation des apprentis : dans beaucoup de communautés, les maîtres ne doivent avoir qu'un seul apprenti, parfois, mais rarement, deux ou trois [1].

La condition de l'apprenti ne semble pas s'être modifiée depuis le XVIIᵉ siècle. Il doit faire tout son temps sans défaillance, sans quitter son maître. Quelques communautés sont très sévères pour la moindre absence. La Grande Fabrique de Lyon déclare : « ils ne pourront s'absenter la nuit, en quelque temps que ce soit, non plus que les jours de travail, à peine de nullité de leur brevet ». Les apprentis vivent chez le maître ; les contrats portent toujours qu'ils doivent le servir fidèlement, mais que, par contre, le maître doit leur apprendre le métier avec la plus grande conscience. En réalité, les apprentis font souvent fonction de domestiques, non seulement du maître, mais des compagnons. Ils sont les premiers levés et les derniers couchés. Un document de 1710 nous montre la condition de l'apprenti dans les imprimeries. Le prote lui fait porter « au plus haut magasin » des rames de papier sous le poids desquelles il plie. On l'envoie à la cave chercher du charbon ; il allume le feu ; il couche au rez-de-chaussée dans un réduit obscur, « où l'on voit sur les plafonds et sur les murs les escargots courir ». Levé à l'aurore, il va faire toutes les commissions des compagnons, chercher pour eux du fromage et du vin ; puis il fait des courses en ville, porte les épreuves ; le dimanche, il le passe à nettoyer, préparer la colle, rogner le papier [2]. Souvent, c'est l'apprenti qui lave la vaisselle, qui

---

1 Voy. GUENEAU, op. cit., pp. 81 et sqq. Cf. Georges MATHIEU, Contrats d'apprentissage relatifs à différents métiers, passés devant notaires dans le Bas-Limousin aux XVIIᵉ et XVIIIᵉ siècles (HAYEM, op. cit., 3ᵉ série, pp. 80 et sqq.).
2 Voy. La misère des apprentis imprimeurs appliquée par le détail à chaque fonction

promène les enfants. Maître et compagnons ne lui ménagent pas les mauvais traitements. Les fils de maîtres qui font leur apprentissage chez leurs parents sont donc grandement favorisés.

D'ailleurs, si l'apprentissage est le stage indispensable pour les futurs compagnons, tous les apprentis ne deviennent pas compagnons, soit que leur incapacité les ait empêchés d'obtenir leur brevet d'apprentissage, soit qu'ils aient changé de métier. Ainsi, à la Grande Fabrique de Lyon, de 1667 à 1731, on a inscrit 22.360 apprentis et seulement 14.621 compagnons. L'apprentissage peut donc être considéré comme une obligation pénible, souvent coûteuse, et qui ne contribue peut-être que médiocrement à accroître l'habileté professionnelle des ouvriers.

II. Les compagnons des petits ateliers.
Leur esprit exclusif

La condition des compagnons qui sont employés dans les petits ateliers ne s'est guère modifiée depuis le XVIIe siècle. En vertu des statuts, rédigés exclusivement par les maîtres, et à leur avantage, les compagnons se trouvent dans une subordination très étroite vis-à-vis de leurs patrons. Il leur est de plus en plus difficile d'arriver à la maîtrise ; ils forment vraiment une classe permanente.

Les compagnons sont strictement obligés de travailler pour les maîtres. Il leur est interdit de travailler à leur compte, « en chambre » ou pour les bourgeois. Les statuts des ébénistes de Paris disent :

« Les jurés doivent faire très exacte recherche des perturbations de la communauté et des ouvriers sans qualités qui travaillent en maisons particulières, même couvents ;... un ouvrier ne pourra travailler chez un bourgeois sans que celui-ci le nourrisse, fournisse matière première et outils ».

Cependant, au XVIIIe siècle, il existe de nombreux travailleurs en chambre ou « chambrelans ». Le marquis d'Argenson, parlant de la misère qui sévit sur le faubourg Saint-Antoine, dit [1] :

de ce pénible état (1710) (FOURNIER, Variétés historiques, t. V, pp. 226 et sqq.).
1 Journal, 15 mars 1753.

« Ce faubourg Saint-Antoine est rempli de petits ouvriers qui travaillent sans maîtrise ; quand Paris devient misérable par l'inégalité des richesses encore augmentée, alors ces petits ouvrages, moins
parfaits que ceux des grands maîtres, sont peu vendus à Paris » [1].

Aussi opère-t-on souvent des saisies d'outils chez les chambrelans, sans parvenir d'ailleurs à les faire disparaître. Les maîtres
se montrent parfois plus sévères que les statuts. Ainsi, les statuts
des maçons de Bordeaux (de 1736) portaient que les compagnons
pourraient faire, non des bâtiments neufs, mais des réparations
pour les bourgeois de la ville. Cependant, les maîtres les empêchent
de travailler à la journée. Les compagnons s'en plaignent à l'intendant, disant qu'il leur est impossible d'arriver à la maîtrise, le droit
de maîtrise s'élevant à 1.000 l., et, avec les frais supplémentaires, à
près de 2.000 l., au lieu de 36 l. que fixent les statuts.

D'autre part, les compagnons montrent un esprit aussi exclusif.
Ils prétendent écarter du travail les ouvriers des autres villes, les
forains, et s'assurer une sorte de monopole. A ce propos, ils ont
souvent des contestations avec les maîtres, qui veulent être libres
d'engager des forains. La question se pose d'une façon particulièrement vive, dans les métiers textiles, lorsque se développe l'industrie
rurale et domestique. Ainsi, à Rouen, les ouvriers de la ville avaient
le privilège d'être seuls employés. Mais, en 1724, les maîtres obtiennent un arrêt qui leur permet de prendre des ouvriers comme
ils veulent et même de faire tisser à la campagne. Les ouvriers se
pourvoient contre cet arrêt, mais le Bureau du commerce n'admet
pas leur placet, qui émane d'une « prétendue communauté sans
existence légale ». En 1740, les drapiers du Languedoc se font autoriser à appeler des ouvriers « de tout lieu ». A Marseille, les « ouvriers menuisiers mariés » se plaignent de chômer pendant des
mois, parce que les maîtres emploient nombre de compagnons du
tour de France [2].

Les ouvriers qualifiés, qui ont fait un apprentissage régulier,
prétendent aussi écarter du métier les ouvriers non qualifiés, les
manœuvres. C'est surtout dans l'imprimerie qu'il y a lutte à cet

---

1 D'autre part, il est défendu aux maîtres de s'associer des compagnons pour les
ouvrages qu'ils entreprennent ; voy., par exemple, les statuts des brodeurs de Paris.
2 J. FOURNIER, Cahiers de la sénéchaussée de Marseille, p. 174.

égard entre les compagnons et les maîtres, qui ont avantage à employer les « alloués », dont on n'exige aucune condition d'instruction, qui n'ont pas fait d'apprentissage. Le droit d'employer ces ouvriers est reconnu aux maîtres par la déclaration du 23 octobre 1713 ; l'arrêt de 1724 prescrit l'emploi des alloués « pour faire cesser la cherté de la fabrique » (un par imprimerie ; deux, s'il y a quatre presses). Vers 1752, les compagnons imprimeurs rédigent une requête, dans laquelle ils montrent le danger que présente l'emploi des alloués, même pour l'art de l'imprimerie. Dans un mémoire à M. de Malesherbes, ils déclarent que certains maîtres ont 8 à 10 alloués, ce qui empêche les compagnons de trouver de l'ouvrage. Mêmes griefs dans un mémoire du 16 août 1755 : chaque maître a 3 ou 4 alloués ; sur 800 compagnons, la moitié reste sans travail. Et les alloués « sont presque tous de la lie du peuple » [1].

Enfin, pour le maître et pour l'ouvrier, les conditions ne sont pas égales. Le maître peut renvoyer à sa guise l'ouvrier, tandis que celui-ci doit demander congé à l'avance et terminer l'ouvrage commencé.

III. Les compagnons des grandes manufactures ; discipline à laquelle ils sont soumis ; l'origine du livret ouvrier

Les ouvriers des manufactures d'État, qui sont peu nombreux, jouissent de privilèges considérables ; ainsi, aux Gobelins, après six années de travail, la maîtrise leur est accordée ; ils sont exempts de tutelle et curatelle, de tailles et impositions, du logement des gens de guerre, de la milice. C'est une situation privilégiée.

Quant aux ouvriers des « manufactures royales », ils sont plus nombreux qu'auparavant, surtout dans la seconde moitié du XVIIIe siècle. Mais peut-on dire, avec M. Germain Martin, qu'on commence à voir de grandes agglomérations ouvrières [2] ? Quand on parle des 10.000 ouvriers de la manufacture de Sedan, des 33.000 ouvriers de la manufacture de Rouen, le plus souvent il ne s'agit pas d'ouvriers groupés dans de grands établissements, mais bien de fileurs et de tisserands isolés que font travailler les manufacturiers.

---

1 L. MORIN, Essai sur la police des compagnons imprimeurs, pp. 29 et sqq.
2 G. MARTIN. La grande industrie sous Louis XV, pp. 258 et sqq.

Les ouvriers d'usines sont encore très peu nombreux, excepté dans quelques industries et quelques localités, car la concentration industrielle, on l'a vu, n'en est encore qu'à ses débuts.

Les ouvriers travaillant à la manufacture même, groupés dans les établissements industriels, sont plus mobiles que les autres ; ils viennent de partout. Dans les usines à feu, il n'existe aucune formalité pour l'embauchage ; il n'y a pas de condition d'apprentissage. Aussi, en un sens, est-il plus facile pour l'ouvrier de franchir les échelons de la hiérarchie, si toutefois il est servi par la chance ou par sa capacité. C'est ce que remarquent les contemporains, notamment Messance [1] :

« Dès qu'il y a un homme de trop dans les campagnes, il va dans les villes et devient ouvrier, artisan, fabricant ou marchand ; s'il est actif, économe, intelligent, s'il est enfin ce qu'on appelle un heureux, il est bientôt riche, il acquiert la noblesse, et dès lors il ouvre à ses enfants la carrière de la magistrature, de l'état militaire, de la cour et du clergé ».

Il y a plus d'émulation, plus d'avenir pour les individus bien doués et énergiques, même s'ils sont issus de la condition la plus humble [2].

Mais, d'autre part, les ouvriers des manufactures, du moins ceux qui travaillent dans les ateliers des grands établissements industriels, sont soumis à une discipline plus stricte que les ouvriers des métiers ; il y a des règlements d'atelier auxquels il faut se conformer sans broncher ; on l'a vu déjà pour le XVIIe siècle. A la manufacture de glaces de Saint-Gobain, les ouvriers, logés dans l'enceinte de l'établissement, avec leurs femmes et leurs enfants, sont astreints à travailler de 5 heures du matin à 7 heures du soir ; on prend des mesures sévères contre les déserteurs, et nul ne peut quitter la manufacture sans avoir donné congé par écrit deux ans à l'avance ; il est vrai que la Compagnie ébauche une organisation de retraites ouvrières, et, aux époques de disette, prend des mesures contre la cherté des vivres [3]. Si les ouvriers des manufactures sont soumis à une discipline si dure, c'est qu'à cause du monopole, il leur

---

1 Recherches sur la population, p. 57.

2 Voy. aussi Germain Martin, *La grande industrie sous le règne de Louis XV*, pp, 258 et sqq.

3 Voy. Elphège Frémy, Histoire de la manufacture des glaces en France aux XVIIe et XVIIIe siècles, Paris, 1909, pp. 283 et sqq.

est impossible de trouver d'ouvrage dans un rayon assez étendu. Ainsi, chez les Van Robais, à Abbeville, lorsqu'il y a chômage, c'est la misère pour leurs ouvriers ; les salaires y sont très bas, comme le prouve un rapport officiel de 1758. Aussi y a-t-il eu des émeutes violentes en 1716 et en 1758.

Puis, tandis que, dans les communautés, le compagnon commence à vivre hors de la maison du maître, dans les manufactures, il est souvent logé et nourri par le patron : c'est le cas dans les papeteries et dans un certain nombre de manufactures drapières. Sa dépendance est alors plus grande.

Enfin, il est très difficile pour un ouvrier de quitter à sa guise la manufacture : l'obligation du *congé par écrit*, c'est-à-dire du livret, devient générale au XVIIIᵉ siècle, et elle est sanctionnée par l'autorité, comme le prouve l'arrêt du Conseil de 1749. On prend aussi, comme au XVIIᵉ siècle, des mesures contre les ouvriers qui veulent s'établir à l'étranger, où on leur promet de meilleurs salaires. Plus que jamais, en effet, les nations étrangères se disputent les ouvriers français : en Russie surtout, et aussi en Suède, en Danemark, en Espagne, au Portugal, en Autriche, en Belgique, en Allemagne et même en Angleterre, on essaie de les attirer par la promesse d'avantages pécuniaires. On édicté donc des peines très sévères contre les « ouvriers déserteurs », on les accuse parfois d'espionnage, ou bien on les considère comme des « gens qui se sauvent pour ne pas tirer à la milice ». On arrête et on enferme à la Bastille des gens accusés d'embauchage [1].

IV. Logement, nourriture, habillement.
Durée de la journée de travail.
Les salaires ; se sont-ils élevés autant que le coût de la vie ?

Sur le mode d'existence des ouvriers, il est difficile d'arriver à une grande précision, de formuler des conclusions générales. Mais il semble bien que, le plus souvent, la vie de l'ouvrier soit vraiment misérable.

Voici, par exemple, l'inventaire d'un compagnon tisserand, en

---

1 Julien HAYEM, *La répression des grèves au XVIIIᵉ siècle* (HAYEM, *op. cit.*, t. I, pp. 93 et sqq.).

1776. Il habite une chambre haute, qu'il a louée 32 l. par an. La cheminée est garnie des ustensiles nécessaires. Il a une table de bois
blanc, 5 cuillers et 8 fourchettes d'étain, 6 bouteilles, 2 plats et 4
assiettes de faïence ; le mobilier se compose de deux lits, dont l'un
a quatre colonnes ; on trouve encore quatre paires de draps grossiers, ainsi qu'un coffre de cuir bouilli contenant des vêtements
assez misérables. Le total des biens mobiliers est estimé à 140 l. [1].

L'habillement paraît très grossier. Les *Souvenirs d'un nonagénaire*
nous fournissent à cet égard quelques renseignements intéressants [2] :

« Les femmes d'ouvriers, les servantes portaient une espèce de
mantelet court de gros drap ou cadi noir, auquel tenait un capu-
chon destiné à envelopper la tête et le cou dans le cas de pluie
ou de froid ; leurs chaussures consistaient exclusivement dans
une paire de sabots ou une sorte de savates dites pantoufles...
L'habillement des artisans, des ouvriers, des domestiques mâles
consistait plus ordinairement dans une veste, un gilet ou pantalon,
avec ou sans bas, des souliers de fabrique grossière ou des sabots ».

Lorsque le compagnon est logé ou nourri par le patron, il est encore plus malaisé d'apprécier son mode de vie, d'autant plus qu'il
faut distinguer les divers métiers. En ce qui concerne la nourriture,
les papetiers paraissent avoir été particulièrement bien traités [3] ;
mais c'est que, dans cette industrie, les ouvriers s'étaient donné une
forte organisation corporative.

Le *standard of life* du compagnon est certainement inférieur à celui du maître. Mais nous avons encore trop peu de monographies
pour aboutir à des conclusions bien précises.

Toutefois, par un procédé indirect, on peut serrer la vérité de plus
près, en examinant la durée de la journée de travail et les salaires.

En général, la journée de travail commence de bonne heure et
se prolonge fort tard. En ce qui concerne Lyon, l'abbé Bertholon
écrit :

« Les ouvriers de Lyon sont logés et nourris chez le maître

---

1 A. Babeau, Artisans et domestiques d'autrefois, pp. 346-347.
2 Ed. Célestin Port. t. I, pp. 30-31.
3 Voy. le témoignage de Montgolfier en 1765 (G. Martin, *op. cit.*, p. 284).

ouvrier ; ils travaillent régulièrement 18 heures, même plus chaque jour, sans aucune perte de temps, puisqu'un quart d'heure, quelquefois moins, suffit pour chacun de leurs repas ».

A Marseille, la journée des calfats dure de 5 h. 1/2 du matin à 7 h. du soir en été, moins une heure et demie consacrée aux repas. Une ordonnance de police relative aux métiers de Versailles, et datant du règne de Louis XVI, établit que la journée de travail durera, comme par le passé, de 5 heures du matin à 8 heures du soir pour les serruriers, les ferblantiers et la plupart des métiers, et que, pour les maréchaux, elle s'étendra de 4 heures à 8 heures.

La journée de seize heures n'est pas exceptionnelle : en octobre 1776, on réunit les corporations des relieurs et des papetiers-colleurs de Paris ; comme ces derniers ne faisaient que quatorze heures, les relieurs voulurent avoir la même durée, tandis qu'ils faisaient jusqu'alors seize heures ; ils n'obtinrent pas gain de cause. Pour les imprimeurs de Paris, la journée était de quatorze heures [1]. Dans les mines de houille, comme le montre M. Rouff, le travail, fort pénible, était au minimum de douze heures par jour. Il est vrai que le travail était peut-être moins intense que de nos jours et que les journées de chômage étaient nombreuses ; la fatigue de la journée de travail n'en était pas moins excessive.

Sur la question des salaires, il est très difficile d'aboutir à une conclusion ferme, car le taux est très variable suivant les industries et les localités [2]. Dans certaines industries, les ouvriers gagnent 40, 50 sous et même 3 livres, comme les imprimeurs de Paris, mais ce sont là des salaires tout à fait exceptionnels. En Languedoc, dans la draperie, les fabriques de soieries et de toile, la moyenne est de 20 à 25 sous, d'après le mémoire du dernier intendant du Languedoc, M. de Ballainvilliers. Un tarif des calfats de Marseille, de 1726, fixe à 20 sous le salaire des compagnons, à 10 celui des apprentis. A Rouen, d'après Lefort [3], les salaires des manœuvres seraient de 15 sous, des femmes de 10, des compagnons de métiers, de 25 à 30 sous. — Le salaire des femmes est très inférieur à celui des

---

1 E. Levasseur, *op. cit.*, t. II, pp. 795-797.
2 *Ibid.*, pp. 836 et sqq.
3 Les salaires et les revenus dans la généralité de Rouen au XVIIIe siècle (Bull. de la Soc. d'Émulation de la Seine-Inférieure, 1886-1887).

hommes. Il dépasse très rarement 10 sous : dans le Velay, il est, pour les dentellières, de 8 à 12 s. ; à Rouen, les fileuses reçoivent 6 s. par jour ; en Bretagne, en 1733, d'après l'intendant de la Tour, les fileuses gagnent 4 à 5 sous, tandis que les tisserands sont payés 8 à 10 sous [1]. A la mine de Pontpéan, près de Rennes, en 1762, les manœuvres ne touchent pas plus de 11 sous, les ouvriers qualifiés, de 16 à 20 sous, rarement 24 ou 26 sous [2].

Voilà des données très approximatives. Arthur Young dit qu'en 1790 le salaire moyen des hommes était de 19 sous à la campagne, de 26 sous à la ville, et pour les femmes de 15 sous [3]. M. d'Avenel arrive à peu près aux mêmes conclusions, mais ses données sont trop peu nombreuses et s'appliquent à des régions et à des professions trop diverses. Au temps du *maximum*, la Convention ordonne aux autorités départementales de dresser le taux des prix et salaires de 1790 [4]. La moyenne générale est de 1 l. 3 s. 4 den., mais dans 42 départements, la moyenne est seulement de 12 à 20 sous [5]. On voit aussi que les ouvriers du bâtiment sont les mieux rémunérés : les compagnons ne reçoivent guère moins de 2 l., de bons ouvriers gagnent 3, 4 et même 5 l. Les imprimeurs ont de très bons salaires, sont payés souvent plus de 3 l. Les ébénistes de Paris gagnent 2 et 3 l. ; ceux de Versailles, 2 l. ; de Besançon, 25 ou 30 sous ; les chapeliers de Paris, 2 l. 5 s. ; les tisserands, 26 ou 27 sous. Mais tous ces chiffres ne doivent être admis qu'avec beaucoup de précaution. Il ne faut pas oublier, d'ailleurs, que le travail effectif de l'année ne porte que sur 250 jours. — Dans les mines de houille, les piqueurs ne gagnent guère que 20 sous, les manœuvres, 16 sous [6]. Un fait paraît assez certain, c'est que les salaires se sont

1 Sur l'infériorité des salaires féminins, voy. L. Abensour, *op. cit.*, pp. 191 et sqq.

2 H. Sée, Les origines de la société minière de Pontpéan (Mém. de la Soc. d'histoire de Bretagne, an. 1924, pp. 160 et sqq.).

3 D'après Martin Saint-Léon (*Histoire des corporations de métiers*, p. 536), la moyenne des salaires pourrait être évaluée ainsi : ouvriers agricoles, 10 à 12 sous ; artisans des campagnes et manœuvres des villes, 15 à 18 sous ; ouvriers de métiers, 26 à 30 sous. Mais sur quelles données s'appuient ces évaluations ?

4 Biollay, *Les prix en 1790*, Paris, 1886.

5 Dans la Flandre wallonne, à la fin de l'Ancien Régime, les tisserands gagnent 20 s. par jour ; c'est le taux le plus ordinaire ; seuls, les ouvriers d'élite gagnent davantage (A. Crapet, *op. cit., loc. cit.*, p. 16).

6 M. Rouff, *op. cit.*, pp. 285 et sqq. Ces salaires s'élèvent un peu vers la fin de l'Ancien Régime. Les compagnies organisent des secours et des retraites. — A la mine de Pontpéan, en 1762, les manœuvres ne gagnent pas plus de 11 sous.

élevés depuis 1715 et surtout à partir de 1774, au moins dans certaines régions ; Ballainvilliers le constate pour le Languedoc : « le prix des journées, a fort augmenté » [1], déclare-t-il, sans donner plus de précision.

Seulement, il s'agit du salaire *nominal*. Le salaire *réel* a-t-il aussi augmenté ? Pour répondre à cette question, il faudrait comparer aux salaires les prix des marchandises. On sait que les prix des denrées de première nécessité se sont fortement élevés à la fin de l'Ancien régime : c'est le cas du blé, de la viande, des œufs, et on le comprend, si on considère que le prix des fermages a parfois doublé. Arthur Young s'en est rendu compte et a fait cette remarque : « il est surprenant que le prix de la main d'œuvre n'ait pas haussé également ». Quant aux objets manufacturés, ils ont, il est vrai, baissé de prix, mais assez faiblement. Aussi peut-on considérer comme erronée l'opinion de M. Germain Martin [2], qui déclare que le salaire s'est plus élevé que le prix des choses. Il semble que l'on doive au contraire se ranger à la conclusion de M. Levasseur, qui estime que le salaire réel a baissé à la fin du XVIIIe siècle : les salaires se sont élevés seulement de 20 % en moyenne, tandis que le prix du blé a haussé de 37 % et que le coût de la vie a plus que doublé [3]. On estime qu'un salaire de 20 sous par jour est indispensable pour suffire aux besoins de la vie, et bien peu d'ouvriers le gagnent réellement [4].

V. Mesures tendant à empêcher la hausse des salaires

Si les salaires ne se sont pas élevés davantage, ce n'est point par le

---

1 Cf. DUTIL, *op cit.*, pp. 297-298.

2 G. MARTIN, *op. cit.*, pp. 281 et sqq.

3 E. LEVASSEUR, *op. cit.*, t. II, pp. 848-849. — L. Martin Saint-Léon, qui a essayé de dresser une sorte de budget ouvrier, aboutit aux mêmes conclusions (pp. 237 et sqq.). Il estime que le prix de la vie a renchéri de 100 %.

4 G. SCHMOLLER (*Die historische Lohnbewegung von 1300-1900*, Internationales statistisches Institut, 1903) croit pouvoir établir que la dépression des salaires dans la période 1730-1850 a eu pour causes essentielles les progrès de la grande industrie et la destruction de l'ancienne organisation du travail. En ce qui concerne la période 1750-1789, à considérer surtout la France, la baisse du salaire réel, nous semble-t-il, est surtout une conséquence de la diminution de la valeur de l'argent.

jeu des lois naturelles, comme le pense M. d'Avenel ; mais c'est que les communautés et l'État s'efforcent de faire baisser les salaires, ou du moins d'en empêcher la hausse. En 1724, par suite de la diminution de la valeur monétaire, les prix avaient haussé ; le Contrôleur général voulut obliger les artisans à baisser leurs prix ; ils ne pouvaient y arriver qu'en diminuant les salaires des compagnons. Il est vrai qu'en ce cas on ne parvint point, par des mesures de circonstance, à faire baisser les prix ; ils se rétablirent d'eux-mêmes, lorsque la valeur monétaire redevint normale [1].

Les monopoles de toutes sortes dont jouissent les manufactures ont aussi pour effet d'abaisser les salaires ou d'en empêcher la hausse. Roland le constate pour l'industrie lainière [2] : quoique les laines aient augmenté de 20 % depuis vingt ans, la main-d'œuvre ne s'est point élevée en proportion de la hausse que l'on constate dans le prix des denrées, d'où résulte une extrême misère pour les ouvriers. Enfin, comme nous le verrons plus loin, on essaie de briser toute organisation ouvrière.

Les économistes, les physiocrates surtout, se montrent, d'ailleurs, favorables à toutes les pratiques qui tendent à la baisse des salaires. Se préoccupant essentiellement d'accroître la production, ils croient souvent qu'elle serait favorisée par la baisse des salaires. Cette conception est nettement exprimée par Bigot de Sainte-Croix :

« On n'a pas été jusqu'ici assez convaincu de la nécessité de borner les prix des travaux et des ouvrages de l'industrie... ; tout ce qui peut être épargné est un gain pour chaque particulier et pour la nation. Moins il en coûte pour les façons et les ouvrages, et plus on est en état d'acheter et de consommer ».

Turgot pense, de son côté, que la nécessité de la production et plus encore la concurrence des travailleurs auront pour effet d'abaisser toujours les salaires au *minimum* de ce qui est nécessaire à l'ouvrier pour subsister : c'est déjà la formule de la *loi d'airain des salaires*. En tout cas, les autorités ne doivent jamais intervenir pour les faire

---

1 Voyez Marcel MARION, Un essai de politique sociale en 1724 (Revue du Dix-Huitième siècle, 1913, t. I, pp. 29 et sqq.).
2 Encyclopédie méthodique, Arts et manufactures, t. I, p. 18.

hausser [1].

Les institutions ont donc un effet certain sur les salaires. Au XVIIIe siècle, elles parvenaient à les déprimer ; au XIXe siècle, par un effet inverse, les lois de protection ouvrière contribueront, dans une certaine mesure, à les élever.

Une autre preuve de la misère de la classe ouvrière, c'est qu'il y a dans les villes un très grand nombre de gens réduits à la mendicité et qui ne sont pas des vagabonds professionnels ; à chaque crise, la misère s'accroît, on redoute la famine et, pour y parer, on institue des ateliers de charité. M. Camille Bloch montre que, dans les centres industriels, il y a autant de pauvres à secourir que dans les campagnes [2]. Et l'on sait à quel point les travailleurs souffrirent de la crise de 1787-1789. Bien avant l'avènement de la grande industrie, les ouvriers ont connu un mode de vie précaire.

VI. État moral des compagnons ;
mœurs grossières et brutales

Il est assez difficile aussi de se rendre compte de l'état moral des ouvriers. Les mœurs des compagnons étaient grossières, mais celles des maîtres ne l'étaient guère moins. Dans les villes, à Paris surtout, l'ouvrier ne se refuse pas les plaisirs : il aime aller au cabaret, les jours de chômage, et s'enivre facilement : certaines corporations semblent particulièrement prédisposées à l'ivrognerie, comme les papetiers, qui ne négligent aucune occasion de boire. Les compagnons sont souvent querelleurs et enclins aux violences ; celles-ci se manifestent surtout au moment des grèves et des émeutes, mais elles ne s'adressent pas uniquement aux maîtres ; les rixes entre compagnons sont fréquentes, surtout lorsqu'ils appartiennent à

1 Les officiers municipaux de Beauvais étant intervenus dans un conflit entre la manufacture de tapisseries et ses ouvriers qui réclamaient une hausse de salaires, le Comité du Commerce, le 4 octobre 1790, écrit à ces officiers « que le salaire des ouvriers ne pouvait être de leur compétence, qu'il ne pouvait se fixer que par les lois naturelles » (GERBAUX et SCHMIDT, op. cit., t. I, p. 565).
2 Voy. Camille BLOCH, L'assistance et l'État en France à la veille de la Révolution, Paris, 1908, pp. 9 et sqq. Il est vrai que beaucoup de pauvres de la campagne viennent se réfugier dans les villes. A la veille de la Révolution, à Amiens et à Reims, on craint de voir éclater des troubles graves. Sur Reims, cf. Gustave LAURENT, Un conventionnel ouvrier, J.-B. Armonville (Annales historiques de la Révolution française, mai 1924).

des compagnonnages hostiles, et il y a souvent mort d'hommes [1]. Comment, d'ailleurs, les compagnons auraient-ils des mœurs bien raffinées ? Ils sont déprimés par un travail excessif et par la misère. Ils n'ont pas le temps de penser et personne ne s'occupe de leur éducation morale.

La plupart des ouvriers n'ont aucune instruction, ne avent même pas lire. Bien que l'enseignement primaire soit moins négligé dans les villes que dans les campagnes, il est encore tout à fait insuffisant. Les déclarations de 1690, 1720 et 1724, qui imposaient aux paroisses l'obligation d'entretenir de petites écoles, n'ont eu qu'assez peu d'effet ; dans l'est et le nord-est, il y a un assez grand nombre d'écoles, mais fort peu dans le centre et surtout dans l'ouest.

Il est intéressant de remarquer que, vers la fin de l'Ancien Régime, les ouvriers de Paris commencent à s'émanciper. Il y a une tendance déplus en plus marquée vers l'égalité, surtout dans l'habillement. Les étrangers sont frappés de la politesse des ouvriers français : « la politesse, dit l'Anglais Moore, se retrouve chez le dernier ouvrier aussi bien que chez les grands. C'est le trait caractéristique de la nation française » [2]. L'esprit de subordination tend aussi à disparaître :

« Dans tous les métiers, remarque Mercier [3], vous n'entendez que les plaintes des maîtres, qui se trouvent abandonnés par leurs garçons, ligués pour faire une espèce de loi à ceux qui les paient. Propos insolents, lettres injurieuses, ils se permettent tout ».

Chapitre VIII
L'organisation ouvrière au XVIIIᵉ siècle

Ce qui empêche les ouvriers de résister aux exigences de ceux qui les emploient, c'est qu'ils n'ont pas pris une conscience claire de leurs intérêts collectifs, de leurs intérêts de classe. Cependant, ils

---

1 GUENEAU (*op. cit.*, pp. 421 et sqq.) montre que les classes ouvrières (maîtres et compagnons) ont encore au XVIIIᵉ siècle des mœurs très violentes ; les rixes éclatent à tout propos. — Les choses ne changeront guère dans la première moitié du siècle suivant ; voy. Agricol PERDIGUIER, *Mémoires d'un compagnon*, éd. Halévy, Moulins, 1914.

2 MOORE, Lettres d'un voyageur anglais, 1781.

3 *Tableaux de Paris*, t. VIII, pp 323-324. Cf. A. BABEAU, *op. cit.*, pp. 53 et sqq.

ont constitué déjà diverses sortes d'associations.

I. Les compagnonnages. Leur organisation. Lutte des patrons et de l'autorité contre les compagnonnages. Les *devoirs* rivaux se combattent. Associations des ouvriers papetiers.

Comme les compagnons n'avaient aucune place dans la communauté de métier, ni dans la confrérie des maîtres, ils avaient formé depuis longtemps, nous le savons, des associations particulières, que l'autorité royale, comme les maîtres, a essayé de détruire, mais sans y parvenir : les confréries de compagnons ont persisté.

Mais, outre ces associations particulières, il y a des associations générales de compagnons, des compagnonnages, plus puissants encore au xviiiᵉ siècle qu'au xviiᵉ ; malheureusement on ne les connaît guère que par des arrêts de police, des requêtes de maîtres ; les documents émanant des compagnons eux-mêmes sont très peu nombreux [1].

On compte essentiellement deux grandes associations : les compagnons de maître Jacques ou compagnons du *Devoir*, appelés communément *Dévorants*, et les compagnons du *Devoir de liberté*, surnommés *Gavots*, auxquels se sont joints les charpentiers du père Soubise. En 1729, il y a au total 29 professions dont les ouvriers sont affiliés au compagnonnage. En voici la liste : blanchers-chamoiseurs, bourreliers, chapeliers, charpentiers, charrons, cloutiers, cordiers, couteliers, couvreurs, doleurs, ferblantiers, fondeurs, forgerons, maréchaux-ferrants, menuisiers, plâtriers, poêliers, chaudronniers, selliers, serruriers, tailleurs de pierre, tanneurs, corroyeurs, teinturiers, toiliers, tondeurs de drap, tourneurs, vanniers, vitriers. Ce sont les professions dont les membres ont intérêt à faire partie d'une association générale, qui exigent une aptitude spéciale, celles surtout où les compagnons font « le tour de France ». Les plus actifs et les plus turbulents, ce sont, en

---

1 Voy. Martin Saint-Léon, Le compagnonnage ; Germain Martin, Les associations ouvrières au XVIIIᵉ siècle, Paris, 1900 ; H. Hauser, Les compagnonnages d'arts et métiers à Dijon aux XVIIᵉ et XVIIIᵉ siècles (Revue bourguignonne d'Enseignement Supérieur, 1907) ; Levasseur, op. cit., t. II, pp. 814 et sqq. ; Justin Godart, Le compagnonnage à Lyon (Revue d'histoire de Lyon, an. 1903, pp. 42-i et sqq.).

général, les menuisiers et les serruriers.

Les compagnonnages sont des associations secrètes, dont les agissements ne doivent pas être révélées aux profanes. Aussi les réceptions sont-elles accompagnées de formes mystérieuses, comme dans la franc-maçonnerie. Chacun des actes a sa forme convenue ; on use de tout un cérémonial compliqué : on prend son verre et on boit d'une certaine façon ; pour la « conduite », les rencontres et reconnaissances de compagnons, tout est fixé minutieusement. Tout manquement aux rites est puni d'une amende.

Il y a une hiérarchie : les *aspirants* et les *compagnons* ; chez les gavots, on distingue les compagnons *reçus, finis, initiés*. Les compagnons méprisent les ouvriers qui ne font pas partie du compagnonnage : ce sont les *renards*, qu'ils ne tolèrent pas en leur société, qu'ils privent des meilleurs ouvrages, dont ils exigent des services humiliants.

Dans chaque ville, chaque devoir a son capitaine et son *rouleur*, chargé de l'embauchage des compagnons. Célibataires, les compagnons ont une auberge où ils logent et où ils sont nourris, qui est tenue par le *Père*, un ancien compagnon, et par la *Mère*. Ils mangent ensemble et ont une chambre commune, qui contient les archives et où personne ne peut pénétrer.

Il y a là toute une organisation régulière, toute une discipline. On peut citer comme exemple les statuts des gavots de Mâcon ; ils ont été rédigés, en 1757, parles compagnons « assemblés au logis du père » et comprennent 38 articles [1]. Les statuts déterminent avec précision les fonctions du « rôleur », qui est chargé de trouver de l'ouvrage au compagnon, lors de son arrivée dans la ville. S'il ne lui en trouve pas, et si le compagnon n'a pas d'argent, le capitaine s'occupera de lui en procurer pour le faire parvenir jusqu'à la ville la plus proche, et « le rôleur sera obligé de luy faire conduite à ses frais et dépens ». Le capitaine et le rôleur doivent écrire sur le « rôle » tous les arrivants. On ne peut refuser d'accepter le rôle, à son tour, sous peine d'une amende de 10 sous. Les compagnons sont tenus de faire dire la messe avec grande solennité le jour de Sainte-Anne, aux quatre fêtes annuelles, aux fêtes de Notre Dame. Le rôleur in-

---

1 Publiés par Levasseur (Comptes rendus de l'Académie des Sciences Morales et Politiques, t. CLI, pp. 746 et sqq. et Histoire des classes ouvrières et de l'industrie, t. II. p. 821, note).

vitera tous les compagnons à assister à ces messes, et ceux qui n'y assisteront pas paieront 5 sous. Si un compagnon tombe malade, chacun, à son tour, doit le visiter. Si l'un d'eux meurt, ses camarades sont tenus de le faire enterrer, d'assister à l'enterrement, de faire dire des messes. Les statuts établissent toute une série d'amendes contre les compagnons qui se battent chez le père ou chez le maître, qui se prennent de vin « jusqu'à le rendre par la bouche » ; quiconque rapporte à un maître les affaires des compagnons est puni d'une amende à discrétion et exclu de la « chambre ». Pour le départ d'un compagnon, il y a tout un cérémonial : on fixe les termes des santés que devra porter le capitaine.

Ainsi, le compagnonnage est une véritable association fraternelle, une société de secours mutuels et surtout un bureau de placement. Son rôle essentiel, c'est, en effet, de se charger de l'embauchage des compagnons : office qui n'est, d'ailleurs, nullement gratuit ; chez les serruriers de Bordeaux, la taxe d'embauchage est d'une livre dix sous ; elle est souvent plus élevée. Grâce à l'office d'embauchage, le compagnonnage peut, dans une certaine mesure, régler et faire hausser les salaires ; il interdit aussi les boutiques des maîtres dont il a à se plaindre ; il met même des villes entières en inter-dit, comme Dijon en 1708, parce que les maîtres avaient supprimé un verre de vin à chaque repas ; on établit alors dans la ville une permanence pour avertir les compagnons. Aussi, pour mettre obs-tacle à l'embauchage des compagnonnages, les communautés se chargent-elles souvent du placement en désignant pour cette fonc-tion le clerc de la communauté ou un « maître embaucheur » [1].

Les maîtres ne cessent de lutter contre les compagnonnages, es-saient d'empêcher les réunions, défendent aux compagnons de s'assembler, et la police, par ses ordonnances, leur prête son ap-pui, mais sans grand succès ; on ne parvient même pas à empê-cher les cortèges et manifestations [2]. Pour arriver à la suppression des compagnonnages, on ne cesse de dénoncer leurs excès. Ainsi, une ordonnance de police du marquis de Castries, gouverneur de Montpellier, en 1730, caractérise de la sorte les agissements des compagnons :

« Ils entretiennent de continuelles contestations qui ont produit des

---

1 Voy., par exemple, HAUSER, *op. cit.*, et GUENEAU, *op. cit.*, pp. 76 et sqq.
2 GUENEAU, *op. cit.*, pp. 76 et sqq.

désordres infinis jusque là qu'ils s'attroupent et vont sur les grands chemins et enfin maltraitent à coups de bâton ferré ceux qui ne sont pas de leur parti ; ils font plus, ils courent la nuit avec des sabres et des épées nues à la main, et enfin, conduits par la rage et une fureur sans pareille, ils se battent jusqu'à se faire tuer les uns les autres... »

Le gouverneur se plaint aussi que l'assemblée des compagnons défende aux camarades de travailler dans certaines boutiques et « prononce des menaces de mort contre le compagnon qui n'exécuterait pas ses ordres ». Les autorités ordonnent souvent la dissolution des compagnonnages ; tel, le Parlement de Provence, en 1740, à la suite des désordres commis par les compagnons de Marseille. Mais ces ordonnances ne produisent aucun effet ; ainsi, le Parlement de Provence renouvelle son arrêt en 1778, sans arriver d'ailleurs à son but [1]. A Nantes, les communautés des taillandiers et tailleurs, des tisserands, des tourneurs, des vanniers, surtout à la fin de l'Ancien Régime, prennent des mesures contre les compagnonnages, mais ces mesures restent vaines [2].

Ce qui empêche les compagnonnages de lutter efficacement contre l'autorité patronale, ce sont les luttes qu'ils soutiennent entre devoirs rivaux, que séparent des dissentiments dérivant de l'esprit de corps le plus étroit. Entre dévorants et gavots, ce sont partout des rixes continuelles, souvent sanglantes. Une ordonnance de police à Orléans, en 1767, déclare :

« Un esprit de haine et d'animosité entre les compagnons des différentes associations éclate par les violences et les voies de fait qu'ils exercent les uns contre les autres, et se réunissent le plus souvent pour les exercer contre les compagnons qui ne veulent entrer dans aucune association ».

A Marseille, pendant tout le XVIIIe siècle, les rixes sont continuelles entre dévorants et gavots, enfantent de véritables émeutes, dangereuses pour la sécurité publique. En 1787, des troupes de compagnons, au nombre de plusieurs centaines, terrorisent la population. Les compagnonnages se dressent aussi contre les patrons

---

1 Voy. Emile ISNARD. Documents sur l'histoire du compagnonnage à Marseille au XVIIe siècle (HAYEM, op, cit., 4e série, pp. 185 et sqq.).
2 PIED, *op. cit.*, t. III, pp. 289 et sqq., et pp. 494 et sqq.

et suscitent des grèves ; à Marseille, les compagnons chapeliers interdisent à tous les camarades de fabriquer plus de deux chapeaux par jour [1]. Ajoutons que souvent les ouvriers domiciliés marquent leur hostilité aux compagnons du tour de France, qui leur l'ont concurrence et les réduisent au chômage [2].

L'organisation des compagnonnages montre bien que la classe ouvrière n'a pas pris conscience de ses intérêts collectifs, qu'elle n'éprouve pas encore des sentiments de solidarité générale. Mais les compagnonnages ont rendu des services pratiques et immédiats à leurs membres. Ils veillent aussi à leur honnêteté ; ainsi, on avertit les compagnons d'avoir à payer les dettes qu'ils ont laissées dans une ville, ou bien on signale aux compagnons des autres villes ceux qui sont partis en « coquins », c'est-à-dire sans acquitter ce qu'ils doivent [3].

En dehors des compagnonnages, certains métiers ont une organisation générale, comme les compagnons papetiers. C'est qu'ils forment un groupe absolument permanent, qu'ils sont nourris et logés par le maître. Ils sont très remuants et organisent souvent des grèves, qui leur permettent d'obtenir des conditions de vie meilleures. Les ouvriers papetiers prétendaient souvent exclure de l'apprentissage les jeunes gens dont les parents n'appartenaient pas au métier. En Bretagne, surtout dans la région de Morlaix, on se plaint, à la fin de l'Ancien Régime, des compagnons, qui prétendent obliger les maîtres à diminuer la journée de travail, « fixé à un certain nombre de rames qu'ils ont trouvé trop considérable » ; ils réclament des augmentations de salaire et une nourriture meilleure. Leurs menées sont favorisées par la concurrence que se font les maîtres, qui se débauchent mutuellement leurs ouvriers. Ces maîtres-fabricants connaissent, d'ailleurs, de graves difficultés : ils ont peu de ressources et ce sont presque toujours des marchands

1 Hayem, *op. cit., loc. cit.* Voy. aussi Gueneau, *op. cit.*, pp. 76 et sqq.

2 Voy., par exemple, le cahier des ouvriers menuisiers mariés de Marseille. — Ils demandent l'abolition du compagnonnage et la liberté pour tous les ouvriers de travailler sans sujétion à la maîtrise. « La plupart des meilleures boutiques n'étant occupées que par les compagnons et même soutenues de différents maîtres », les ouvriers domiciliés doivent chômer pendant la morte-saison, pendant quatre ou cinq mois (Joseph Fournier, *Cahiers de doléances de la sénéchaussée de Marseille*, pp. 174 et sqq.).

3 Levasseur, Histoire des classes ouvrières et de l'industrie, 2e éd., t. II, pp. 824 et sqq.

faisant le commerce du papier qui leur avancent le capital dont ils ont besoin [1]. Quant aux compagnons chapeliers, en France comme en Belgique, ils semblent fortement organisés [2].

Mais, d'autre part, un fait bien significatif de la mentalité ouvrière au XVIIIe siècle, c'est que les mineurs, qui cependant forment des agglomérations ouvrières considérables, n'aient constitué aucune association permanente et qu'ils ne recourent même pas à la grève, à des coalitions temporaires, pour obtenir une amélioration de leur sort [3]. — Notons que, dans les Pays-Bas belges, dont l'organisation industrielle, dès le moyen âge, devançait singulièrement celle des pays voisins, la classe ouvrière a une conscience plus nette de ses intérêts collectifs [4].

II. Les grèves. Leurs causes et leur caractère. Les grèves à la veille de la révolution.

L'agitation ouvrière se manifeste aussi par des coalitions temporaires, par des grèves, qui apparaissent plus fréquentes au XVIIIe siècle, surtout dans la seconde moitié du siècle. Ces grèves sont des explosions souvent violentes, que signalent maintes fois des brutalités, des voies de fait, mais dont le mouvement s'éteint rapidement.

1 Voy. H. BOURDE DE LA ROGERIE, Notes sur les papeteries des environs de Morlaix (extr. du Bulletin historique et philologique, 1911, pp. 36 et sqq.). Cf. P. BOISSONNADE, L'industrie du papier en Charente et son histoire, 1899 (extr. du Pays poitevin). En 1751, les maîtres papetiers de la Charente ont obtenu cependant l'avantage de remplacer la nourriture par une augmentation de salaire.

2 Les compagnons chapeliers de Belgique se sont fédérés, en 1770, ce qui leur permet de tenir en échec la coalition patronale. Déjà, en 1748 et en 1762, ils étaient venus au secours des compagnons parisiens et lyonnais. Il semble qu'entre le compagnonnage des chapeliers de Bruxelles et le syndicat, tel qu'il fut constitué en 1842, il y ait une filiation directe. Voy. la remarquable étude de G. DES MAREZ, Le compagnonnage des chapeliers bruxellois, 1909 (extr. des Annales de la Société d'archéologie de Bruxelles).

3 Voy. M. ROUFF, Les mines de charbon au XVIIIe siècle, pp. 278 et sqq. — Il est vrai que les mineurs forment encore un personnel singulièrement composite et disparate et que les Compagnies leur assurent des retraites, donnent des pensions aux victimes des accidents, bâtissent des maisons ouvrières.

4 Dès le XVIIe siècle, il existe de nombreuses mutualités, qui jouent vraiment le rôle de sociétés de résistance, luttant contre les maîtres. Voy. G. DES MAREZ, Pages d'histoire syndicale. Le compagnonnage des chapeliers bruxellois (1576-1909), Bruxelles, 1909.

Les grèves sont provoquées parfois par le chômage qu'on impose aux ouvriers dans les grandes manufactures. Ainsi, en 1716, les ouvriers de Van Robais envoient un placet au Régent pour lui exposer qu'on les laisse sans travail et « dans une sorte de servitude ». Le Conseil du Commerce envoie deux députés, Godeheu et Gilly, pour apaiser la révolte. L'émeute continue et ne s'arrête qu'après l'arrestation d'un certain nombre de compagnons.

On engage aussi des grèves pour écarter du travail les « forains » et les ouvriers non qualifiés. En 1724, les ouvriers imprimeurs de Paris protestent contre l'entrée dans leurs ateliers d'ouvriers étrangers, qui font baisser le prix de la main-d'œuvre ; on emprisonne l'un de leurs chefs, un certain Thominet.

Plus fréquemment, c'est la réduction de la journée de travail que réclament les grévistes. Tel est le cas des ouvriers relieurs de Paris, en 1776 ; ils ne reprennent le travail qu'après l'arrestation de six d'entre eux. En 1748, à Versailles, c'est une « sédition » de compagnons peintres, qui prétendent « fixer le prix, temps et durée de leurs journées de travail ».

Mais les ouvriers se mettent surtout en grève pour obtenir la hausse des salaires ou en empêcher la réduction. A Paris, c'est le cas le plus fréquent, et M. Germain Martin, dans ses *Associations ouvrières au XVIIIᵉ siècle*, a pu dresser une longue liste de coalitions ouvrières. Quelques-uns de ces mouvements ont eu une extension considérable. En 1720, les compagnons de Paris « cabalent » pour obtenir des salaires meilleurs ; contre les meneurs, on emploie les lettres de cachet. En 1724-1725, au moment où, pour faire baisser les prix, on s'efforce de réduire les salaires [1], on a vu s'élever un mouvement général de grève dans les métiers parisiens. La plus intéressante paraît être celle des compagnons bonnetiers, auxquels les maîtres avaient voulu imposer une réduction de salaire. Nous la connaissons par une requête des maîtres bonnetiers au Contrôleur général. Pour se conformer aux intentions du Roi « touchant la diminution de leurs marchandises », ils ont voulu diminuer les façons de 5 sous par paire de bas de soie et de 2 s. 6 den. par paire de bas de laine fine. Les ouvriers ont alors formé une coalition, se sont cotisés pour se soutenir mutuellement, ont nommé un trésorier, Étienne Michel. Les maîtres demandent qu'on interdise ces

---

1 Voy. plus haut, p. 336-337.

cabales. Les grévistes, de leur côté, au nombre de 2.000, sont résolus à la résistance. Mais l'autorité royale, le 1er avril 1724, fait arrêter le trésorier et quelques autres compagnons ; ces arrestations mettent fin au mouvement [1]. A Marseille, des chapeliers se mettent en grève, parce qu'on refuse d'élever, leur salaire de 16 à 20 sous [2].

A Paris, sous le règne de Louis XVI, on aperçoit aussi un mouvement gréviste assez étendu, surtout au moment de la crise qui marque la veille de la Révolution et qui provoque une grande misère dans la classe ouvrière [3]. Il y eut, en 1786, une grève fort importante des charpentiers, grève qui menaça de s'étendre aux autres métiers du bâtiment. En 1785-1786, un soulèvement des *gagne-deniers* c'est-à-dire des commissionnaires et forts de la halle, contre l'établissement des messageries urbaines, instituées par le pouvoir royal, agita un moment l'opinion parisienne ; les gagne-deniers s'adressèrent directement au Roi et, s'ils n'obtinrent pas satisfaction, ils contribuèrent à provoquer une agitation populaire, qui devait s'accentuer encore à la veille de la Révolution.

Toutefois, les grèves sont presque toujours restreintes à une corporation ou localisées dans une seule ville ; il n'y a, pour ainsi dire, jamais d'entente générale. Aussi n'est-il pas étonnant que, pour mettre fin à ces mouvements ouvriers, il suffise de quelques arrestations.

III. Entente des patrons contre les ouvriers.
Le pouvoir royal contre les coalitions ouvrières : les lettres patentes de 1749 ; l'édit de Turgot de 1776 ; le règlement de 1781 ;
le décret Le Chapelier (juin 1791)

Les patrons résistent d'autant plus facilement à leurs ouvriers qu'ils s'entendent fortement entre eux et qu'ils trouvent un puis-

---

1 Fr. FUNCK-BRENTANO, *La question ouvrière sous l'Ancien Régime* (*Revue rétrospective*, 1893, nouv. série, t. XVII, pp. 1 et sqq.).

2 Voy. Emile ISNARD, L'industrie chapelière à Marseille au XVIIIᵉ siècle (HAYEM, op. cit., 4ᵉ série, p. 81).

3 Voy. FLAMMERMONT, Les grèves à Paris à la veille de la Révolution ; HARDY, Journal ; Marcel ROUFF, Une grève de gagne-deniers à Paris en 1786 (Revue historique, 1910, t. CV, pp. 333 et sqq.).

sant appui dans l'autorité.

A Louviers, en 1730, un certain nombre de patrons avaient haussé les salaires de 20 %. Les ouvriers auxquels cette augmentation n'a pas été concédée se mirent en grève. Maîtres et compagnons comparurent devant le juge de police et l'inspecteur des manufactures ; les ouvriers n'obtinrent pas satisfaction ; bien au contraire, on rétablit partout l'ancien taux des salaires, et les patrons qui avaient accordé une augmentation furent condamnés à la très forte amende de 5.000 l. [1].

A Rennes, en 1781, les ouvriers de deux maîtres teinturiers, René Marin et Louis Arot, informent leurs patrons qu'ils veulent être payés 6 liards par heure au lieu de 5 ; comme on refuse l'augmentation, les ouvriers quittent les ateliers. Le lendemain, la communauté se réunit ; Marin et Arot font appel à la solidarité de leurs confrères, montrant que chaque maître est menacé et que, par conséquent, la communauté doit agir. On ne discute pas un instant les réclamations des ouvriers. La communauté décide d'envoyer à la police une requête pour qu'il soit ordonné aux ouvriers de rentrer à l'ancien salaire et qu'il leur soit défendu de faire « coalition et cabale ». Le lendemain, les juges rendent une sentence favorable aux deux patrons. Les ouvriers envoient aussitôt un placet au Procureur général du Parlement ; ce magistrat l'ayant communiqué aux maîtres, ceux ci lui envoient une délégation, qui lui fait remarquer que le placet est postérieur à la sentence de la police [2].

Les patrons forment souvent des ententes pour empêcher la hausse des salaires et maintenir les ouvriers dans une étroite sujétion. Tels, les maîtres papetiers de Thiers ; tels, en 1701, les raffineurs de sucre de La Rochelle, qui s'interdisent de se débaucher mutuellement leurs ouvriers et édictent l'obligation du *congé*. Et même, en 1754, les maîtres de Bordeaux tentent de créer une coalition nationale contre le compagnonnage, écrivent en ce sens des lettres aux maîtres des autres villes, mais sans obtenir d'ailleurs aucun succès. Les coalitions patronales elles-mêmes sont limitées à une seule localité.

Ce qui sert encore la cause des patrons, c'est l'appui que leur donnent les pouvoirs municipaux et l'autorité royale, représen-

1 Germain Martin, La grande industrie sous le règne de louis XV, pp. 325-326.
2 A. Rebillon, *op. cit.*, pp. 112-113.

tée en général par l'intendant ; municipalités et intendants se montrent toujours défavorables aux revendications des ouvriers [1]. Les grèves sont toujours considérées comme des rébellions [2]. Plus que jamais au XVIIIe siècle, les pouvoirs publics pourchassent les coalitions et les associations ouvrières, répriment durement les grèves, par exemple, les grèves des tondeurs de Sedan et la grève des « gagne-deniers » ou commissionnaires de Paris, à la veille de la Révolution [3].

L'État, qui tend à relâcher les règlements de fabrication, rend plus stricte la réglementation du personnel. Il lie plus étroitement l'ouvrier au patron. A Louviers, en 1730, quelques ouvriers ayant voulu changer de maître, l'intendant le leur interdit. Le Conseil d'État ratifie sa décision, « fait défenses à tous ouvriers et tisserands de quitter leurs maîtres et leurs ouvrages par eux commencés, sous prétexte d'augmentation de salaires ou pour aller travailler chez d'autres maîtres et dans d'autres lieux de manufactures, à peine de 30 l. d'amende ».

En janvier 1749, après un grand nombre d'arrêts du Conseil, le Roi publie des lettres patentes, qui défendent aux ouvriers de quitter leurs maîtres sans avoir obtenu d'eux un congé exprès et par écrit, sous peine de 100 l. d'amende. Défense est faite aussi aux compagnons de s'assembler, de « faire confrérie », de « cabaler » « pour se faire placer les uns les autres chez des maîtres ou pour en sortir, ni d'empêcher, de quelque manière que ce soit, lesdits maîtres de choisir eux-mêmes leurs ouvriers, soit français, soit étrangers », à peine de 100 l. d'amende. Il est défendu aussi aux maîtres et entrepreneurs de recevoir des ouvriers sans congé écrit. Ainsi, l'on s'efforce de soumettre étroitement l'ouvrier au chef d'industrie ; on songe uniquement à favoriser la production et l'on attribue à l'ouvrier des devoirs, sans lui reconnaître aucun droit.

Turgot est imbu des mêmes idées. Son édit de 1776 supprima toutes les associations de métiers, corporations, confréries de maîtres et confréries de compagnons. Mais l'édit ne soumet pas au même régime les maîtres et les ouvriers ; ceux-ci sont considérés comme des mineurs : tandis que marchands et artisans doivent se

---

1 C'est l'intendant qui est juge des grèves et des contestations industrielles.
2 Voy. HAYEM, 1re série.
3 Marcel ROUFF, Une grève de gagne-deniers.

faire inscrire sur un registre de police, cette mesure ne s'applique pas « aux simples ouvriers qui ne répondent point au public, mais *aux maîtres pour le compte desquels ils travaillent* » ; les maîtres, à toute réquisition, fourniront un état de leurs ouvriers au lieutenant-général de police ; les compagnons semblent être de simples domestiques. Les différends entre patrons et ouvriers sont portés, non devant les tribunaux de droit commun, mais devant le lieutenant-général de police. Turgot conserve contre les associations ouvrières toutes les anciennes mesures policières [1]. Et cependant, le Parlement, dans ses remontrances, lui reproche de désorganiser l'ancienne police : la suppression des corporations ne va-t-elle pas favoriser l'agitation de cette population turbulente d'ouvriers, qui a tout à gagner au désordre ? Le cadre corporatif supprimé, sera-t-il possible de contenir les mouvements ouvriers ? Vue assez juste des choses, il est vrai, mais dont le Parlement ne saisit pas le véritable sens [2].

Le règlement de police du 12 septembre 1781 vient renouveler les prescriptions antérieures en les accentuant encore : défense est faite aux ouvriers d'avoir des confréries, de tenir des assemblées, de « cabaler » pour obtenir des augmentations de salaires ; obligation de ne quitter le patron qu'après l'avoir prévenu à l'avance et avoir terminé leur ouvrage ; obligation aussi pour l'ouvrier de se munir d'un congé par écrit du patron qu'il quitte avant de pouvoir être reçu chez un autre maître ; c'est déjà le livret ouvrier obligatoire.

Et à tout instant, à la fin de l'Ancien Régime, ce sont des arrêts des Parlements contrôles coalitions et les assemblées, des condamnations d'ouvriers « cabaleurs », de membres des compagnonnages ; juges de police et intendants ne cessent aussi de réprimer toute velléité d'agitation ouvrière [3].

La Constituante ne fit que suivre les traditions de l'Ancien Régime, lorsqu'elle vota le décret de Le Chapelier, du 14 juin 1791.

---

1 *Œuvres de Turgot*, éd. SCHELLE, t. V, pp. 248 et sqq.

2 FLAMMERMONT, *Remontrances du Parlement de Paris*, t. III, pp. 293 et sqq. et 313 et sqq.

3 Il y aurait là toute une étude intéressante à faire au moyen des archives des Parlements et des autres juridictions. — Le lieutenant général de police de Paris oblige les compagnons à ne quitter les maîtres qu'après les avoir prévenus quinze jours à l'avance et avoir obtenu d'eux un certificat (MONIN, *L'état de Paris en 1789*, pp. 446, 457).

DEUXIÈME PARTIE

Provoqué par une très vive agitation ouvrière qu'expliquait la cherté de la vie et le refus des patrons de hausser les salaires, le décret interdisait aux ouvriers toute association, tout compagnonnage, toute coalition temporaire aussi ; les ouvriers ne pourront s'entendre pour faire hausser les salaires ; ils ne pourront non plus cesser le travail : la grève est toujours un délit, et le contrat de travail doit être débattu uniquement entre le maître et son ouvrier. Le décret aggravait donc encore la condition des compagnons, en les livrant sans condition et sans secours à la discrétion des patrons qui les employaient ; mais, il faut bien le dire, il était conforme aux doctrines économiques du XVIIIᵉ siècle [1].

IV. On se défie même des mutualités

Les patrons et les pouvoirs publics se défient de toutes les formes d'association, même des mutualités. Celles-ci cependant sont bien peu nombreuses. Il y en avait eu déjà au XVIIᵉ siècle, notamment à Troyes ; certaines associations de compagnons, les écorcheurs, par exemple, donnent des secours à leurs membres, en cas de maladie, d'accidents, de vieillesse ; les joueurs d'instruments attribuent aux malades des secours pendant trois mois ou six semaines ; les déchargeurs de bois donnent un secours de 20 sous par semaine aux malades. Dans le Dauphiné, surtout à Grenoble, il existe un grand nombre de sociétés de secours mutuels [2]. — A Paris, on trouve la société de Sainte-Anne, composée de compagnons menuisiers du Temple (60 à 80 membres) ; la société panotechnique de prévoyance, fondée en 1720, a créé, en 1780, une caisse pour les malades et les vieillards ; les membres paient 5 sous par mois ; la société des menuisiers en meubles date de 1760 ; on peut citer encore la société fraternelle de Saint-Eustache. D'autres mutualités furent fondées à Lyon et Bordeaux [3]. A Nevers, entre les peintres

1 Cf. Martin Saint-Léon, Histoire des corporations de métiers, pp. 511 et sqq. ; Ph. Sagnac, La Constituante (E. Lavisse, Hist. contemporaine de France, t. I, pp. 151-152) ; Grace M. Jaffé, Le mouvement ouvrier à Paris pendant la Révolution française (1789-1791), Paris, Alcan, 1924.
2 Louis Morin, Les sociétés de secours mutuels aux XVIᵉ et XVIIᵉ siècles à Troyes (Bull. du Comité des Travaux historiques, Sciences économiques et sociales, an. 1900, pp. 176 et sq.).
3 Levasseur, *op. cit.*, t. II, pp. 828 et sqq.

et les tourneurs en faïence, en 1769, est créée une société d'assistance mutuelle. Chacun donne 10 sous par mois, les apprentis, fils d'ouvriers, au moment du contrat, acquittent 3 livres, les apprentis étrangers au métier, 6 l. ; les apprentis, en devenant compagnons, donnent 12 l. En cas de chômage, on ne paie pas les 10 sous ; les malades reçoivent 6 l. par semaine et les soins médicaux ; les vieillards, 3 l. par semaine durant leur vie [1].

On se défie souvent de ces mutualités. La Chambre de commerce de Bordeaux, qui prétend, en 1731, que l'armateur ne doit pas d'indemnité au matelot blessé dans le service, repousse cependant la demande faite par les arrimeurs de former deux communautés d'assistance, en cas de maladie, de vieillesse, de décès, l'une pour Bordeaux, l'autre pour les Chartrons : « ils n'ont pas besoin, déclare-t-elle, pour faire du bien à leurs veuves et à leurs membres affligés par les maladies et la vieillesse, d'être en communauté, puisqu'il est satisfaisant de soulager son prochain sans contrainte ». A Marseille, les ouvriers chapeliers ont fondé, sous le nom de « luminaire de sainte Catherine de Sienne », une véritable société de secours mutuels pour les compagnons malades ou chômeurs ; « sur un faux rapport, on la détruisit, on enleva les registres et même on confisqua l'argent destiné au soulagement des malades et des infirmes » [2]. On craint, en effet, que les associations de secours mutuels ne servent de couvert à des sociétés de résistance, ce qui se produira, sur une grande échelle, au XIXᵉ siècle. Mais dès le XVIIIᵉ siècle, on avait, semble-t-il, quelque raison de s'en méfier à ce point de vue, comme le prouve l'organisation des ouvriers chapeliers de Bruxelles et d'ailleurs [3], comme le prouve aussi la création de plusieurs sociétés fraternelles à Paris, pendant la période de la Constituante [4].

Quelques administrateurs trouvent cependant que la législation n'est pas équitable pour les ouvriers. Ainsi, Trudaine de Montigny déclare à l'intendant d'Auvergne, en 1766, que, pour les « congés », il devrait y avoir réciprocité, sans quoi l'on « détruit l'égalité qui doit

---

1 L. DU BROC DE SEGANGE, *Les émailleurs à Nevers et la faïence*, pp. 276 et sqq.
2 J. FOURNIER, *op. cit.*, pp. 66 et sqq.
3 Voy. G. DES MAREZ, *Le compagnonnage des ouvriers bruxellois*.
4 La société fraternelle des charpentiers a bien le caractère d'une société de résistance ; il en est de même de la société constituée par les imprimeurs. Voy. Grace M. JAFFÉ, *op. cit.*

DEUXIÈME PARTIE

exister entre deux hommes libres » ; il refuse de faire reconduire par la maréchaussée deux ouvriers de la manufacture de Tallende, car « les ouvriers ne sont pas esclaves en France ». Il se plaint aussi de la faiblesse des salaires, qui est uniquement avantageuse aux entrepreneurs : « la multitude est sacrifiée à la fortune particulière de quelques-uns ». Mais les Trudaine de Montigny sont rares à cette époque.

V. Y a-t-il une question ouvrière en 1789 ? En quel sens les ouvriers ont-ils contribué à la révolution ?

Au moment de la convocation des États généraux, les compagnons ne purent presque nulle part faire entendre leurs réclamations et leurs vœux, car ils ne faisaient pas partie des assemblées primaires ; seuls, les maîtres des communautés eurent voix au chapitre [1]. Nous n'avons donc que rarement les doléances des ouvriers. On peut cependant citer le cahier des maîtres ouvriers de Lyon, dont la situation économique ne diffère guère de celle des compagnons, mais qui légalement sont des maîtres ouvriers.

On peut citer aussi les cahiers des compagnons de Troyes, ouvriers en étoffes et ouvriers bonnetiers. Mais les compagnons d'arts et métiers de la ville et les compagnons bonnetiers présentent exactement les mêmes revendications que leurs maîtres ; ils s'élèvent contre l'introduction des machines dans les campagnes, qui ruine les métiers urbains et les réduit à la misère, car les trois quarts des marchandises sont maintenant fabriqués à la campagne ; ils affirment que les métiers mécaniques ne peuvent donner que des produits défectueux. Ils demandent l'abrogation du traité de commerce avec l'Angleterre, qui a aggravé la crise industrielle. Leur seule revendication, qui puisse marquer un antagonisme avec leurs patrons, c'est lorsqu'ils demandent qu'on rétablisse l'ancien aunage, que les maîtres ne puissent l'allonger, comme ils le font actuellement, qu'aucune pièce ne puisse dépasser 45 aunes [2].

---

1 Levasseur, *op. cit.*, t. II, pp. 854-855. — D'ailleurs, les maîtres des métiers eux-mêmes ne jouèrent qu'un rôle insignifiant dans les assemblées électorales ; voy. Mourlot, *op. cit.*, pp. 205 et sqq. et 270 et sqq., et ci-dessus, p. 317.

2 J.-J. Vernier, *Cahiers de doléances du bailliage de Troyes*, t. I, pp. 178 et sqq. et 192-193.

Henri Sée

Quant aux ouvriers chapeliers, menuisiers, cordonniers de Marseille, dans leurs revendications, ils se montrent résolument hostiles aux maîtres, contre lesquels ils ont récemment soutenu des grèves. Les cordonniers réclament l'abolition des maîtrises, ou tout au moins la suppression des frais ; les chapeliers se plaignent de ce que les maîtres fassent travailler un plus grand nombre d'apprentis que ne le permettent les statuts ; ceux-ci « gâtent l'ouvrage » et finalement les compagnons sont obligés de s'expatrier [1].

Sans doute, en 1789, furent publiées un certain nombre de brochures, dans lesquelles on traitait de la question sociale. Le *Cahier des pauvres*, de Lambert, réclamait un salaire convenable et la subsistance assurée à tout homme laborieux. Les *Quatre cris d'un patriote* déclaraient qu'il fallait ouvrir des ateliers, fixer la paie des ouvriers, forcer les riches à employer les bras des travailleurs. Les *Vœux de la dernière classe du peuple à l'Assemblée des notables* demandent que ceux qui n'ont que leurs bras pour vivre aient toujours du travail et que le travail assure leur subsistance. Des idées analogues sont exprimées dans le *Cahier du quatrième ordre*, de Dufourny de Villiers [2]. Mais dans quelle mesure ces doléances expriment-elles les vœux des ouvriers ? C'est ce qu'il est impossible de dire.

Il est très probable que les compagnons n'ont pas un programme bien étendu de revendications. Ils sont si habitués à la sujétion que le décret Le Chapelier ne semble pas les avoir trop surpris. Au début de la Révolution, ils n'ont pas encore une conscience bien nette des intérêts collectifs de leur classe.

En réalité, à la fin de l'Ancien Régime, il n'existe pas encore, à proprement parler, de *question ouvrière*. — La propriété foncière a toujours une importance prédominante. Les paysans constituent la classe la plus nombreuse ; ils veulent libérer leurs terres du régime seigneurial, s'affranchir de la domination des propriétaires nobles. C'est la *question paysanne* qui va obliger les assemblées révolutionnaires à opérer une véritable révolution sociale ; les paysans, par la violence, l'imposeront à la bourgeoisie.

Tout autre est la situation de la classe ouvrière. Les ouvriers sont

---

1 J. Fournier, *op. cit.*, pp. 66 et sqq. et 103-105.
2 André Lichtenberger, *Le socialisme et la Révolution française*, Paris, 1899, pp. 31 et sqq,

encore relativement peu nombreux. La petite industrie est toujours prédominante ; et, dans les petits ateliers, maîtres et compagnons, vivant à peu près de la même vie, ne peuvent se considérer comme appartenant à des classes sociales différentes. Quels que soient les progrès des manufactures, on ne peut encore apercevoir que les débuts de la grande industrie, au sens moderne du mot. Le machinisme ne fait que s'introduire en France. Les usines sont encore rares. On ne trouve nulle part de grandes agglomérations ouvrières. La plupart des travailleurs sont encore dispersés dans la campagne, à moitié paysans, à moitié artisans. La classe ouvrière ne peut donc guère prendre conscience de ses intérêts collectifs.

C'est un fait bien significatif que les théoriciens eux-mêmes, les économistes soient infiniment plus préoccupés de la production des richesses que de leur répartition. A part Turgot, ils ne distinguent guère les classes sociales, les entrepreneurs et les salariés, et Turgot lui-même ne croit pas qu'il soit possible d'assurer aux ouvriers autre chose que le *minimum* de ce qui leur est nécessaire pour subsister [1].

On ne voit pas que les écrivains communistes eux-mêmes, — et nous voulons parler de ceux qui ont écrit sous le coup des événements révolutionnaires —, se soient préoccupés de l'organisation du travail. Seuls, des Lyonnais, comme Cusset et comme L'Ange, ont entrevu l'importance de la question et ont devancé, à certains égards, les socialistes modernes. La plupart des autres ne songent qu'à la mise en commun des domaines ruraux, de la terre. Et surtout, sous l'influence des difficultés économiques, de la hausse des prix, des menaces de disette, ils se préoccupent des subsistances, ils veulent empêcher les accaparements, « nationaliser » les denrées nécessaires à la vie, nationaliser aussi, en quelque sorte, le commerce, enlever aux riches leur superflu pour assurer aux pauvres le nécessaire. C'est, en effet, l'obligation de parer aux subsistances, ainsi qu'aux nécessités de la défense nationale, qui obligera le gouvernement révolutionnaire à tenter de véritables essais de collectivisme municipal. La grande distinction que font les sans-culottes, ce n'est pas celle de *patrons et d'ouvriers*, mais bien celle de *riches et de pauvres*.

---

1 Voy. H. Sée, La vie économique et les classes sociales au XVIIIᵉ siècle, pp. 209 et sqq.

C'est sous cet aspect que, pour beaucoup de révolutionnaires, se présente la question sociale. Si les ouvriers jouent un grand rôle, c'est moins comme producteurs que comme consommateurs. En 1791, en 1792 et 1793 surtout, ils souffrent cruellement de la hausse des vivres. Dans les villes et surtout à Paris, ils forment donc, — les maîtres ouvriers comme les compagnons —, l'élément principal des troupes révolutionnaires, qui pillent les boutiques et menacent les accapareurs ; ils donneront tout leur sens aux grandes journées de la Révolution.

Déjà, dans l'émeute du faubourg Saint-Antoine, du 28 avril 1789, ce sont les petits artisans et les compagnons (surtout des ouvriers sans travail), qui participent au mouvement. Ce sont eux aussi qui constituent le personnel principal des journées du 30 juin, du 14 juillet et du 30 août 1789 [1]. Ce sont encore les ouvriers qui assurent le triomphe de la cause démocratique au 10 août 1792, la victoire de la Montagne au 31 mai et au 2 juin 1793 ; ce sont eux qui, après la réaction thermidorienne, essaient de rétablir le pouvoir des Jacobins. A ce point de vue, l'influence des ouvriers sur la marche de la Révolution a été immense, mais c'est moins comme ouvriers que comme prolétaires, menacés sans cesse par la famine. C'est donc obscurément, presque inconsciemment, que se pose la question ouvrière à la fin du XVIIIe siècle [2]. Elle ne passera au pre-

1 Voy. Marcel ROUFF, Le personnel des premières émeutes de 1789 (Révol. française, 1909, t. 29, pp. 213 et sqq.), et Le peuple ouvrier de Paris aux journées du 30 juin et du 30 août 1789 (Ibid., 1912, t. 63, pp. 430-454 et 481-505). L'auteur cite beaucoup de faits très significatifs.

2 Voy. LICHTENBERGER, op. cit. ; JAURÈS, La Convention (Histoire socialiste, t. IV) ; KROPOTKINE, La Grande Révolution, Paris, 1909, pp. 475 et sqq., et 623 et sqq. ; AULARD, Histoire politique de la Révolution, pp. 448 et sqq., et Origines historiques du socialisme français (Études et leçons sur la Révolution française, 4e série, pp. 21 et sqq.) ; A. MATHIEZ, La question sociale pendant la Révolution française, 1921 ; Roger PICARD, La théorie de la lutte des classes à la veille de la Révolution (Revue d'Économie Politique, sept.-oct. 1911). — Cf. aussi TARLÉ, La classe ouvrière en France pendant la Révolution, 2 vol., 1912 (en russe), analysé par KARÉIEV (Révolution française, 1912, t. 62, pp. 833 et sqq.). M. Tarlé montre que le maximum sur les salaires mécontenta beaucoup les ouvriers, puis que la grande misère de la classe ouvrière (de 1793 à 1799) contribua a accroître son apathie ; les ouvriers ne s'intéressèrent nullement à la conspiration de Babeuf. — Les ouvriers des manufactures nationales, — à l'exception de ceux de Sèvres —, ont une attitude passive pendant la Révolution ; ils n'ont pas d'organisation de résistance. Cf. P. REYNOARD, Roland et les ouvriers des manufactures nationales, La Montagne et les ouvriers des manufactures nationales (Annales révolutionnaires, t. III, pp. 193-208 et 542-560) ; TARLÉ, Studien zur Geschichte der

mier plan et les ouvriers ne prendront pleinement conscience de leurs intérêts de classe que lorsque le triomphe du machinisme et les progrès de la concentration industrielle auront montré toute la portée du régime capitaliste.

Conclusion

Il est peu de chapitres de l'histoire économique et sociale qui présentent plus d'intérêt que révolution commerciale et industrielle de la France aux XVIIe et XVIIIe siècles.

I

Voici d'abord les premiers phénomènes qui aient attiré notre attention. Jusqu'à la veille de la Révolution, on voit se perpétuer l'organisation du travail, qui, née au moyen âge, a prédominé pendant de longs siècles. C'est toujours l'ancien métier, régi par la forme corporative, qui se maintient : travaillant pour le marché local, gêné par une étroite réglementation, il n'a qu'une production singulièrement limitée. On peut même dire que le système se renforce pendant les deux derniers siècles de l'Ancien Régime ; le nombre des métiers jurés ne cesse de grandir ; l'accroissement des droits de maîtrise, l'obligation de plus en plus stricte et onéreuse du chef-d'œuvre rendent de plus en plus difficile l'accès de la maîtrise, au point de faire du métier comme une caste fermée.

Le pouvoir royal, de son côté, contribue à développer encore le régime de la jurande, auquel il veut soumettre, — surtout dans un but fiscal, — tous les métiers du royaume, et il prétend exercer sur leur organisation une tutelle de plus en plus étroite, en supplantant les anciens privilèges des pouvoirs locaux. Il s'efforce aussi de prendre en main la réglementation industrielle, de plus en plus stricte, pour ne pas dire tyrannique, à mesure que l'État, — surtout depuis Colbert —, prétend, dans l'intérêt même de l'industrie,

---

Arbeiterklasse in Frankreich während der Revolution, Leipzig, 1910 (coll. Schmoller). Cependant, à Reims, en 1790, où existe un véritable prolétariat industriel, il semble qu'il y ait eu un mouvement ouvrier plus intense, presque conscient. Cf. l'article de G. LAURENT, *Un conventionnel ouvrier*, cité ci-dessus.

Henri Sée

contrôler les procédés de fabrication.

Mais, au moment même où il semble arriver à son apogée, c'est la décadence qui commence pour le régime corporatif, décadence qui s'accuse de plus en plus au cours du XVIIIᵉ siècle, et que précipitent, d'ailleurs, les exigences de la fiscalité royale. L'ancienne organisation du travail est condamnée surtout pour des raisons d'ordre économique : elle ne satisfait plus aux besoins de la production ; la réglementation industrielle empêche toute innovation, entrave tout progrès. L'administration royale elle-même sent si bien que ce régime suranné doit disparaître qu'elle finit par relâcher toute sa police de réglementation, en attendant qu'elle se décide à porter la main sur les corporations elles-mêmes. On saisit donc sur le vif la lutte qui partout s'est manifestée entre l'ancienne organisation du travail, fondée sur la tradition, et la nouvelle, qui commence à se dessiner, et que des nécessités économiques vont bientôt imposer.

De grandes transformations économiques se préparent, en effet, surtout au XVIIIᵉ siècle, transformations qu'annoncent, et que déterminent même, pour une forte part, les progrès du commerce.

Il est vrai que le commerce intérieur reste entravé, jusqu'à la fin de l'Ancien Régime, par les monopoles seigneuriaux (banalités, droits de marchés), par les aides et le système des douanes intérieures, par les obstacles qui sont mis à l'exportation et à la libre circulation des denrées agricoles ; seule, la construction d'un important réseau de routes, vers le milieu du XVIIIᵉ siècle, va préparer les progrès de la circulation intérieure.

C'est surtout le grand commerce maritime et colonial qui se développe, dès l'époque de Colbert, et qui s'amplifie au cours du XVIIIᵉ siècle : les transactions avec l'étranger font alors d'énormes progrès. Et voici un fait qui annonce aussi les temps nouveaux : contrairement à ce qui se passait encore au XVIIᵉ siècle, les productions agricoles n'ont plus une aussi forte prééminence dans les transactions commerciales ; les produits manufacturés commencent à y tenir une place notable. On a pu remarquer aussi le perfectionnement des pratiques commerciales, les progrès du crédit, de la banque, bien que celle-ci ne réponde pas encore aux besoins économiques de l'époque. Les négociants, qui jusqu'alors ne jouaient qu'un rôle secondaire, commencent à faire figure à côté des gens de finance.

DEUXIÈME PARTIE

270

C'est aussi du XVIIIᵉ siècle que date la prospérité des grandes places de commerce comme Bordeaux, Nantes, Le Havre.

Ainsi, le commerce a contribué à accroître la quantité des capitaux, qui vont pouvoir commencer à s'employer dans l'industrie. Sans aucun doute, le capitalisme commercial a précédé et, en quelque sorte, engendré le capitalisme industriel ; ce phénomène apparaît en France, comme en Angleterre [1]. Mais, comme le développement économique y est bien moins intense, la concentration des capitaux y résulte encore moins du commerce que des affaires financières.

Très certainement, même au XVIIIᵉ siècle, c'est toujours le régime de la petite industrie qui prédomine. Dans toutes les villes, les petits artisans, travaillant avec un petit nombre de compagnons, et même seuls, sont très nombreux ; le fait peut être constaté, non seulement dans les places purement commerciales comme Paris et Bordeaux, mais même dans les centres industriels les plus importants. Partout, c'est le même régime de dispersion industrielle. — En réalité, avant 1750, la grande industrie n'est guère représentée que par des manufactures d'État, s'occupant presque uniquement de la production des objets de luxe (tapisseries, glaces, etc.) et aussi par un certain nombre de manufactures privilégiées. Il est vrai que les manufactures ne cessent de se développer, déterminant un progrès très notable de l'industrie, qui va en s'accentuant dans la seconde moitié du XVIIIᵉ siècle, et qui est ralenti seulement par la crise qu'ont provoquée le traité de commerce de 1786 avec l'Angleterre et les mesures protectionnistes prises par des pays comme l'Espagne.

Mais, on a pu s'en convaincre, l'industrie capitaliste ne triomphe pas encore à la veille de la Révolution. On saisit seulement l'origine de la future organisation du travail. La concentration industrielle, à laquelle, seul, le triomphe du machinisme peut donner toute son ampleur, n'en est encore qu'à ses débuts. En fait, le machinisme ne s'introduit guère que dans les nouvelles manufactures de cotonnades, et surtout d'indiennes, qui se distinguent des anciennes industries par des procédés de fabrication plus complexes ; on

---

1 L'influence des marchés sur le régime industriel est bien un fait d'ordre général, que l'on constate à toutes les époques. Cf. H. BOURGIN, *L'industrie et le marché*, Paris, 1924.

voit se créer des *fabriques*, au sens moderne du mot, fabriques qui groupent un grand nombre d'ouvriers. Dans l'industrie houillère, se forment aussi quelques grandes exploitations exigeant des capitaux considérables. Mais ce sont des cas exceptionnels. Dans l'industrie métallurgique elle-même, c'est la petite industrie qui prédomine, et on ne peut citer que les deux grandes usines du Creusot et d'Indret qui aient un outillage déjà perfectionné.

D'autre part, l'industrie, même dispersée, tombe de plus en plus sous la domination du capitalisme, — mais du capitalisme commercial —, grâce surtout au développement de l'industrie rurale et domestique, qui va ouvrir la voie à la grande industrie capitaliste du siècle suivant. Échappant à la réglementation des métiers urbains, parfois même à l'inspection des agents de l'État, se contentant de faibles salaires, l'industrie rurale est assurée d'un progrès rapide. Elle livre ses produits à des négociants, qui disposent de la matière première, souvent même des *métiers*, exercent sur elle une emprise de plus en plus forte et se transformeront, au siècle suivant, en grands patrons industriels.

On voit nettement aussi comment se prépare cette grande transformation économique et sociale, qui aboutira au triomphe de l'industrie capitaliste, comment, dans certaines industries (et en particulier dans l'industrie lyonnaise de la soie), les maîtres ouvriers tombent de plus en plus dans la dépendance économique des maîtres marchands, qui déterminent les prix de façon et contrôlent de plus en plus la production. — Partout, les deux classes des *négociants* et des *artisans* s'opposent fortement : antagonisme à la fois économique et social.

D'autre part, les compagnons, dont le mode de vie ne diffère guère de celui des maîtres, mais qui parviennent difficilement à la maîtrise, tendent de plus en plus à former une classe distincte et permanente. Toutefois, ils ne prennent pas encore une conscience nette de leurs intérêts collectifs. Il est vrai qu'ils ont des confréries distinctes de celles des maîtres, que, dans certains métiers, il existe de puissants compagnonnages, enfin que les travailleurs forment souvent des coalitions temporaires pour obtenir de meilleurs salaires ou une réduction de leur journée de travail. Mais ils croient encore malaisément à la possibilité d'une autre législation que la législation existante, qui leur dénie la liberté de s'associer, et ils n'arrivent pas à la notion de la lutte des classes. La question sociale qui se pose en 1789, ce n'est pas la *question ouvrière*, mais la *question paysanne*.

II

A la fin du XVIIIe siècle, la France est toujours essentiellement, — et elle le restera longtemps encore — un pays rural, dans lequel le régime capitaliste n'apparaît qu'à l'état embryonnaire ; l'on comprend donc que les physiocrates aient pu voir dans la terre la seule source de richesses, que Turgot soit le seul économiste qui se soit rendu compte du rôle joué par le capital, par la richesse mobilière. A cet égard, la France est de près de cinquante ans en retard sur l'Angleterre, où la révolution industrielle s'est déjà manifestée puissamment dans la seconde moitié du XVIIIe siècle [1]. En notre pays, on n'a pas vu se produire la révolution agraire, qui, chez nos voisins, a livré à l'industrie une main-d'œuvre si abondante.

Cependant, en ce qui concerne l'évolution commerciale et industrielle, la France, dans le monde, tient le second rang ; il ne faut pas oublier qu'elle constitue l'État le plus fortement organisé, le plus unifié et le plus peuplé de l'Europe Continentale [2].

1 M. CHOULGUINE (*L'industrie capitaliste à la veille de la Révolution*, loc. cit.) a raison de dire que la concentration industrielle est loin d'être achevée en Angleterre à la fin du XVIIIe siècle, surtout dans l'industrie drapière, mais, en France, elle l'est encore beaucoup moins. C'est ce qu'il ne faut pas oublier, quand on compare l'évolution industrielle des deux pays ; voy. L. MANTOUX, *La révolution industrielle au XVIIIe siècle*.
2 D'après Necker, la population de la France serait, en 1784, de 24.802.580 habitants (*Administration des finances*, t. I, pp. 202 et sqq.) ; d'après la *Population du royaume*, de 1787 (Arch. Nat., H 1444), elle serait de 23.052.000 habitants. Ces chiffres n'ont d'ailleurs qu'une valeur approximative, car ils n'ont été obtenus que d'après le mouvement de la population. Levasseur estime la population à 20 millions environ (évaluation sans doute excessive). Le chiffre de la *Population de la France* paraît le plus vraisemblable. — Les autres pays de l'Europe, même l'Angleterre, sont bien moins peuplés. Reportons-nous, en effet, à l'année 1830, époque où nous avons des recensements à peu près sûrs. La population de la France, à cette date, est de 32.500.000 habitants ; de la Grande-Bretagne, 24.400.000 ; de l'Allemagne, 35.800.000 ; de l'Autriche, 32 millions ; de l'Espagne, 11 ; de la Russie, 45 ; des États-Unis, 12.866.000 (LEVASSEUR, *La population française*, t. I, pp. 317 et sqq.). Aujourd'hui, la population de la France ne s'élève qu'à 39 millions ; celle de l'Angleterre dépasse 47 millions (sans compter les Dominions) ; de l'Allemagne, 59 ; la population des États-Unis, 110 millions, celle de la Russie, 150 (*The Statesman*

A cet égard, une étude comparative portant sur les divers pays de l'Europe serait instructive. Nous ne pouvons ici que l'esquisser brièvement [1]. Seules, les Provinces-Unies, qui possèdent un grand empire colonial, tiennent encore une place notable parmi les puissances commerciales du continent. Quant aux Pays-Bas belges, ils semblent bien déchus de leur ancienne prospérité ; leur agriculture, il est vrai, a fait de grands progrès, mais rien n'annonce encore, si ce n'est dans le pays de Liège [2], l'énorme extension du commerce et de l'industrie belges, qui se produira au siècle suivant.

Si l'on considère l'Allemagne, on voit que les villes hanséatiques (Hambourg, Brême et Lübeck), comme aussi les anciennes cités commerçantes de la région du Rhin et du Sud, ont perdu leur importance économique, si grande jusqu'au XVIe siècle, tant qu'elles servaient d'étapes au commerce entre l'Orient et le nord de l'Europe. Seule, la Prusse commence à avoir, grâce à l'initiative de ses souverains, une industrie relativement prospère, industrie d'État à la manière de la France de Colbert. Les États de la monarchie autrichienne n'ont qu'un très faible développement industriel ; les mines de la Bohême n'ont encore qu'une importance secondaire.

L'Italie, si prospère par son commerce et son industrie jusqu'au XVIe siècle, est maintenant bien déchue : Venise, Gênes et Florence

---

Yearbook, 1922). On comprend qu'au point de vue économique, la France joue aujourd'hui, relativement aux autres pays, un rôle beaucoup moins important qu'à la veille de la Révolution.

1 Sur ce qui suit, voy. Paul MANTOUX, La révolution industrielle au XVIIIe siècle ; CUNNINGHAM, The growth of english industry and commerce in modern times, 3e éd., 1905 ; SCHULZ-GAEVERNITZ, Histoire de l'industrie cotonnière en Angleterre, trad. fr., Paris, 1896 ; Henri SÉE, Esquisse d'une histoire du régime agraire en Europe aux XVIIIe et XIXe siècles, Paris, 1921 ; Hubert VAN HOUTTE, Histoire économique de la Belgique à la fin du XVIIIe siècle, Gand, 1920 (Publ. de la Faculté de philosophie et lettres de l'Université de Gand) ; H. PIRENNE, Histoire de Belgique, t. V, Bruxelles, 1921, pp. 260-296 et 336 et sqq. ; SCHKAFF, La question agraire en Russie, Paris, 1921 ; G. RENARD et WEULERSSE, Le travail dans l'Europe moderne, Paris, 1920 (coll. de l'Histoire universelle du travail) ; Carroll-D. WRIGHT, L'évolution industrielle des États-Unis, trad. fr., Paris, 1901 ; E. R. JOHNSON, History of domestic and foreign commerce of the United States (public. de la Dotation Carnegie), 2 vol., 1915 ; CLAPHAM, The economic development of France and Germany (1865-1914), Cambridge, 1921 (l'auteur montre que le développement industriel de la France dépasse de beaucoup celui de l'Allemagne jusqu'en 1870).

2 Qui a connu, dès le XVIIIe siècle, un remarquable développement industriel ; voy. H. PIRENNE, *op. cit.*, t. V, pp. 350-368.

DEUXIÈME PARTIE

ne sont plus que l'ombre des grandes puissances économiques de jadis. L'Espagne n'avait jamais eu qu'un faible développement industriel ; mais son commerce colonial, autrefois florissant, a subi une notable décadence. La Russie se trouve encore véritablement en dehors de l'Europe ; presque exclusivement rurale, elle ne connaît guère que l'industrie domestique, et son commerce est presque entièrement entre les mains des étrangers.

Notons enfin que les États-Unis eux-mêmes, avant 1789, n'ont pas encore dépassé ce qu'on a appelé la « période coloniale » ; leur industrie est toujours dans l'enfance ; seul, leur commerce, en dépit du pacte colonial que l'Angleterre avait prétendu leur imposer, a pris, au XVIIIe siècle, une remarquable extension.

On voit donc la grande place tenue par la France dans la vie économique des XVIIe et XVIIIe siècles. Après l'Angleterre, c'est la France qui annonce le plus clairement, à la fin de l'Ancien régime, l'évolution qui s'achèvera au XIXe siècle [1]. Aussi l'histoire du commerce et de l'industrie en France, dans la période que nous avons traitée, présente-t-elle un intérêt qui dépasse le cadre national ; elle permet d'étudier des phénomènes économiques d'une portée générale. Notre synthèse aura peut-être contribué à mettre au point quelques-unes de ces questions si importantes ; peut-être aura-t-elle pour effet, nous l'espérons du moins, de susciter de nouveaux travaux, capables de serrer encore de plus près la réalité.

---

1 Il est intéressant de remarquer qu'au XXe siècle, à une époque où la révolution économique s'est pleinement opérée en France, celle-ci ne joue plus, au point de vue industriel et commercial, qu'un rôle secondaire ; c'est que la grande industrie s'est implantée, non seulement dans toute l'Europe Occidentale et Centrale, mais aussi dans les deux Amériques, voire même en Asie. La France, n'ayant que peu de houille, reste toujours essentiellement, malgré son expansion coloniale, une contrée agricole, tandis que l'Allemagne et les États-Unis sont devenus des pays de grande industrie. Voy. mon article : *La France, démocratie rurale, son influence et son rôle en Europe* (*Scientia*, mars 1923).

Henri Sée

Bibliographie [1]

1. Léon ABENSOUR, *La femme et le féminisme avant la Révolution.* Paris, 1923.

1 *bis.* Geneviève ACLOCQUE, *Les corporations, l'industrie et le commerce à Chartres du XIe siècle à la Révolution.* Paris, 1917.

2. AFANASSIEV, *Le commerce des céréales en France au XVIIIe siècle,* trad. fr. Paris, 1894 [très important].

2 *bis.* Léon AMÉ, *Étude sur les tarifs de douanes et sur les traités de commerce.* Paris, 1870, 3 vol. in-8.

2 *ter.* D'ARBOIS DE JUBAINVILLE, *L'administration des intendants d'après les archives de l'Aube,* 1880.

3. ARDASCHEFF, *Les intendants de province sous Louis XVI,* trad. fr. Paris, 1909.

4. ARNAUNÉ, *Le système commercial de Colbert (Annales de l'École des Sciences politiques,* an. 1909 et 1910).

5. ARNOULD, *De la balance du commerce,* 1795, 2 vol. in-8.

5 *bis.* W. ASHLEY, *The economic organisation of England.* Londres, 1923.

6. AUGEARD, *La traite des noirs à Nantes.* Nantes, 1901 (Thèse de doctorat en droit).

7. AULARD, *Histoire politique de la Révolution.* Paris, 1896.

8. — *Les origines historiques du socialisme français (Études et leçons sur la Révolution française.* 4e série).

9, Vicomte G. D'AVENEL, *Histoire économique de la propriété, des salaires, des denrées et des prix de l'an 1200 à l'an 1800,* 5 vol. in-8, 1894-1909.

10. A. BABEAU, *Les artisans et les domestiques d'autrefois.* Paris, 1886 [des renseignements intéressants sur le mode de vie des artisans].

11. Ch. BALLOT. *L'introduction de la fonte au coke en France et la fondation du Creusot (Revue d'histoire des Doctrines économiques,*

---

1 Nous n'indiquons que les ouvrages dont nous nous sommes servis avec un réel profit. Les plus importants sont marqués d'un astérisque.

276

an. 1912, pp. 29 62) [1].

11 *bis*. — *L'introduction du machinisme dans l'industrie française*, publié par Cl. Gével (Comité des travaux historiques, section d'histoire moderne et contemporaine, fasc. IX), 1923 [de première importance].

12. A. BARDON, *L'exploitation du bassin houiller d'Alais sous l'ancien régime*. Nîmes, 1898 [important].

13. Ph. BARBEY, *Les Normands au Maroc au XVIe siècle* (J. HAYEM, *Mémoires*, t. V, pp. 1-14).

14. — *Le Havre transatlantique* (*Ibid.*, t. V, pp. 45-210).

15. — *Le Havre et la navigation aux Antilles sous l'Ancien Régime* (*Ibid.*, t. V, pp. 211-276).

16. — *Le Havre maritime* (*Ibid.*, t. VI, p. 67-152).

17. BIOLLAY, *Le pacte de famine*. Paris, 1885.

18. — *Les prix en 1790*. Paris, 1886.

18 *bis*. Raoul BLANCHARD, *Grenoble*. Paris, 1911.

19. Camille BLOCH, *Études d'histoire économique de la France (1760-1789)*. Paris, 1900 [important].

20. — *L'assistance et l'État en France à la veille de la Révolution*. Paris, 1908 (thèse de doctorat ès-lettres).

21. — *Cahiers de doléances du bailliage d'Orléans*, 1906-1907, 2 vol. in-8 (Coll. des Documents économiques de la Révolution).

22. A. de BOISLISLE, *Correspondance des Contrôleurs généraux des finances avec les intendants (1683-1713)*. Paris, 1871-1898, 3 vol. in-4.

23. P. BOISSONNADE, *Étude sur l'organisation du travail en Poitou*, 1899, 2 vol. in-8 [l'un des ouvrages les plus importants].

— *Le travail dans l'Europe chrétienne du Moyen-Age*. Paris, 1922 (coll. de l'Hist. universelle du travail).

24. — *L'état, l'organisation et la crise de l'industrie languedocienne pendant les soixante premières années du XVIIe siècle* (*Annales du Midi*, t. XXI, 1909).

25. — *La production et le commerce des céréales, vins, etc., en Languedoc au XVIIe siècle* (*Ibid.*, 1905).

---

1 Ce travail a été presque entièrement reproduit dans l'*Introduction du machinisme*.

Henri Sée

26. — *Colbert, son système et les entreprises industrielles d'État en Languedoc (1661-1683)* (*Ibid.*, 1902, t. XIV).

27. — *Histoire des premiers essais de relations économiques directes entre la France et l'État prussien pendant le règne de Louis XIV (1643-1715).* Paris, 1912.

28. — *L'industrie du papier en Charente et son histoire* (extr. du *Pays poitevin*).

29. — *Trois mémoires relatifs à l'amélioration des manufactures en France sous l'administration de Trudaine (1754)* (*Revue d'histoire économique*, an. 1914-1919).

30. Paul-M. BONDOIS, *Colbert et l'industrie de la dentelle* (HAYEM, *Mémoires*, t. VI, pp. 203-276).

30 *bis*. — *Colbert et la question des sucres : la rivalité franco-hollandaise* (*Revue d'histoire économique*, an. 1923, pp. 12-61) [travail très neuf].

30 *ter*. — *Le commerce des beurres et des œufs sous l'ancien régime* (*Revue internationale du commerce, de l'industrie et de la banque*, an. 1923, pp. 80-187).

31. BONNASSIEUX, *Les grandes compagnies de commerce*. Paris, 1892.

32. BONNASSIEUX et LELONG, *Inventaire analytique des procès-verbaux du Conseil du commerce*. Paris, 1900, in-4.

33. BOSSEBŒUF, *Histoire de la soierie à Tours du XIe au XVIIIe siècle* (*Mémoires de la Société archéologique de Touraine*, 1900).

34. Comte de BOULAINVILLIERS, *État de la France, extraits des mémoires des intendants*, 1727, 3 vol. in-fol. et 1752, 8 vol. in-12.

35. F. BOURDAIS et R. DURAND, *L'industrie et le commerce de la toile en Bretagne au XVIIIe siècle* (Comité des travaux historiques, section d'histoire moderne et contemporaine, 1922, fasc. VII, pp. 1-48).

36. F. BOURDAIS, *La navigation intérieure en Bretagne depuis le moyen âge jusqu'à nos jours* (*Annales de Bretagne*, an. 1908, t. XXIII).

37. H. BOURDE DE LA ROGERIE. *Notes sur les papeteries des environs de Morlaix depuis le XVe siècle jusqu'au commencement du XIXe siècle* (*Bulletin historique et philologique*, 1911).

38. — *Inventaire des Archives du Finistère*, série B, *Introduction* [très important].

39. Alfred BOURGEOIS, *Les métiers de Blois* (*Mémoires de la Société des lettres et sciences de Loir-et-Cher*, an. 1892-1897), 2 vol. in-8.

40. Georges BOURGIN, *Deux documents sur Indret* (*Bulletin d'histoire économique de la Révolution*, an. 1917-1919).

41. Hubert et Georges BOURGIN, *L'industrie sidérurgique en France à la veille de la Révolution*, 1920 (Coll. des Documents économiques de la Révolution) [publication très importante].

42. P. BOYÉ, *Les postes, les messageries et voitures publiques en Lorraine au XVIIIe siècle* (*Bull. du Comité des Travaux historiques, Sciences économiques et sociales*, 1906).

43. BOYER, *Histoire de l'industrie et du commerce à Bourges* (*Mém. de la Société littéraire, artistique et scientifique du Cher*, an. 1884).

43 *bis*. F. BRÆSCH, *Essai de statistique de la population ouvrière de Paris vers 1791* (*La Révolution française*, an. 1912, t. 62, pp. 289 et sq.).

44. C.-M. BRIQUET, *Associations et grèves des ouvriers papetiers en France aux XVIIe et XVIIIe siècles* (*Revue internationale de Sociologie*, 1897).

45. L. DU BROC DE SEGANGE, *Les émailleurs à Nevers et la faïence.*

46. BRUTAILS, *Inventaire des Archives de la Chambre de commerce de Bordeaux.*

47. CALLERY, *Histoire du système général des droits de douane aux XVIe et XVIIe siècles* (*Revue historique*, 1882).

48. Pierre CARON, *L'enquête sur l'état des routes, rivières et canaux au début de l'An II* (*Bull. d'histoire économique de la Révolution*, années 1917-1919).

49. CHAILLEY BERT, *Les compagnies de colonisation sous l'ancien régime*. Paris, 1898.

50. Th. CHAPAIS, *Jean Talon, intendant de la Nouvelle France.* Québec, 1904.

51. CHAPTAL, *De l'industrie française*, 1817, 2 vol. in-8.

51 *bis*. CHAPUIS, *Les anciennes corporations dijonnaises* (*Mém. de la Société bourguignonne de géographie et d'histoire*, t. XXII, 1906).

52. S. CHARLÉTY, *Le régime douanier à Lyon* (*Revue d'histoire de Lyon*, 1902 et 1903) [important].

53. CHEMIN-DUPONTÈS, *Les compagnies de colonisation en Afrique Occidentale sous Colbert*. Paris, 1903.

54. P. CHESNEL, *Histoire de Cavelier de la Salle*, 1900.

54 *bis*. Alexandre CHOULGUINE, *L'industrie capitaliste à la veille de la Révolution* (*Revue d'histoire économique*, 1922).

55. G.-N. CLARK, *The anglo-dutch alliance and the war against french trade*, 1923 (Publ. de l'Université de Manchester).

55 *bis*. Pierre CLÉMENT, *Lettres, instructions et mémoires de Colbert*, 10 vol., 1861-1865.

56. — *Histoire de la vie et de l'administration de Colbert*, 1846, 2 vol.

57. — *Histoire du système protecteur en France depuis le ministère de Colbert jusqu'à la Révolution de 1848*. Paris, 1854.

58. P. CLÉMENT, *La corvée des chemins en France et spécialement en Poitou*. Poitiers, 1899.

59. Dr Olivier COUFFON, *L'industrie minérale en Anjou*, t. I : *Les mines de charbon en Anjou du XIVᵉ siècle à nos jours*. Angers, 1911 (extr. de la Revue d'Anjou, t. 58-61).

60. Albert CROQUEZ, *La Flandre wallonne et les pays de l'intendance de Lille sous Louis XIV*. Paris, Champion, 1912.

61. P. CULTRU, *Dupleix*, 1904 (Thèse de doctorat ès lettres).

61 *bis*. — *Histoire du Sénégal*. Paris, 1910.

62. CUNNINGHAM, *The growth of english industry and commerce in modem times*, 3ᵉ édition, 1905 [important pour la comparaison avec l'Angleterre].

62 *bis*. DE DAINVILLE, *Les relations commerciales de Bordeaux avec les villes hanséatiques aux XVIIᵉ et XVIIIᵉ siècles* (HAYEM, *Mémoires*, t. IV, pp. 213-270).

63. E. W. DAHLGREN, *Les relations commerciales et maritimes entre la France et les côtes de l'Océan Pacifique*. Paris. 1909 [capital pour le commerce maritime],

64. V. DAUPHIN, *Recherches sur l'industrie textile en Anjou*. Angers, 1915.

65. DEBAUVE, *Les travaux publics et les ingénieurs des ponts et chaussées depuis le XIIe siècle*. Paris, 1893.

66. Paul DECHARME, *Le comptoir d'un marchand au XVIIe siècle d'après une correspondance inédite* [Henri Lion de Honfleur]. Paris, 1910.

67. L. DECOMBE, *Les anciennes faïenceries rennaises*. Rennes, 1910 (extr des *Mém. de la Société archéologique d'Ille-et-Vilaine*, t. XXIX).

68. Maximin DELOCHE, *La crise économique au XVIe siècle et la crise actuelle*. Paris, 1922.

69. DEMANGEON, *La Picardie et les régions voisines*, Paris, 1905 (thèse de doctorat es lettres) [très important].

70. Edgard DEPITRE, *La toile peinte en France aux XVIIe et XVIIIe siècles*. Paris, 1912 [bonne étude].

71. — *Les prêts au commerce et aux manufactures de 1740 à 1789* (*Revue d'histoire économique*, an. 1914-1919).

72. DEPPING, *Correspondance administrative sous le règne de Louis XIV*, 1860-1865, 4 vol. (Coll. des documents inédits de l'histoire de France).

73. DES CILLEULS, *Origine et développement des travaux publics en France*, 1895.

73 bis. — *Histoire et régime de la grande industrie en France aux XVIIe et XVIIIe siècles*. Paris, 1898.

74. R. DESCHAMPS, *Une industrie locale au XVIIIe siècle : la toile d'Alençon*. Alençon, 1922 (thèse de doctorat en droit).

74 bis, Mme DESPIERRES, *Le point d'Alençon*. Paris, 1886.

75. Paul DESTRAY, *Le commerce des vins en Bourgogne au XVIIIe siècle* (HAYEM, Mémoires. t. H, pp. 35-80).

76. DRAPÉ, *Recherches sur l'histoire des corps d'arts et métiers en Roussillon*, 1898.

77. Ant. DU BOURG, *Les corporations ouvrières de Toulouse de 1270 à 1791*. Toulouse, 1886, 1 vol. in-12.

78. F. DUMAS, *La généralité de Tours au XVIIIe siècle ; administration de l'intendant du Cluzel*. Paris, 1894 (thèse de doctorat ès-lettres) [des renseignements intéressants].

79. — *Étude sur le traité de commerce de 1786 entre la France et l'Angleterre.* Toulouse, 1904 [important].

79 bis. — *La réglementation industrielle après Colbert.*

80. René DURAND, *Le commerce de la Bretagne au XVIIIe siècle* (*Annales de Bretagne*, 1917, t. XXXII, pp. 447-469).

81. Léon DUTIL, *L'état économique du Languedoc à la fin de l'Ancien Régime.* Paris, 1911 (thèse de doctorat ès lettres) [beaucoup de renseignements].

82. — *La fabrique de bas à Nîmes au XVIIIe siècle* (*Annales du Midi*, an. 1905, pp. 218-251).

83. — *L'industrie de la soie à Nîmes jusqu'en 1789* (*Revue d'histoire moderne*, an. 1908).

84. EBERSTADT, *Das französische Gewerberecht und die Schaffung staatlicher Gesetzgebung und Verwaltung in Frankreich vom X^{ten} Jarhundert bis 1581* Leipzig, 1899 (*Forschungen*, de Schmoller) [très important].

85. *Encyclopédie méthodique : Arts et manufactures* [par ROLAND DE LA PLATIÈRE] et *Commerce.* Paris, 1785 [l'un des documents essentiels].

85 bis. *Encyclopédie départementale des Bouches-du-Rhône*, publiée sous la direction de Paul Masson, t. III, VIII, IX et X. Marseille., Arch. départementales, 1921-1924 [très important].

85 ter. Georges ESPINAS, *L'industrie drapière dans la Flandre française au moyen âge.* Paris, A. Picard, 1923, 2 vol. in-8 [très important pour les origines du capitalisme].

86. G. FAGNIEZ, *Documents relatifs à l'histoire de l'industrie et du commerce en France*, t II (XIVe et XVe siècles), 1900.

87. — *Économie sociale de la France sous Henri IV.* Paris, 1897 [très important].

88. — *Corporations et syndicats.* Paris, 1905.

89. FLAMMERMONT, *Histoire de l'industrie à Lille*, 1897.

90. — *Les grèves à Paris à la fin de l'Ancien Régime.*

91. — *Remontrances du Parlement de Paris au XVIIIe siècle*, 1888-1899 (Coll. des Documents inédits de l'histoire de France).

92. FONCIN, *Essai sur le ministère de Turgot.* Paris, 1876 (Thèse de

doctorat ès lettres).

93. Joseph FOURNIER. *La Chambre de commerce de Marseille d'après ses archives historiques*. Marseille, 1910.

93 *bis*. — *Cahiers de doléances de la sénéchaussée de Marseille*. Marseille, 1908 (Coll. des Documents économiques de la Révolution) ; [très important].

94. Elphège FRÉMY, *La manufacture des glaces en France aux XVIe et XVIIe siècles*. Paris, 1909.

95. FUNCK-BRENTANO, *La question ouvrière sous l'Ancien Régime* (*Revue Rétrospective*, an. 1893).

96. Émile GABORY, *La marine et le commerce de Nantes au XVIIe siècle et au commencement du XVIIIe siècle* (*Annales de Bretagne*, an. 1902, t. XVII) [un des bons ouvrages sur l'histoire du commerce].

97. Ch. GAILLARDON, *L'industrie et les industriels en Normandie en 1789* (*Revue d'Études normandes*).

98. GARNAULT, *Le commerce rochelais au XVIIIe siècle*, 3 vol., 1887-1888 [très important].

99. Dr GARSONNET, *La manufacture de toiles peintes d'Orléans* (HAYEM, Mémoires, t. III. pp. 1-36).

100. Jules GAUTHIER, *L'industrie du papier dans les hautes vallées franc-comtoises du XVe au XVIIIe siècle* [*Mémoires de la Société d'Émulation de Montbéliard*, t. XXVI).

101. P. GERBAUX et Ch. SCHMIDT, *Procès-Verbaux des Comités d'agriculture et de commerce de la Constituante, de la Législative et de la Convention*. Paris, 1906-1910, 4 vol in-8 (Coll. des Documents économiques de la Révolution) [publication très importante].

102. Albert GIRARD, *Les routes de commerce de l'Extrême-Orient à la fin du XVIIe siècle et au commencement du XVIIIe* (*Revue d'histoire moderne*, t. XIV, 1910).

103. — *La réorganisation de la Compagnie des Indes (1719-1723)* (*Ibid.*, 1908-1909, t. XI, 3-34 et 177-197).

103 *bis*. GIROD, *Les subsistances en Bourgogne et particulièrement à Dijon à la fin du XVIIIe siècle, 1774-1789* (*Revue bourguignonne de l'Enseignement Supérieur*, 1906, t. .XVI).

104. Justin GODART, *L'ouvrier en soie de Lyon*, 1901 [ouvrage de premier ordre].

105. GOURNAY, *Tableau général du commerce*, 1789.

106. GRANAT, *L'industrie de la draperie à Castres au XVIIe siècle et les ordonnances de Colbert* (*Annales du Midi*, 1898 et 1899).

107. GRAR, *Histoire de la recherche, de la découverte et de l'exploitation de la houille dans le Hainaut français, la Flandre française et l'Artois*, 3 vol. Valenciennes, 1847 [très important].

108. L.-G. GRAS, *Histoire du commerce local et des industries qui s'y rattachent dans la région stéfanoise et forézienne*. Saint-Etienne, 1910, in-8.

108 *bis.* — *Histoire économique générale des mines de la Loire*. Saint-Etienne, 1922, 2 vol. in-8.

108 *ter.* GRÉAU, Le fer en Lorraine, 1908.

109. Louis GUENEAU, *L'organisation du travail à Nevers aux XVIIe et XVIIIe siècles (1660-1790)*. Paris, 1919 (thèse de doctorat ès lettres) [d'une érudition très solide].

110. L. GUIBERT, *Les anciennes corporations de métiers en Limousin.*

111. Lucien GUILLOU, *André Vanderheyde, courtier lorientais, et ses opérations (1756-1765)* (*Annales de Bretagne*, an. 1918, t. XXXIII).

111 *bis.* Georges HARDY, *La localisation des industries dans la généralité d'Orléans au XVIIIe siècle* (HAYEM, t. III, pp. 37-40).

112. E. H. GUITARD, *Un grand atelier de charité sous Louis XIV ; l'Hôpital Général de la manufacture de Bordeaux* (HAYEM, t. IV, pp. 85-152).

112 *bis.* — *L'industrie des draps en Languedoc et ses protecteurs sous l'ancien régime* (*Ibid.*, t. I, pp. 9-34).

113. Henri HAUSER, *Ouvriers du temps passé*. Paris, 1899.

114. — *Travailleurs et marchands de l'ancienne France*. Paris, 1920 [de première importance].

— *Les divers modes d'organisation du travail dans l'ancienne France* (*Revue d'histoire moderne*, t. VII, pp. 357-387).

115. — *Les compagnonnages d'arts et métiers à Dijon aux XVIIe et*

XVIIIe siècles (*Revue bourguignonne d'Enseignement Supérieur*, an. 1907) [très important].

115 *bis*. — *Notes sur l'organisation du travail à Dijon et en Bourgogne au XVIe et dans la première moitié du XVIIe siècle* (*Ibid.*, an. 1904, pp. 98-131).

115 *ter*. — *Les origines du capitalisme moderne en France* (*Revue d'Économie politique*, an. 1902, pp. 193-205, 313-333).

116. H. HAVARD et M. VACHON, *Les manufactures nationales.* Paris, 1899.

117. Julien HAYEM, *Mémoires et documents pour servir à l'histoire du commerce et de l'industrie en France*, 8 séries. Paris, 1911-1924.

118. — La *répression des grèves au XVIIIe siècle* (HAYEM, t. I, pp. 73-130).

119. — *Les inspecteurs des manufactures et le mémoire de l'inspecteur Tribert sur la généralité d'Orléans* (*Ibid.*, t. II, pp. 227-286).

120. Pierre HEINRICH, *La Louisiane et la Compagnie des Indes (1717-1731)*, 1907 (thèse de doctorat ès lettres).

121. F. HERBET, *Les contrats d'apprentissage à Fontainebleau, surtout au XVIIe siècle*. Fontainebleau, 1897.

122. *Histoire documentaire de l'industrie à Mulhouse*, publ. de la Soc. industrielle de Mulhouse, 2 vol. 1901 [très important].

122 *bis*. HUVELIN, *Essai historique sur le droit de marchés et de foires*, 1897 [très important].

123. ISAMBERT, *Recueil des anciennes lois françaises*, 1822-1827, 29 vol. in-8.

124. Émile ISNARD, *L'industrie de la soie en Provence au XVIIIe siècle* (HAYEM, Mémoires, t. II, pp. 13-34).

125. — *Les papeteries en Provence au XVIIIe siècle* (*Ibid.*, t. IV, pp. 23-38).

126. — *L'industrie chapelière à Marseille au XVIIIe siècle* (*Ibid.*, t. IV, pp. 63-84).

127. — *Documents inédits pour l'histoire du salariat dans les Bouches-du-Rhône* (*Ibid.*, t. IV, pp. 153-160).

128. — *Documents inédits pour l'histoire du compagnonnage à Marseille* (*Ibid.*, t. IV, pp. 185-212) [important].

129. Jean JAURÈS, *La Constituante* (Histoire Socialiste, t. I).

130. C. JULLIAN, *Histoire de Bordeaux depuis les origines Jusqu'en 1895.* Bordeaux, 1895.

131. KÆPPELIN, *La Compagnie des Indes Orientales et François Martin (1664-1719).* Paris, 1908 (thèse de doctorat ès lettres).

132. KOVALEWSKY, *La France économique et sociale à la veille de la Révolution.* Paris, 1909, 2 vol. in-8.

133. KROPOTKINE, *La Grande Révolution.* Paris, 1909.

134. LALANDE, *Des canaux de navigation*, 1778.

135. Léonce DE LAVERGNE, *Les économistes français au XVIIIe siècle.* Paris, 1870.

136. Ernest LAVISSE, *Histoire de France*, t. VII$_1$, VIII$_1$, IX.

136 *bis*. LEFORT, *Les salaires et les revenus dans la généralité de Rouen au XVIIIe siècle.*

137. LEGRAND, *Sénac de Meilhan et l'intendance du Hainaut sous Louis XVI.* Paris, 1868.

137 *bis*. Georges LERAT, *Étude sur les origines, le développement et l'avenir des raffineries nantaises.* Paris, 1911 (thèse de doctorat en droit).

138. LEROUDIER, *La décadence de la fabrique lyonnaise à la fin du XVIIIe siècle (Revue d'histoire de Lyon*, sept.-oct. 1911).

139. André LESORT, *Les transactions d'un négociant malouin avec l'Amérique espagnole (1719-1721) (Revue de l'histoire des colonies françaises*, an. 1921, pp. 239 268).

140. DE LESPINASSE, *Corporations et métiers de Paris*, 2 vol. in-4 (Collection de l'Histoire de la Ville de Paris) [documents très importants].

141. Dr F. LESUEUR et A. CAUCHIE, *Cahiers de doléances du bailliage de Blois en 1789.* Blois, 1907-1908, 2 vol. in-8 (Coll. des Documents économiques de la Révolution).

142. J. LETACONNOUX, *Les subsistances et le commerce des grains en Bretagne au XVIIIe siècle.* Rennes, 1909 (extr. des Travaux juridiques et économiques de l'Université de Rennes) [la meilleure monographie sur la question].

143. — *Le régime de la corvée en Bretagne.* Rennes, 1903 (extr. des

Annales de Bretagne).

144. — *Les voies de communication en France au XVIIIe siècle* (*Vierteljahrschrift für social- und Wirtschaftsgeschichte*, an. 1909) [très important].

145. — *Les transports en France au XVIIIe siècle* (*Revue d'histoire moderne*, 1908-1909, t. XI) [très important].

146. — *Le Comité des députés extraordinaires des manufactures et du commerce* (*Annales révolutionnaires*, 1911).

146 *bis*. — *La question des subsistances et du commerce des grains en France au XVIIIe siècle. Travaux, sources et questions à traiter* (*Revue d'histoire moderne*, t. VIII, pp. 409-415).

147. LEVAINVILLE, *Rouen*. Paris, 1913 [important].

147 *bis*. — *L'industrie du fer en France*. Paris, 1922.

148. Émile LEVASSEUR, *Histoire des classes ouvrières et de l'industrie en France avant 1789*, 2e édition, 1901, 2 vol. in-8 [reste l'un des ouvrages essentiels].

149. — *Histoire du commerce de la France*, t. I. Paris, 1911.

149 *bis*. — *Les salaires et le salariat*.

149 *ter*. — *La population française*. Paris, 1889, 2 vol. in-8.

150. Robert LÉVY, *Histoire économique de l'industrie cotonnière en Alsace*. Paris, 1912 (thèse de doctorat en droit) [important].

151. André LICHTENBERGER, *Le socialisme au XVIIIe siècle*. Paris, 1890 (thèse de doctorat ès-lettres).

152. — *Le socialisme et la révolution française*. Paris, 1899.

153. Henri LORIN, *Le comte de Frontenac ; études sur le Canada français à la fin du XVIIe siècle 1895* (thèse de doctorat es lettres).

153 *bis*. — *Le port de Bordeaux* (coll. des Ports de France). Paris, 1921.

145. J. LOUTCHISKY, *L'état des populations agricoles en France*. Paris, 1911 [intéressant sur l'industrie rurale].

155. — *La petite propriété paysanne à la veille de la Révolution, particulièrement dans le Limousin*, trad. fr., Paris, 1912.

156. Léon MAITRE ; *La situation de la marine marchande du comté nantais d'après l'enquête de 1664* (Annales de Bretagne, 1903, t.

XVIII).

157. A. MALOTET, *Histoire économique de l'imprimerie.*

157 bis. — *L'industrie et le commerce des toiles fines à Valenciennes* (*Revue du Nord*, 1910).

158. MALVEZIN, *Histoire du commerce de Bordeaux*, 3 vol. in-8, 1892 [important].

159. MANTELLIER, *Histoire de la communauté des marchands fréquentant la rivière de Loire.* Orléans, 1864-1867, 2 vol. in-8.

160. Paul MANTOUX, *La révolution industrielle au XVIIIe siècle.* Paris, 1905 (thèse de doctorat ès lettres) [capital pour l'histoire économique de l'Angleterre].

161. MARCHAND, *Étude sur l'administration de Lebret, intendant de Provence*, 1889 (thèse de doctorat ès-lettres).

162. Marcel MARION, *Un essai de politique sociale en 1724* (*Revue du Dix-huitième siècle*, t. I. 1913).

162 bis. — *Dictionnaire des Institutions de la France aux XVIIe et XVIIIe siècles.* Paris, 1923.

163. Germain MARTIN, *La grande industrie sous le règne de Louis XIV.* Paris, 1899.

164. — *La grande industrie sous le règne de Louis XV.* Paris, 1900 [ces deux ouvrages, importants, mais un peu superficiels].

165. — *L'industrie et le commerce dans le Velay aux XVIIe et XVIIIe siècles.* Le Puy, 1900.

166. — *Les associations ouvrières au XVIIIe siècle.* Paris, 1900 [très important].

167. — *Les papeteries d'Annonay (1634-1790).* Besançon, 1897.

168. — *Bibliographie critique de l'histoire de l'industrie avant 1789.* Paris, Fontemoing, 1900.

169. — *Le tissage du ruban à domicile dans les campagnes du Velay.* Paris, 1913.

170. G. MARTIN et BEZANÇON, *Histoire du crédit en France sous le règne de Louis XIV.* Paris, 1913 [important].

171. Et. MARTIN SAINT-LÉON, *Histoire des corporations de métiers depuis les origines jusqu'à leur suppression en 1791.* Paris, 1897 [important surtout pour les métiers parisiens], 3e édition, 1922.

172. — *Le compagnonnage*. Paris, 1901 [important].

173. Alfred MARTINEAU, *Dupleix et l'Inde française* (1722-1744)-Paris, 1920.

174. Paul MASSON, *Histoire du commerce français dans le Levant au XVIIe siècle*. Paris, 1900 [très important].

175. — *Histoire du commerce français dans le Levant au XVIIIe siècle*. Paris, 1911 [excellent ouvrage].

176. — *Histoire des établissements et du commerce français dans l'Afrique barbaresque* (1560-1793), 1903.

176 bis. — *Marseille et la colonisation française*, 1912. Voy. *Encyclopédie départementale des Bouches-du-Rhône*.

177. Georges MATHIEU, *Notes sur l'industrie en Bas-Limousin dans la seconde moitié du XVIIIe siècle* (HAYEM, t. I, pp. 35-72, et II, pp. 101-116) [important].

178. — *Documents inédits pour servir à l'histoire de l'industrie, du commerce et de l'agriculture en Bas-Limousin au XVIIIe siècle et au début du XIXe (Ibid.*, t. III, pp. 47-72) [important].

179. — *Contrats d'apprentissage relatifs à différents métiers dans le Bas-Limousin aux XVIIe et XVIIIe siècles (Ibid.*, t. III, pp. 78-90).

180 . L. MIMS, *Colbert's West India policy (Yale historical studies)*. Newhaven, 1912 [très suggestif].

181. H. MONIN, *Étude sur l'histoire administrative du Languedoc pendant l'intendance de Basville*, 1884 (thèse de doctorat ès lettres) [important].

182. MONTCHRÉTIEN, *Œconomie politique*, éd. Funck-Brentano. Paris, 1889.

183. MOREAU DE JONNÈS, *Statistique générale de la France*.

184. MOREAU DE SAINT-MÉRY, *Lois et constitutions des colonies françaises de l'Amérique sous le Vent*. Paris, 1784.

185. L. MORIN, *Essai sur la police des compagnons imprimeurs à Paris*, 1898 [important].

186. — *Les apprentis imprimeurs au temps passé*.

187. — *Les sociétés de secours mutuels à Troyes aux XVIe et XVIIe siècles (Bull. du Comité des Travaux historiques. Sciences Économiques et sociales*, 1900).

187 *bis*. Pierre Muret, *Les papiers de Beliardi et les relations commerciales de la France et de l'Espagne au milieu du XVIIIe siècle* (*Revue d'histoire moderne*, t. IV, pp. 657-072).

188. Ch. Musart, *La réglementation du commerce des grains au XVIIIe siècle. La théorie de Delamare*. Paris, 1921 (thèse de doctorat en droit).

189. René Musset, *Le Bas-Maine*. Paris, 1917 (thèse de doctorat ès lettres) [important pour l'industrie rurale].

189 *bis*. Alexandre Nicolaï, *La population de Bordeaux au XVIIIe siècle* (*Revue économique de Bordeaux*, 1903-1909, t. XV-XIX), tiré à part. Paris, Giard, 1909 [importante étude démographique].

190. B. Nogaro et W. Oualid, *L'évolution du commerce, du crédit et des transports depuis cent cinquante ans* (Histoire universelle du Travail). Paris, 1918.

190 *bis*. Fr. Nussbaum, *Commercial policy in the French Revolution, a study of the career of G. J. A . Ducher*. Washington, 1923.

191. Ouin-La Croix, *Histoire des anciennes corporations de métiers de Rouen*. Rouen, 1850.

191 *bis*. Pagart d'Hermansart, *Les corporations de Saint-Omer* (*Mémoires de la Société des Antiquaires de Morinie*, t. XVI et XVII, 1879-1880).

192 . E. Pariset, *Histoire de la fabrique lyonnaise*. Lyon, 1901.

192 *bis*. — *La Chambre de commerce de Lyon*. Lyon, 1887 [ces deux ouvrages très importants],

193. Parkman, *La Salle and the discovery of the great West*, 1885.

194. L. Peytraud, *L'esclavage aux Antilles françaises avant 1789*. Paris, 1897 (thèse de doctorat ès lettres).

195. Roger Picard, *Les cahiers de 1789 au point de vue industriel et commercial*, 1910 (thèse de doctorat en droit) [intéressant].

196. — *La lutte des classes à la veille de la Révolution* (*Revue d'Économie Politique*, 1911).

197. Pied, *Les anciens corps de métiers de Nantes*. Nantes, 1903, 3 vol. in-8 [beaucoup de documents précieux].

198. Henri Pigeonneau, *Histoire du commerce de la France*, 2 vol. in-8. Paris, 1885-1889.

DEUXIÈME PARTIE

199. — *La politique coloniale de Colbert* (*Annales de l'École des Sciences politiques*, 1886).

199 *bis*. Célestin PORT, *Souvenirs d'un nonagénaire, Mémoires de François-Yves Bernard*. Paris, 1880, 2 vol. in-8.

199 *ter*. Ph. POUZET, *Les anciennes confréries de Villefranche-sur-Saône*. Lyon, 1904 (extr. de la *Revue d'histoire de Lyon*, an. 1903) [intéressante monographie].

200. Henri PIRENNE, *Histoire de Belgique*. Bruxelles, 1909-1921, 5 vol. in-8 [capital pour l'histoire économique].

200 *bis*. — *Les démocraties urbaines aux Pays-Bas*. Paris, 1910 [même observation].

200 *ter*. — *Les périodes de l'histoire sociale du capitalisme* (*Bull. de l'Académie royale de Belgique*, mai 1914) [très suggestif].

201. A. REBILLON, *Les anciennes corporations ouvrières et marchandes de la ville de Rennes*. Rennes, 1902 (extr. des *Annales de Bretagne*) [bonne étude].

201 *bis*. — *Recueil de règlements généraux et particuliers concernant les manufactures du royaume*, 1730-1750, 4 vol. in-4 et 3 vol. de supplément [Documents très importants].

202. G. RENARD et G. WEULERSSE, *Le travail dans l'Europe moderne* (Histoire universelle du travail). Paris, 1920.

G. RENARD et A. DULAC, *L'évolution industrielle et agricole depuis cent cinquante ans* (*Ibid.*). Paris, 1914.

202 *bis*. Elie REYNIER, *La soie en Vivarais*. Largentière, 1921, 1 vol. in-8 [excellente monographie].

203. Jules-Marie RICHARD, *La vie privée dans une province de l'Ouest, Laval aux XVIIᵉ et XVIIIᵉ siècles*. Paris, 1922, 1 vol. in-8.

203 *bis*. Natalis RONDOT, *L'industrie de la soie en France*. Lyon, 1894.

204. Marcel ROUFF, *Les mines de charbon en France au XVIIIᵉ siècle (1744-1791)*. Paris, 1922, 1 vol. in-8 (thèse de doctorat ès-lettres) [très important].

205. — *Tubeuf, un grand industriel français au XVIIIᵉ siècle*. Paris, 1922 (thèse complémentaire).

206. — *Une grève de gagne-deniers à Paris en 1786* (Revue histo-

rique, 1910, t. CV, pp. 332-348).

207. — *Le personnel des premières émeutes de 1789* (Rév. fr., an. 1909, t. 29, pp. 213 et sqq.).

208. — *Le peuple ouvrier de Paris aux journées du 30 juin et du 30 août 1789* (*Ibid.*, an. 1912, t. 63, pp. 430 et sqq. et 481 et sqq.).

208 *bis.* Gaston Roupnel, *Les populations de la ville et de la campagne dijonnaises au XVIIe siècle*. Paris, 1922 (thèse de doctorat èslettres) [excellente étude].

209. Ph. Sagnac, *La politique commerciale de la France avec l'étranger de la paix de Ryswick à la paix d'Utrecht* (*Revue historique*, 1910, t. CIV) [important].

209 *bis.* — *L'histoire économique de la France de 1689 à 1714, essai de bibliographie critique* (*Revue d'histoire moderne*, t. IV, pp. 5-15, 89-97).

210. — *L'industrie et le commerce de la draperie à la fin du XVIIe siècle* (*Ibid.*, 1907, t. IX) [excellente esquisse].

211. — *La Révolution*. Paris, 1921 (*Histoire de France contemporaine* d'Ernest Lavisse, t. I).

212. — Collaboration à l'*Histoire de France* d'E. Lavisse, t. VIII et IX.

213. A. de Saint-Léger, *La Flandre maritime et Dunkerque sous la domination française*, 1900 (thèse de doctorat ès lettres).

214. Jacques Savary, *Le parfait négociant*, 1re édition, 1673, et 7e édition, 1713 [document de premier ordre].

215. Savary des Brulons, *Dictionnaire universel de commerce*, 1738, édition de 1759-1762, 5 vol. in-fol. [précieux instrument de travail].

216. G. Scelle, *Histoire politique de la traite négrière aux Indes de Castille*, 1906, 2 vol. in-8 [excellente monographie].

217. Schelle, *Vincent de Gournay*. Paris, 1897.

— *Turgot*. Paris, 1909. — Voy. Turgot.

218. Ch. Schmidt, *La crise industrielle de 1788* (Revue historique, an. 1908. t. XCVII, pp. 78-94).

219. — *Les débuts de l'industrie cotonnière en France (1760-1806)* (*Revue d'histoire économique*, 1913 et 1914) [deux excellentes

études]. — Voy. F. GERBAUX et Ch. SCHMIDT.

220. SCHULZ-GAEVERNITZ, *Histoire de l'industrie cotonnière en Angleterre*, trad. fr. Paris, 1896.

221. Henri SÉE, *Les classes rurales en Bretagne du XVIe siècle à la Révolution*. Paris, 1900 [un chapitre sur l'industrie rurale].

222. — *L'industrie et le commerce de la Bretagne dans la première moitié du XVIIIe siècle d'après le mémoire de l'intendant des Gallois de la Tour* (*Annales de Bretagne*, 1922, l. XXXV).

223. — *Remarques sur le caractère de l'industrie rurale en France et les causes de son extension au XVIIIe siècle* (*Revue historique*, janvier 1923).

224. — *Les classes sociales et la vie économique de Rennes vers le milieu du XVIIIe siècle d'après les rôles de la capitation* (*Mémoires de la Société d'histoire de Bretagne*, 1923)

224 *bis*. — *La notion de classes sociales chez Turgot* (*La vie économique et les classes sociales en France au XVIIIe siècle*. Paris, Alcan, 1924).

224 *ter* — *Les origines de l'industrie capitaliste en France à la fin de l'Ancien Régime* (*Revue historique*, nov. 1923).

225. — *Quelques documents sur l'histoire de l'industrie au XVIIIe siècle* (*Revue d'histoire économique*, an. 1923, pp. 131-139).

225 *bis*. — *Remarques sur l'évolution du capitalisme et les origines de la grande industrie* (*Revue de synthèse historique*, juin 1924).

225 *ter*. — *Le commerce de Saint-Malo au XVIIIe siècle* (*Revue internationale du commerce, de l'industrie et de la banque*, an. 1924).

226. H. SÉE et André LESORT, *Cahiers des doléances de la sénéchaussée de Rennes en 1789*, 4 vol. in-8, 1909-1912 (Coll. des Documents économiques de la Révolution).

226 *bis*. Arturo SEGRE, *Storia del commercio*, 2e éd., Turin, 1923, 2 vol. in-8.

226 *ter*. P. DE SÉGUR-DUPERRON, *Histoire des négociations commerciales et maritimes de la France aux XVIIe et XVIIIe siècles*, 1872-1873, 3 vol.

227. Jules SION, *Les paysans de la Normandie Orientale*. Paris, 1909 (thèse de doctorat ès lettres) [ouvrage de premier ordre].

228. Sorre, *Étude critique des sources de l'histoire de la viticulture et du commerce des vins et eaux de vie du Bas-Languedoc au XVIIIe siècle*. Montpellier, 1913 (thèse de doctorat ès lettres).

229. Sotas, *La Compagnie des Indes Orientales*, 1904.

230. E. Tarlé, *L'industrie dans les campagnes à la fin de l'Ancien Régime*. Paris, 1910 [intéressant].

— *La classe ouvrière en France pendant la Révolution*, en russe (analysé par Kareiew, Rev. fr., 1912, t. 62, pp. 333 et sqq.).

231. Tollin, *Die französische Colonie von Magdeburg*, 1880, 3 vol. in-8.

231 *bis*. Marcel Treille, *Le commerce de Nantes et la Révolution*. Nantes, 1908 (thèse de doctorat en droit).

232. Tolosan, *Mémoire sur le commerce de la France*, 1789.

233. Turgot, *Œuvres*, éd. Dupont de Nemours (1808-1811), éd. Daire (1844) ; éd. Schelle. Paris, Alcan, 5 vol. in-8, 1913-1923.

234. Dom Vaissette, *Histoire du Languedoc*, nouvelle édition, t. XIII et XIV.

235. Hubert Van Houtte, *Histoire économique de la Belgique à la fin de l'Ancien Régime*. Gand, 1920 (Publ. de la Faculté de Philosophie et lettres de Gand).

236. J.-J. Vernier, *Cahiers de doléances du bailliage de Troyes en 1789*. Troyes, 1909 (Coll. des Documents économiques de la Révolution) [publication très importante].

237. Veuclin, *Le règlement professionnel des épingliers de Laigle* (*Bull. du Comité des Travaux historiques, Sciences économiques et sociales*, an. 1900).

237 *bis*. L. Viala, *La question des grains et de leur commerce à Toulouse au XVIIIe siècle*. Toulouse, 1909

237 *ter*. Vidal et Duru, *Histoire de la corporation des marchands merciers*. Paris, Champion, 1912.

238. Marcel Vigne, *La banque à Lyon du XVe au XVIIIe siècle*. Paris et Lyon, 1902 [important].

238 *bis*. Léon Vignols, *La piraterie sur l'Atlantique* (Annales de Bretagne, t. V).

238 *ter*. — *Jean-Paul Vigneu, secrétaire de la représentation com-*

merciale de Nantes (Annales de Bretagne, 1890, t. VI, pp. 44-47).

239. VIGNON, *Étude historique sur l'administration des voies publiques en France*. Paris, 1863, 3 vol. in-8 [le principal ouvrage général sur la question].

239 *bis*. Marc DE VILLIERS DU TERRAGE, *La fondation de la Nouvelle-Orléans (1717-1722)*. Paris, 1917.

239 *ter*. VUILLEMIN, *Le bassin houiller du Pas-de-Calais*. Paris, 1878-1879, 3 vol. in-8.

240. WALLON, *La Chambre de commerce de la province de Normandie (1703-1791)*. Rouen, 1903.

241. WEBER, *La Compagnie des Indes Orientales*, Paris, 1904.

242. Ch. WEISS, *Histoire des réfugiés protestants en France depuis la Révocation de l'Édit de Nantes jusqu'à nos jours*, 1853, 3 vol. in-8.

243. G. WEULERSSE, *Le mouvement physiocratique en France de 1756 à 1770*. Paris, 1910 (thèse de doctorat ès lettres).

ISBN : 978-1530252992

Henri Sée